제국일본의
문화권력
2

정책 · 사상 · 대중문화

이 도서는 2011년도 정부(교육과학기술부)의 재원으로 한국연구재단의 지원을 받아 한림대학교 일본학연구소가 수행하는 중점연구소지원사업의 일환으로 이루어진 연구임 (NRF-413-2011-2-A00001).

한림일본학연구총서 I 제국일본의 문화권력

제국일본의 문화권력 2

정책 · 사상 · 대중문화

서정완 · 송석원 · 임성모 편

小花

차례

제3부 대중문화

일러두기

1. 논문의 출처는 이 책의 뒤에 밝혀 두었다.
2. 일본과 중국의 인명 · 지명은 외래어 표기법에 따르는 것을 원칙으로 했다.
3. 단행본과 잡지 · 신문은 겹낫표(『 』), 논문과 법령 · 기사는 홑낫표(「 」), 노래와 연극 · 영화 제목은 홑꺾쇠(〈 〉)를 써서 구분했다.

| 서문 |

제국일본의 문화권력 연구, 그 발전적 심화를 위하여

임성모

이 책은 한림대학교 일본학연구소의 중점연구소 공동연구 프로젝트인 〈제국일본의 문화권력 : 학지와 문화매체〉의 제2단계(2011~2014) 연구 성과의 일부를 모은 논문집이다. 제1단계(2008~2011) 연구 성과는 이미 『제국일본의 문화권력』(소화, 2001)으로 공간되었으며, 같은 시기에 본 연구팀이 참여한 한일 공동연구의 성과(『식민지 조선과 제국일본』)[1]도 펴낸 바 있다. 이 책은 전저(前著)인 『제국일본의 문화권력』의 연장선상에 서 있는 후속 작업으로서 의미를 갖는다. 제1단계 연구에서는 제국일본의 중심에 초점을 두고 문화권력의 역사적 계보를 규명하려 했으며, 중심의 시각에서 제국 팽창이 지니는 의미를 다양한 학지의 실천과 문화적 실천을 통해서 살펴보았다.

---

1) 徐禎完·增尾伸一郎 編(2010), 『アジア遊學 138 植民地朝鮮と帝國日本 : 民族·都市·文化』, 勉誠出版.

이에 비해 제2단계 연구는 제국일본의 주변부, 즉 식민지 · 점령지라는 제국일본의 외부에 초점을 맞추어 여기에서 일어난 문화권력의 확산과 이식 · 변용의 역동성을 추적하고자 했다. 제국의 주변부가 중심과 어떤 공통성을 가지고 어떻게 독자성을 추구했는지를 중심적인 연구 과제로 삼았다. 다시 말해 식민지 조선, 대만과 만주 등 제국일본의 외부에 초점을 두면서 제국의 문화권력이 확장되면서 중층화(重層化)되는 권력/반권력, 수용/저항의 역동적 상호작용의 양태를 해명하고자 한 것이다.

주목할 점은 최근 본 연구의 이러한 문제의식, 접근 방법과 유사한 흐름의 연구들이 국제적으로 동시에 진행되고 있다는 것이다. 식민지시기 조선의 종교 연구를 통해 '트랜스내셔널 제국사'의 구축을 표방한 한일 공동연구의 성과 『종교와 식민지 근대』, 『식민지 조선과 종교』[2]를 일례로 들 수 있겠다. 문화인류학 분야를 중심으로 '제국의 사각(死角)'이라는 표제 아래 종래의 '제국사' 연구에서 경시되어 온 형질인류학이나 식민지위생학 등을 조명한 연구 성과[3]가 제출되었다. 또 근대 초기의 번역 등 개념사 연구에 치중된 경향은 있으나 동아시아의 '학지'를 상호연관성 속에서 고찰하려 한 공동연구[4]의 사례도 있다. 특히 '식민지로부터의 제국사 연구'를 표방하며 그 가능성을 모색하고자 한 공동연구 『지역사회에서 본 제국일본과 식민지』[5]는 이 책의 문제의식과 가장 맞닿아 있는 성과로서 주목할 만하다. 이처럼 근대 동아시아의 학지와 문화매체에 주목한 연구들이 제국일본의 문화권력 연구라는 유사한 지평에서 동시다발적으로 그 성과를 가시화해 나가고 있다. 그것은 본 연구의 학제적이고 월경적(越境的)인 문제의식이 동아시아 학계의 공통인식으로 자리 잡아 가고 있음을 보여 준다고 해도 과

---

2) 윤해동 · 이소마에 준이치 편(2013), 『종교와 식민지 근대 : 한국 종교의 내면화, 정치화는 어떻게 진행되었나』, 책과함께 ; 磯前順一 · 尹海東 編(2013), 『植民地朝鮮と宗教 : 帝國史 · 國家神道 · 固有信仰』, 三元社.

3) 坂野徹 · 愼蒼健 編(2010), 『帝國の視角 / 死角 : 〈昭和期〉日本の知とメディア』, 青弓社.

4) 孫江 · 劉建輝 編(2014), 『東アジアにおける近代知の空間の形成』, 東方書店.

5) 松田利彦 · 陳姃湲 編(2013), 『地域社會から見る帝國日本と植民地 : 朝鮮 · 臺灣 · 滿洲』, 思文閣出版.

언이 아닐 것이다.

이하에서는 책의 구성과 수록 논문의 내용을 간략히 정리한 뒤 현재 진행 중인 제국일본의 문화권력 연구를 발전적으로 확대하기 위해 필요하다고 생각되는 몇몇 논점을 제시하고자 한다. 앞에서 말했듯 이 책은 제국일본의 문화권력이 중심부(일본열도)와 주변부(식민지 · 점령지)의 상호관계 속에 형성되고 작동하는 양상을 주변부에 대한 제국의 정책과 사상이라는 측면을 중심으로 조명하고, 그 구상들이 주변부의 영화 · 연극 · 가요 · 관광 등 대중문화 가운데 어떻게 투영되어 나타났는지를 구체적으로 고찰하고자 했다. 책의 구성 면에서 『제국일본의 문화권력』과 가장 다른 점은 전저의 제1부에 해당하는 연구사, 방법론 부분이 빠져 있다는 점이다. 문제의식과 방법론적 모색이 3년 만에 크게 바뀔 리 없지만, 무엇보다 한 파트로 묶을 만큼의 문제작들을 찾기 어려웠던 것이 구성 변화의 실질적 원인이다. 아마도 3년 뒤 제3단계 연구의 성과이자 최종 성과를 묶을 무렵에는 종래의 구성으로 되돌아갈 수 있지 않을까 생각한다〔뒤에 언급하겠지만, 일본학 분야에서는 이른바 '3 · 11', 즉 동일본대진재와 후쿠시마(福島)원전 사고의 충격이 뒤늦게 파급되고 있어[6] 연구의 문제의식과 방법론 면에서 일정한 변화가 감지되기 때문이다〕. 결과적으로 이 책은 전저의 제2부와 제3부에 해당하는 글들을 크게 세 부분, 즉 제1부와 제2부는 정책과 사상, 제3부는 대중문화로 나누어 구성했다.

문화권력의 통제와 그 모순

먼저 제1부는 제국일본의 문화권력이 취했던 각종 정책, 즉 언론정책 · 교육정책 · 예능정책을 대상으로 하여 고찰한 논고들이다. '통제'를 키워드로 한 이 문화정책들의 구체적인 입안, 집행 양상과 그것이 불러온 사회적 갈

6) 예컨대 역사학계의 경우, 歷史學研究會 編(2012), 『震災 · 核災害の時代と歷史學』, 青木書店 ; 研究會「戰後派第一世代の歷史研究者は21世紀に何をなすべきか」 編(2013), 『21世紀歷史學の創造 別卷 2「3 · 11」と歷史學』, 有志舍 등 참조.

등과 원리적 모순의 측면을 분야별로 고찰하고 있다.

「조선에서 제국일본의 출판경찰과 간행물의 행정처분」은 조선에서 출판경찰의 조직, 검열·탄압의 종류와 사유, 실제 탄압의 사유별 통계 등에 대한 분석을 통해 제국일본의 대(對)조선 언론정책을 고찰한다. 일본은 자국 내에서 「신문지조례」(1875)에 의해 신문 검열과 탄압을 실행하는 한편, 식민지 대만과 조선에서도 무소불위의 권력을 행사했다. 조선의 경우, 식민지화 이전부터 열강들의 외교 관련 언론보도에 대한 간섭 경쟁에 뛰어들었던 만큼 언론에 대한 간섭·탄압의 요구는 강했다. 1907년 7월 통감부가 공포한 「광무신문지법」은 제국일본의 이해가 노골적으로 반영된 언론통제 정책의 하나로서, '내지'의 「신문지조례」보다 훨씬 엄격한 규제를 포함하고 있었다. 필자는 이를 제국일본 문화권력의 외연화, 즉 상이한 법적 영역(異法域)의 통합과 격차(야마무로 신이치)의 실상을 보여 주는 측면이라고 지적한다.

대조선 언론정책은 조선총독부 고등경찰과와 도서과가 실무를 담당했는데 이들은 매년 언론 동향을 정리하여 탄압의 기록을 남겼으며, 사법처분보다 행정처분에 의한 사전·사후탄압이 압도적인 다수를 점하는 특징을 보여 주었다. 사전탄압은 규정에도 없는 간담·주의·경고 같은 처분들이 중심을 이루었고, 사후탄압으로는 삭제를 중심으로 압수·정간·폐간 등의 처분 위주였다. 이 행정처분들의 구체적인 표준은 19가지로 세밀하게 분류되어 있었는데 주로 조선 독립의 고무, 조선 통치의 부정, 그리고 사회주의 관련 내용에 대한 탄압에 초점이 맞추어져 있었다고 한다.

「청각적 근대성의 이면」은 제국일본이 식민 지배의 갈등과 모순을 해소하는 수단으로서 동화주의에 집착했던 이유를 교육정책의 측면에서 천착한다. 필자는 동화주의를 단순한 허구적 이데올로기로 치부하지 않고 알튀세의 이데올로기론을 참조해 담론의 '물질성'에 주목한다. 식민지 교육정책이 결정적인 매듭으로서 조명되는데, 제국일본의 이민족 지배정책에서 '동화'라는 번역어가 핵심 용어로 전환되는 계기를 거기에서 찾기 때문이다. 즉 식민교육을 통해 제국일본의 동화주의가 식민지 주민의 '동상이몽'의 욕망이 투영된 물질성을 갖추게 되었다고 보는 것이다. 구체적으로는 대만총독부의 초대 학무부장 이자와 슈지(伊澤修二)의 사상과 활동을 분석한다. 그는 일본이 처음 획득한 식민지의 첫 교육정책 책임자로서, 탁상공론에 머물러 있던 동화주의를 식민지 교육정책을 통해 실현한 최초의 인물이었기에 그의 동화교육 구상 및 실천이 식민교육의 원점에 해당한다고 보기 때문이다.

서구적 근대를 본격적으로 습득한 대표적 지식인인 이자와는 미국 유학에서 국민의식을 고양하는 국가주의교육의 위력을 체득했다. 필자는 특히 그가 미국의 창가교육과 시화법 체험을 통해 인간의 '발성과 호흡'은 과학적 규칙을 가지며 이를 제대로 교육한다면 다른 언어를 완벽하게 배우고 의사소통이 가능하다고 확신한 점에 주목한다. 동화교육에 대한 이자와 슈지 특유의 낙관적 이상주의의 기원에 '일본어'라는 소리의 합리성과 계몽성에 대한 신뢰가 놓여 있었다는 것인데, 스턴(J. Sterne)의 '청각적 근대성' 개념에 기댄 필자의 이러한 논의는, 필자도 언급했듯 이연숙(李妍淑)의 최근 연구[7]와 공명하는 부분이다. 필자는 이자와의 낙관적 이민족 동화 구상이 식민 통치의 '현실' 속에서 한계에 부딪히고 결국 실패하게 되지만, 그 역사적 역할에 중요한 의미를 부여한다. 즉 언어적 투명성에 근거한 이자와 슈지의 '동화에의 낙관적 전망'은 제국일본의 동화주의가 단순한 이데올로기 구호가 아니라 식민지인들에게 '물질성'을 가진 통치정책으로 작동하게 하는 기반을 제공했으며, 이는 예컨대 현영섭(玄永燮)의 철저한 내선일체론에 내포된 언어관에도 복제되어 나타났다는 것이다.

「총력전체제하의 예능통제」는 일본의 예능 가운데 '국가예능(國家藝能)'적인 위상과 권위를 갖고 있던 노가쿠(能樂)가 총력전체제의 '사상전(思想戰)'이라는 프레임 아래 통제되는 과정에 나타난 변화와 역사적 의미를 조명한다. 제국일본은 중일전쟁 이후 1940년까지 문화통제를 위한 각종 제도를 정비하는데, 필자는 「흥행취체령(興行取締令)」 등 17개의 '예능통제'에 세 가

7) 이연숙(2012), 이재봉 · 사이키 가쓰히로 옮김, 『말이라는 환영 : 근대 일본의 언어 이데올로기』, 심산.

지 특징이 드러난다고 본다. 즉 문화정책 집행자들이 문화의 힘에 대한 경계심이 컸고 특히 천황 관련 통제가 엄격했으며, 경시청(내무성)과 내각 정보국이 통제의 전면에 나섰다는 점이다. 필자는 1939년 5월 경시청이 『헤이케모노가타리(平家物語)』를 소재로 한 노가쿠 〈오하라고코(大原御幸)〉에 '불경(不敬)' 혐의가 있다고 하여 공연을 중지시킨 사례에 주목하여 예능통제와 노가쿠의 위상을 재검토한다.

〈오하라고코〉는 그때까지 수없이 공연되어 온 작품이었음에도 불구하고 경시청은 "작품 줄거리가 어떠하든 연기자가 황족으로 분장해 무대에 등장하는 것은 불경이며 「흥행취체령」에 반한다"라며 상연을 금지시켰다. 이 조치는 종래 권력과 밀접한 관계를 유지해 온 노가쿠계에 청천벽력이었다. 사건의 수습 과정에서는 우타이본(謠本) 개정 작업이 수반되었는데, 노가쿠 역사상 개정 작업이 노가쿠 종가의 내적 요인이 아닌 정치적 외부 요인에 의해 이루어지는 것 자체가 희귀한 일이었다. 더욱이 이듬해부터 흥행자·기예자·연출자의 활동은 경시청에 사전 허가신청을 해야 했고, 기예자들은 경시청이 공인한 예능단체에 가입해야만 기예자증을 발급받아 무대에 오를 수 있게 되었다. 이러한 조치는 지금까지 특권적 예능이던 노가쿠에게 일반적 예능으로서 소위 '예능보국'을 하라는 요구였다.

필자는 이처럼 메이지시기 이래 정치권력이 노가쿠에 부여하던 특권이 총력전체제하에서 해체되는 양상 속에서 예능통제가 오히려 문화권력이 기능하는 자장(磁場) 자체를 해체시키는 모순을 발견한다. 그리고 전시기의 이러한 굴욕적 역사를 노가쿠의 역사 속에 서술조차 하지 않은 채 '6백 년 이상 이어 온 전통예능'이라고 이데올로기적으로 부각시키는 '만들어진 전통'이 얼마나 취약한 것인지 지적하고 있다.

양날의 '번역'과 지적 네트워크

이어서 제2부에서는 제국일본에 저항한 아나키즘과 마르크스주의의 '접속'과 '네트워크'의 양상, 와카(和歌) 번역을 통한 문화권력의 이식 시도들이 지닌 사상적 의미를 분석한다. 번역이라는 사상적 행위의 체제 내적이자 반체제적인 양면성, 제국과 식민지의 지적 상호작용과 네트워크가 지닌 역사적 함의를 가급적 장기적으로 추적하고자 했다.

「근대일본의 아나키즘 수용과 식민지 조선으로의 접속」은 아나키스트 사상가 중 일본과 식민지 조선에 가장 큰 영향을 끼친 크로포트킨(Pyotr Alekeevich Kropotkin)의 사상이 일본에 수용되고 조선으로 접속되어 가는 과정을 텍스트 발굴과 대조를 통해 고찰했다. 1880년대 초 러시아 '허무당'의 소개에서 비롯되는 일본의 아나키즘 수용은 청일전쟁을 전후하여 큰 전기를 맞이한다.

자본주의적 근대화의 부작용이 '사회문제'로 표출되는 가운데 그 처방전으로서 사회주의와 함께 '무정부주의'가 사상으로서 수용되기 시작한 것이다. 아나키즘사상 중에서도 러일전쟁 이후로는 크로포트킨의 사상이 주목을 받았는데, 그의 '무정부공산주의'론이 종래의 허무당=파괴주의라는 이미지를 벗는 데 유효한 이론적 토대를 제공했기 때문이다. 크로포트킨사상의 전파에는 고토쿠 슈스이(幸德秋水)와 오스기 사카에(大杉榮)의 기여가 결정적이었으며, 특히 오스기는 번역과 저술을 통한 소개에서 주도적인 역할을 수행했다.

제1차 세계대전 이후 세계적으로 발흥한 '개조'의 물결이 일본과 식민지 조선에 밀려오는 가운데 새로이 주목받게 된 크로포트킨은 조선에도 알려졌는데, 이 과정에서 오스기의 저술과 오스기 등의 크로포트킨 번역이 중요한 매개 역할을 했다. 이 글은 크로포트킨 저작의 오스기 일역본이 중역을 통해 조선어 번역의 저본이 되거나 오스기의 글 자체가 번역되어 『신생활』 등의 잡지에 소개됨으로써 조선에 영향을 미쳤으며, 특히 「청년에게 고함」과 『상호부조론』이 집중적으로 소개되었음을 새로이 밝혀냈다.

필자는 이 시기 아나키즘의 양상이 '제국' 본국과 식민지의 상황을 반영하여 달리 분기(分岐)한 데에도 주목한다. 일본에서는 아나키즘이 노동운동과 결합하여 생디칼리슴의 방향으로 전개되다가, 간토대지진으로 오스기가 학살당한 뒤 노동운동의 주류가 의회주의로 전환하고 아나키즘 계열의 노조가 쇠퇴하면서, 이른바 '순정아나키즘'이라는 정치운동과 거리를 둔 아나키즘으로 전개되었다고 본다. 반면에 생디칼리슴이 전개될 여지가 협소한 식민지 조선에서는 마르크스주의가 사회주의의 주류를 이루게 되면서, 아나키즘은 일본과 중국 등 해외에서 민족해방운동의 이념으로서 일익을 담당했다는 것이다.

「'사회과학 · 혁명논쟁'의 네트워크」는 일본자본주의논쟁(1927~1937)을 중심으로 사회과학 담론의 '연구' 네트워크가 어떻게 형성되었고 그 특징은 무엇이었는지를 검토한다. 동아시아 단위의 트랜스내셔널사상사 연구에서 사회과학 담론의 사회화 및 민족 · 민주 · 혁명 담론의 유통, 또 그 사상적 혼재 및 변화를 추적하는 것은 중요한 과제이다. 특히 '강좌파(講座派)', '노농파(勞農派)' 같은 공동'연구' 지식집단이 탄생하여 결합과 배제, 교착과 이반을 거듭한 역사가 일본의 전전과 전후만 아니라 일제하와 해방 후 한국에서도 전개되었다는 사실은 되새겨 볼 일이다. 이 글의 주된 관심은 일본자본주의논쟁을 통해 '혁명'이라는 실천 명분과 '사회과학'이라는 학문 분야를 정립한 시대상 속에서 네트워크가 형성되었으며, 전전의 일본에 국한되지 않고 시공간을 월경했다는 데 있다. 여기에서 네트워크란 인적 연결망뿐 아니라 사상과 운동의 결합 및 괴리의 장, 공시적 · 통시적 연결망을 전체적으로 포착하려는 개념이다.

필자는 일본자본주의논쟁의 네트워크가 지닌 특징을 네 가지로 정리한다. 첫째, 노농파와 강좌파는 도쿄와 교토의 제국대학 경제학부를 중심으로 인재를 충원했다. 둘째, 아카데미즘의 바깥에서 연구소와 출판사 같은 공동연구의 거점을 확보했다. 셋째, 대중적 정치 조직과 연계를 맺고 저널리즘을 통해 담론의 대중화를 도모했다. 이렇게 대학, 연구소, 저널리즘, 대중 조직을 넘나들며 논쟁이 확대 · 재생산되는 과정에서 연구 네트워크가 공고해졌던 것이다. 마지막으로 논쟁에 연루된 많은 논객이 일본을 떠난 경험을 가졌으며, 그 결과 네트워크는 국경을 넘어섰다. 강단이론가는 '원전'을 습득 · 수집하고자 유럽 유학을 시도했고, 공산당혁명가는 코민테른의 '승인'을 구하고자 소련 탈출을 감행했다.

1937년 이후에도 이 네트워크는 파괴되지 않았고 1945년 이후 다시 분출했다. 전전의 강좌파가 일본근대의 반봉건적 '저발전'을 문제 삼아 '부르주아민주주의혁명'을 추구했다면, 전후의 강좌파는 반미적인 반제민족민주혁명을 추구했다. 이들의 사상은 전후의 마르크스주의 경제학과 역사학의 방향성을 규정했으며, 대립 구도에 서 있던 '오쓰카(大塚) 사학'과 '마루야마(丸山)사상사'에도 녹아들었다. 그들의 문제의식과 영향력은 그 찬동자뿐 아니라 반대자들의 학문적 발전을 자극하는 역할을 했다. 또한 1960년대 이후 한국의 역사학과 농경제사, 1980년대 한국의 사회구성체논쟁에는 전후 일본자본주의논쟁의 영향력이 복합적으로 유입되어 있었다는 것이 필자의 견해이다.

「번역과 식민주의」는 식민지 조선의 대표적 지식인 이광수가 일본어로 와카를 창작하고 메이지천황(明治天皇)이 손수 지은 와카인 「메이지천황 어제(明治天皇御製)」를 조선어로 옮긴 사실에 주목하는데, 특히 이를 '어떻게' 조선어로 옮겼는지에 초점을 맞추고 있다. 이광수는 1941년 5월부터 9월까지 모두 세 차례에 걸쳐 잡지 『신시대(新時代)』에 「메이지천황 어제 근역(明治天皇御製謹譯)」이라는 타이틀로 메이지천황의 와카 41수를 조선어로 옮겨 식민지 조선인에게 소개했다. 종래의 연구는 이광수가 메이지천황의 와카를 조선어로 '어떻게' 옮겼는가에 대해서는 다루고 있지 않았으나, 이 글에서는 '대역(對譯)'과 와카의 리듬(5 · 7 · 5 · 7 · 7)에 초점을 맞추어 번역 방식의 특징을 분석적으로 접근한다.

메이지천황의 와카를 조선어로 옮길 때 이광수는 굳이 '일본어 원문/조선어 역'이라는 '대역' 방식을 취했는데, 이는 그가 조선인의 황국신민화와 일본어 보급에 대역이 적합한 번역 방식이라고 판단했기 때문이다. 또한 그는 번역할 때 와카의 리듬을 준수했는데, 이는 와카 창작 등을 통해 와카의 리듬이 이광수에게 내면화되어 있었으며,[8] 메이지천황이 직접 지은 '신성

8) 전후까지도 내면화된 이 '일본적 서정'에 대해 문학적 저항을 시도한 재일(在日) 시인

한 텍스트'에 대한 존경과 경외가 있었기 때문이다. 그의 존경과 경외는 '근역'이라는 어휘에 단적으로 드러난다. 그래서 그는 메이지천황이 손수 지은 「메이지천황 어제」를 와카의 리듬대로 '축어적'으로 옮기게 되었다는 것이다. 그가 메이지천황의 와카를 조선어로 번역한 이유는 이를 통해 식민지 조선에 일본 정신을 선전하고 천황에 대한 신민으로서의 충성심을 표현하며 일본제국의 신민화를 실현하는 데 있었으며, 그런 의미에서 이광수에게 있어 번역이라는 행위는 요컨대 '식민화의 채널'이었다는 것이 필자의 결론이다.

식민지 대중문화와 로컬리티의 행방

마지막 제3부는 식민지 조선의 대중문화를 집중적으로 다룬다. 구체적으로 대중가요 · 연극 · 영화와 관광을 분석 대상으로 삼았는데, '조선적인 것' 혹은 '대륙적인 것'이라는 이른바 로컬리티의 문제가 수록 논문들을 관통하는 키워드이다. 특히 영화의 비중이 높은 것은 최근의 연구 경향을 반영하는 것이기도 하다.

「식민지 대중문화와 '조선적인 것'의 변증법」은 대중문화의 영역에서 제국의 보편성과 식민지의 고유성이 처해 있던 다중적인 분열 상황을 대중가요와 영화 분야에 나타난 '조선적인 것'의 문화적 재현 양상을 통해 고찰한다. 필자는 식민지 조선의 대중문화가 통합과 분리라는 모순적 요구를 동시에 제출하는 제국 · 식민권력과 식민지인으로 대별되는 주체들이, 검열체제를 축으로 하는 정치적 메커니즘과 이윤을 추구하는 시장메커니즘 사이에서 경합하고 갈등하는 과정에서 출현 · 성장했다고 본다.

1920년대에 부상한 '조선적인 것'은 국가를 상실한 민족이 상상계의 차원

김시종의 작업은 이광수와는 대척점에 서 있는 사례일 것이다. 呉世宗(2010), 『リズムと抒情の詩學：金時鐘と「短歌的抒情の否定」』, 生活書院 참조.

에서 '민족적인 것(the national)'을 구축하고자 한 상징투쟁의 일환이다. 식민권력은 이러한 시도 자체를 일정 수준에서 용인하면서 자신의 보편성 속으로 통합하고자 했다. 식민권력이 자기검열체제에서 용인한 '향토색'이란, 민족적인 것의 정치적 함축이 거세된 개별성으로서 '종족적인 것(the ethnic)'에 가까웠다. 따라서 종족적인 것의 재현이 '민족적인 것'의 상징적 구축과 연계될 경우는 가차 없이 검열의 대상이 되었다. 조선영화와 대중가요의 생산자들은 그 틈새에서 동요했다. 여기에는 대중의 기호와 식민권력의 정책, 일본자본의 성격 등 다양한 변수가 작용했다. 제작자들이 조선적인 것의 재현에 적극적으로 나선 것은 무엇보다도 시장과 대중이 거기에 적극적으로 호응했기 때문이다. 일본자본은 조선에서의 상업적 성공, 나아가 일본 시장에서의 성공을 위해 이런 흐름에 편승했다.

총력전체제에 접어들면서 이러한 상황에 변화가 일어났다. 대중가요의 경우, 조선적인 것의 재현 가능성이 극히 협소해졌다. 시국가요는 조선을 벗어나 제국의 영토 확장에 복무하는 선전도구가 되었다. 영화의 경우도 전체적인 양상은 유사했지만 과정은 더 복잡했다. 국책영화의 경우마저 조선적인 것의 부분적 재현조차 제국의 보편성을 불안정하게 하는 위험 요소로 전화했지만, 그럼에도 불구하고 이런 긴장 상태는 일정 기간 지속되었다. 제국일본은 일단 본국 내 상영에 대한 추천 철회와 같은 간접적 방식으로 대응했다.

그러나 결국 조선어 사용은 물론 조선 유래의 서사조차 수용하지 않는 극단적인 길로 나아갔다. 이는 제국·식민지 간 문화적 동화와 이화의 스펙트럼 사이에서 조선적인 것의 재현을 둘러싸고 진행되던 제국적 문화정치의 최종적 자기부정이자 파국이었다는 것이 필자의 결론이다.

「전시 예술동원과 '국어극'」은 1940년대 전반기 조선에서 개최된 '국민연극경연대회'에 대한 기존 연구의 공백 지대인 '국어극', 즉 일본어극 상연에 관해 고찰한다. 조선연극문화협회가 주최하고 총독부 등이 후원한 이 대회의 참가극 가운데 국어극은 이미 알려져 있는 이광래(李光來)의 〈동상(銅像)〉 이외에 여러 편이 조선 관객을 대상으로 상연되었다. 필자의 분석에 따르면

2회 대회에 8편, 3회 대회에 3편, 모두 11편인데, 이는 2회 대회(1943)부터 국어극이라는 조건을 충족시켜야 콩쿠르에 참가할 수 있게 되었기 때문이다. 필자는 이 작품들의 내용을 검토하면서 미요시 주로(三好十郎)나 호조 히데지(北條秀司) 등의 작품이 '외지(外地)'에서 '국민연극'으로 상연되었다는 점에 주목한다. 시국용 프로파간다와는 거리가 있는 작품들도 이른바 '국책연극'으로서 '동원'되어 식민지 관객에게 전달되었던 아이러니를 발견하기 때문이다.

이 글은 제국일본이 통제 조직과 수상제도를 통해 적극적·조직적으로 예술동원에 개입한 과정을 소개하는 한편, 실제 국어극 경연에 참가한 조선인 극작가·연출가 등의 이중어 사용에 따른 '혼란'에도 주목한다. 필자는 일본어 연극 상연을 통한 동화주의적 예술동원이 대다수 조선어 관객의 현존 앞에서 실패로 돌아갔다는 점, 국가에 의한 예술동원이 작가의 저항의식과는 때로 무관하게 전개되기도 했다는 점에서 문화의 권력화에 경종을 울리는 역사적 사례로 파악한다. 아울러 이 시기의 일본어극을 단순히 식민지 연극인들의 '친일극'이라고만 볼 것이 아니라 전시체제하의 연극동원이라는 억압적 조건에서 조선어극 상연의 공간을 만들어 내고자 노력한 흔적으로서 제한적으로나마 그 의의를 인정할 필요가 있다는 것이 필자의 견해이다.

「식민지 말기 다이글로시아와 조선영화의 제국적 소비」는 식민지 말기의 친일 협력 영화 〈지원병〉(1941)을 대상으로 한 텍스트 분석이다. 필자는 중국영화자료관에서 발굴된 이 영화의 영상 자료 원판 DVD 편집본이 일부 필름이 유실된 불완전한 텍스트라는 사실을 당시 간행된 유관 자료를 통해 실증하고, 유실된 부분을 일정하게 복원함으로써 텍스트에 대한 새로운 해석을 시도한다. 이 작품이 당대 대중에게 영화 형태로만이 아니라 개봉을 전후한 시기에 인쇄물 형태로도 소비되었으며, 이때 일본어와 조선어가 구술언어(조선어)와 문자언어(일본어)라는 이중적 층위에서 두 민족에게 상이한 형태로 소비되었다는 점에 주목하는 것이다. 이 글은 일본 시장을 겨냥해서 조선적 로컬리티를 구현하기 위해 다양한 기법을 동원한 이 영화에 일본 관객이 냉담하게 반응한 원인을 찾으려는 시도이기도 하다.

우선 필자는 〈지원병〉에 박영희의 원작과 스크린 위의 실연, 일본어 자막, 그리고 '영화물어(物語)'(『관광조선』)와 '지상(紙上)영화'(『국민신보』)라는 다섯 가지 텍스트가 존재함을 강조한다. 영화 텍스트 자체의 불완전 상태는 검열 때문이 아니라 필름 유실에 의한 것이고, 이를 보완하려면 '지상영화' 등의 텍스트를 보조적으로 활용한 해석이 필요하다고 본다. 당시에 영화는 필름 텍스트뿐 아니라 다양한 인쇄 텍스트와 함께 관객과 독자에게 수용되었다는 것이다.

나아가 필자는 구술언어와 문자언어라는 두 가지 층위에서 영화가 소비된 점에 주목해 퍼거슨(C. Ferguson)의 '다이글로시아(diglossia : 양층언어)' 개념을 도입한다. 단순한 '바이링구얼(bilingual : 이중언어)' 개념과는 달리 한 사회 속에서 사용되는 두 언어 사이의 위계질서를 드러내기 때문에 일본어와 조선어가 위계적으로 공존한 식민지시기의 언어 상황을 잘 설명해 준다는 것이다. 식민지 영화가 제국의 시장을 겨냥하게 될 때, 제국의 언어로 번역된 자막을 통한 영화 소비는 불가피했다. 〈지원병〉은 위기에 처한 조선영화의 탈출구로서 일본시장을 겨냥해 제작되고 일본에서 먼저 개봉되었다. 그 결과 배우에 의해 조선어로 이루어지는 연기가 일본어 자막으로 번역되는 과정을 수반했고, 조선적 표상이 스크린 속에서 조선어 발화로만 존재할 뿐 일본어 자막에는 부재하는 이율배반적 상황을 연출했다. 결국 조선어 대사를 통해 영화를 수용하는 관객과 일본어 자막을 통해 수용하는 관객은 동일한 영화를 보면서도 서로 다른 영화를 소비한 것이고, 이는 식민지 말기의 조선영화가 지향한 제국적 소비가 떠안아야 했던 숙명이라는 것이 필자의 결론이다.

「만주국 건국 10주년 기념영화 〈영춘화〉는 무엇을 그렸는가?」는 종래의 만영(満映. 만주영화협회) 연구에서 경시되어 온 텍스트 분석을 시도한 글이다. 이를 위해 필자는 만영의 극영화를 '대륙영화'라는 틀 속에 자리매김한다. 도호(東寶)가 제작하고 리샹란(李香蘭)이 주연한 〈지나의 밤(支那の夜)〉(1940)은 이른바 '대륙 3부작'의 하나로 꼽힌다. 이 영화는 일본과 중국의 관계를 남성과 여성의 연애 관계에 빗대어 중국이 일본의 '진의'를 깨달아 반일 감정을 버리고 일본을 사랑하게 되는 줄거리였고, 일본 흥행에서 대성공을 거두었다. 그러나 성공이 컸던 만큼 중국은 물론 일본에서도 강도 높은 비판을 받았다.

필자는 〈지나의 밤〉 이후 제작된 1940년대의 대륙영화들이 일본인과 아시아인 간의 연애 관계를 가능한 한 피하려는 성향을 띤다는 데 주목한다. 일본인은 연애에는 관심이 없고 오로지 '건설'에 매진하는 인간, 합리적 정신을 체현하는 건설자로서 그려진다. 만영이 만주국 건국 10주년을 기념해 제작한 극영화 〈영춘화〉(1942) 역시 이러한 틀에 충실하다. 일본인 남성 주인공은 중국인 여성, 일본인 여성과 삼각관계에 들어서지만 어느 한쪽도 선택하지 않는다. 주인공은 두 여인에게 자신의 감정을 드러내지 않으며 중국어 학습과 만주 생활에 익숙해지려는 데에만 열중한다. 연애 관계를 떠나 만주국에서 정진하는 일본인의 모습을 체현하는 것이다.

필자는 만영 이사장 아마카스 마사히코(甘粕正彦)가 만영의 임무를 중국인을 노예화하기 위한 정치적 도구로서의 프로파간다뿐 아니라 만주국을 '새로운 땅'으로서 표상=재현하는 것으로 자리매김했던 점, 즉 만주국의 독자적인 영상문화 건립을 강조한 측면에 주목하면서 이를 전형적인 대륙영화의 특징으로서 분석한다. 〈영춘화〉는 흥행에 성공한 〈지나의 밤〉의 내러티브를 그대로 받아들이는 대신 이를 비판·수정해 나간 대륙영화라는 것이다. 요컨대 이 글은 만주국의 영화를 제국일본의 전체적인 영화제작 흐름 속에서 분석해야 할 필요성을 방법론적으로 제시하고 있다.

「가이드북이 그려 낸 제국의 문화지리」는 조선 관광을 조선 통치의 문제로 한정하고 통치이데올로기 분석으로 접근하는 경향이 크던 기존 연구들과 달리, 제국일본의 '선만관광루트'의 형성과 변화 과정을 분석하여 식민지투어리즘의 일환으로서 자리매김하려 한다. 이를 위해 일본여행협회(JTB)가 발간한 관광안내서 『여정과 비용개산(旅程と費用概算)』(1920~1940)에 제시된 '만선일주코스'와 '조선일주코스'를 분석했다. 관 주도로 전개된 일본의 식민지투어리즘은 관광 체험의 경계를 국가가 설정하고 그 테두리 안

에서 이루어졌기 때문에 개별 관광객의 자유로운 체험은 매우 제한적이었고 철저히 제국의 시선 아래 놓였다. 기대하지 않던 공간이나 색다른 체험은 애초부터 제한되어 있었고, 제국일본의 역사적 기억과 정당성을 환기하고 산업 개발의 현장성을 확인시킴으로써 제국의 위세를 체험하는 과정이었다.

일본여행협회의 선만일주여행은 제국이 설정한 여행 체험의 경계 속에서 제국의 판도를 확인하는 '제국의식'의 확장 과정이었다. 관광코스의 한계는 철도를 중심으로 한 제국일본의 영역 확대와 정확하게 대응했다. 조선일주투어도 대륙을 향한 것이었고, 만주투어와 중국투어에서도 조선은 통로의 위치를 차지할 뿐이었다. 일본여행협회의 시선은 철저히 '제국 자체'와 그 부분으로서의 '식민지 영토'에 있었을 뿐, '조선 자체'에 대한 관심은 부차적이었던 것이다. 예컨대 경주와 부여는 조선총독부의 관광정책에 있어서는 동화주의 통치이데올로기와 연동하여 부각되었지만, 일본여행협회의 관광코스에서는 주요 관광지가 아니었다. 금강산 관광만이 조선일주코스와 같은 비중으로 다루어지고 있는데, 이는 금강산이 제국의 지리적 영역 내부에 있는 세계적 명산의 하나로 인식되었을 뿐 조선의 역사나 사회와 연관된 것은 아니었기 때문이다.[9] 요컨대 필자들은 식민지투어리즘에서 식민지를 표상하는 것과 제국을 표상하는 것은 층위가 달랐음을 지적하면서, 향후 좀 더 분석적인 이론화 작업을 위한 연구방법론이 모색될 필요가 있다고 주장한다.

연구의 심화를 위한 제언

이상에서 살펴본 바와 같이 제국일본의 문화권력 연구는 다양한 스펙트럼을 갖고 동아시아 규모로 진행되고 있다. 그러나 언뜻 보기에도 젠더와

9) 이와 관련하여 일제하 금강산의 '국립공원' 지정 논의도 염두에 둘 필요가 있다.

마이너리티에 대한 관심과 분석은 여전히 부족한 편이다. 이런 가시적 문제점들을 보완한다고 하더라도 연구의 심화 발전을 위해서는 몇 가지 고려해야 할 점들이 있을 것 같다. 여기에서는 두 가지 논점을 제언하고자 하는데, 하나는 연구의 시공간적 확대이고 다른 하나는 핵심적 주제의 확장이다.

먼저 연구의 시공간적 확대가 필요하다는 것은 예컨대 이 책 제2부의 「'사회과학 · 혁명논쟁'의 네트워크」가 잘 드러내 주고 있다. 패전 전에 형성된 일본의 지적 네트워크가 패전 후 새로운 형태로 계승되었다는 점, 그 새로움의 중심에 미국이라는 '신제국'의 등장이 자리 잡고 있다는 점을 읽어 낼 수 있기 때문이다. 요컨대 동아시아의 전전 · 전시와 전후체제가 연속성을 갖고 있다는 것, 그리고 동아시아의 위상이 전후 미국 중심의 세계질서에 의해 규정되었기에 '동'아시아에만 국한해서 보기 힘들다는 것이다. 최근 이른바 '문화냉전' 연구가 본 궤도에 진입하고 있는 느낌을 줌에도 불구하고[10] 아직 그 시간적 · 공간적 분절은 두드러져 보인다. 요컨대 문화권력을 둘러싼 제국일본 연구의 심화에는 총력전체제와 냉전체제의 구조적 절합(articulation)에 대한 분석이 관건이며, 그것은 연구의 시공간적 확대를 요구할 수밖에 없다.[11]

다음으로 연구의 핵심적 주제를 확장할 필요성이 제기된다. 앞에서 이른바 '3 · 11쇼크'의 파장이 일본 연구의 문제의식과 방법론상의 쇄신을 모색하는 방향으로 나아가고 있다고 지적했으나, 사실 이 '쇼크'는 일본을 뛰어넘어 세계적인 구조 전환이 요구되는 사안이다. 역사학 분야에서 환경사나

---

10) Saunders, Frances Stonors(2000), *The Cultural Cold War : The CIA and the World of Arts and Letters*, New Press ; 성공회대학교 동아시아연구소 편(2008~2009), 『냉전 아시아의 문화풍경 1~2』, 현실문화 ; 貴志俊彦 · 土屋由香(2009), 『文化冷戰の時代 : アメリカとアジア』, 國際書院 등 참조.

11) 교토대학 인문과학연구소의 제1차 세계대전 연구그룹이 제1차 세계대전을 '현대의 기점'으로 자리매김한 것은 주목할 만하다〔山室信一 · 岡山曉生 · 小關隆 · 藤原辰史 編(2014), 『現代の起点 第一次世界大戰』(全四巻), 岩波書店〕. 연구의 시간적 확대는 적어도 제1차 세계대전부터 베트남전쟁 시기까지, 다시 말해 20세기 전반의 '30년전쟁'과 후반의 '30년전쟁'을 포괄하는 범위로 상정될 수 있을 것이다.

과학사에 대한 관심이 급증하고 있는 것은 결코 관심 분야의 일시적 유행이 아니라 지적 패러다임의 전환(ecological turn, 생태론적 전환)을 함의한다. 학지와 미디어에 주목하는 본 문화권력 연구에 빠져 있는 가장 중요한 연결 고리가 바로 과학사 분야이다. 이미 전저의 제1부에서 오카베 마키오(岡部牧夫)가 의료·위생을 중심으로 한 과학사의 성과를 지적한 바 있으나,[12] 의료 분야에 국한할 것도 없이 근대테크놀로지의 지적 형성과 매체를 통한 확산은 제국의 문화권력을 지탱한 중심축 가운데 하나였기 때문이다. 농업사와 생물학사 분야에서 두각을 나타내고 있는 일본 신진 연구자들의 성과,[13] 일본 과학사학회 주도로 진행 중인 여러 프로젝트,[14] 그리고 영미권에서 이루어진 최근의 사회사적인 과학사 연구들[15]은 모두 향후 연구의 중요한 참조틀이 될 수 있을 것이다.

앞으로의 연구에서는 이처럼 확대된 시공간과 확장된 주제들이 오롯이 반영될 수 있는 문제의식과 방법론의 모색이 절실하다고 본다. 그래야만

---

12) 서정완·임성모·송석원 편(2011), 『제국일본의 문화권력』, 소화출판사, 30쪽.

13) 藤原辰史(2005), 『ナチス・ドイツの有機農業：「自然との共生」が生んだ「民族の絶滅」』, 柏書房；藤原辰史(2012), 『稲の大東亜共栄圏：帝國日本の「緑の革命」』, 吉川弘文館；瀬戸口明久(2009), 『害蟲の誕生：蟲からみた日本史』, 筑摩書房；瀬戸口明久(2014), 「空間を充たすテクノロジー」, 山室信一・岡山曉生・小關隆・藤原辰史 編, 『現代の起点 第一次世界大戦 第二巻』, 岩波書店 등 참조.

14) 2014년의 경우 국제 심포지엄 〈제국을 조사한다：필드워크의 과학사를 향하여(帝國を調査する：フィールドワークの科學史に向けて)〉(11월), 생물학분과회 심포지엄 〈방사선의 건강 영향 문제를 역사학의 관점에서 재고한다(放射線の健康影響問題を歴史學の觀點から捉え直す)〉(12월)가 개최되어, 전전과 전후를 관통하는 제국사 연구의 틀 속에서 테크놀로지의 문제를 집중적으로 검토하고 있다.

15) Mizuno, Hiromi(2010), *Science for the Empire : Scientific Nationalism in Modern Japan*, Stanford University Press ; Yang, Daqing(2010), *Technology of Empire : Telecommunications and Japanese Expansion in Asia, 1883-1945*, Harvard University Press ; Miller, Ian Jared(2013), *The Nature of the Beasts : Empire and Exhibition at the Tokyo Imperial Zoo*, University of California Press ; Stephen, Moore Aaron(2013), *Constructing East Asia : Technology, Ideology, and Empire in Japan's Wartime Era, 1931-1945*, Stanford University Press ; Stolz, Robert(2014), *Bad Water : Nature, Pollution, and Politics in Japan, 1870-1950*, Duke University Press 등 참조.

제국의 문화권력 연구가 지닌 현재적 함의가 좀 더 명료하게 부조될 수 있을 것이기 때문이다. 시리즈 〈제국일본의 문화권력〉의 다음 기획에 이러한 모색들이 밀도 높게 담기기를 기대해 본다.

제1부

정책

조선에서 제국일본의 출판경찰과 간행물의 행정처분

송석원

I. 머리말

후발 근대화 국가로서 일본은 '근대화=서구화'라는 국가 이상을 성공적으로 달성하였다. 청일전쟁과 러일전쟁 등 일본 근대화 초기의 일련의 전쟁은 일본 근대화가 제국주의로 귀결되는 특성을 여실히 나타내는 것이기도 하였다. 주지하는 바와 같이 제국일본은 타이완(臺灣)과 조선을 식민지화하고 중국 동북부 지역에 만주국을 건설하는 등 팽창적 제국주의[1)]의 길로 치달았다. 만주국은 외양상 만주인을 중심으로 한 국가였음에도 불구하고 건국 및 통치 과정에서 제국일본의 영향력은 압도적인 것이었다. 만주

1) 이에 대해서는 다수의 논설이 있으나, 여기에서는 가장 대표적인 것으로서 德富蘇峰(1894), 『大日本膨張論』, 民友社를 제시해 둔다.

지역이 비록 중국의 한 변방에 위치해 있다고 하더라도 엄연한 중국의 일부임이 틀림없다. 따라서 이 지역에 대한 일본의 지배력을 안정적으로 확보하기 위해서는 무엇보다도 중국과의 관계를 적절히 조율할 필요가 있었다. 제국일본이 만주 지역을 제국의 범위 안으로 편입하는 외지(外地)화정책을 구사할 경우, 일본과 중국의 전면전은 불가피할 수밖에 없었다. 이에 대해 일본은 중국 내 민족문제를 활용하는 형태로 만주국을 건설하여 명목상 중국·일본 등과 대등한 독립국가로서 위치지우는 한편, 실질적으로는 제국일본의 괴뢰정부로서의 역할 및 기능만 부여함으로써 만주국 건설을 일본과 중국의 관계가 아니라 중국 내부의 문제로 만들었다.

여하튼 제국일본의 팽창은 주변국과의 전쟁이나 강제를 통해 진행되었다. 전쟁이 근대국가의 일탈이기보다는 오히려 근대국가가 명운을 걸고 추진한 거대한 프로젝트의 일환이라는 점은 이미 다수의 연구자에 의해 밝혀지고 있다. 근대 이후 국가의 전쟁 수행은 비단 파시즘 국가뿐만 아니라 연합국에게도 중요한 근대화 전략이었다.[2] 때때로 총성에 의해 깨지는 경우가 있었지만, 그럼에도 불구하고 19세기는 대체로 이성과 평화, 질서와 안정의 세기였다고 할 수 있다.[3] 이와 대조적으로 20세기는 '전쟁과 혁명의 세기'라고 할 수 있을 정도로 국가·민족·인간을 전쟁의 희생물로 바쳤으며, 그것에 의해 근대국가를 달성해 갔다. 1914년에 시작된 제1차 세계대전과 그 와중에 발발한 러시아혁명은 20세기의 기본적 동향을 알리는 상징적 의미를 갖는다고 할 수 있다. 그후 세계는 또 한 차례의 세계대전을 경험하였으며, 그 과정에서 중국혁명을 결과하는 한편으로 아시아·아프리카·라틴아메리카의 각처에서 수많은 정치투쟁·동란 등을 목격해 왔다. 유토피아를 목표로 한 20세기의 각종 혁명과 전쟁은 제각기 '정기(正氣)'의 슬로건 아래 수행되었음에도 불구하고, 그것은 인간의 시의심과 부도덕의

---

2) 이에 관해서는 山之内靖·J. ヴィクター·コシュマン·成田龍一 編(1995), 『總力戰と現代化』, 柏書房을 참조.

3) 木村雅昭(1993), 『ユートピア以後の政治：二一世紀への政治を讀む』, 有斐閣, 214쪽.

'광기'를 있는 그대로 노출시키고 말았다.[4)]

19세기 중반의 국가적 위기를 유신으로 극복하며 부국강병을 국가적 목표로 내세운 일본은 청일전쟁과 러일전쟁을 통해, 그리고 이러한 전쟁을 성공적으로 수행하기 위한 전시체제의 구축을 통해 근대국가로 성장해 갔다. 세기적 전환기에 치른 두 차례의 전쟁은 일본이 제국주의로의 길로 돌진케 하는 계기이기도 했다. 19세기의 이성과 평화, 질서와 안정이라는 가치는 자취를 감추었다. 제국일본은 스스로의 국가 이상을 실현하기 위한 끝없는 확산의 과정을 걷게 된다. 타이완과 조선에 대한 식민 지배, 만주국 건설 등은 확산의 절정을 의미한다. 그러나 주지하는 바와 같이 제국의 확산은 마침내 태평양전쟁으로 이어졌고, 패전에 의해 비로소 정지되었다. 일본이 태평양전쟁에 돌입한 것은, 이시와라 간지(石原莞爾)의 최종전쟁론이 시사하는 바와 같이 제국의 확산은 원리상 무제한적이어서 멈출 수가 없었기 때문이다.[5)]

이렇게 확산해 간 지역(국가)과 제국일본의 관계 재정립은 불가피했다. 제국의 문화권력은 여기에서 활동의 장을 얻었다. 제국의 학지(學知)가 아카데미즘의 권위를 빌려 구축되고, 문화매체가 학지의 전파자 역할을 하였다. 제국 영역 내에서의 식민과 피식민의 위계질서는 야마무로 신이치(山室信一)가 지적한 이른바 상이한 법적 영역(異法域)의 통합과 격차에서도 여실히 나타나고 있다.[6)] 타이완과 조선의 법률에 대해 총독부는 전제적인 권력을 장악하였다. 따라서 동일한 사항의 규정에도 일본의 법률보다 타이완이나 조선의 것이 더욱 제한적·억압적이었다.

본고에서는 이러한 사실을 조선에서의 제국일본의 언론정책을 중심으로

---

4) 송석원(2001), 「한국의 민주화와 일본」, 민준기 편, 『21세기 한국의 정치』, 법문사, 157-158쪽.

5) 이시와라의 최종전쟁론에 대해서는, 그의 『世界最終戰論』(立命館出版部, 1940)을 참조〔후에 『最終戰爭論』(中央公論新社)으로 제목을 변경〕.

6) 山室信一(2011), 「國民帝國日本における異法域の統合と格差」, 『人文學報』 第101號, 京都大學人文科學研究所, 63-80쪽 참조.

살펴보고자 한다. 제국일본의 문화권력이 조선의 신문·잡지에 어떻게 투영되고 어떠한 법률·규칙에 의해 행사되었는지 등을 일본 국내 상황과 대비하여 조망해 보고자 한다.

II. 근대조선의 언론 사정과 「광무신문지법」

우리나라 신문의 역사는 정부의 박문국(博文局)에서 1883년 10월에 창간한 『한성순보(漢城旬報)』에서 비롯된다. 일본의 신문이 그러하였듯이,[7] 우리나라의 근대 초기 신문 역시 독서국민(讀書國民) 양성을 목표로 하였다. 『황성신문(皇城新聞)』이 지적한 "지금 우리나라의 급무는 민지(民智)를 개발하는 데 있는바, 그 민지를 개발하는 방책은 학교를 흥하게 하고 신문을 읽는 데 있다"[8]는 말은, 19세기 말의 급변하는 대내외 정세가 민족과 국가의 존망을 위협할 지경에 이르렀다는 인식 아래 무엇보다도 이러한 변화를 제대로 알아야 한다는 점을 피력한 것으로 볼 수 있다. 『황성신문』이 학교와 신문에 주목하고 있다는 점은 중요하다. 그것은 교양독서층, 곧 독서국민의 양성이 근대국가 형성의 기원문제로서의 '국민' 형성에 결정적으로 중요하기 때문이다.[9]

민지를 개발하여 전근대사회의 신민을 주체적 자각을 가진 국민으로 육성해야 한다는 시대적 요청에 부응하기 위해 다수의 신문이 연이어 창간되었다. 그러나 신문은 스스로 내세운 높은 이상에 의해서만 존재하는 것이 아니었다. 신문은 독서국민 형성 및 육성에 이바지하고자 하는 높은 사명을 갖고 있었으나, 한편으로는 이미 그러한 독서국민층을 일정한 정도 확

---

7) 송석원(2010), 「신문에서 보는 제국일본의 국가 이상 : 메이지시대를 중심으로」, 『일본연구논총』 제31권, 현대일본학회, 144-154쪽.

8) 「對申觀察輿學訓令警告實行」, 『皇城新聞』 1906. 3. 27.자.

9) 永嶺重敏(1997), 『雜誌と讀者の近代』, 日本エディタースクール出版部 ; 永嶺重敏(2004), 『〈讀書國民〉の誕生 : 明治30年代の活字メディアと讀書文化』, 日本エディタースクール出版部 参조.

보해 두지 않으면 안 되었다. 신문은 공기(公器)로서의 측면과 함께 사적인 경영의 측면이 있기 때문이다.

신문사는 신문을 발행할 뿐만 아니라 일반 대중이 신문을 읽도록 유도해야 했다. 일본의 신문은 발행 초기부터 표기법에 고심하였는데, 이 역시 독자층을 확보하기 위한 신문사의 전략이 스며 있는 것이었다. 한자의 사용을 가능한 한 억제하거나 한자어에 루비[10]를 다는 식의 궁리가 그것이다. 메이지정부 역시 신문 읽기를 적극적으로 장려하였다. 행정 루트를 통한 신문 구독 및 회람의 장려, 신문을 알기 쉽게 읽어 주는 모임(新聞解話會)의 개설, 신문종람소(新聞縱覽所) 설치 등이 그것이다.[11]

신문이 장려되어야 하는 대상이라면 어떻게, 어느 정도로 장려되어야 하는지는 매우 중요한 문제이다. 그러나 현재 우리나라의 근대 초기 신문 연구에서는 이러한 측면을 간과하고 있다. 실제로 1930년대 우리나라의 문맹률이 70퍼센트 내외라는 점을 고려할 때, 신문 초창기의 독자층은 매우 미미한 수에 지나지 않았을 것으로 판단된다. 그러나 여전히 조선시대 지배층의 지적 수준을 염두에 둔 신문의 체재, 문체, 논설 등은 오히려 일반 대중과 신문의 거리를 넓히는 결과를 낳았다. 초기 신문의 부침이 심했던 주된 이유가 경영난이었다는 사실에서 이는 입증된다고 하겠다.

한편 신문은 장려의 대상일 뿐만 아니라 통제의 대상이었다. 신문의 존재 이유는 정부정책에 대한 균형 잡힌 비판에 있다고 종종 일컬어지는데, 바로 그러한 이유로 정부는 종종 신문을 통제하였다. 일본은 1875년에 「신문지조례(新聞紙條例)」와 「참방률(讒謗律)」을 제정하여 언론에 대한 간섭을 본격화하였다.[12] 물론 「신문지조례」와 「참방률」의 제정 및 이를 근거로 한 제국일본의 신문탄압은 거꾸로 신문이 정치를 움직일 수 있는 힘, 인심을 좌우할 수 있는 힘을 갖고 있으며, 따라서 얼마든지 권력을 위협할 가능성

10) 세로쓰기를 하는 일본어 문장에서 한자어 우측에 한자어의 발음을 표기하는 것을 가리킨다.

11) 永嶺重敏(2004), 앞의 책, 170-181쪽.

12) 송석원(2010), 앞의 논문, 152쪽.

을 갖고 있다는 점을 은연중에 확인하는 것이기도 했다.[13]

근대조선에서의 신문 사정 또한 대체로 이와 비슷하다고 할 수 있다. 조선의 위정자들도 신문을 장려하지만은 않았기 때문이다. 『독립신문』, 『제국신문』, 『대한매일신보』가 관리의 비행 등을 폭로하면서 위정자의 신문관은 악화되었던 것이다. 특히 1896년 『한성신보』가 한국의 국체와 황제를 모독한 기사를 실어 정부를 자극한 것이 대표적이다. 다만 이 사건에 즈음하여 당시의 정부는 신문의 인가 취소를 논의하였으나, 한국인의 구독 금지와 한국인 배달부 체포 등의 간접적인 제재에 그쳤다.[14]

신문에 대한 강제는 조선정부보다는 오히려 외국정부가 더 거세게 요구하였다. 신문은 열강의 이권 침탈과 관련한 외교문서를 게재하여 외교문제를 일으키기도 하였는데, 이는 외국 정부 - 조선 정부 - 신문 간의 첨예한 긴장을 낳았다. 마침내 외국정부(를 대표하는 한국 주재 외교관, 주로 공사)는 조선정부에 신문에 대해 강제적 조치를 취할 것을 요청하였다.[15] 이러한 외국정부, 주로 일본 통감부의 압박에 따라 신문을 규제하는 법규가 마련되었다. 1907년 7월 24일 반포된 「신문지법」〔통상 「광무신문지법(光武新聞紙法)」으로 불린다〕과 같은 해 7월 27일 반포된 「보안법(保安法)」이 그것이다.

부칙 3개조를 포함하여 총 38개조로 구성된 「광무신문지법」은 일본의 「신문지조례」에 비해 신문에 대한 정부 규제의 정도가 강하다. 〈표 1〉에서 알 수 있는 바와 같이 「신문지조례」에서는 신문 발행이 신고제이고 보증금은 지역에 따라 차등적으로 규정되어 있었던 데 반해, 「광무신문지법」에서는 신문 발행이 허가제이고 보증금은 일률적으로 300원으로 규정되어 있기 때문이다. 300원 규정은 사실상 신문사 창설을 어렵게 하는 것이었다. 물론

---

13) 小森陽一(1996), 「近代讀者論 : 近代國民國家と活字を讀むもの」, 井上俊 · 上野千鶴子 · 大澤眞幸 · 見田宗介 · 吉見俊哉 編, 『岩波講座 現代社會學 8 文學と藝術の社會學』, 岩波書店, 106쪽.

14) 崔埈(1961), 「軍國日本의 對韓言論政策 : 言論類型上의 絶對主義型」, 『亞細亞硏究』 제4권 제1호, 고려대학교 아세아문제연구소, 219-220쪽.

15) 崔起榮(1991), 앞의 책, 274쪽(필자가 약간의 수정을 가함).

〈표 1〉「광무신문지법」과 「신문지조례」의 주요 내용 비교[16)]

항목	「광무신문지법」(1907)	「신문지조례」(1887)
신문 발행 수속 절차	허가	신고
신문사 간부 자격	20세 이상 남자로 국내 거주자	만 20세인 남자로 내국인
보증금	300원	지역에 따라 상이
발행 사항 변경	허가	신고
납본	발행 시 해당 관청 각 2부	발행 시 해당 관청 각 2부
게재금지 사항	황실 존엄 모독 · 국헌 문란 등	정체 변괴 · 조헌 문란 기사 등
신문수뢰죄	청탁 · 수뢰금지	규정 없음
내무대신의 행정처분권	치안질서방해 · 풍속괴란(風俗壞亂)	치안질서방해 · 풍속괴란

일본의 「신문지조례」는 제정 당시, 즉 1875년에는 허가제로 되어 있었지만 개정을 거듭하여 마침내 신고제로 전환되었다. 그렇지만 조선통감부는 그보다 후에 제정된 「광무신문지법」에서 여전히 허가제를 고수하였다. 이는 신문 발행의 입구부터 제국권력을 행사하려는 의도가 투영된 결과라고 할 수 있다. 「광무신문지법」은 또한 제21~35조에 신문의 법률 위반에 대한 처벌 내용을 규정하고 있다.

「광무신문지법」이 제정되기 이전부터 조선에서 발행되는 신문에 대해 조선정부와 외국정부(특히 일본)의 간섭이 있었음은 이미 지적한 바 있다. 권력 측의 간섭은 검열을 일상화하였고, 그 결과 '벽돌신문'이 출현하기도 하였다. 벽돌신문은 검열에 걸려 삭제된 부분의 활자를 뽑아 뒤집어 놓고

16) 高麗大學校亞細亞問題硏究所 舊韓國外交文書編集委員會 編(1968), 『舊韓國外交文書 4 日案 4』, #4857 「外交文書의 交涉中 新聞揭載事件의 禁斷要望」. 崔起榮(1991), 『大韓帝國時期 新聞硏究』, 一潮閣, 247쪽에서 재인용.

인쇄하면 원래 기사가 있던 자리에 검은 벽돌을 쌓아 놓은 것처럼 보인다고 하여 붙여진 이름으로, 1904년 2월 24일자 『황성신문』에서 처음 나타났다.[17] 「광무신문지법」에서는 이러한 사전검열을 정당화하였다. 납본을 의무화(제10조)함으로써 사전검열에 법적 정당성을 부여했기 때문이다. 그뿐만 아니라 신문이 발행된 뒤에도 사후통제를 가능케 하여 행정적 · 사법적으로 처벌(제21~35조)할 수 있도록 하였다.

III. 제국일본의 대조선 언론정책

1. 검열

정진석은 제국일본 치하의 한국언론사 시대 구분과 관련하여 민족지와 친일지의 대립기(1905~1910), 친일지의 독점기(1910~1919), 민간지의 재생과 항일기(1920~1930), 친일강요기(1931~1945)로 세분하여 설명하고 있다.[18] 이는 제국일본의 검열을 받는 입장에서의 시대 구분이다. 이에 대해 조선총독부 제2대 도서과장을 역임한 다쓰타 기요타쓰(立田清辰)는 1930년까지의 조선 언론의 논조를 감정적 독립갈망시기(1920~1924), 이론투쟁시기(1924~1929), 합법적 논쟁시기(1929년 이후)로 구분하고 있다.[19] 검열을 하는 측과 당하는 측의 입장에서 본 제국일본의 대(對)조선 언론관이 명확하게 대비되어 표출되고 있음을 알 수 있다.

제국일본시기 우리나라 언론이 친일지와 민족지로 구별되고, 특히 민족지의 항일 논조와 폐간 및 친일 강요 등으로 규정되는 데에서 알 수 있듯

17) 정진석(2007), 『극비 조선총독부의 언론검열과 탄압 : 일본의 침략과 열강세력의 언론통제』, 커뮤니케이션북스, 28쪽.

18) 鄭晋錫(1983), 「머리말」, 『韓國言論史硏究』, 一潮閣 참조.

19) 立田清辰(1931), 「1930年の朝鮮出版界の回顧」, 『警務彙報』 第297號(1931. 1), 朝鮮總督府 警務總監部. 정진석(2007), 앞의 책, 39쪽에서 재인용.

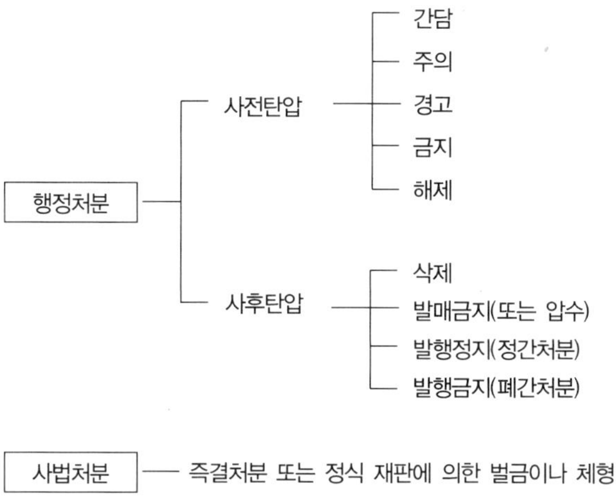

〔그림 1〕 제국일본의 언론탄압[20)]

이, 조선총독부의 신문에 대한 간섭과 탄압은 매우 조직화된 기구와 인원에 의해 광범위하게 이루어졌다. 총독부의 언론 감시 · 탄압의 주무 부서는 경무국 고등경찰과와 도서과였다. 이들은 일반적으로 '출판경찰'로 일컬어졌다. 부서의 인원은 1920년 설립 당시 한인 4명, 통역 4명, 일본인 12명 등 20명이었으나, 1941년에는 한인 4명, 통역 4명, 일본인 28명 등 모두 36명이었다. 이와 같이 조선의 언론을 탄압하기 위한 검열기구의 인원이 해마다 증가하고 있는 가운데 특히 일본인이 현저하게 증가했다. 일본인 중에는 예컨대 니시무라 신타로(西村眞太郎) 등과 같이 한국어에 능숙한 검열관 · 통역관이 적지 않았다.

제국일본의 언론탄압은 먼저 행정처분과 사법처분으로 구별되며, 이어 행정처분의 경우 사전탄압과 사후탄압으로 분류된다. 「광무신문지법」의 규정에서는 사전탄압 가운데 '금지'에 대해서만 규정하고 '간담', '주의', '경고' 등에 관해서는 아무런 규정이 없다. 그러나 실질적으로 법규에도 없는 이러한 종류의 탄압이 일상적으로 시행되었다. 이러한 사전탄압은 그래도 신

---

20) 정진석(2007), 앞의 책, 94쪽.

문의 존속을 결정적으로 위협하지는 않았다. 사후탄압은 '삭제'를 비롯하여 '발매금지', '발매정지', '발행금지' 등을 포함하고 있다. 행정처분만으로도 신문을 폐간시킬 수 있었으며, 여기에 사법처분으로 신문이나 기자에게 금고·벌금의 형벌을 가할 수 있었다.

〈표 2〉 연도별 신문기사 사전통제 일람표(1925~1939)[21]

	25	26	27	28	29	30	31	32	33	34	35	36	37	38	39	계
간담	3	1	2	-	1	1	8	21	2	2	1	-	4	-	1	47
주의	38	98	334	136	227	3	5	11	9	11	2	11	35	64	54	1,088
경고	4	3	3	9	11	4	20	90	80	66	75	78	69	63	47	622
금지	7	7	8	17	3	1	-	1	-	-	-	-	4	2	6	55
해제	4	6	25	10	35	5	12	73	122	64	85	91	57	139	50	778

〈표 2〉에서 보는 바와 같이 1925~1939년 사이에 간담, 주의, 경고는 각각 47회, 1,088회, 622회에 이르렀다. 이에 비해 금지는 55회였다. 주의가 다른 지표에 비해 압도적 다수를 점하고 있는데, 특히 초기에 해당하는 1927~1929년 3년 사이에 집중되어 있음이 주목된다. 사전통제의 원인별 내역으로는 치안방해, 수사 필요, 군사 관계, 기타 등으로 분류되고 있다. 각 사전통제를 원인별로 살펴보면, 간담의 경우 47회 중 치안방해 24회, 수사 필요 6회, 군사 관계 2회, 기타 15회 등이었으며, 주의의 경우 1,088회 가운데 치안방해 603회, 수사 필요 326회, 군사 관계 91회, 기타 68회 등이었다. 경고의 경우에는 622회 중 치안방해 292회, 수사 필요 86회, 군사 관계 49회, 기타 195회 등이었고, 금지에서는 55회 가운데 치안방해 36회, 수사 필요 6회, 군사 관계 5회, 기타 8회 등이었으며, 해제에서는 778회 중 치안방해 329회, 수사 필요 106회, 군사 관계 84회, 기타 259회 등이었다.[22] 이

---

21) 朝鮮總督府警務局圖書課, 『朝鮮出版警察概要』, 각 연도판 종합. 정진석(2007), 앞의 책, 97쪽에서 수정하여 재인용.

22) 정진석(2007), 앞의 책, 97쪽.

와 같이 사전통제를 원인별로 보면 모든 탄압처분 중 치안방해가 압도적 다수를 점하고 있는 가운데 주의의 경우에는 '수사 필요'가, 경고의 경우에는 '기타'가 각각 상당수에 달하는 점도 눈에 띈다. 결국 사전통제에서는 주의의 방식이 가장 일반적으로 사용되었으며, 시간의 경과와 함께 경고를 제외한 대부분의 지표가 감소하는 것과 궤를 같이하여 해제가 증가하고 있는 점은 사전통제가 정착되어 갔음을 의미한다. 환언하면 이 〈연도별 신문기사 사전통제 일람표〉는 신문이 친일강요기에 들어가는 과정을 보여 주는 것이다.

한편 제국일본시기 조선에는 일본인이 발행하는 신문도 존재하였다. 이 일본인 경영 신문들 역시 제국일본의 권력으로부터 간섭 · 탄압을 받았음은 물론이다. 〈표 3〉은 한인과 일본인이 발행하는 신문에 대한 삭제와 주의 등의 탄압을 비교한 것이다. 앞에서 지적한 바와 같이 주의는 사전탄압에, 삭제는 사후탄압에 해당한다.

〈표 3〉 신문기사 삭제 · 주의 건수(1931~1939)[23]

	한인 발행		일본인 발행	
	삭제	주의	삭제	주의
1931	108(108)	20(20)	38(38)	65(65)
1933	229(229)	11(11)	49(48)	126(126)
1934	226(224)	9(9)	114(100)	198(169)
1935	524(524)	166(135)	185(154)	73(67)
1936	78(75)	32(32)	91(71)	679(605)
1937	49(49)	34(31)	262(255)	296(289)
1939	133(127)	48(48)	524(524)	621(615)

* 괄호 안의 숫자는 '치안방해' 건수를 의미.

비록 1931~1939년의 통계 비교에 그치고 있으나 여기에서도 중요한 사

23) 朝鮮總督府警務局圖書課, 『朝鮮出版警察概要』, 각 연도판 종합. 정진석(2007), 앞의 책, 101쪽에서 수정하여 재인용.

실을 간과할 수는 없다.

첫째, 한인이 발행하는 신문의 삭제는 시간의 경과와 함께 큰 폭으로 감소하는 데 반해, 일본인이 발행하는 신문에서는 역으로 증가하고 있다는 점이다. 일본인 발행 신문이 한인 발행 신문보다 상대적으로 완화된 「신문지조례」의 적용을 받고 있다는 점에서 이러한 통계 숫자의 추이는 주목을 요한다.

둘째, 삭제와 주의 모두 대부분 치안방해가 주된 이유이다. 다만 일본인 발행 신문이 한인 발행 신문보다 치안방해 외에도 풍속괴란 등의 이유로 처분을 받은 것으로 나타난다. 또한 치안방해를 이유로 한 처분만 살펴보았을 때, 한인 발행 신문은 전 시기에 걸쳐 삭제처분이 압도적 다수를 점하는 데 반해, 일본인 발행 신문의 경우에는 거꾸로 주의처분이 다수를 점하고 있다.

셋째, 한인 발행 신문은 삭제처분 건수가 주의처분의 건수보다 압도적 다수를 점하고 있는 데 반해, 일본인 발행 신문은 1935년을 제외하고는 주의처분이 삭제처분을 압도하고 있다. 이는 일본인 발행 신문이 상대적으로 이른 시기부터 사후탄압에서 사전탄압으로 전환해 간 데 반해, 한인 발행 신문에 대해서는 사후탄압에서 사전탄압으로의 전환이 뒤늦게 이루어졌음을 의미한다.

넷째, 한인 발행 신문과 일본인 발행 신문의 처분 숫자를 대비해 볼 때, 1936년과 1937년 현저하게 일본인 발행 신문에의 처분 건수가 많음을 알 수 있다. 이는 단지 삭제처분과 주의처분만을 나타내고 있는 것이지만, 1937년의 신문지 압수처분, 즉 발매금지 집행 부수에서 일본인 발행 신문이 30만 9,109부로 한인 발행 신문 23만 5,839부를 능가하고 있다[24]는 점에서, 이해에 특별히 일본인 발행 신문과 제국일본 권력 사이의 마찰이 첨예했던 것으로 보인다. 사실 압수처분만 놓고 볼 때, 1937년 이전까지는 한인 발행 신문이 일본인 발행 신문에 비해 비교가 되지 않을 정도로 압도적 다수를 점해

---

24) 정진석(2007), 앞의 책, 104쪽.

왔다. 그러나 1937년을 경계로 다시 한인 발행 신문이 다수를 점하게 되지만, 일본인 발행 신문의 압수처분 건수가 한인 발행 신문에 근접하고 있다.

다섯째, 한인 발행 신문에서의 삭제 건수의 축소 경향 역시 이 시기가 조선 언론에게는 친일 강요의 극성기이기 때문으로 볼 수 있다.

한편 사후탄압으로서의 신문의 발행정지(정간처분)를 살펴보면, 『동아일보』와 『조선일보』가 각각 네 차례의 처분을 받았다. 『동아일보』는 1920년 9월 25일의 「제사문제를 재론하노라」[25]라는 기사로 인해 1921년 1월 10일까지 108일간 정간처분을 받은 것을 시작으로 「국제농민본부로부터 조선 농민에게 본사를 통하여 전하는 글월」[26]로 1926년 3월 7일부터 같은 해 4월 19일까지 44일간, 「조선의 현상 밑에 귀보(貴報)의 사명 중대」[27]로 1930년 4월 17일부터 같은 해 9월 1일까지 138일간, '일장기말소사건'으로 1936년 8월 27일부터 1937년 6월 2일까지 279일간 등 모두 569일간 정간처분을 받았다.

『조선일보』의 경우에는 「자연의 화(化)」[28]로 1920년 8월 27일부터 같은 해 9월 2일까지 7일간을 시작으로 「우열한 총독부 당국자는 하고(何故)로 우리 일보(日報)를 정간시켰나뇨, 천하의 동정이 오사(吾社)에 폭주함」[29]으로 1920년 9월 5일부터 같은 해 11월 5일까지 62일간, 「조선과 노국과의 정치적 관계」[30]로 1925년 9월 8일부터 같은 해 10월 15일까지 38일간, 「제남사건의 벽상관」[31]으로 1928년 5월 9일부터 같은 해 9월 19일까지 133일

---

25) 「祭祀問題를 再論하노라」, 『東亞日報』 1920. 9. 25.자, 1면.

26) 「國際農民本部로부터 朝鮮農民에게 본사를 통하야 전하는 글월」, 『東亞日報』 1926. 3. 5.자, 2면.

27) 「外國名士의 祝辭 本報創刊 十週年 記念 : 朝鮮의 現狀 미테 貴報의 使命重大, 米國急進的 週間雜誌 『네슌』 主筆 「빌라즈」 氏 // 至貴한 言論自由 社會缺陷을 匡正, 米國急進的 月刊雜誌 『머큐리』 主筆 「멩켄」 氏」, 『東亞日報』 1930. 4. 16.자, 1면.

28) 「自然의 化」, 『朝鮮日報』 1920. 8. 27.자.

29) 「「愚劣한 總督府 當局은 何故로 우리 日報를 停刊시켰나뇨, 천하의 동정이 吾社에 폭주함」, 『朝鮮日報』 1920. 9. 5.자.

30) 「朝鮮과 露國과의 政治的關係」, 『朝鮮日報』 1925. 9. 8.자.

31) 「濟南事件의 壁上觀」, 『朝鮮日報』 1928. 5. 9.자.

간 등 모두 259일간 정간처분을 받은 바 있다.

정간의 경우, 『동아일보』와 『조선일보』는 같은 횟수의 처분을 받았으나 그 기간은 『동아일보』가 두 배 이상에 달하고 있다. 『동아일보』가 『조선일보』에 비해 각 차수마다의 기간이 일정하게 길기 때문이다.

발행금지(폐간처분)는 언론의 존재 자체를 부인하는 것으로서 가장 강력한 사후탄압 방책이었다. 1926년에 『개벽』이, 1936년에는 『조선중앙일보』가 각각 폐간되고, 이어 1940년에는 『동아일보』와 『조선일보』마저 폐간되었다. 이로써 마침내 『대한매일신보』가 조선총독부 기관지가 되면서 제호를 변경하여 발행된 『매일신보』만 남게 되었다. 한인 발행의 주요 신문이 폐간처분을 받은 상태에서 강화된 언론의 친일강요기는 사실상 한인 발행 언론의 부재 속에 제국권력의 기관지이거나 제국일본의 영향권 범위 내에 있는 언론만이 활약한 시기였다는 점에서, 엄밀히 말하자면 한인 발행 언론 혹은 민족 언론의 부재기라고 할 수 있다.

2. 간행물 행정처분

지금까지 제국일본의 언론탄압을 행정처분과 사법처분으로 나누고, 이 가운데 행정처분을 사전탄압과 사후탄압으로 분류하여 각각의 내역에 대한 통계상의 추이를 추적해 보았다. 여기에서는 그러한 행정처분이 구체적으로 어떠한 내용을 이유로 이루어진 것인지에 대해 간단히 살펴보고자 한다.

제국일본의 권력은 해마다 조선에서의 출판 사정을 기록 · 정리해 갔다. 이 기록들은 월보와 연보의 형태로 기록되었는데, 기록자는 조선 언론 · 출판을 담당한 조선총독부 경무국 도서과였다. 도서과는 조선 언론의 논조를 파악하고 통제와 탄압의 자료를 업무에 참조하기 위해 『조선출판경찰월보』와 『조선출판경찰개요』 등을 만들었다. 이 기록들에서 앞에서 살펴본 바와 같은 탄압의 통계를 추출할 수 있었다. 특히 1928년 발행된 『신문지출판물개요(新聞紙出版物槪要)』의 「제3장 조선 내 발행 신문 · 잡지 기타 출판물 취체

상황」의 "제2절 조선인 발행 신문 · 잡지 취체 상황"은 신문과 잡지에 대해 행정처분과 사법처분을 내린 사례 등을 "간행물 행정처분 표준"이라는 제목으로 체계적으로 정리하고 있다. 이는 이후 제목이 바뀌면서 지속된 제국일본의 조선 언론 · 출판탄압 기록에 계승되어 갔다. 다음의 〈표 4〉는 조선총독부 경무국이 1929년에 발행한 『조선에서의 출판물 개요(朝鮮に於ける出版物概要)』에 수록되어 있는 "간행물 행정처분 표준" 내역이다.

〈표 4〉 간행물 행정처분 표준[32]

	내용
1	황실 존엄 모독 기사
2	국헌 교란 기사
3	국제 교의(交誼) 저해 기사
4	공표되지 않은 관청 문서나 공개되지 않은 회의 내용 기사
5	공판 전 예심 관련 사항 및 방청금지 재판 사항 기사
6	형사 피고인, 범죄인 또는 사형자를 구호 · 상휼(賞恤)하거나 범죄를 선동 · 곡비(曲庇)하는 기사
7	제국을 모욕하거나 또는 저주하는 기사
8	국가에 대한 의무를 부인하는 기사 또는 행정상 국가에 대한 의무 이행을 혐기(嫌忌)시킬 우려가 있는 기사
9	조선 통치를 부인하는 기사
10	조선 통치를 방해하는 기사
11	사유재산제도를 부인하는 기사
12	계급투쟁, 기타 쟁의를 선동하는 기사
13	시사에 관해 무계(無稽)한 풍설을 유포하여 민심을 혹란(惑亂) 동요케 하는 기사
14	경제 혼란을 야기하여 인심 불안을 초래할 우려가 있는 기사

32) 朝鮮總督府警務局(1929), 『朝鮮に於ける出版物概要』, 85-129쪽.

15	타인을 훼비(毁誹)할 목적의 허위 사항에 관한 기사
16	외설, 난륜(亂倫), 잔인, 기타 풍속을 해치는 기사
17	군사, 외교 및 비밀을 요하는 사항에 관하여 게재를 금지하는 기사
18	복자(伏字), ○자, ×자를 사용했다 하더라도 본 표준의 각 항에 해당한다고 인정되는 기사
19	도화(圖畵)로써 전기 각 항의 어느 것에나 해당하는 기사

『동아일보』가 1920년 9월 25일부터 1921년 1월 10일까지 108일간에 걸쳐 동 신문사 최초로 정간처분을 받게 된 「제사문제를 재론하노라」라는 기사는 다름 아닌 '황실 존엄 모독 기사'로 분류된 데 따른 결과였다. 선조를 대상으로 한 조선의 제사는 우상숭배라고 할 수 없지만, 일본인이 숭상하는 신기(神器)에의 제사는 우상숭배에 지나지 않으며 따라서 전적으로 무가치한 것이라고 논하고 있기 때문이다. 이러한 황실 존엄 모독 기사는 단지 일본의 황실 관련 기사에만 국한되는 것이 아니라 타국 황실의 스캔들이나 조락(凋落)을 기사화하는 것까지 제재 대상이 되었다.

그러나 무엇보다도 〈표 4〉의 행정처분 표준 내용은 주로 조선 독립을 고무하거나 제국일본의 조선 통치를 부인하거나 방해하는 내용 및 사회주의 관련 내용으로 요약할 수 있다. 실제로 일련번호 1~10 및 17이 전자, 11~14가 후자와 각각 깊은 친화성을 갖고 있다. 이와는 대조적으로 15와 16은 과거 일본의 「참방률」 규정을 연상시키는 내용이라고 할 수 있다.

조선 통치를 부인하는 기사의 대표적인 내역으로는 내지(內地 : 일본)를 외국 취급하고 조선을 독립국가처럼 취급하는 기사는 물론 독립 기원 또는 단군 기원 등을 사용한 기사, 조선민족의 독립사상 또는 독립운동을 선전·고취하거나 선동·찬양하는 기사, 배일사상(排日思想) 또는 배일운동을 선전·고취하거나 선동·찬양하는 기사, 타민족의 독립사상 및 운동을 선전·고취하거나 선동·찬양함으로써 암암리에 조선의 독립사상 또는 운동에 이용하려는 기사, 타민족의 배일사상 또는 운동을 선전·고취하거나 선동·찬양하고 암암리에 조선에서의 배일에 이용하려는 기사, 해외의 조선 독립운동에 관한 허위 또는 과대 보도를 하거나 그 운동을 선동 · 찬양하는 기사 등으로 구분하여 기록하고 있다. 따라서 신문에 '일본', '일본어', '전국' 등의 표현을 신문에 싣는 것은 불온하다는 이유로 탄압의 대상이 되었다. 이러한 표현이 암암리에 조선과 일본을 구분하여 사용한 것이어서 제국일본의 조선 통치를 부인하는 것으로 여겼기 때문이다.

제국일본의 대조선 언론정책 가운데 사회주의 관련 내용에 대한 엄격한 단속 역시 궁극적으로는 그들의 통치체제 유지 · 강화와 밀접한 관계가 있음을 알 수 있다. 일본 국내외에서 활약하던 일본인 사회주의자들에 대한 탄압 사례에서도 알 수 있듯이 제국일본은 사회주의사상 자체를 위험시하였다. 사회주의(자)는 국헌 문란, 환언하면 천황 중심의 가부장적 가족국가로서의 '국체(國體)'에 대한 끊임없는 도전자로 인식되었던 것이다. 특히 조선에서의 사회주의사상의 공표 · 만연은 배일민족주의와 결합할 가능성이 컸다. 그러므로 제국일본의 출판경찰은 조선 신문에서의 사회주의적 내용의 기사를 자신들의 조선 통치를 부인하거나 방해하고 조선독립을 고무하려는 기사만큼이나 주의 깊게 관찰 · 탄압하였다.

Ⅳ. 맺음말

제국일본의 대조선 언론정책에 대해 출판경찰의 조직, 검열 · 탄압의 종류와 사유, 실제 탄압의 사유별 통계를 살펴보았다. 제국일본은 자국 내에서는 「신문지조례」에 의해 신문에 검열 · 탄압을 실행하였다. 정보국 소속 정보관으로 군의 행동과 정부정책에 비협조적이라는 이유로 "중앙공론사(中央公論社)를 지금부터 부숴 버리고 말 테다"라는 말을 남긴 것으로 유명한 스즈키 구라조(鈴木庫三)의 경우[33]처럼 제국일본은 일본 국내뿐만 아니라

33) 사토 다쿠미(佐藤卓己)는 스즈키 구라조에 대해 그의 일기 등을 토대로 인간적인 실상이 왜곡되어 있다는 점을 논증하고 있다. 佐藤卓己(2004), 『言論統制 : 情報官 · 鈴木庫三と教育の國防國家』, 中央公論社.

제국의 확산으로 쟁취한 타이완이나 조선에서 무소불위의 문화권력을 행사하였다.

제국일본의 조선 언론에 대한 간섭 및 탄압은 조선을 식민지로 만들기 이전부터 집요하게 이루어졌다. 조선에서의 권익을 둘러싼 열강 간의 각축이 점차 긴장감을 높여 가고 있는 상황에서, 그들의 이해와 밀접한 관련이 있는 외교교섭에 관한 조선 언론의 보도는 불만의 표적이 되었다. 바로 이것이 조선 언론에 대한 간섭이 이루어지게 된 이유이다. 제국일본 역시 이 열강들과 함께 조선에서의 권익 확보에 지대한 관심과 이해를 갖고 있었으며, 그런 만큼 조선 언론에 대한 간섭·탄압의 요구는 강했다. 1907년 7월 공포된 「광무신문지법」은 조선통감부의 이해가 노골적으로 반영된 대조선 언론통제정책의 하나였다. 1875년 제정된 일본의 「신문지조례」보다 더욱 엄격한 규제를 포함하고 있다는 점에서 제국일본의 문화권력의 외연화, 곧 야마무로 신이치가 말하는 상이한 법적 영역의 통합과 격차의 실상을 여실히 보여 주고 있다고 할 수 있다.

제국일본의 대조선 언론정책의 실무는 조선총독부 고등경찰과와 도서과가 담당하였으며, 매년 언론 동향을 정리하여 탄압의 기록을 남겼다. 행정처분에 의한 탄압이 사법처분에 비해 압도적으로 다수를 점하고 있다. 행정처분은 다시 사전탄압과 사후탄압으로 구분되는데, 사전탄압에서는 「광무신문지법」에 규정된 금지처분보다는 오히려 규정에도 없는 간담·주의·경고 등의 처분이 중심을 이루었다. 더욱이 시간의 경과와 함께 이러한 사전탄압의 횟수는 줄어들고 기존의 처분이 '해제'되는 사례가 증가하고 있다. 사후탄압으로서는 삭제·발매금지(압수)·발행정지(정간)·발행금지(폐간) 등의 처분이 있었는데, 이 가운데 삭제가 가장 많은 횟수를 보이고 있다.

한편 이러한 행정처분의 구체적인 표준은 19가지로 분류되어 있었으며, 주로 조선 독립을 고무하거나 제국일본의 조선 통치를 부인 혹은 방해하는 내용 및 사회주의 관련 내용으로 요약할 수 있다. 제국일본의 문화권력을 근본부터 뒤흔들 수 있는 내용에 탄압의 초점이 맞추어져 있었다는 점은 어쩌면 당연한 논리적 귀결일지도 모른다.

청각적 근대성의 이면

—이자와 슈지와 식민지 동화교육정책의 출발—

정준영

I. 들어가며

최근 일본 식민주의의 특징을 이전과는 다른 방식으로 새롭게 조명하려는 움직임이 일본학계, 그리고 한국학계에서 활발하게 제기되고 있다. 이른바 제국사(帝國史)의 관점이 그것인데, 이때까지 식민지 연구의 주된 과제는 '전후' 일본사회의 관점에서 또는 '식민 이후' 아시아 각국의 관점에서 '전전(戰前)' 또는 '일제'를 어떻게 파악하는 것이었다. 그런데 제국사 연구는 일본과 식민지를 개별 사회가 아닌 하나의 식민지제국(colonial empire)이라는 맥락 속에서 포착하는 한편 일본 식민주의의 구조와 특징을 '제국의 시대'였던 당시의 시대적 맥락 속에 위치지어 파악하고자 한다.[1] 즉 식민 지배

1) '제국사'의 관점과 문제의식에 대해서는 駒込武(2005), 「'帝國のはざま'から考える」, 『年報日本現代史』 第10號, 1-21쪽 참고.

의 문제를 개별 사회의 문제 또는 사회 사이의 비교문제로 보는 대신, 이 사회들이 어떻게 '식민지제국'이라는 위계적 지역체계를 구성하는지를 주목하고, 그 구조와 특징 · 유산을 서구 제국주의와의 동시대적인 맥락 속에서 밝히려는 것이다.

일본 식민주의의 현저한 특징 중 하나인 동화주의는 이런 제국사의 관점에서 보아도 매우 흥미로운 주제이다. 주지하다시피 제국일본은 공식적으로는 식민지의 존재를 인정하지 않는 태도를 보였다. 조선과 대만이 식민지로서 서구열강의 공인을 받은 이후에도, 제국일본은 공식적으로는 이 사회들이 식민지가 아님을 역설하고 일본이 서구열강의 제국주의와 차별화되는 지점이 여기에 있다고 강조했다.[2] 식민 통치라는 차별적 지배를 계속하면서도 이것이 야기한 각종 모순을 은폐하는 논리, 더 나아가 식민지사회를 헤게모니적으로 동원하기 위해 적극 활용한 논리가 바로 일시동인(一視同仁)의 원리, 즉 동화주의였다. 제국일본은 새로운 식민지를 확보할 때마다 통치 원리로서 동화주의를 표방했다. 현실의 차별적 식민 지배는 시세(時勢)와 민도(民度)에 따른 일시적인 조치에 불과할 뿐이며, 종국에는 일시동인의 원리에 의해 주민들은 천황의 충성스런 신민이 되고 그 땅은 본토와 다름없는 제국일본의 일부분이 될 것임을 반복하여 천명해 온 것이다.

확실히 이런 일본의 동화주의는 비슷한 원리를 표방했던 다른 제국주의 열강의 식민 지배에서는 유례를 찾아보기 쉽지 않은 독특한 현상이다. 물론 서구열강 중에서도 일부 식민지에 대해 특정 시기에 동화를 표방한 경우가 있었다. 하지만 이 서구열강들이 허구일지언정 '문명의 보편성'을 동화의 근거로 내세웠다고 한다면, 제국일본은 '일본민족에의 동화'에 초점을 두고 있다는 점에서 성격을 달리한다.[3] 근대민족의 창출이 '비(非)민족적'인

2) 제국일본의 정책 담당자들이 공식적으로는 '식민지' 대신 당분간 제국헌법의 적용을 받지 않는다는 의미에서 '외지' 등의 표현을 고집한 것은 이와 같은 상황과 관련이 깊다.

3) '문명으로의 동화'와 차별화되는 '민족으로의 동화'가 갖는 특징에 대해서는 陳培豊(2001), 『「同化」の同床異夢 : 日本統治下臺灣の國語敎育再考』, 三元社, 제1장 참고. 덧붙여 말하면 이와 같은 특징은 정도와 표현의 차이는 있지만, 일본의 동화주의 · 동화정

것을 식별하여 배제하고 이를 통해 민족 특유의 동질화를 모색하는 과정 속에서 가능해졌다는 점을 감안한다면,[4] '근대문명으로의 동화'보다는 '(일본)민족으로의 동화'를 강조한 일본의 동화주의가 이데올로기적 성격이 강했던 것은 당연하다. 천황 중심의 배타적인 혈족 내셔널리즘이 식민지 주민을 '진짜' 일본인으로부터 끊임없이 배제하고 있었지만, 그럼에도 불구하고 동화주의는 이러한 현실을 은폐하는 이데올로기로 작용했으며, 따라서 일본의 동화는 서구 식민 통치의 역사에서 통상적으로 말하는 assimilation과는 다른 것이라는 고마고메 다케시(駒込武)의 지적은 이런 의미에서 전적으로 타당하다.[5]

하지만 몇 가지 의문점은 여전히 남는 듯하다. 사실 식민 지배가 여러 갈등과 모순을 낳는 것은 일본 특유의 문제라기보다는 식민지제국 일반의 문제라고 할 수 있는데, 왜 일본은 굳이 이를 은폐하려고만 들었을까? 그리고 왜 제국일본은 이러한 갈등과 모순을 해소하는 수단 또는 조치로서 동화주의에 집착했을까? 이런 질문들은 일본의 동화주의를 단지 허구적 이데올로기 혹은 담론적 구성물(discursive formation)로만 간주한 경우에는 쉽사리 대답하기 어렵다. 이데올로기 혹은 담론을 지탱하는 '물질성'[6]에도 관심을 기울일 필요가 있는 것은 이 때문이다.

일본어로 식민지 주민에게 근대식 교육을 행한다는 것, 즉 식민지 동화교육의 문제가 부상하는 것은 바로 이 지점에서이다. 사실 원래 생물학의 용어인 '동화'라는 번역어는 메이지 20년대 초반 이른바 내지잡거(內地雜居)

책에 대한 대부분의 기존 연구에서도 지적하고 있다.

4) 西川長夫(1993), 「國家イデオロギーとして文明と文化」, 『思想』 第828號, 4-33쪽.

5) 駒込武(1996), 『植民地帝國日本の文化統合』, 岩波書店, 21쪽.

6) 이데올로기의 '물질성'에 대해서는 프랑스의 철학자 루이 알튀세르의 이데올로기론을 참조했다. 알튀세르는 이데올로기를 현실을 오도하고 은폐하는 관념적 구성물로 보는 기존의 관점을 비판하면서, 이렇게 '허구적'이라면 대중이 왜 이데올로기의 미몽에서 벗어나지 못하는가의 문제에 천착했다. 그는 이데올로기는 관념의 형태로 존재하는 것이 아니라 '실행' · '제도' · '장치' 속에 존재하며, 이런 의미에서 물질성을 갖는다고 주장했다.

가 논쟁의 중심이 되기 전까지는 일본의 지식인 사이에서도 완전히 낯선 개념이었다.[7] 이후에도 동화는 1895년 청일전쟁의 결과, 대만을 영유하여 아무런 준비 없이 식민 통치라는 문제에 직면하기 이전까지는 외국인의 유입에 의해 파괴될지도 모르는 일본의 고유한 국체(國體)를 보존하기 위한 방어 논리로 활용되는 수준에 머물렀다.[8] 동화가 이민족 지배정책에 관련된 용어로 극적으로 전환된 것은 식민 통치, 그중에서도 식민지 교육정책의 실시가 결정적이었다. 교육, 특히 근대교육이 전제하는 계몽의 이념은 여러모로 편리했는데, '야만적인' 이민족이 '문명화된' 일본인으로 바뀔 수 있다는 가능성의 논리로 손쉽게 변형될 수 있을 뿐만 아니라, 문명이라는 이름으로 식민 통치를 강요하는 논리로도 활용될 수 있었기 때문이다.[9] 실제로 대만에서 시작되고 조선에서 '기준'이 확립된 동화교육은 식민지제국 일본의 형성과 유지를 떠받치는 실질적인 제도적 기반 중 하나였다. 식민교육을 통해 일본의 동화주의는 단순히 이데올로기의 수준을 넘어 식민지 주민의 동상이몽의 욕망이 투영된 물질성을 갖출 수 있었던 것이다.

그렇다면 동화교육은 어떻게 시작되었으며, 그 기원은 무엇이었을까? 여기에서 주목되는 인물이 대만총독부의 초대 학무부장을 역임한 이자와 슈지(伊澤修二, 1851~1917)이다. 그는 대만 영유 이전부터 "대만을 일본이라는 몸의 일부분으로 삼아 인간의 마음 밑바탕부터 대만을 일본화"[10]할 필요가 있다고 주장했으며, 학무부장 취임 직후부터는 대만인을 대상으로 적극적

---

7) 陳培豊(2001), 앞의 책, 28-29쪽.

8) 이러한 방어논리의 대표적인 논자로는 국체 이데올로그 이노우에 데쓰지로(井上哲次郎)를 들 수 있다. 그는 내지잡거논쟁 당시 구미인을 "일본인과 동화하는 것은 도저히 있어서는 안 된다. 그러니까 내지잡거에 의해 우리나라의 통일, 일치를 손상시킨다", "내지잡거를 허용하는 것은 실로 일본의 국체를 파괴하는 남상(濫觴)이 될 것이다"라고 논변했다. 井上哲次郎(1889), 『内地雑居論 續』, 哲學書院, 492-498쪽.

9) 근대교육과 식민 지배의 관련성에 대해서는 정준영(2006), 「1910년대 조선총독부의 식민지 교육정책과 미션스쿨 : 중·고등교육의 경우」, 『사회와 역사』 제72집, 한국사회사학회, 213-245쪽 참조.

10) 伊澤修二(1958a), 「國家教育社第六次定會演説(1896)」, 信濃教育會 編, 『伊澤修二選集』, 信濃教育會, 612쪽.

인 일본어, 즉 국어교육정책을 실시했다. 메이지정부가 애초에 수립했던 대만 통치의 구상을 보면, 대만인에게 적극적으로 일본어교육을 시킬 의도도 더욱이 명확한 동화이데올로기도 찾아보기 쉽지 않다.[11] 따라서 이자와의 동화교육 구상 및 실천은 대만, 조선을 포함한 식민교육의 원점 혹은 원초적 장면(primal scene)에 해당된다고 볼 수 있다. 이자와 슈지야말로 일본이 처음으로 획득한 식민지의 첫 교육정책 책임자로서 당시까지 일본 국내에서는 탁상공론 수준에 머물러 있던 동화주의를 식민지의 교육정책을 통해 실현한 최초의 인물이기 때문이다. 그가 대만총독부 학무부장을 역임한 기간은 2년 남짓에 불과하며, 그의 교육 구상 중 상당 부분은 현실의 식민정책에서는 그대로 반영되지 못한 채 사라지고 말았다. 하지만 '일본어교육을 통한 동화'라는 교육 구상의 골간은 이후 제국일본의 식민지정책에서 확고한 방침으로 자리 잡았다. 사실 엄밀히 말한다면, 이자와 슈지 이후 조선과 대만의 정책 담당자 대부분은 그가 제시한 구상에 적극적이지 않았다. 오히려 식민 관료 중에서는 동화정책의 실효성에 회의적인 견해가 많았다. 그러나 제국일본이 존속하는 동안 이자와 슈지가 설정했던 '일본어교육을 통한 동화'라는 구상 자체에 대해 공식적으로 이의를 제기하는 이는 드물었다.

이 글에서는 대만총독부 초대 학무부장 이자와 슈지의 사상과 활동을 중심으로 일본이 최초의 식민지 대만에서 동화주의를 어떻게 교육정책의 형태로 실행했는지를 검토해 보고자 한다. 우선 주목하고자 하는 것은 이자와 슈지의 식민지 관료로서의 면모이다. 대만총독부가 대만 식민화 직후부터 비교적 단기간에 식민교육의 기틀을 마련할 수 있었던 것은 이자와 슈지의 개인적인 역할이 결정적이었다. 여기에서는 대만총독부에 학무부가 어떠한 경위로 설치되었으며, 이자와 슈지의 재직 당시 대만총독부 학무부의 교육정책이 어떠했는지를 먼저 검토한다.

---

11) 上沼八郎(1975),「臺灣教育史」, 世界教育史研究會 編,『世界教育史大系 2 日本教育史』, 講談社, 269-270쪽.

다음으로 식민교육에 관한 이론가로서 이자와 슈지의 입장에도 주목해 보겠다. 메이지시기를 대표하는 선각적인 지식인들이 대부분 그렇듯이, 이자와 슈지는 단순히 주어진 원칙에 맞추어 구체적인 정책을 마련하고 이를 집행하는 실무적인 행정 관료는 아니었다. 대만 부임 이전에 그는 이미 대표적인 '일본 근대교육의 선각자'로서 확고한 기반을 마련하고 있었다. 미국 유학을 통해 체계적으로 배운 선진적 교육 이론 및 기법을 바탕으로 일본의 교육체계 및 교과과정 확립에 실무적으로 기여했으며, 근대적인 체육교육 · 창가교육(vocal education) · 농아교육을 일본에 최초로 도입한 개척자였다. 일본에서 최초로 『교육학』을 집필하는 등 교육 이론가이기도 했던 이자와 슈지는 대만 교육정책을 실질적으로 담당하기 이전부터 교육에 의한 이민족동화의 방법논리를 모색했다. 자주주의, 가타주의(假他主義), 혼화주의(混和主義)로 대표되는 그의 식민교육론이 그것이다. 이 글에서는 식민이론가 이자와 슈지의 사상적 특징을 그의 식민지 활동과 연관하여 개괄적으로 살펴보겠다.

마지막으로 이 글에서는 이런 이자와 슈지의 식민교육론이 어떤 사상적 기원을 갖는가 하는 질문을 던져 보고자 한다. 대만 학무부장 시기의 이자와에 주목하는 연구들은 공통적으로 그의 동화주의가 대단히 낙관적이고 이상적인 성격이 강했다는 사실을 지목하고 있다.12) 이자와 슈지는 언어와 문화 · 역사가 상이한 식민지 대만인이 일본어교육을 통해 정말로 일본인으로 거듭날 수 있다고 보았으며, 따라서 무상교육에 바탕을 둔 공학(公學, public education)이 대만에 조속히 실현되어야 한다고 주장했다. 물론 이러한 그의 주장은 식민 지배의 현실과는 한참 동떨어져 보이는 것이 사실이다. 무리한 일본어교육의 실험은 즈산옌(芝山巖)사건과 같은 비극을 초래했고, 당시 일본 본토에서도 시행되지 않고 있던 무상교육 기반의 공학 구상은

12) 대만의 식민교육과의 관련 속에서 이자와 슈지를 다룬 대표적인 논저로, 駒込武(1996), 앞의 책 ; 長志珠繪(1998), 『近代日本と國語ナショナリズム』, 吉川弘文館 ; 小熊英二(1998), 『「日本人」の境界 : 沖縄 · アイヌ · 臺灣 · 朝鮮植民地支配から復歸運動まで』, 新曜社 ; 陳培豊(2001), 앞의 책 등을 들 수 있다.

총독부 수뇌부와의 갈등을 낳아 결국에는 그가 학무부장을 사임하는 계기가 되었다.

물론 이후 식민지 문교 담당자들은 당연하게도 이자와 슈지의 정책과 거리를 두었다. 하지만 그의 이상주의를 그저 몽상으로 치부하기에는 개운치 않은 점이 적지 않다. 왜냐하면 그의 '이상적' 동화주의는 대만 영유라는 상황이 낳은 돌발적인 에피소드가 아니라 대만시대 이전의 이자와 슈지, 다시 말하여 근대교육의 문명성과 계몽성을 확신한 교육사상가로서 그가 가졌던 이론적 지향, 실천적 면모와 논리적으로 연장선상에 있었기 때문이다. 특히 '일본어'를 동화의 핵심적 수단으로 간주하는 그의 입장은 특유의 언어교육관과 밀접한 관련을 갖고 있다. 그는 기본적으로 언어는 '소리'라고 보았는데, 따라서 '발성과 호흡'의 과학적 규칙에 대한 정확한 이해와 합리적 교육을 통해 다른 언어를 배우고 의사소통하는 것이 완벽하게 가능하다고 생각했다.[13] 그가 창가교육을 '국민' 창출의 핵심적 교과목으로 본 것도, 농아교육의 일환으로 발성기관의 합리적 운용을 통해 정확한 소리를 만들어 내는 방법인 시화법(視話法)을 적극 실험한 것도 소리의 근대성과 계몽성에 대한 확신, 즉 청각적 근대성[14]에 대한 신뢰에 바탕을 둔 것이었다. 따라서 이 글에서는 식민교육론의 사상적 기원과 관련하여 그의 교육사상, 특히 청각적 근대성에 관한 입장에 주목하려 한다. 그리고 청각적 근대성에 대한 이자와 슈지의 확신이 식민 통치의 차별적 현실 속에서 어떻게 자기모순을 드러낼 수밖에 없었는지도 시론적인 수준에서나마 생각해 보겠다.[15]

---

13) 이자와 슈지의 음악교육관에 대해서는 奥中康人(2008),『國家と音楽：伊澤修二がめざした日本近代』, 春秋社 참조.

14) 청각적 근대성의 특징 및 근대성의 시각중심주의에 대한 비판은 조너선 스턴(2010), 윤원화 옮김,『청취의 과거 : 청각적 근대성의 기원들』, 현실문화연구,「서론」참조.

15) 기존 연구 중에는 '식민지 동화정책의 효시'라는 측면에서 그 이전의 이자와 슈지를 배경으로 주목하는 경우도 있지만, 이 두 측면의 연관 관계를 체계적으로 분석한 연구는 거의 찾아보기 어렵다.

II. 교육정책의 출발 : 식민지전쟁과 학무부의 창설

앞에서 언급했듯이 이자와 슈지는 초대 대만총독부 학무부장을 역임했다. 사실 대만총독부의 교육정책 자체가 그의 구상에 바탕을 두고 출발했다고 해도 과언이 아니며, 특히 학무부의 동화정책은 당시의 상황을 감안할 때 이자와가 아니었다면 시도조차 어려웠을지 모른다. 학무부장이 된 이자와 슈지는 끊임없이 대만총독에 의견서를 제출하고, 사업편람을 작성했으며 보고서를 정리했다. 의도했던 정책 구상이 대만총독부 내부에서 난항을 겪을 때마다 그는 일본 본국의 교육단체에 이를 공개하여 여론을 조성하였고 심지어 이를 통해 대만총독부와 제국의회를 압박하기를 서슴지 않았다. 학무부장으로서의 재임 기간이 2년 남짓에 불과했던 것도, 그가 대만총독과의 갈등으로 비직(非職)의 형태로 대만을 떠날 수밖에 없었던 것도 이러한 그의 특이한 활동 이력과 무관하지 않다. 그는 대만총독부 내에서도 매우 특이한 존재였다. '학무부의 이자와'가 아니라 '이자와의 학무부'였던 것이다. 짧은 재직 기간이었지만 이자와 슈지가 대만의 교육정책, 나아가 식민지 교육정책에 남긴 영향은 적지 않았다. 여기에서는 이자와 슈지가 대만총독부 학무부의 창설에 어떻게 관여했는지를 살펴보겠다.

뒤에서 상세하게 살펴보겠지만, 대만총독부 학무부의 창설은 실은 그 자체가 이자와 슈지의 작품이라고 해도 지나친 말이 아니다. 일본의 대만 영유가 갑작스레 실현되었다. 메이지정부는 식민지 통치 경험이 없고 준비가 전혀 안 된 상태에서 식민 통치기구를 구성하는 데 급급했다. 대만 통치를 어떻게 할 것인가에 대한 문제의식은 추상적인 수준에 머물러 있었다.[16] 따라서 일본 식민주의의 특징이라고 할 수 있는 동화이데올로기, 일본어교육의 강조 또한 대만 영유 직후의 통치 구상에서는 찾아보기 쉽지 않다. 그렇다면 당시의 대만 상황은 구체적으로 어떠했으며 여기에서 이자와는 어떤 역할을 했을까.

---

16) 上沼八郎(1975), 앞의 책, 269-270쪽 ; 陳培豊(2001), 앞의 책, 28쪽.

잘 알려져 있듯이 대만은 메이지유신 이후 근대일본이 획득한 최초의 식민지였다. 서구에 문호를 개방한 이래 줄곧 식민화 위기에 직면해 있던 메이지 일본은 1895년 청일전쟁, 1905년 러일전쟁의 승리를 계기로 오히려 식민지를 획득하고 이를 서구열강으로부터 인정받음으로써 역설적으로 위기를 극복할 수 있었는데,[17] 1895년 4월 청일전쟁의 전리품으로 획득한 대만은 그 첫걸음이 되었다. 다만 일본의 입장에서 보면 대만 영유는 국력을 건 전쟁에서 승리한 대가치고는 보잘것없는 것이었다. 일본은 청일전쟁을 통해 만주 영유를 기도하여 실제로 실현 직전까지 갔지만 서구열강의 견제, 즉 삼국간섭에 의해 좌절되고 말았기 때문이다. 청일전쟁에서 승리를 거두었으나 일본이 얻은 것이라고는 막대한 전쟁 부채와 당시 일본인에게는 '미지의 작은 섬'인 대만뿐이었던 것이다.

게다가 강화조약에 의해 '대만 전도(全島) 및 그 부속 제 도서'의 할양을 인정받았지만, 그것이 곧바로 대만의 식민화를 뜻하는 것은 아니었다. 대만인들은 청일전쟁으로 생긴 힘의 공백을 이용해서 대만민주국을 선포한 후 청나라와 서구열강의 지지를 기대하면서 일본의 영유에 완강하게 저항할 태세를 갖추었다.[18] 따라서 대만총독부의 첫 사업은 '왜노(倭奴)의 침략에 대한 저항'을 결의한 대만인들을 무력으로 진압하는 정복 작전이 될 수밖에 없었다. 대만총독부는 1895년 6월 일본군 근위사단과 더불어 대만에 상륙했고, 4개월 뒤인 10월에는 대만민주국을 와해시키고 섬 전체를 일단 '평정'할 수 있었다. 이 과정에서 일본인에게 살해당한 대만인은 대략 1만 4천 명, 일본군 전사자 및 병사자는 4,500명이 넘었다. 이후에도 대만인의 무장봉기와 저항은 계속되었는데, 총독부가 섬 전체의 치안을 '안정적'으로 확보하기까지 무려 20년이나 걸렸다고 설명하는 논의가 있을 정도였다.[19] 대만 상륙 후 첫 5개월 동안의 일본군 전사자·병사자 수가

17) 小森陽一(2000), 『日本語の近代』, 岩波書店, 122-134쪽 ; 정준영(2009), 「경성제국대학과 식민지 헤게모니」, 서울대학교 박사학위논문, 54-55쪽.

18) 小熊英二(1998), 앞의 책, 70-72쪽.

19) 大江志乃夫(1992), 「植民地戰爭と總督府の成立」, 大江志乃夫 · 三谷太一郎 · 小林英

청일전쟁 당시 수치의 세 배나 된다는 사실에서 알 수 있듯이, 대만의 식민화는 외교적 결정 이상으로 무력 침략에 바탕을 둔 식민지전쟁의 결과였던 것이다.[20]

식민권력의 확립은 이와 같은 식민지전쟁의 상황 속에서 이루어졌다. 메이지정부는 대만 사정에 대한 사전 정보가 거의 없는 상태에서 대만총독부를 구성했다. 청일전쟁의 강화조약이 수립되자 이토 히로부미(伊藤博文) 내각은 우선 가바야마 스케노리(樺山資紀)를 대장으로 승진시켜 대만총독 겸 군무사령관에 임명하고, "이미 우리 판도(版圖)에 들어온 이상, 오로지 인민의 무육(撫育)을 꾀하고 전도의 치안을 확보하여 각각 그 영역에서 평안하기를 바란다"는 훈령을 공포했다.[21] 여기에는 대만 지배의 대략적인 취지만이 추상적으로 드러날 뿐, 총독부의 직무와 조직을 어떻게 정할 것인지에 대한 구체적인 방안은 없었다. 총독부의 직제는 초대 대만총독이 대만으로 출항하기 직전이 되어서야 구체화되어, 민정국·해군국·육군국 3국으로 구성된 「대만총독부 가(假)조례」가 제정되었고, 대만총독 일행이 대만에 도착할 무렵인 6월 12일에 이르러서야 대만총독부의 감독기관인 대만사무국(총재는 이토 히로부미 수상)이 내각 총리대신 산하에 설치될 정도였다. 그나마 이와 같은 민정 우위의 식민지 지배체제는 대만인의 강력한 저항을 전혀 예상하지 못한 채 설정된 것이었기 때문에, 두 달이 채 못 되어(8월 6일) 대만총독부의 감독기관은 내각의 수상(대만사무국)에서 대본영(大本營) 휘하의 육군대신으로 바뀌었다.[22] 대만총독부 민정국장을 역임한 고토 신페이

夫·若林正丈·淺田喬二·後藤乾一·高崎宗司·川村湊 編,『近代日本と植民地 2 帝國統治の構造』, 岩波書店, 3-11쪽. 오에 시노부(大江志乃夫)에 따르면 대만 식민지전쟁은 1895~1915년에 이르는 20년 가까이 지속되었는데, 이것은 다시 대만민주국을 붕괴시킨 1896~1902년, 소수민족의 제압에 초점을 맞춘 1902~1915년의 두 시기로 나뉜다.

20) 大江志乃夫(1992), 앞의 글, 3-5쪽.

21) 伊藤博文 編(1970),『明治百年史叢書 第127卷, 秘書類纂 臺灣資料』, 原書房, 450-454쪽.

22) 대만의 총독부가 식민지전쟁의 영향하에서 군정기관으로 성격이 바뀌어 가는 과정에 대해서는 大江志乃夫(1992), 앞의 글, 18-24쪽 참조.

(後藤新平)가 적절하게 지적했듯이 식민지 지배를 위해 상당 기간 준비 과정을 거친 서구열강들과는 달리 "본도의 점령에서는 예비(豫備)랄 것이 전혀 없었"고 "또 내지인의 대다수는 '식민지' 또는 '신판도(新版圖)'라는 것에 조금도 경험이 없었"[23]던 것이 식민 통치체제를 시작할 당시 일본의 현실이었다.

이런 상황에서 당시 메이지정부가 대만인을 어떻게 통치할 것인지에 대해 명확한 상을 갖고 있지 못했던 것은 당연하다. 이미 청일전쟁을 전후하여 서구의 제국처럼 대만을 하나의 식민지로 취급하는 것이 옳은지 아니면 새로 추가된 일본의 일부로 흡수하는 것이 옳은지 등의 논의가 정부와 민간 차원에서 이루어졌지만, 대만인을 어떻게 통치할 것인가에 대한 구체적인 방안은 확정되지 않았다. 당시 민간 여론은 이른바 동화가 우세한 분위기였지만, 애초 총독부 구상에는 대만인의 동화문제가 전혀 고려되지 않았던 것이다. 대규모 무력행사가 대만 인민의 적개심을 불러일으킬 수 있기 때문에 인민의 무육에 주의를 기울일 필요가 있다는 취지를 내세우는 정도가 전부였다. 1895년 5월 제정된 「대만총독부 가조례」에는 심지어 동화의 핵심이라고 할 수 있는 교육 부서가 아예 빠져 있을 정도였다.[24]

학무부가 대만총독부 민정국의 공식적인 부서로 등장한 것은 1896년 4월 「민정국관제」 개정을 통해서였지만, 여기에서도 대만인교육의 목표는 명백하게 설정되지 않았다. 다만 "일본어 등에 이르러서는 점차 교수(教授)의 법을 정할 것이며 목하 급하게 하지 않은 것이 좋다"라는 규정이 포함되어 있었을 뿐이다. 다시 말해 당초 일본정부의 대만 통치 구상에서는 훗날 확인할 수 있는 동화주의를 거의 찾아볼 수 없었다. 대만총독부 전체로 보았을 때, 당시에는 일본어교육을 적극적으로 실시한 의도도 대만인을 일본인으로 동화하겠다는 목표도 명확하지 않았다고 할 수 있다.[25]

---

23) 「後藤長官的訓示」, 『臺灣教育會雜誌』 第10號(1904), 1-2쪽.

24) 上沼八郎(1975), 앞의 논문, 269-270쪽.

25) 陳培豊(2001), 앞의 책, 36-37쪽.

그런데 이자와 슈지는 이미 청일전쟁 당시부터 대만을 예의 주시하고 있었던 것으로 보인다. 전쟁에서 이기더라도 만주 영유는 실현 가능성이 불투명한 반면, 대만은 확실히 일본의 영향력 아래에 놓일 수 있을 것으로 보았던 것이다. 더욱이 이자와 슈지는 대만에서 직접 자신의 이상을 실현하고 싶어 했다. 그는 문부성의 실무 관료로서 일본의 근대적 교육체제〔학제(學制)〕가 구축되는 데 핵심적인 실무 역할을 한 경험이 있었고, 청일전쟁 당시에는 일본 내 유력 교육단체인 국가교육사(國家教育社)의 지도자로서 「교육칙어」의 보급 등 국가주의교육운동을 주도하고 있는 상황이었다. 그는 우선 국가교육사의 위원들을 소집하여 신(新)영토의 교육 방침과 실현 가능성을 검토한 후 대본영이 꾸려진 히로시마로 달려가 대만총독 임명자인 가바야마 스케노리와 면담하여 대만교육에 대한 입장을 구체적인 의견서 형식으로 제출했다. "일본어로써 가급적 빨리 언어를 통하는 일에 진력하고, 그런 후 점차 그들의 머릿속을 개척하는 데 힘쓰는 수밖에 없다."[26] 가바야마 스케노리는 의견서를 받아들여 그를 총독수행원 일행에 포함시켰다. 이자와 슈지는 다음으로 민정국 장관 임명자인 미즈노 준(水野遵)을 찾아가 총독 면담의 취지를 설명하여 학무부장 심득(心得)으로 위촉받았다.[27] 명칭에 '심득'이라는 표현이 붙어 있는 것에서 알 수 있듯이 당시 이 직위는 공식적인 직함은 아니었다. 하지만 이자와 슈지는 일련의 교섭을 통해 학무부의 설립 및 초대 학무부장 취임을 기정사실화할 수 있었던 것이 분명하다.

총독을 수행하여 대만으로 출발한 이자와 슈지는 6월 17일 총독 일행이 타이베이에 도착한 다음날부터 대만의 교육 상황을 조사·시찰하고 학무부의 사무체제를 확립하는 한편, 동화교육이라는 자신의 정책적 구상을 지체 없이 실시하기 시작했다. 그리고 이듬해 5월 문정국의 관제 개편에 의해 학무부가 공식기관이 되면서 이자와 슈지는 심득을 떼고 공식적으로 학무부장이 되었다.

---

26)『廣島新聞』1895. 5. 25.자.

27) 上沼八郎(1962),『人物叢書 98 伊澤修二』, 吉川弘文館, 214쪽.

III. 동화정책의 기틀 : 일본어교육의 실험과 공학 구상

1. 일본어교육 실험과 즈산옌사건

그렇다면 대만총독부의 초대 학무부장으로서 이자와 슈지는 어떤 활동을 전개했을까. 대만 시절 이자와의 활동은 대체로 학무부장 심득이던 전반기와 학무부장으로 공식 취임한 후반기로 나뉜다. 우선 1895년 5월부터 1896년 6월까지 이자와 슈지가 역점을 두고 실행한 것은 식민지교육사업에 관한 일련의 구상과 시찰, 그리고 일본어교육 실험이었다.

그는 학무부의 업무 개시와 동시에 교육사업에 대한 의견서를 대만총독에게 제출했는데, 여기에서 학무부가 가급적 시급을 다투어 해야 할 사항으로 ①그들과 우리 사이의 사상교통(思想交通)을 일반 인민에게 알릴 것, ②문교(文敎)를 존중한다는 주의(主義)를 일반 인민에게 알릴 것, ③종교와 교육의 관계를 중시할 것, ④인정(人情) 및 풍속을 시찰할 것,[28] 네 가지를 제시했다. 교육행정 전문가로서 잘 알려져 있었으며, 『일청자음감(日清字音鑑)』을 이미 출간하는 등 중국어교육에 관련해서도 전문가를 자부하고 있던 이자와는 신설되는 학무부가 식민지전쟁에서 비롯된 대만인의 대일(對日) 적개심을 완화시키는 데 크게 기여할 것이라고 역설했다. 그가 보기에 대만 통치가 안정되기 위해서는 일본의 식민 지배가 민족 정복의 결과가 아니라 문명적 계몽이라는 사명에 바탕을 두고 있음을 대만인에게 분명히 각인시킬 필요가 있다는 것이다. 따라서 학무부가 학교를 직접 운영하여 대만인에게 계몽적 지식과 사상 소통의 수단을 직접 교육하는 한편, 대만의 민정을 면밀히 파악하여 그들이 일본의 지배를 마음으로 승복하게 만드는 방안을 모색해야 한다고 보았다.

실제로 이자와 슈지는 학무부의 첫 사업으로 학당 개설에 착수하는 한편,

---

28) 上沼八郎(1962), 앞의 책, 220쪽.

대만인에게 직접 일본어를 가르치기 시작했다.[29] 이자와 자신을 비롯한 학무부의 일본인 직원 전원이 교사가 되어 대만인 아이들을 가르친 것이다. 학당이 개설되기 이전에는 학무부 사무실이 교실이 되기도 했다. 그런데 이들은 대만 현지어를 몰랐기 때문에 촉탁으로 고용된 중국인을 통역으로 삼아 교육이 이루어졌다. 이자와 슈지가 일본어나 영어를 사용해서 일본어를 가르치면 중국인 통역이 현지인 학생들에게 통역해 주는 방식이었다.[30] 학당은 현지 학생들의 원활한 모집을 위해 타이베이 외곽 즈산옌에 설립되었다. 이른바 즈산옌학당이다. 이 학당은 이자와 슈지가 앞서 제출한 의견서에 입각하여 설립된, 일종의 교육 실험이었다. 그는 일본어가 지배자와 피지배자 사이의 사상교통의 수단이 될 수 있는지를 이 학당을 통해 실증하려 했고, 나아가 이 학당의 활동을 통해 일본의 식민 지배에 대한 대만인의 '오해'까지 불식시킬 수 있기를 기대했기 때문이다. 이자와는 이런 실험에 동참할 수 있는 일본인 교사의 모집에도 열성적이었다. 수차례에 걸쳐 일본을 오가며 그는 국가교육사 등의 교육단체를 통해 이 실험을 홍보하고 지원자를 모집했다.

그런데 이 실험에서 대만인은 이자와 슈지의 기대처럼 호응하지는 않았다. 대만총독부가 타이베이에 설립되었다고 하나 여전히 대만인의 격렬한 저항은 계속되었고, 전황은 한 치 앞을 내다보기 어려운 상황이 계속되었다. "시시때때로 포성이 들리는" 상황에 "수업은 하루도 쉬지 않고 생도들을 계속 끌어모으는" 즈산옌학당[31]이 대만인에게는 또 다른 일본의 침략으

29) 陳培豊(2001), 앞의 책, 38-39쪽.

30) 이와 같은 외국어교육 방식을 '대역법(對譯法)'이라고 하는데 대역법을 통한 일본어교육에 대해서는 近藤純子(1998), 「伊澤修二と「對譯法」: 植民地臺灣における初期日本語教育の場合」, 『日本語教育』 第98號, 121-130쪽 참고. 이자와 슈지 이후 일본어교육은 '학습자의 모어(母語)에 대한 대역을 사용하지 않고 직접 일본어를 가르치는' 직접법으로 바뀌었는데, 이 직접법은 대만·조선 등 식민지에서 일본어를 가르치는 일반적인 방법이 되었다.

31) 이 인용문은 이자와 슈지가 국가교육사의 기관지인 『국가교육』 제41호(1895)에 게재한 「대만통신(臺灣通信) 제2회」에 바탕을 두었다.

로 비친 것도 무리가 아니었다. 1896년 1월 1일 대만인 '비적'이 타이베이 성을 탈환하기 위해 일제히 봉기했다. 그리고 대만총독부 학무부의 즈산옌 학당은 이 비적들의 직접적인 공격 대상이 되고 말았다. 마침 이자와 슈지는 교사 모집을 위해 일본에 가 있었기 때문에 화를 면할 수 있었으나, 그를 수행한 한 사람을 제외한 나머지 학무부원 여섯 명 전원이 대만인의 공격으로 살해당했고 학당은 폐허가 되었다. 이른바 즈산옌사건이었다. 이 사건은 일본어의 무리한 보급이 불러일으킨 비극이었고, 일본어교육이 대만인에게는 문화적 침략이자 식민화와 다름없었음을 단적으로 보여 주는 사례였다.

하지만 이자와는 즈산옌사건을 교육 실험의 실패로 생각하지 않았던 모양이다. 그는 오히려 이 사건을 일본 본토의 여론을 고취시키는 선전의 계기로 삼으려 했기 때문이다. 대만인에게 살해된 일본인 여섯 명을 "신부민(新附民)의 교화를 위해 희생"한 의인이며 "충군애국을 실천한 상징"이라 소개하면서, 일본어 교사 양성의 필요성에 대한 대중적 호응을 이끌어 내려 애썼다. 이렇게 모집된 일본인 교사 지원자들과 함께 대만으로 돌아온 이자와는 즈산옌학당의 실험을 부활시켰다. 중등교육 수준의 국어학교와 대만 각지에 신설한 16곳의 국어전습소가 그것이다.[32] 특히 국어전습소는 대만인을 대상으로 일본어 보급을 촉진하고 이를 통해 일본의 국가 정신을 확립한다는 것을 교육 목표로 설정하고 있다는 점에서 즈산옌학당의 실험을 대만 전역에 확대·적용하려는 시도라고 할 수 있다. 국어전습소에는 갑과 을 두 교육과정이 있었는데, 본과에 해당하는 을과가 15세 이하의 대만인 청소년들을 입학시켜 일본어 중심의 초등교육을 실시하는 과정이라면, 속성과인 갑과는 주로 15세 이상의 대만인 청년들에게 일본어를 속성으로 가르친 후 통역으로 활용할 목적으로 설치된 과정이었다.[33] 그리고

32) 당시 이자와 슈지의 정책 구상에 대해서는 伊澤修二(1958d), 「臺灣學事施設一覽」, 信濃教育會 編, 『伊澤修二選集』, 信濃教育會, 596-603쪽 참고.

33) 駒込武(1996), 앞의 책, 66쪽.

국어학교는 국어전습소 졸업 이상의 일본어 능력을 보유한 학생들에게 본격적인 중등교육을 실시할 목적으로 설립되었다. 이자와는 이 국어학교에 2년 과정의 사범부와 3년 과정의 어학부를 설치하려 했다. 사범부가 일본에서 대만으로 건너온 일본인 교원 희망자들을 국어전습소 교원으로 양성하는 과정이라면, 어학부는 중국어(일본인)・일본어(대만인) 통역 관료를 양성하는 과정이었다.[34] 일본에서 활동할 당시부터 공교육은 국가가 비용을 부담해야 한다는 신념을 갖고 있던 그는, 이 학교들 모두 무상교육을 원칙으로 해야 한다고 생각했다.

이처럼 이자와 슈지는 즈산옌사건에도 불구하고 일본어교육의 실험을 포기하지 않았으며, 도리어 한층 강화해 나가는 양상마저 보였다. 그는 일본어교육이 궁극적으로는 일본의 국가의식을 대만인에게 주입하는 가장 중요한 수단이 될 것으로 낙관했던 것이다. 그가 추진한 국어전습소는 1896년 5월 학무부가 공식적인 총독부기관이 되자, 정식으로 총독부의 교육기관이 되었다. 대만총독부의 첫 교육법령이라고 할 수 있는 「국어전습소규칙」에서 이자와는 식민교육의 목표를 다음과 같이 분명히 했다. "국어전습소는 본도인(本島人)에게 국어교육을 하여 일상생활에 도움을 주고, 본국의 정신을 양성하는 것을 그 취지로 한다(제1조)."[35] 애초부터 그가 갖고 있던 동화교육의 신념은 국어전습소의 실현과 더불어 대만총독부의 교육정책 기조로 명문화된 것이다. 대만인이 일본어를 알게 되면 일본인의 지배를 받는 식민사회에서 편리한 점이 많을 것이다. 하지만 일본어교육의 필요성은 이런 현실적인 실용성에 국한되는 것이 아니다. 일본어교육을 통해 대만인을 일본인으로 만드는 것도 정책적으로 가능하다. 이자와는 일본어가 식민교육의 수단에 머무르는 것을 넘어 일본어교육 자체가 식민교육의 정책적 목표, 즉 동화교육이 될 수 있다고 본 것이다.

그런데 이와 같은 동화정책의 토대 구축과는 별도로 일본어교육의 실험

34) 上沼八郞(1962), 앞의 책, 234-235쪽.

35) 臺灣教育會(1939), 『臺灣教育沿革誌』, 171쪽.

은 이자와 슈지 자신의 동화주의 신념 형성에도 중요한 계기가 되었다. 앞에서 언급했듯이 그는 대만 부임 이전에 『일청자음감』을 편찬하는 등 중국어 전문가를 자처하고 있었지만, 대만 도항 이후에야 대만의 언어와 문화가 중국 본토와 다르다는 것을 실감하였다.[36] 그리고 기존의 대만교육문화를 무턱대고 부정하다가는 또 다른 유혈사태를 초래할 수 있다는 것을 즈산옌의 경험을 통해 깨달았다. 즈산옌의 실험을 계기로 이자와는 대만인을 진정 일본인으로 동화시키기 위해서는 일방적인 일본화로는 부족하며, 일본인과 대만인에게 공통적인 것을 찾아 그를 통해 "혼합 · 융화하여 부지불식간에 같은 나라로 변하도록 하는 방법"을 취할 필요가 있다고 생각하게 되었다.[37] 이른바 '혼화주의'로의 전환이 그것이다.

2. 식민지 공학체계의 구상과 좌절

총독부의 공식기관이 된 후, 이자와의 학무부는 교육 실험의 성과를 통해 국어전습소를 중심으로 식민지교육체제를 확립하는 데 박차를 가했다. 우선 대만 각지에 국어전습소를 설립하는 한편, 이 교육기관들에 필요한 교과과정 및 교재 개발에 심혈을 기울였다. 1896년 대만 최초의 일본어(국어)교과서인 『대만적용 국어독본초보(臺灣適用國語讀本初步)』가 대만총독부 민정국 학무부에서 발행되었다. 원래 상하권으로 계획되었으나 하권은 나오지 못했다. 이 교과서는 상단부에 가타카나와 한자어가 섞인 일본어, 하단부에 중국어 번역이 수록되어 있다.[38] 대만에 부임하기 이전, 이자와는 교육정책가로서 학교 편성과 교과과정을 "인간 형성의 모형(模型)"이 된다는

36) 대만 도착 당시 이자와 슈지는 청나라의 지배하에 있던 대만에서도 당연히 청나라 말, 즉 북경어가 통용될 것이라고 생각했던 것 같다. 이는 중국인 통역 촉탁을 고용할 당시 북경어를 사용할 수 있는 대륙 중국인을 고용한 사실에서 잘 드러난다. 이에 대해서는 陳培豊(2001), 앞의 책, 40쪽 참조.

37) 伊澤修二(1958f), 「新版圖人民教化の方針」, 信濃教育會 編, 『伊澤修二選集』, 信濃教育會, 596-603쪽.

38) 陳培豊(2001), 앞의 책, 43-45쪽.

신념을 표출한 바 있는데,[39] 식민지에서도 처음부터 일본어교육의 교과과정을 체계화하여 식민지형 인간 형성의 '모형'으로 삼으려는 의도가 이 교과서 편찬에서 확인된다. 여기에서 "국어의 전습", 즉 일본어교육은 지육(智育)과 덕육(德育)을 위한 수단이 아니라 오히려 지육과 덕육을 포괄하는 상위의 교육목표로 설정되어 있다. 또 참고로 이와 같은 일본어교육 과정은 당시 일본 본토에서 국어, 즉 일본어교육이 학교교육에서 아직 체계적인 교과과정으로 자리 잡기 전에 추진되었다는 점을 주목할 필요가 있을 것 같다. 국어교육의 체계화는 오히려 일본 본토에 앞섰던 것이다.[40]

더욱이 이자와 슈지의 학무부는 국어전습소의 설치에서 한 걸음 나아가 이를 모태로 식민지에 공학체계의 확립을 시도하기도 했다. 공학 또한 대만 시기 전부터 그가 갖고 있는 오랜 소신 중 하나였다. 이자와는 미국 유학의 체험을 통해 체득한 공학 이념을 바탕으로 "보통교육이라는 것이 국가주의적 윤리를 지육·덕육·체육이라는 형태로 국민에게 가르치는 것인 이상, 보통교육이 이루어지는 소학교는 의무교육제도인 것이 당연하며 그 비용은 국가가 부담해야" 한다는 주장을 일관되게 제시해 왔다.[41] 실제로 그가 일본 문부성에서 물러나 국가교육사라는 교육단체를 중심으로 교육운동을 주도할 당시 역점을 두고 전개했던 활동도 국가주의적 윤리를 대표하는 「교육칙어」확산운동, 그리고 소학교무상교육 추진운동이었다.[42] 그는 대만의

39) 이자와 슈지는 일본 문부성의 편집국장으로 재직할 당시 「교육담(教育談)」이라는 연설을 통해 다음과 같은 견해를 피력한 바 있다. "무릇 학교의 편제, 분급법, 학과, 과정, 교칙과 같은 것은 그야말로 진인(眞人)의 모형(模型)과 같은 것으로 그 양부선악(良否善惡)의 기본이 된다." 大濱郁子(2003), 「臺灣統治初期における植民地教育政策の形成 : 伊澤修二の「公學」構想を中心として」, 『日本植民地研究』 第15號, 25쪽에서 재인용.

40) 일본 내에서 국어가 체계적인 교과과정으로 확립되는 과정에 대해서는 小森陽一(2000), 앞의 책 참조.

41) 上沼八郎(1962), 앞의 책, 148-212쪽. 즉 국가에 충성하는 '국민'을 만드는 것이므로 국가가 비용을 부담하는 것이 당연하다는 것이다.

42) 국가교육사시기 이자와 슈지의 교육운동에 대해서는 上沼八郎(1962), 앞의 책 ; 尹健次(1982), 「明治前期國民形成論の展開 : 伊澤修二の教育思想にみるその一研究」, 『教育學研究』 第49卷 第2號, 日本教育學會 참고.

경우 일본 본토보다 '국가주의적 윤리'의 확산이 더욱 어렵고 따라서 절실한 과제라고 보았다. 그렇기 때문에 대만인의 보통교육은 반드시 의무 · 무상교육이 되어야 한다고 주장했다. 우선 현행 4년제의 국어전습소를 개편하여 5년제 공립소학교로 전환한다. 그리고 이렇게 보통교육 수준에서 공학이 일단 확립되면, 차후에 소학교 졸업자를 대상으로 하는 4년제 공립중학교를 신설하여 대만 공학체계를 완성한다. 그의 대략적인 구상은 이런 것이었다.[43]

하지만 이와 같은 이자와 슈지의 식민지 공학 계획은 구상 단계부터 많은 반대에 부딪힌 모양이다. 대만총독부 내부에서는 수업 연한 및 무상교육에 따른 예산 확보문제를 둘러싸고 격론이 일었다.[44] 당시 일본 본토의 소학교는 의무교육이지만 무상교육을 실시하지 않는 판국에, 식민지에 본토와 같은 6년제 소학교를 설치하고 게다가 무상의무교육을 실시하는 것은 지나치게 이상주의적이다. 이런 비판이 총독부 학사자문회를 중심으로 제기되었던 것이다.

이에 맞서 이자와는 식민화 이전에 대만인의 수업 연한이 이미 평균 7~8년이었던 상황을 고려한다면 식민교육 또한 적어도 6년의 수업 연한이 필요하며, 무상의무교육에 따른 비용 또한 대만총독부 민정비(통치 비용)에 비하면 큰 비용은 아니므로 제국의회의 '협찬'을 얻으면 충분히 가능하다고 반박했다.[45] 그러나 당시 노기 마레스케(乃木希典) 대만총독을 비롯한 총독부 수뇌부가 이 계획을 반대하자, 이자와는 1875년 5월 일본 출장 중에 제국교육회 연설의 형태로 공학 구상을 공개하여 일본 내 여론에 호소하는 등 정면 돌파를 강행했다. 이러한 이자와의 행동이 대만총독부의 분노를 산 것은 당연했다. 노기 총독은 즉각 「공학교령」 제정을 보류하는 결정을 내렸고, 이에 반발하여 이자와는 대만 총독에게 강력하게 항의하는 의

43) 伊澤修二(1958c), 「臺灣公學校設立ニ關する意見」, 信濃教育會 編, 『伊澤修二選集』, 信濃教育會, 608-626쪽.

44) 駒込武(1996), 앞의 책, 67쪽.

45) 伊澤修二(1958c), 앞의 글, 609쪽.

견서를 제출했다.[46] 그리고 그는 같은 해 7월 학무부장 자리를 그만두게 된다.

이자와의 공학 구상은 당시 일본 본토에서조차 자비 부담이던 보통교육을 무상으로, 그것도 같은 교육 연한으로 실시하려고 했다는 점에서 매우 혁신적이고 이상주의적인 계획이었다. 그리고 이 계획이 결국 좌절된 것에서 알 수 있듯이, 여전히 대만인의 저항에 대치하면서 전쟁 상태에 있는 현실의 대만 통치체제와는 크게 괴리된 '이상적인' 계획이기도 했다. 이자와 슈지의 퇴임 직후 대만총독부는 학무부의 위상을 격하하여 민정국 학무과로 축소시키고, 인원과 예산을 크게 줄이는 후속 조치를 취했다. 그리고 이 논란으로 사직했던 미즈노 준을 대신하여 고토 신페이가 민정국장에 취임했다. 신임 민정국장은 이자와의 동화정책에 철저하게 부정적 입장을 견지하여 교육정책에서 대만인을 철저하게 본토인과 구별하는 정책들을 실시했다.[47] 그는 대만의 위상문제와 관련해서도 육삼법(六三法)의 연장을 주도했는데, 이 때문에 일본에 돌아온 후 귀족원 의원이 된 이자와 슈지와 격렬하게 대립하기도 했다. 하지만 그랬던 고토조차 이자와 슈지의 동화주의 자체를 공식적으로 폐기하지는 못했다. 그가 민정장관으로 부임할 당시의 설명 자료인 「학무부 창설 이후 사업 개략」에는 '공학교' 항목이 포함되어 있는데, 여기에는 다음과 같은 설명이 덧붙어 있었다. 대만인을 "순량, 충실한 일본국민"으로 만들기 위해서는 "다음 세대의 도민(島民)이 될 유년을 훈도하고 일본어를 주입하는 동시에 일본식 보통교육을 실시"하는 공학교가 필요하다.[48] 무상교육은 폐기했지만, 고토 신페이도 이자와 슈지가 확립한 동화정책의 기틀, 즉 '일본어교육을 통한 동화' 자체를 완전히 부정하지는

---

46) 伊澤修二(1958b), 「乃木總督ニ提出シタ具申書」, 信濃教育會 編, 『伊澤修二選集』, 信濃教育會, 627쪽.

47) 민정국장 고토 신페이는 이자와 슈지의 후임이 된 학무과장 기무라 다다시(木村匡)가 이자와 슈지의 공학 계획을 계승하여 무상의무교육을 계획하자 1년도 채 되지 않은 시점에서 그를 해직시켰다[駒込武(1996), 앞의 책, 67쪽].

48) 後藤新平(2009), 「學務部創設以降事業ノ概略」, 『後藤新平文書』, R32-87-1, 雄松堂書店.

못했던 것이다.

그리고 1898년 7월 제정된 「대만공학교령」 또한 중학교 설립을 보류하고 유상교육을 원칙으로 한다는 것은 달랐지만, '6년제 보통교육 실시'라는 점에서는 이자와 슈지의 정책을 계승하고 있었다. 당시 일본의 심상소학교가 여전히 4년제에 머물러 있었고, 시기적으로는 조금 뒤이지만 통감부 시기 조선의 보통학교도 4년제였음을 고려해 본다면, 이자와 슈지의 구상은 이상주의였음에도 불구하고 여전히 동화정책의 원형으로 지속적인 영향을 미쳤던 것이다.

Ⅳ. 이민족 동화론의 논리와 기원

이상에서 이자와 슈지가 어떻게 대만에서 교육정책을 추진했고 이를 통해 어떻게 식민지 동화교육의 기틀을 마련했는지를 살펴보았다. 그리고 그의 이상주의는 현실의 식민 지배체제와의 충돌 속에서 좌초하고 말았지만, 그럼에도 불구하고 이후에도 식민지교육정책이 지향해야 할 바로서 여전히 영향력이 적지 않았음을 확인할 수 있었다. 물론 기존 연구들에서 대만 시절 이자와의 이런 특징적 측면들은 일정 정도 밝혀진 바 있다. 대만총독부 시절의 이자와를 다룬 기존 연구 대부분은, 그가 '대만인의 일본화'라는 이상을 식민교육의 목표로 지향했을 뿐만 아니라, 정말로 대만인이 일본인이 될 가능성을 낙관적으로 보았다는 사실을 공통적으로 지적하고 있다. 하지만 그가 왜 이런 이상주의를 갖게 되었는지, 대만총독부 시절 이전으로 거슬러 올라가 그 사상적 기원을 추적하는 연구는 드물다. 그는 왜 이처럼 순진해 보일 정도로 이상주의적인 동화교육을 무리하게 밀어붙인 것일까. 이를 이해하기 위해서는 그가 이민족 동화에 어떤 생각을 갖고 있었으며, 그 사상적 기원이 무엇인가에 대해 시간을 거슬러 올라가며 추적할 필요가 있다.

1. 동화의 논리 : 자주주의, 가타주의, 혼화주의

이자와 슈지는 '대만인의 일본화'라는 명백한 목표를 갖고 대만총독부에 스스로 뛰어들었음은 이미 살펴본 대로다. 그는 청일전쟁이 끝나기도 전에 대만 경영의 포부를 밝히면서 다음과 같이 말했다. "위력을 갖고 그 외형을 정복함과 동시에 별도로 그 정신을 정복하여, 옛 나라의 꿈을 버리고 국민의 정신을 발휘시키지 않으면 안 된다. 즉 이들(대만인 — 인용자)을 일본화해야 한다."[49] 그는 초대 총독 가타야마를 찾아가 면담한 자리에서도 "가급적 빨리 언어를 통하는 데 힘을 다하고, 그후 점차 그들의 머릿속 '개척'에 애쓰는 것밖에 없다"[50]는 의견을 개진하여 대만총독부에 참가할 기회를 얻었다. 대만으로 건너간 직후에는 대만인교육의 목적은 "참으로 대만을 일본이라는 몸의 일부분으로 삼아 인간의 마음 밑바탕부터 대만을 일본화하는 것"이라고 강변했다.[51]

하지만 이자와 슈지의 눈앞에 펼쳐진 현실은 이러한 그의 생각이나 포부와는 거리가 멀었다. 일본에서 준비했던 청나라 말, 즉 북경어가 대만에서는 전혀 통하지 않았고 중국어 자체가 통하지 않는 토인(土人)들도 적지 않았다. 게다가 대만인의 저항이 여전히 강력해서 치안 유지는 확보되지 않았고, 일본인에 대한 적개심도 여전했다. 학무국을 창설한 후 이자와는 이런 불안정한 분위기 속에서 상대방의 언어도 제대로 모르는 상태로 일본어 교육의 실험을 강행했다.

그 결과 중 하나가 즈산옌사건과 같은 유혈충돌이었다. 이자와 슈지는 대만에 들어가기 직전 이민족의 동화는 자신이 일본에서 오랜 기간 추구해 온 '국가교육의 수출'[52]에 의해 가능하다고 보았지만, 대만에서의 경험은

49) 『國家教育』 第33號(1895).

50) 『廣島新聞』 1894. 5. 25.자.

51) 伊澤修二(1958b), 앞의 글, 627쪽.

52) 上沼八郎(1962), 앞의 책, 214쪽.

그것이 용이하지 않음을 깨닫게 만들었다. 그는 이때의 경험을 바탕으로 학무부장 자리를 물러나 일본에 돌아온 직후인 1897년 11월 「신판도 인민 교화의 방침」이라는 글을 발표한다.

이 글은 "신판도의 인민", 즉 식민지의 주민들을 '교화'하는 세 가지 방법을 제시했다. ① "우리 국어, 우리 풍속 등 모두 우리의 것이라고 말할 수 있는 것들을 주(主)로 하여 저들을 교화해 가는 방법", 즉 자주주의, ② "가령 그들의 언어, 그들의 이기(利器)를 뺏어 이를 도리어 우리가 사용하여 결국에는 우리가 의도한 목적에 도달하는 방법", 즉 가타주의, 그리고 ③ "우리의 것과 그들의 것을 혼합·융화하여 부지불식간에 같은 나라로 만들어 가는 방법", 즉 혼화주의가 그것이다.[53] 이자와에 따르면 비스마르크시기의 알자스로렌 통치, 미국의 하와이점령정책이 자주주의의 전형적인 사례라면, 프랑스의 안남·통킹(현재의 베트남) 지배, 네덜란드의 비타비아(현재의 인도네시아) 지배, 막부시대의 에조치(아이누) 지배가 가타주의의 사례에 속한다. 그리고 일본의 대만 지배가 채택해야 할 방안은 제3의 방법, 즉 혼화주의다. 따라서 이자와는 "우리 국어를 그들에게 가르치고, 그들의 말을 우리가 배우는 것이 융화의 첩경"이며, "온건한 교육제도"가 융화가 자리 잡는 토대라고 주장했다. 결국 일본이 대만인을 '동화'시키기 위해서는 자주주의나 가타주의가 아닌 융화주의를 취해야 한다는 것이다.

그런데 이자와 슈지의 초기 발언을 상기해 보면, 그가 처음부터 명확하게 융화주의의 입장을 취한 것은 아니었던 것으로 보인다.[54] "정신의 정복", "머릿속의 개척", "인간의 마음 밑바탕부터 일본화"라는 표현에서 알 수 있듯이 일본과 식민지 사이에는 명백하게 주종 관계가 존재하고 결국 식민지는 '주(主)'에 흡수될 운명이기 때문이다. 이자와 슈지가 애초에 일본어교육의 필요성을 강조한 것은 '언어의 소통성'에 대한 신뢰에 바탕을 둔 것이지

---

53) 伊澤修二(1958f), 앞의 글, 596쪽.

54) 이자와 슈지가 처음부터 가타주의를 배척한 것은 명확하다. 학무부장 시절 그는 현지어를 알파벳으로 표기하여 교육할 것을 제안한 인도차이나의 프랑스인 문교국장과 대만의 서양인 선교사의 제안을 모두 거절했다. 자세한 것은 陳培豊(2001), 앞의 책 참조.

만, 대만어교육이 병행되지 않는 이상 이것은 일본어와 일본문화의 일방적인 강요와 다름없다.

하지만 이자와 슈지는 대만인을 대상으로 한 교육 실험과 교육 시찰을 통해 혼화주의라는 결론에 도달한 것으로 보인다. 그리고 대만인을 교화하기 위해서는 대만어 표기법에 포함된 한자문화, 대만의 전통적 덕육에 포함된 유교적 윤리가 중요한 매개 고리가 된다는 사실도 발견했다. 일본어와 대만어에 공통으로 포함되어 있는 한자어를 소재로 대만인에게 일본어를 가르칠 경우 학습 효과가 배가되며, 천황을 중심으로 하는 일본의 국가주의적 윤리관은 충효 등 유교의 전통적 윤리로 설명할 경우 더욱 쉽게 받아들여진다는 사실을 경험을 통해 확인했다. 즉 "그들의 것을 혼합·융화" 할 필요성을 깨달은 것이다.

더군다나 이자와는 이러한 혼화주의가 통상 말하는 동화주의와 배치되는 것이 아니라고 생각했다. 왜냐하면 그는 천황 중심의 국가주의 윤리란 국체론자들이 간주한 것과는 달리 국수주의적 감정이 아니라, 근대국민국가가 국민적인 응집력을 창출하기 위해 역사적으로 '발명해 낸' 근대적인 산물이라고 보았기 때문이다. 그가 일본과 대만에서 일관되게 추진해 온 「교육칙어」의 보급운동 역시 근대적 국민국가라면 당연히 갖추어야 할 국민의식을 고양시키려는 시도였다.

결국 그의 입장에서는 대만인이 일본이라는 근대적 국민국가의 경계 속에 들어왔고 거기에서 살기로 결정했다면 그들이 일본국민으로서 국민의식을 가져야 하는 것은 당연하며, 식민교육은 이것을 갈등 없이 원만하게 실현하기 위한 방안이 될 수 있다는 것이다. 그가 식민지에 국민교육체제, 즉 공교육체계를 구현하려 애쓴 것은 이러한 맥락에서였다. 결론적으로 그는 천황 중심의 일시동인 논리를 근대의 발달된 국민의식의 발현이라고 보았고, 따라서 덕육의 핵심이라고 보았다. 에도막부 말기와 메이지유신을 거치면서 근대 천황제 국가가 '발명'되는 과정을 직접 목격했고, 미국 유학을 통해 국민의식을 고양하는 국가주의교육의 위력을 체험한 이자와 슈지의 입장에서 동화주의는 그 행태는 비슷해 보여도 국체론자들의 그것과는 완전히 상반되는 것이었다.[55] 그는 철저하게 문명의 계몽성을 기반으로 천황에 대한 충성, 대만인의 일본국민화를 부르짖었던 것이다.

2. 동화 가능성의 기원 : 소리의 근대성과 계몽성

이처럼 이자와 슈지에게 대만인을 일본인으로 만든다는 것은 기본적으로는 일본국민이 된다는 것이며, 따라서 일본의 근대적 국가의식과 국민의식을 받아들인다는 것을 의미했다. 다시 말해 일본인이 가진 국민의식을 받아들인다는 것을 뜻했다. 일본인이 가진 국민의식이라는 것은 실은 메이지유신 이후 근대국가 형성 과정에서 '발명'된 것이라고 할 수 있는데, 대만인이 일본의 국민의식을 갖지 못할 이유가 있을까. 이처럼 이자와 슈지는 근대적 국민의식의 형성을 철저하게 이성적 · 계몽적 관점에서 바라보았고, 충분히 계몽되기만 한다면 대만인은 일본국민이 되는 것을 이성적으로 납득하리라 낙관했다. 그가 대만인에게 '우리의 것'을 일방적으로 강요하여 쓸데없이 반발을 불러일으키는 자주주의 방식보다 '우리의 것'과 '그들의 것' 사이의 접점을 찾는 혼화주의 방식을 선호한 것도, '대만인의 일본인화'를 철저하게 문명사적 관점에서 이해했기 때문이다. 대만인이 앞선 '문명'인 일본을 따르는 것은 필연이기 때문에, 혼화주의를 채택하더라도 결국에는 자주주의와 매한가지의 결과를 낳을 것이다. 이자와는 이렇게 생각했던 것이다. 그렇다면 그는 왜 이처럼 대만인의 동화 가능성을 낙관한 것일까? 이 낙관적 이상주의를 이해하기 위해서는 대만시기 이전의 이자와 슈지, 즉 메이지시기 일본 근대교육의 개척자 이자와 슈지의 면면을 추적할 필요가 있다.

에도막부 말기에 성장해 메이지유신 이후 일본의 근대화 과정을 체험한 이자와 슈지는 당시 일본에서 서구적 근대를 본격적으로 체험하고 배운 대표적 지식인이었다. 그는 도쿄제국대학의 전신인 대학남교(大學南敎)에서

55) 이자와 슈지의 국가주의교육관에 대해서는 上沼八郎(1962), 앞의 책 참조.

서양 지식을 배웠고, 문부성에 임용된 뒤에는 소학사범학교(小學師範學校)를 조사한다는 명목으로 관비유학생에 뽑혀 4년에 걸쳐 미국 유학을 떠났다. 그가 입학했던 브리지워터사범학교는 당시 미국의 중심적인 사범교육기관 중 하나였는데, 이자와 슈지는 여기에서 사범교육 과정을 체계적으로 이수하고 졸업한 다음 하버드대학교 로렌스과학학교에 진학했다.[56] 당시 해외 유학을 떠난 일본의 지식인들이 불안한 정치적 상황과 부족한 지원 탓으로 정규 학업을 마치지 못한 채 귀국하는 경우가 대부분이었던 것을 감안하면, 이자와 슈지의 서구 유학 경험은 메이지의 개명 지식인 중에서도 흔치 않은 경우다. 이후 '근대교육의 개척자'로서 이자와 슈지가 보여 준 일관되면서도 비타협적인 사상과 행보는 미국 유학을 통해 서구적 근대를 누구보다도 체계적으로 익혔다는 자신감과 관련이 깊었다.[57]

그런데 그가 미국 유학에서 특별히 크게 감명받은 것은 미국의 국가주의적 국민교육이었다. 당시 미국은 문화적·역사적 배경이 다른 이주민들을 정치적으로 통합시켜야 하는 국가적 과제를 안고 있었는데, 보통교육은 '미국인'이라는 국민의식을 고취시키는 가장 강력한 수단 중 하나로 자리 잡아 가고 있었다. 이 국민교육론이 근대교육의 합리성과 보편성, 계몽성을 전제로 하고 있음은 물론이다.[58] 교육을 통해 다양한 문화와 전통을 가진 사람들을 하나의 국민으로 만들 수 있으며, 반드시 만들어야 한다는 이자와 슈지 특유의 관점은 이처럼 유학 당시 체험한 미국 국민교육의 위력에서 비롯된 바 컸다.

더욱이 그는 교육으로 인간이 바뀔 수 있다는 것을 유학 중에 직접 체험하기도 했다. 브리지워터사범학교를 다닐 당시 이자와 슈지가 가장 어려움을 겪었던 것은 창가, 즉 vocal music 수업이었다. 창가는 대부분의 학과에

56) 이자와 슈지의 초기 이력에 대해서는 上沼八郎(1962), 앞의 책, 26-82쪽 ; 奥中康人(2008), 『國家と音樂 : 伊澤修二がめざした日本近代』, 春秋社, 3-129쪽 참조.

57) 山東功(2008), 『唱歌と國語 : 明治近代化の裝置』, 講談社選書, 14-18쪽.

58) 근대교육에 대한 당시 미국사회의 이해 방식과 국민교육의 확산 과정에 대해서는 苅谷剛彦(2004), 『教育の世紀 : 學び, 教える思想』, 弘文堂를 참조.

서 뛰어난 성적을 거둔 이자와가 거의 유일하게 전혀 따라잡지 못한 과목이었는데, 그는 수업을 따라가기 위해 사범학교 교장 메이슨(L. Mason)으로부터 특별히 개인교습을 받기도 했다. 전통적으로 일본의 교육이 음악 등을 천시해 왔기 때문에 이러한 어려움은 당연하게 생각할 수도 있겠지만, 그의 일기에 따르면 문제는 생각보다 심각했던 모양이다.[59] 이자와는 단순히 음악에 익숙하지 않았던 것이 아니라 수업에서 배우는 노래 자체를 부를 수가 없었던 것이다. 원인은 음계의 차이였다. 그에게 익숙한 일본의 전통음악이 5음계인 반면, 서양음악은 7음계였던 것이다. 당시 음악교육론에서 서양음악의 7음계는 비서양음악의 5음계와 대비되어 '문명의 척도'로 평가되고 있었다. 이자와 슈지는 메이슨과의 개인교습을 통해 창가교육이란 음계별로 배치된 노래를 부르는 과정에서 누구나 음계의 기준에 맞추어 소리를 낼 수 있도록 하는 것임을 깨달았다. 그리고 합리적으로 배치된 소리의 정확한 위계를 학습하는 과정을 통해 '표준화'된 소리를 낼 수 있는 국민을 창출하게 된다는 사실을 배웠다. 왜 음악교육이 아니라 창가교육이며, 창가교육이 왜 '표준화된 소리들의 어울림', 즉 합창교육에 높은 가치를 부여하는지를 확인할 수 있었던 것이다. 일본에 귀국한 직후 이자와는 일본에 창가교육을 도입하기 위해 스승 메이슨을 자문 역으로 초빙하는 한편, 근대적 음악학교의 설립을 주도했다.

창가교육과 더불어 유학 당시 이자와 슈지를 괴롭힌 또 하나의 문제는 영어 발음이었다. 그는 일본에 있을 때부터 영어에 관심이 많아 선교사 등을 통해 배움을 청했었다. 하지만 일본에서 알음알음 배운 영어 발음이 미국 현지에서 통용되지 않는 것은 당연했다. 유학하는 동안 그는 내내 영어 발음문제로 애를 먹었던 것이다. 그러던 와중에 이자와 슈지는 필라델피아 만국박람에서 희귀한 걸개그림 하나를 발견했다. "그리스문자도 라틴문자도 아닌 일종의 기괴한 문자"[60]는 농아들에게 발성법을 가르치기 위한

59) 奧中康人(2008), 앞의 책, 142쪽.

60) 伊澤修二君還曆祝賀會 編(1912), 『樂石自傳教界周遊前記』, 伊澤修二君還曆祝賀會, 36쪽.

기호로 그레이엄 벨이 고안한 것이었다. 나중에 전화 발명자로 잘 알려진 벨은 원래 언어장애자들에게 발화 및 발성 기술을 가르치는 교사였다. 벨이 가르친 것은 시화법(視話法, visible speech)인데, 사람들이 소리를 내는 방식을 연구하여 발성기관의 조절 방법을 기호로 표시하고 가르치는 방법이다. 벨에 따르면 시화법을 배우면 자신의 소리를 직접 듣지 않고도 올바른 소리를 낼 수 있다는 것이다.[61] 이자와 슈지는 벨을 방문하여 직접 이 시화법을 배웠고, 이것으로 자신의 영어 발음을 교정할 수 있었다.[62] 그는 벨과의 교유를 통해 시화법이 농아교육뿐만 아니라 외국어 학습과 일본어 교육에 폭넓게 적용될 수 있다는 점을 체험했던 것이다. 실제로 그는 나중에 시화법의 부호로 일본어 발성 구조의 분석뿐만 아니라 중국어의 음운 구조를 분석하려는 시도를 하기도 했는데, 그 결과물이 앞에서 언급한 『일청자음감』이다.

이처럼 이자와 슈지가 미국 유학에서 경험한 것은 근대교육의 문명성과 계몽성이었다. 특히 그는 창가교육과 시화법이라는 일련의 체험을 통해 인간의 '발성과 호흡'은 과학적 규칙을 갖고 있으며, 이를 올바르게 이해하고 교육한다면 다른 언어를 완벽하게 배워 의사소통하는 것이 불가능하지 않다는 확신을 얻었다. 그에게 서구적 근대란 무엇보다도 '청각적 근대성'이었다. '계몽(enlightenment)'이 '야만'의 어둠에 '빛(light)'을 던져 주는 것이라면, 이자와 슈지에게 '청각적 근대성(ensoniment)'이란 '야만'의 상태에 머물러 있는 아시아에 '소리(soni)'를 던져 주는 것과 다름없었다.[63] 그리고 그가 식민지 대만이라는 야만에 던져 주려고 한 '소리'가 바로 '일본어'였다.

---

61) 奥中康人(2008), 앞의 책, 142-156쪽.

62) 음성중심주의의 관점에서 이자와 슈지의 시화법 수용이 갖는 함의에 대해서는 이연숙(2012a), 이재봉 · 사이키 가쓰히로 옮김, 『말이라는 환영 : 근대일본의 언어 이데올로기』, 심산, 143-160쪽 참조. 이 글을 작성할 당시에는 이연숙의 논의가 국내에 번역 · 소개되기 이전이었기 때문에 그가 제기한 중요한 논점들이 이 글에는 충분히 반영 · 검토되지 않은 측면이 많다. 이 논점들에 대해서는 향후의 과제로 남긴다.

63) 조너선 스턴(2010), 앞의 책, 10-11쪽.

이러한 청각적 근대성의 확신은 이자와 슈지 특유의 언어관에서도 두드러지게 나타난다. 그는 언어를 기본적으로는 소리로 보았다. 언어는 "어떤 사람의 입에서 발(發)하여 다른 사람의 귀에 들리며, 이를 통해 우리의 생각을 다른 이에게 통(通)할 수 있게 하는 것"이다.[64] 즉 언어는 '음성'에 의해 성립되는 것으로, 음성이 곧 언어이며, 언어와 음성은 같은 것이라는 점이 강조된다. 따라서 그가 기록된 문자보다 이야기된 말에 초점을 맞추고, 언어 기능을 의사소통으로 규정한 것도 당연했다. "인간이 동물보다 우월한 점은 언어에 있는데, …인류는 이 언어의 도움으로 동류(同類) 상호 간에 의사를 교환하고 지혜를 넓히고 경험을 쌓으며, 나아가 이것을 자자손손에 전하여 오늘날과 같은 인류의 지위에 올라설 수 있게 되었다. 따라서 언어는 인류 특유의 무기"이다.[65] 이처럼 언어가 음성이고 의사소통을 목적으로 한다면, 문자체제는 한자·가나·로마자 등 여러 가지가 있을 수 있지만 음성을 매개로 사상을 전달하는 수단이 된다는 점에서는 공통점을 갖는다.

따라서 그는 시화법과 같은 방식이 서로 다른 언어를 사용하는 사람들의 발성을 같은 방식으로 기록하고 고정할 수 있게 한다면, 인류 상호 간의 의사소통과 사상 전달은 훨씬 쉬워질 것이라고 낙관했다. "다만 인류의 발음을 정확하게 한다면, 쉽게 동류에게 이해시켜 널리 세계에 전파시킬 법을 보탤 수 있을 따름"이다.[66] 그가 창가교육을 근대국민교육의 핵심 교과 중 하나로 정착시키고 그레이엄 벨에게 배운 시화법을 응용하여 일본어와 중국어를 같은 기호체계로 표현하려 애쓴 것은 이 때문이었다. 다시 말해 언어는 곧 소리이며, 이것은 합리적 기호체계를 통해 사상을 정확하게 전달할 수 있는 도구가 될 것으로 그는 확신했던 것이다. 그리고 이자와 슈지는 이러한 언어관을 식민 통치에 그대로 적용했다. 그는 본토의 일본어와 식민지

64) 伊澤修二(1958e), 「本邦語學ニ就テノ意見」, 信農教育會 編, 『伊澤修二選集』, 信濃教育會, 664쪽.

65) 伊澤修二(1901), 『視話法』, 大日本圖書(株), 序 II-III.

66) 伊澤修二(1901), 앞의 책, 序 III.

의 대만어(중국어)를 공통의 음성기호로 표현하는 것이 가능하며, 따라서 일본어교육과 대만어의 교정을 통해 '완벽한 일본어를 구사하는 대만인'을 만들어 낼 수 있다고 보았다. 즈산옌의 '실패'가 있었는데도 이자와 슈지가 일본어교육을 통한 '대만인의 일본인화'를 낙관할 수 있었던 것은 실은 이런 언어관에 대한 확신 때문이었다.

더욱이 이것은 다음과 같은 논리로 확장될 수 있다. 일본인과 식민지인 사이에서 소리로서의 일본어교육을 통해 사상의 '투명한' 전달이 가능하다면, 소리로서의 창가교육을 통해서는 「교육칙어」에 바탕을 둔 일본 특유의 정서를 '투명하게' 전달하는 것도 가능할 것이다. 이자와 슈지가 창가교육을 식민지인에게 국가의식을 고취시키는 핵심적인 덕육 과목으로 이해한 것은 이와 같은 기대 때문이었다. 그는 대만인들이 오히려 본토의 일본인들보다도 적극적으로 '노래'를 향유하므로 창가교육의 효과도 그만큼 클 것으로 보았다. 또한 그는 천황에 대한 충성의 정서는 결코 합리적인 지식만으로 설명할 수 없는 것이므로 창가교육의 비중은 더욱 커질 수 없다고 생각했다.

결론적으로 이자와 슈지의 낙관적 이상주의는 소리로서의 말, 소리로서의 음악이 갖는 보편성과 합리성, 정서적 영향에 대한 신념에서 비롯되었다. 이자와는 학교교육이라는 문화매체가 「교육칙어」의 요체인 일시동인을 제도적으로 체현하는 투명한 배움의 장(場)이 될 수 있다면, 대만인의 완벽한 일본인화, 조선인의 완벽한 일본인화가 불가능한 것도 아니라고 보았던 것이다.

V. 맺음말 : 청각적 근대성의 딜레마

이상에서 대만총독부 초대 학무부장 이자와 슈지의 사상과 활동을 중심으로 일본이 최초의 식민지 대만에서 동화주의를 교육정책의 형태로 어떻게 실행했는지를 살펴보았다. 그리고 이자와 슈지의 동화주의의 특성과 기원을 검토하는 작업을 통해, 동화교육에 대한 이자와 슈지 특유의 낙관적 이상주의의 기원에는 소리의 합리성과 계몽성에 대한 신뢰가 놓여 있음을 확인할 수 있었다.

하지만 이러한 이자와 슈지의 이상주의적이고도 낙관적인 이민족 동화 구상은 식민 통치의 '현실' 속에서는 한계에 부딪히고 자기모순에 빠지고 말았다. 대만 통치 초기 '내전'을 방불케 하는 불안정한 정국과 현지인의 '적대감', 그리고 철저하게 대만을 차별적 관점에서 통치하고자 한 제국 수뇌부의 '리얼리즘'이 이자와 슈지의 실각에 1차적인 요인이 된 것은 분명하다. 그러나 더 근본적으로는 이상주의적 동화 구상의 논리적 전제가 된 언어관, 교육관은 심각한 자기모순적인 요소를 안고 있었다.

첫째, 언어를 음성으로 보고 보편적 음성기호를 통해 소통 가능하다는 이자와 슈지 특유의 언어관은 언어의 문자적 성격, 특히 표기체제의 변천과 관련되는 역사적 성격에 대한 통찰력을 결여하고 있었다. 더욱이 이자와 슈지는 언어의 역사성을 제거함으로써 언어의 고유성과 위계 또한 누락시켜 버렸다. 결론적으로 말하자면 이자와 슈지의 언어관에 입각할 경우, 왜 굳이 대만어 · 중국어, 아니면 제3의 언어가 아니라 일본어를 "사상 전달의 수단"으로 삼아야 하는지 스스로 입증할 수 없게 된다. 실제로 이자와 슈지는 대만 경험 이후 일본어의 특권성에 대해 심각한 회의에 빠졌다. 혼화주의로 입장을 굳힌 후 그는 일본어를 '국어'라고 부르기를 멈추었으며, 중국어 음운 연구에 더욱 몰두하는 양상을 보이기도 했다.

둘째, 창가교육은 '발성과 호흡'을 이성적으로 통제하는 법을 가르치는 것이며, 이를 통해 표준화된 소리를 갖춘 조화로운 국민의 창출을 목표로 한다는 이자와 슈지 특유의 창가교육관 또한 심각한 문제점을 안고 있었다. 그의 관점에 따르면 노래의 정서적 기능은 국가의식의 함양이라는 측면에서 의미를 가진다고 하겠는데, 실제 창가를 통해 전달되는 정서가 반드시 그것만은 아니다. 다시 말해 이자와 슈지는 노래를 통해 전달되는 정서 자체가 갖고 있는 복합성, 중층성에 대한 통찰력을 결여하고 있었던 것이다. 그가 폐쇄적인 국수주의적 정서에 기반하고 있는 「교육칙어」의 핵심을 국민 창출의 보편적 정서로 착각한 것도 '창가'라는 매체의 투명성과 효율성을 과신한 나머지, 매체를 통해 전달되는 정서의 특수성과 이것이 음악매체에 미치는 영향을 무시한 결과라고 할 수 있다.[67] 일본의 입장에서 훌륭한 규율, 훈육, 덕육의 매체로 생각한 창가가 '가사 바꾸어 부르기'와 같은 간단한 과정을 통해 오히려 의도했던 규율, 훈육, 덕육에 반하는 무기가 될 수 있다는 사실을 그는 간과했던 것이다.

셋째, 이자와 슈지의 입장에서 식민지의 학교 공간은 소리를 통해 "사상이 통용"되고 "정서가 공유"되는 투명한 학습 공간으로 상정된다. 하지만 실제 식민교육의 현장은 상이한 언어, 가치, 정서가 선생과 학생이라는 위계적 관계 속에서 갈등, 경합, 타협, 공모를 벌이는 불투명한 헤게모니 경쟁의 무대였다. 즈산옌의 비극은 이를 단적으로 보여 준 사례였다.

전체적으로 보았을 때, 식민지 관료로서 이자와 슈지의 동화 실험이 결국 실패로 귀결된 이유는 명확해 보인다. 그는 일본어를 기본적으로 음성으로 보았고, 따라서 시화법을 통해 발성 기법을 제대로 배우면 대만인도 일본어를 '소통의 매체'로 활용하는 것이 가능하다고 생각했다. 그리고 일본어교육을 통해 대만인에게 일본의 국민의식이 확립되면 그들도 일본인이 될 수 있다고 보았다. 이자와 슈지에게 일본인이 된다는 것은 곧 일본의 국민이 된다는 것을 의미했다. 하지만 일본어는 의사를 소통하는 '음성'이기도 하지만 사용자의 역사성을 체현하는 '문자'이기도 했다. 일본어를 배운다는 것은 이 문자와 문자가 체현하고 있는 역사성을 받아들이는 것이었다. 다시 말해 일본인이 된다는 것은 일본어를 통해 일본의 문화와 정서를 '정신의 혈액'으로 받아들이고 일본민족이 된다는 것을 의미하기도 했던 것이다. 그리고 이것은 단기간에 이루어질 수 있는 것이 아니며 영원히 불가능할 수도 있다.

이자와 슈지의 실패는 '일본어를 배운다는 것'이 가진 이런 야누스적인 의미를 그가 이해하지 못했다는 점, 일본인이 된다는 것은 일본국민이 된

67) 駒込武(1996), 앞의 책, 84쪽

다는 것 이상으로 일본민족이 된다는 것을 의미한다는 사실을 그가 간과했다는 점 등에서 이미 예견되었던 것일지도 모르겠다. 이런 점에서 이자와 슈지가 기대었던 청각적 근대성에 대한 신념은 실은 허상에 불과했다. 식민지인이 일본인이 된다는 것은 '말더듬이'가 시화법을 통해 보통의 일본어를 말할 수 있게 되는 것이나 영어 발음을 교정하는 것에 비할 바가 아니기 때문이다.

하지만 그렇다고 그의 동화주의 자체가 의미가 없지는 않았다. 언어적 투명성을 바탕으로 하는 '동화에의 낙관적 전망'은 제국일본의 동화주의가 단순한 이데올로기 구호가 아니라 식민지인에게 '물질성'을 가진 통치정책으로 작동하게 만드는 기반이 되기도 했다. 전시체제기 현영섭(玄永燮) 같은 이가 '차별로부터의 탈출'을 위해 일본인과 조선인의 철저일체론을 주장할 수 있었던 것도 이자와 슈지가 제시한 바 있는 낙관적 전망을 식민지적으로 전유함으로써 가능했던 것은 아닐까. 현영섭이 "언어는 사상의 전부가 아니고 그 표현 수단이고 형식"이며, 따라서 우리가 "일본어를 마스터함으로써… 일본 정신을 자신의 것으로 할 수 있다"[68]고 주장했을 때, 동화주의는 단순한 구호를 넘어 새로운 식민지적 경합의 대상으로 부상할 가능성마저 생겨난다. 이러한 의미에서도 이자와 슈지의 일본어교육 실험과 정책 구상은 제국일본의 전 시기를 관통하는 식민지교육정책의 원점이었던 것이다.

68) 玄永燮(1938), 「内鮮一體と言語の問題」, 『治刑』 第16卷 第10號, 治刑協會, 15쪽.

총력전체제하의 예능통제

—기예자증과 노가쿠—

서정완

I. 들어가면서

총력전체제하에서 문화 또는 특정 예능이 어떻게 수용되고 변용되었는가를 통하여 '권력과 문화' 또는 '전쟁과 예능'이라는 문제에 접근하려는 이 글은 제국일본의 문화권력 연구의 한 부분으로, 총력전체제라는 시공간에서 문화와 예능이 극히 히스테릭한 권력을 때로는 상대하며 때로는 영합하면서 엮어 내는 '근대'라는 그림의 한 단면을 그려 보고자 하는 것이다.

국가의 모든 역량을 전쟁 수행에 초점을 맞추어 권력이 극대화되는 시공간임과 동시에 1940년대 제국의 표상이기도 한 총력전체제하에서 예능이라는 것이 어떻게 존재하였는가를 탐구하는 일은 근대예능사(近代藝能史)의 한 부분으로서, 예능과 권력의 거리가 어떠하였고 그것이 예능사에서 어떤 의미를 갖는지를 탐구하는 작업이 될 것이다. 이 글에서는 총력전체제하에서의 예능의 통제라는 문제를 노(能) 또는 노가쿠(能樂)라 불리는 일본을 대표하는 예능을 중심으로 고찰하고자 한다. 이는 가령 '유게이(遊藝)'나 '풍속(風俗)'이라는 이름으로 상대적으로 멸시된 다른 예능과는 달리, 노는 '국가예능'적인 위상과 권위를 보지하고 있었기에,[1] 총력전체제하에서 필두 예능으로서의 존재와 의미를 파악하는 것은 일본제국에서 예능이 갖는 패러다임을 파악하기 위한 중요한 기준점을 확인하는 작업이 되리라 생각한다.

본론에 들어가기에 앞서 총력전체제에서 문화와 예능이란 무엇이었으며 그 위상이 어떠했는가에 대해 그리고 그로부터 파생되는 문제에 대해 간단하게 정리해 두고자 한다. 1939년 육군성 정보부가 발행한 『국가총력전 전사에 고한다(國家總力戰の戰士に告ぐ)』는 당시 일본이 자국민을 교화하기 위해 배포한 책자인데, 다음과 같이 총력전에 적극 동참할 것을 독려하고 있다.

> 앞으로 본격적인 장기전에 돌입하는데 바로 국가총력전입니다. 직접 전쟁터에 나서는 사람, 나서지 않는 사람, 남녀노소 구분 없이 황국신민은 모두 충량한 총력전의 전사로서 성전(聖戰)을 위해 자발적으로 일어나 싸워야 합니다. …전쟁의 마지막 승리는 국가총력전을 위한 전력이 강대하고 장기간 그 상태를 유지할 수 있는 쪽이 거두는 법인데, 이 전력이라는 것은 결국은 국민 한 사람 한 사람에 의해서 발휘되는 유형 · 무형의 총체입니다. 고로 국가총력전의 전사인 모든 국민은 충군애국의 성심을 본으로 각각 연령과 경우와 직업과 지위에 따라서 천황폐하의 깊은 어심(御心)을 받들어 모시기 위해 강하고 올바르게 십분 의무를 다해야 합니다.
>
> — 자료 A

---

1) '국가예능'에 관해서는 徐禎完 · 増尾伸一郎(2010), 『アジア遊學 138 植民地朝鮮と帝國日本 : 民族 · 都市 · 文化』, 勉誠出版에 수록된 「植民地朝鮮における能 : 京釜鐵道開通式典における「國家藝能」能」에서 지적했으며, 국문 수정 · 보완판인 「식민지 조선과 노(能) : 경부철도 개통식전에서 공연된 '국가예능' 노」는 서정완 · 임성모 · 송석원 편(2011), 『제국일본의 문화권력』(한림일본학연구총서 I), 소화에 수록되어 있다.

전선에서 적과 싸우지 않고 후방에서 지원하는 처지[銃後]일지라도 황국 신민이라면 충량한 총력전의 전사로서 국가총력전을 위해 싸워야 한다고 하면서, 「제3장 총력전체제의 강화」의 "1. 전쟁에서 승리하기 위해서는 어떻게 하면 좋은가"에서 총력전을 구체적으로 '사상 전력의 강화', '무력 전력의 강화', '경제 전력의 강화', '국민정신총동원의 강화 및 기타'라는 네 영역으로 나누어 설명하고 있다. 그중 '사상 전력의 강화'에 관해서는 14개에 이르는 항목을 들고 있는데, 예능에 관해서는 다섯 번째 항목에서 다음과 같이 언급하고 있다.

> 신문, 잡지, 방송, 영화, 연극, 연예 등 언론사상의 지도와 선전에 임하는 자는 적극적으로 국책에 협력하고 특히 일본 정신의 현양, 시국 인식의 철저, 국민정신총동원운동 실천 사항의 촉진 등에 노력함과 동시에 적극적으로 대외 사상전을 강화할 것.
>
> — 자료 B

자료 B에서 주목해야 할 것은 오늘날 우리가 '언론'이라고 칭하는 신문·잡지·방송뿐 아니라 이른바 '예능'에 종사하는 자들도 "언론사상의 지도와 선전에 임하는 자"로 보고 있다는 점이고, 이들을 '사상전'의 일꾼으로 보고 있다는 점이다. 그만큼 사상의 통제가 총력전체제를 수행하고 제국을 보위하는 데 매우 중요한 요인이었음을 보이는 대목이라 할 수 있다. 이는 바꾸어 말하면 당시 제국권력은 오늘날 우리가 공유하는 문화나 예능이라는 개념과 의미의 범주가 아니라 보다 넓고 목적 지향적인 사상전이라는 프레임으로 문화와 예능을 다루고 있었다는 뜻이다.

II. 총력전체제하의 문화통제와 노가쿠

1. 전시기 노가쿠 연구의 현황

예능사나 노가쿠사(能樂史)를 다룬 선행 연구를 살펴보면 근대의 노가쿠, 그중에서도 특히 전시기(戰時期) 노가쿠에 관한 연구가 극히 적다는 것을 알 수 있다.

대표적인 것을 들면, 가령 1917년이라는 이른 시기에 간행된 요코이 하루노(橫井春野)의 『노가쿠 전사(能樂全史)』에서는 제4편에서 '유신 후의 노가쿠'라는 주제를 다루며 청일전쟁과 러일전쟁이라는 두 전쟁 전후의 노가쿠를 둘러싼 상황에 대해 언급하고 있다. 그러나 1917년 간행이라 그런지, 조선을 식민지로 만들고 제국 건설을 위해 일본이 본격적으로 대륙으로의 팽창을 강행한 1910년대 이후에 대해서는 언급이 없다. 1926년에 간행된 이케우치 노부요시(池内信嘉)의 『노가쿠 성쇠기(能樂盛衰記)』는 상하 두 권으로 구성되어 있는데, 하권인 『도쿄의 노』에서는 메이지유신에 의해 괴멸 상태가 된 노가쿠의 비참한 상황을 시작으로 '노가쿠 부흥', '궁중과 노가쿠', '노가쿠사(能樂社)의 설립' 등을 거쳐 제국의회에서의 노가쿠 보호문제에 대한 건의와 노가쿠회가 활동하는 1910년대 전후까지의 이른바 노가쿠 부흥의 역사를 다루고 있다. 그러나 이 경우도 1926년 간행이라 그런지, 1920년대 이후에 관해서는 언급이 없다. 노의 원류라는 관점에서 기악(伎樂)이나 산악(散樂)까지 포함한 사루가쿠(猿樂) 이전의 다양한 예능 그리고 사루가쿠의 성립과 전개라는 노가쿠사 연구에 중요한 기초를 제시한 노세 아사지(能勢朝次)의 『노가쿠 원류고(能樂源流考)』(1938)는 무로마치시대까지를 다룬다. 1945년에 간행된 고바야시 시즈오(小林靜雄)의 『노가쿠사 연구』는 요시노시대부터 에도시대까지를 대상으로 하고 있으며 메이지유신 이후는 다루지 않는다. 1969년에 간행된 후루카와 히사시(古川久)의 『메이지 노가쿠사 서설(明治能樂史序說)』은 제목에서 '메이지 노가쿠사'임을 명시하고 있듯이 메이지유신에 의한 노의 붕괴부터 노가쿠 전용 무대인 노가쿠도(能樂堂) 건설에 의한 부흥까지의 문제를 주요 대상으로 한다. 오모테 아키라(表章)의 『노가쿠사 신고(能樂史新考)』(1979)와 그 속편인 『노가쿠사 신고 2』(1986)는 제아미(世阿彌)시대와 에도시대까지를 다룬다. 1999년에 간행된 구라타 요시히로(倉田喜弘)의 『예능의 문명개화 : 메이지국가와 예능의 근대화(藝能の文明開化 : 明治國家と藝能近代化)』는 문명개화 전후의 예능과 유게이와 관권(官權)의 관계를 비롯한 사회상을 중심으로 다루고 있으며, 전시기 예능에 관해서는 언급이 없다.

한편 총 8권으로 구성된 '이와나미 강좌 노 · 교겐(岩波講座 能 · 狂言)' 시리즈 중 한 권인 『노 · 교겐 I 노가쿠의 역사』〔오모테 아키라, 아마노 후미오(天野文雄), 1987〕에서는 종래의 연구 성과와 비교하면 상대적으로 근대에 대한 설명이 구체적이며 중요한 문제에 대해 언급하고 있다. 그럼에도 불구하고 전근대와 비교하면 근대가 크게 위축되어 있다. 전시기 특히 총력전시기에 관한 기술은 「제7장 전시 중의 상황」에서 언급하고 있는 내용이 전부인데, 전문을 게시하면 다음과 같다.

> 긴박한 사회 정세와는 무관하게 번영의 길을 달리는 것처럼 보였던 노가쿠도 중일전쟁이 끝나지 않은 채 태평양전쟁에 돌입할 무렵에는 침체를 피할 수 없었다. 1940년에는 황녀가 정신이 이상해져서 방황하는 곡 〈세미마루(蟬丸)〉 등의 상연을 자숙하고 〈아타카(安宅)〉에 등장하는 '쇼무황제(聖武皇帝)'를 '쇼무천황'으로 바꾸는 등 대사를 개정할 것을 각 파가 합의하여 당국이 간섭하기 전에 전시체제에 순응하는 길을 택했다. 노가쿠가 에도시대에 막부의 보호와 통제를 받는 시키가쿠(式樂)였을 당시도 때와 장소에 따라 대사를 바꾸어 부르는 '가자시코토바(かざし言葉)'라는 전통이 있었기 때문에 노가쿠는 이처럼 재빠른 전향을 꾀할 수 있었다. 간제류(觀世流)에서 1941년에 〈주레이(忠靈)〉라는 곡을 새로 만들었고, 1943년에는 〈미이쿠사부네(皇軍艦)〉를 새로 만들어서 공연하였다. 이러한 고육지책에도 불구하고 전황이 악화됨에 따라 노가쿠를 공연할 기회는 감소했으며, 소집 및 징용으로 무대를 떠나는 연기자가 늘었고 적지 않은 전사자가 나왔다. 1944년에는 노가쿠 관련 출판사가 하나로 합병되어 노가쿠출판사가 되었으며, 『간제

(觀世)』, 『호쇼(寶生)』, 『기타(喜多)』, 『요쿄쿠카이(謠曲界)』 등의 노가쿠 관련 잡지는 신간 『노가쿠』로 통합되었다. 1945년이 되자, 미군에 의한 공습이 잦아졌기 때문에 노가쿠 공연은 자주 중지되었고 많은 노가쿠 연기자가 갈 곳을 잃었다. 공연에 사용되는 가면, 의상, 문서의 소실이 잇따랐고 전국에 산재한 전용 무대인 노가쿠도도 대부분 소실되고 말았다. 이러한 절망적인 상황에서 앞에서 언급한 것처럼 노가쿠협회가 설립되었고(메이지 이후 존재한 노가쿠회는 이와 동시에 해산한 것 같다), 그로부터 열흘 후 일본은 패전을 맞이하게 된다.

— 자료 C · 『노 · 교겐 I 노가쿠의 역사』

이 『노 · 교겐 I 노가쿠의 역사』는 1940년을 기점으로 노가쿠계에 일어난 문화통제에 관한 사건이나 신작문제[2] 등을 간략하게나마 언급하고 있으며, 다른 선행 연구와 비교하면 전시기의 상황을 상대적으로 상세하게 논하고 있다고 평가할 수 있다. 그러나 무엇보다도 평가해야 할 점은 권력에 의한 문화통제와 검열문제를 '간섭'과 '순응'이라는 소극적인 표현이기는 하나, 근대노가쿠사 서술에서 결코 빼놓을 수 없는 노가쿠와 권력문제를 직접 언급한 점일 것이다. 전후 42년이라는 시간이 경과한 후 전시기 노가쿠에 관한 서술이 노가쿠사에 처음으로 기록된 것이다.

그런데 '권력과 문화', '전쟁과 예능' 그리고 나아가서는 '식민지에서의 노가쿠'라는 매우 중요한 문제를 품고 있는 이 '근대노가쿠사'라는 문제의식이 이후의 노가쿠사 연구에 적극적으로 계승되었느냐 하면, 안타깝게도 그렇

2) 노가쿠는 연극과는 달리 새로운 작품을 창작한다는 행위가 매우 낯선 예능이다. 대부분의 현행곡은 제아미(世阿彌)시대 전후에 만들어졌으며, 그후 에도시대가 되면서 막부의 공식 음악인 시키가쿠(式樂)로 지정되는데 이는 보존과 재생만을 되풀이하는 관제예능이 된다는 뜻이기도 하다. 다시 말해 노가쿠계의 내부 발생적이고 필연적인 이유가 없는데 새로운 곡이 만들어졌다는 것 자체가 노가쿠의 전통에 반하는 또는 매우 낯선 행위였다는 점에 주목해야 한다. 제아미의 경우가 그러하듯이 신곡을 만든다는 것은 좌(座)의 장(長 : 지금의 이에모토)이자 가장 뛰어난 연기자이자 작곡가만이 할 수 있는 행위였다. 1940년대 총력전체제하에서 〈주레이(忠靈)〉나 〈미이쿠사부네(皇軍艦)〉 같은 전쟁을 지지하고 옹호하는 곡이 만들어졌다는 점에도 분명히 주목해야 하나, 돌연 신작이 만들어졌다는 점 자체가 놀라운 사건인 것이다.

지 못하다. 자료 C로부터 12년이 지난 1999년 간행된 『일본예능사』〔사카구치 히로유키(阪口弘之) 외〕에서는 '다이쇼 · 쇼와기의 노가쿠'라는 항목에서 전 시기 예능에 관해 언급하고는 있으나, 그 내용은 아래와 같이 극히 간단한 것이다. 다음은 『일본예능사』 해당 부분의 전문이다.

> 메이지시대에 이룩한 노가쿠의 부흥은 다이쇼 · 쇼와시대로 순조롭게 계승되었다. 메이지시대의 명인에게 지도를 받은 후계자의 실력이 뛰어난 데다가 국수주의적인 민족주의의 고양도 있고 하여 일본 고유의 고전연극으로서 지식인과 재계의 유력자를 노가쿠의 이해자로 획득하는 데 성공한 것이다. 그 한편으로는 간제류에서 우메와카파(梅若派)가 독립하는 문제라든지 우타이본(謠本) 발행을 둘러싼 다툼 등 이에모토(家元)제도가 강화되는 속에서 각종 문제가 발생하여 전근대적인 노가쿠계의 체질이 부각된 시기이기도 했다. 1920년 노가쿠 연기자 단체인 노가쿠협회가 설립되었는데, 이에모토 중심의 조직인 데다가 각 유파의 대립과 이에모토의 저항이 있어 노가쿠계 전체의 문제를 해결할 수 있는 역량은 없었다.
>
> 이 시기 명인으로는 간제류에서는 우메와카류를 일으키는 데 큰 역할을 한 우메와카 만자부로(梅若萬三郎)와 미노루(實) 형제가 있었고, 간제의 분가인 데쓰노조(銕之丞)의 가세쓰(華雪)가 있었다. 한편 종가인 간제 사콘(觀世左近)도 활발한 활동을 전개했다. 호쇼류에서는 호쇼 구로(寶生九郎)의 지도를 받은 마쓰모토 나가시(松本長), 노구치 가네스케(野口兼資) 두 사람이 있었다. 기타류(喜多流)에는 이에모토인 롯페이타(六平太)가 있었고, 곤파루(金春)에는 종가인 곤파루 하치로(金春八郎)와 사쿠라마 규센(櫻間弓川)이 있었다. 곤고(金剛)에는 종가인 우쿄(右京)와 교토 곤고의 곤고 이와오(金剛巖) 등이 있었으며, 와키(脇) 쪽으로는 호쇼 아라타(寶生新)가 있었다.
>
> — 자료 D · 『일본예능사』

이에모토제도의 강화는 우타이본에 대한 종가의 저작권문제와 우메와카 독립문제 등과 연쇄반응을 일으키는 근대노가쿠사에서 중요한 문제이다. 『일본예능사』가 메이지 이후 노가쿠의 긴밀한 문제를 다루고 있다는 점은 평가할 수 있으나, 그 내용은 매우 간략하며 후반부는 명인에 관한 화제로 끝난다. 물론 명인의 평판에 관한 내용도 당시 노가쿠의 현황을 파악하기 위한 하나의 정보임이 틀림없으나, 노가쿠계 내부에서만 소화되는 화제에서 벗어나 노가쿠계의 안과 밖을 이어서 근대의 역사이자 사회사이자 문화사로서의 노가쿠사, 예능사를 서술하려는 보다 넓은 객관적 관(觀)이 결여되어 있다는 뜻이다.[3)]

이상에서 본 바와 같이 근대전시기 노가쿠의 역사를 서술하는 것이 마치 금기시라도 되어 있는 것처럼 공백 상태인 것이 오늘날 근대노가쿠사의 현황이다. 바꾸어 말하면 전시기를 비롯한 근대의 노가쿠사가 제대로 서술되지 않은 채 "6백 년 이상 이어 온 전통예능 노가쿠"라는 일종의 이데올로기화된 담론이 홀로 걸어가고 있는 것이다. 근대사에서 권력이 가장 극대화되고 많은 상처를 남긴 시기를 건너뛰고 바로 '현대'로 접속하고 있는 것이며, 그러한 상황에서 오늘날 이 '6백 년 이상 이어 온' 위관(偉觀)은 해가 거듭될수록 그 무게를 더하고 있다.

메이지유신에 의해 괴멸 상태로 내몰린 노가쿠[4)]와 그후 국가와 지배계급에 의해 '국가예능' 또는 '제국일본의 국위를 표상하는 예능'으로 선택되어 육성된 노가쿠라는 두 층위 사이에 노가 문화권력으로 작동하게 된 강력(强力)이 전개되고 있는 것은 아닌가. 그러나 이에 대한 검토나 해석의 시도 없이 권력에 의한 '전통' 만들기의 결과물만을 그대로 수용하고, 나아

---

3) 한편 필자가 조사한 바에 의하면 기존의 예능사 연구서 중 근대 특히 전시기 예능에 대해 가장 상세한 내용을 담고 있는 것은 1990년에 간행된 『일본예능사 7 근대·현대』(藝能史硏究會 編)이다. 그러나 여기에서 다루는 예능은 주로 연극을 비롯한 이른바 대중성이 강한 것들이며, 노가쿠에 대해서는 일절 언급이 없다. 이 논문과 관계가 있어 보이는 「제4장 통제와 예능」에서도 언급되는 것은 고단(講談), 라쿠고(落語), 로쿄쿠(浪曲), 만자이(漫才) 등 대중에 보다 널리 침투되어 있는 예능뿐이다.

4) 엄밀히 말하면 노가쿠가 아니라 사루가쿠(猿樂) 또는 '사루가쿠의 노'가 맞다. '노가쿠'라는 명칭이 정착된 것은 메이지유신에 의해 붕괴되었다 다시 부흥하면서이다. 직접적으로는 노가쿠회를 설립하는 과정에 기존의 사루가쿠를 노가쿠로 개명한 것인데, 여기에는 '국가예능'·'제국일본의 국위를 표상하는 예능'으로서의 권위가 부여되고 있음을 짐작할 수 있다.

가 내셔널리즘에 이용하고 있는 것은 아닌가. 반대로 메이지유신 직후 권력에 의해 '천하다', '부끄럽다'는 이유로 규제되고 금지된 유게이야말로 적어도 일반 서민에게는 본래의 일본문화가 아니었는가. 노가쿠가 이른바 '국민예능'이 아니었기에 '대중화운동'이 벌어진 것은 아니었는가. 이러한 의문을 던질 필요는 없는가. 왜 안 던지는가. 바로 이러한 의문점이 서술되지 않는 근대사・예능사의 잃어버린 퍼즐 조각이 있다고 본다.

근대화를 문명화라는 말로 대체할 수 있다면, 문명화를 위해 고유의 자생적 문화였던 유게이를 풍속이라는 이름으로 배제하고 금지함으로써 이른바 문명화의 정도를 높이고, 서양열강의 오페라에 필적하는 제국일본의 국위의 표상으로 노가쿠를 선택하여 새로이 '전통문화'를 만들어 내는 전개는 자기모순이라고 할 수 없는가. 에도시대에 시키가쿠로 보호받은 노가쿠가 무가(武家)의 오락이자 교양이었던 점은 사실이며, 시키가쿠로 지정됨으로써 창작과 변용은 엄격히 금지되는 한편 보존과 재생이 책임이 되었다. 따라서 노가쿠가 에도시대 무가를 중심으로 한 전통문화, 전통예능이었다는 이해는 가능하다. 그러나 도쿠가와막부를 폐하고 탄생한 메이지시대에 들어서 갑자기 노가쿠를 전통문화, 전통예능으로 인정한다면 대정봉환(大政奉還)이나 판적봉환(版籍奉還)이라는 역사적 전개와 모순될 수 있다는 점에 대한 설명이 있어야 할 것이다. 이 점이 바로 노가쿠사, 예능사를 서술해야 하는 이유이다. 즉 오늘날 우리가 말하는 전통이라는 것은 근대에 의해 인지됨으로써 비로소 전통이라는 권위가 작동하고 있지는 않은가. 이 전통이라는 것을 받아들이기 위해서는 어느 시대의 어느 계층의 문화유산을 말하는 것인지, 그리고 누가 언제 전통으로 인지했는지에 대한 물음도 필요하다. 에릭 홉스봄(Eric Hobsbawm)이 말하는 문화론적 담론으로서의 "만들어진 전통"을 말하려는 것이 아니라, 근대라는 역사적 전개 앞에서 실제로 노가쿠가 보인 동태(動態)가 이러한 문제를 내포하고 있다는 점을 말하는 것이다.

이 연구는 이상에서 지적한 문제의식으로 근대의 노가쿠사에서 공백으로 남아 있는 조각을 하나하나 맞추는 작업을 통해 근대의 노가쿠사를 분명히 하고 예능과 권력이라는 시점에서 근대라는 시대를 조사(照射)하려 한다. 그리고 이러한 작업의 하나로서 문화통제, 예능통제라는 문제를 다루고자 한다.

2. 문화통제의 실태

여기에서는 총력전체제하 문화통제 중에서도 예능에 대한 통제, 즉 예능통제(흥행통제)의 실태를 개관하겠다. 그 이유는 예능통제라는 하나의 축을 설정함으로써 노가쿠에 대한 통제를 대비시킬 수 있기 때문이다. 구체적으로는 예능사의 검증이라는 관점에 선다면 메이지유신을 조사의 기점으로 삼아야겠지만, 이번 연구는 '총력전체제하'라는 시간과 목적을 명시하고 있기에, 제1차 고노에(近衛) 내각하에서 중일전쟁이 발발하고 통제를 정당화하는 '전시'나 '시국'과 같은 통제를 정당화하는 용어가 난무하게 된 1937년을 기점으로 한다. 1937년은 국민정신총동원 실시요강이 결정된 해이기도 하며, 이듬해 1938년에는 국가총동원법이 제정되었으며, 1940년 12월에는 다음과 같은 목적을 들며 내각 정보국이 설치되었다.

1. 국책 수행의 기초가 되는 사항에 관한 정보 수집, 보도 및 계발 · 선전
2. 신문지, 기타 출판물에 관한 「국가총동원법」 제20조에 규정하는 처분
3. 전화에 의한 방송 사항에 관한 지도 · 단속
4. 영화, 축음기 레코드, 연극 및 연예의 국책 수행의 기초가 되는 사항에 관한 계발 · 선전상 필요한 지도 · 단속

— 자료 E · 「정보국 관제제정 내각 정보부 관제폐지 · 어서명 원본」[5)]

정보국은 정보의 통제와 컨트롤을 강화하기 위해 내각 정보부 · 외무성

5) 國立公文書館アジア歷史資料センター(1940), 「情報局官制制定內閣情報部官制廢止 · 御署名原本」, 勅令第846號(御24225).

정보부 · 육군성 정보부 · 해군성 군사보급부 · 내무성 경보국 도서과(警保局圖書課) · 체신성 전무국 전무과(電務局電務課) 등 각 성 · 청 · 과에 분산되어 있던 기관을 통합하는 형태로 신설된 내각 직속 기관으로, 가장 중요한 업무는 국가총동원법의 실행이었다. 자료 E에서 볼 수 있듯이 제1조를 정보수집과 선전전을 중심으로 하는 이른바 총론적인 목적에 대한 기술로 본다면, 제2조는 "정부는 전시를 맞이하여 「국가총동원법」상 필요할 경우 칙령이 정하는 바에 의하여 신문지, 기타 출판물의 게재에 대해 제한 또는 금지를 할 수 있다" 그리고 "정부는 전항의 제한 및 금지에 위반한 신문지 및 기타 출판물에 대해 「국가총동원법」상 지장이 있는 것에 대한 발매 및 반포(頒布)를 금지하고 이를 차압할 수 있다"는 「국가총동원법」 제20조의 실행을 단언한 조문이다. 그리고 제3조와 제4조에서는 그 범위를 라디오, 방송, 영화, 레코드, 연극과 연예라는 이른바 문화매체로 확대하여 통제하겠다는 것을 명시하고 있다.

이러한 일련의 동향에서 알 수 있듯이 1937~1940년은 문화통제를 위한 법적 · 제도적 정비와 실행기구의 설치가 하나씩 추진되는 시기였으며, 실제로 영화법 제정을 비롯한 각종 규제와 단속이 문화통제를 위한 시책으로서 시행된다. 주지하는 바와 같이 정보국 설치에서 1년이 지난 1941년 12월에는 진주만을 기습공격해서 미국과 전쟁을 시작했으며, 그 결과 통제의 수위는 더욱 강화된다. 즉 1937년부터 일본이 항복하는 1945년까지를 총력전체제하의 문화통제(주로 예능통제)가 가장 강력하게 기능한 시기로 본다. 그렇다면 구체적으로 어떠한 문화통제가 시행되었는가. 예능통제를 중심으로 이 시기에 시행된 주요 통제 사항과 사건을 들어 그 개관을 연대순으로 게시하면 대략 다음과 같다. 참고로 『아사히신문』 기사를 중심으로 추출하였다.

① 1937. 8.

경시청 보안부는 쇼치쿠(松竹)와 기타 흥행업계 대표를 초치해서 시국을 반영하는 흥행물에 대한 취급에 주의를 기울일 것을 요구했다. 내무성은 사변(事

變)하에서 오락기관의 전시체제 확립과 국민정신총동원 강화를 위한 영화와 레코드의 제작 방침의 방향 전환을 요망.

② 1939. 1.

경시청은 연극 대본 등의 사전검열을 강화. 시국에 맞지 않는 것은 상연을 금지.

③ 1939. 3.

외무성은 다카라즈카(寶塚)소녀가극단이 샌프란시스코에서 상연 예정인 〈도진 오키치(唐人お吉)〉는 미·일 간 감정을 해한다고 상연 중지를 명령.

④ 1939. 5.

경시청은 노 〈오하라고코(大原御幸)〉의 연기와 무용 등 연출이 시국을 고려할 때 불경일 가능성이 높다고 판단하여 상연 중지를 경고.

⑤ 1939. 9.

경시청은 러시아의 오페라, 발레단 공연과 관련하여 사변이 진행 중인 상황에서 자금을 통제한다는 이유로 외국 악단의 초빙은 바람직하지 않다며 금지를 명하고, 이후 유사한 외국 악단에 의한 공연은 모두 금지.

⑥ 1939. 12.

문부성은 연극, 영화, 음악 등 개선위원회를 설치. 영화법에 이은 연극법의 제정을 계획.

⑦ 1940. 2.

경시청 「흥행취체규칙(興行取締規則)」을 발령. 종래의 「흥행장급흥행취체규칙(興行場及興行取締規則)」을 강화한 것이며, 새로운 규칙에 의해 1940년 3월부터 흥행자, 기예자,[6] 연출자는 각각 허가 신청을 제출하도록 명.

⑧ 1940. 5.

성전 완수에 호응하기 위하여 관동 지방에 거주하는 모든 로쿄쿠(浪曲) 기예자가 하나로 뭉치는 형태로 일본로쿄쿠협회가 결성. 도쿄고단조합, 도쿄라쿠고협회가 고단라쿠고협회에 합병. 또한 도쿄만자이협회(東京漫才協會), 데이토만자

---

6) 日本演劇協會 編(1943), 『演劇年鑑』, 東寶書店, 「興行取締規則 第3條」에 의하면 '기예자'란 "흥행에 출연하여 기예를 보이거나 연극, 연예를 교습하는 것을 업으로 삼는 자(興行ニ出演シテ技藝ヲ為シ又ハ演劇, 演藝ノ教授ヲ為スヲ業トスル者)"이다.

이협회(帝都漫才協會)와 산교쿠(三曲), 무용, 호가쿠(邦樂), 기주쓰(奇術), 다이카구라(大神樂) 등의 협회가 있었다. 기예자들은 경시청이 공인한 이 협회들에 소속되어 있지 않으면 기예자증을 발급받을 수 없으며, 기예자증 없이는 무대 출연 불허.

⑨ 1940. 9.

내각 정보부의 본부로 데이코쿠(帝國)극장을 사용하게 되어 폐쇄.

⑩ 1940. 10.

경시청은 기예자협회를 결성시키고 기예자의 허가제도를 실시. 오사카에서는 11월 공연 예정이던 가부키 〈고치야마쇼슌(河内山宗俊)〉이 오사카부 보안과에 의해 공연 중지.

⑪ 1940. 11.

「치안유지법」의 강화에 의해 프롤레타리아연극운동을 일으켰다는 이유로 단원이 전원 체포되고 인형극단 푸크(puk) 해산.

⑫ 1941. 1.

정보국과 대정익찬회(大政翼賛會) 선전부는 데이코쿠극장 강당에 국회의원을 초대하여 애국로쿄쿠를 선보였다. 로쿄쿠가 대중에 영향력이 크다는 이유로 (1942년 라디오의 예능 관련 총방송시간 968시간 중 로쿄쿠가 452시간을 차지) 로쿄쿠를 통제하기 시작했으며, 5월에는 로쿄쿠작가협회를 결성시킴.

⑬ 1941. 3.

기예자허가제 실시 후 처음으로 출연금지처분이 희극배우 다카야 아키라(高屋朗)와 만자이의 아즈마 야지로와 기타하치(東ヤジロー・キタハチ) 세 명에게 내려짐.

⑭ 1941. 4.

정보국은 이동연극연맹을 결성하게 하여 이동연극의 내용에 대한 조직적인 지도와 배급의 일원화를 실시.

⑮ 1941. 8.

경시청은 오본(お盆) 기간의 흥행에 대해 〈기라노쓰네(吉良の常)〉 등의 극 중 노래 〈나의 다이애나(私のダイアナ)〉 등은 앞으로 일절 허가하지 않는다며 그 밖의 몇 곡에 대해서도 주의.

⑯ 1941. 9.

문부성과 내무성은 레코드 단속에 들어갔으며, 1943년에는 정보국에 의하여 1천 곡이 넘는 미국과 영국의 곡에 대한 연주가 금지되었다. 재즈도 금지.

⑰ 1944. 3.

「결전비상조치령」이 발령되어 고급 향락 금지에 관한 구체적인 요강에 입각하여 가부키좌(歌舞伎座)를 비롯한 전국 19곳 대형 극장의 폐쇄가 결정. 전국에서 약 4백 곳에 이르는 흥행장이 폐쇄되었으며, 4월에는 「제2차 결전비상조치령」에 의해서 모든 연극 흥행은 공연 시간을 2시간 반 이내로 제한받았으며, 입장료도 5엔 이하로 제한.

— 자료 F

이상에 열거한 17개의 통제를 조감하면 큰 특징과 흐름이 몇 가지 보인다.

첫째는 일본제국의 권력 집행자들은 영화를 비롯한 문화의 힘에 커다란 경계심을 품고 있었다는 점이다. 영화에 대한 검열뿐 아니라 군국주의를 찬양하는 영화의 강제적 제작을 포함한 통제를 강화하기 위한 영화법은 주지하는 바와 같이 1939년에 제정되었는데, 이는 2년 전인 1937년에 발발한 중일전쟁이라는 전시체제하에서 국민의 사상을 장악하고 전쟁에 필요한 물자를 확보하기 위한 것이었다. 정보국 극비 자료 가운데 1940년 6월 6일 육군 정보부 명의로 작성된 「언론의 중요성과 각종 선전기관의 현상(신문, 잡지, 영화, 방송)」[7]이라는 문헌이 있다. 이 문헌에 의하면 당시 상설 영화관은 도쿄의 296곳을 필두로 오사카에 190곳, 후쿠오카에 101곳 등 내지에 총 1천 755곳 있으며, 외지에는 타이완에 38곳, 조선에 81곳, 관동주에 9곳, 만주국(일본계열만) 53곳, 중국(支那) 28곳(일본계열만) 있다고 보고하고 있다. 일본제국에서 식민지 조선의 상설 영화관 수가 도쿄 · 오사카 · 후쿠오카에 이은 제4위였다는 점도 예상하지 못한 숫자여서 흥미로우나, 이토록 성행

7) 1940. 6. 6.자로 된 이 문헌은 각 정보기관이 정보국으로 통합되기 전에 육군 정보부에서 작성한 자료이다.

한 영화에 대한 정보국의 경계심은 영화의 멀티미디어적 성질 때문에 국민에게 용이하게 침투된다는 점에 있었다.

> 선전전에서 영화가 차지하는 지위는 매우 중요하다. 신문이나 잡지는 눈을 통해 들어가고 라디오는 귀를 통해 들어가는 데 반해, 영화는 눈과 귀 양쪽에서 선전의 목적물을 대중에게 심기 때문에 대중이 받는 인상은 신문 · 잡지 · 라디오에 비하여 훨씬 심각하며 국내 선전에서 으뜸이며, 그 효과 또한 위대하다. 다만 때와 장소에 제약이 있기 때문에 그 효과를 다소 의문시하는 사람이 있으나, 1939년 전국의 영화 관람자가 총 4억 5천만 명이라는 엄청난 숫자에 이른다는 점을 알면(즉 연인원은 제국 총인구의 4.5배가 된다) 그 누구도 영화의 위력을 부정 못할 것이며, 고로 선전전에서 영화가 차지하는 지위는 명확하다.
>
> — 자료 G, 『정보국 관계자료 제2권』, 32쪽

시각과 청각 양쪽을 동시에 자극하여 대중에 대한 침투성과 감화력이 강한 영화의 특성과 더불어 1년에 4억 5천만 명이나 되는 사람이 영화를 관람할 정도로 성행한 영화의 대중화가 제국의 사상전이나 선전전 수행에 있어 커다란 변수가 된다, 따라서 영화는 통제 대상이다, 라는 입장을 보여 주고 있다. 그런데 여기에서 흥미로운 것은 이러한 경계심은 중일전쟁이 발발한 지 불과 40일 후에 이미 지적되고 있다는 점이다. 군사영화에 대한 규제를 본격적으로 실시한다는 방침이 1937년 8월에는 신문지상에 공표되었다.

> 군사영화의 제작 비율이 증대함에 따라 영화검열관에게 빈축을 살 정도로 풍기에 문제가 있는 영화도 적지 않기 때문에 당국에서 보다 본격적으로 군사영화에 대한 통제를 실시하기로 했다. 이번 주 중에 쇼치쿠(松竹), 닛카쓰(日活), 신코(新興), 다이토(大都), 도호(東寶) 등의 각 영화 제작사를 비롯하여 개인 소규모 영화 제작자를 내무성에 초치해서 검열방침을 지시하고 군사영화 제작에 관한 큰 틀을 설명하기로 했다.
>
> — 자료 H, 『아사히신문』 1937. 8. 19.자 석간

자료 F의 ①의 경시청이 시국을 반영하는 흥행물에 대한 취급 주의를 요구하고, 내무성이 오락기관의 전시체제를 확립하여 국민정신총동원 강화를 위해 영화와 레코드의 규제의 수위를 높인다는 기사(1937. 8)를 비롯해서 이 시기 신문 보도에 문화통제에 관한 기사의 게재 빈도가 높다. 가령 『아사히신문』 1937년 8월 24일자에는 "영화, 레코드에 야마토다마시(大和魂) 동원, 내무성 이제 본격적으로"라는 기사가 확인되며, 이러한 부류의 기사가 연일 신문지상을 메우고 있다. "시국 관련 작품의 공연, 경시청에게 주의를 받다"(26일), "오락도 전시체제"(29일 석간) 등이다. 이처럼 개전으로부터 불과 40일 만에 이토록 신속한 대응을 보이고 있는데, 이는 중일전쟁 발발과 거의 동시에 통제방침을 결정했거나 개전 준비와 병행하여 문화통제를 위한 준비까지 착수했다는 추측을 가능케 한다.

두 번째는 예능에 대한 통제와 규제 지도에서 전면에 모습을 드러내는 것은 주로 경시청(내무성)과 내각 정보국이라는 점이다. 자료 F의 ③은 샌프란시스코 공연이기에 외무성이, ⑥과 ⑯은 법안의 기안과 검토이기에 문부성이 관여하나 실제 단속은 경시청이 담당하고 있다.[8] 자료 F는 매우 한정된 용례에 불과하지만, 이 자료만 보더라도 1941년부터 활동을 개시한 정보국이 대정익찬회와 연계하여 총동원체제를 수행하고 있었다는 점을 특히 ⑫와 ⑭를 통하여 알 수 있다. 이 부분에 관해서는 뒤에서 설명하겠다.

셋째는 천황 및 천황가 관련 통제가 엄격해졌다는 점이다. ④에서 경시청이 노가쿠 공연을 중지시킨 것은 사실 노가쿠계에 커다란 파문을 던진 문제였다. 천황을 정점으로 하는 군국주의 국가가 전쟁을 수행하고 있기에 권력 측에서 보면 천황 및 천황가의 위상을 손상시키는 일은 절대로 용납할 수 없는 일이었다. 〈오하라고코〉라는 곡은 헤이케(平家) 일족이 마지막에 단노우라(壇の浦)에서 겐지(源氏)에 패하면서 어린 안토쿠(安德)천황을 안

8) ⑩에서 알 수 있듯이 이러한 통제와 단속은 도쿄시에서만 실시된 것이 아니라, 내무성 산하의 경시청과 경찰성이 동시에 움직이고 있었다는 사실을 말해 주고 있다.

고 바다에 뛰어든 겐레이몬인(建禮門院)이 죽지 못하고 살아 여생을 교토 오하라(大原)에 있는 잣코인(寂光院)에서 조용히 보내고 있을 때 고시라카와(後白河)법황이 방문한다는 『헤이케모노가타리(平家物語)』의 일화를 소재로 한 곡이다. 당연히 제아미시대와 에도시대를 거치면서 수없이 공연되었고, 귀인들 앞에서도 많이 공연한 곡이기에 천황가에 대한 '불경'이라는 갑작스러운 이유는 노가쿠계로서는 받아들이기가 쉽지 않았다. 이 문제와 관련한 당시 기사를 추적해 보았다.

노 〈오하라고코〉 불경으로 찍히다

전에 요쿄쿠 〈세미마루〉의 폐곡(閉曲)이 문제가 된 적이 있는데, 이번에는 경시청 흥행계(興行係)가 〈오하라고코〉를 문제 삼으며 법황(法皇), 여원(女院) 등의 천황가 귀족으로 분장하여 관중 앞에서 연기하는 것은 바람직하지 않다는 이유로 14일 오마가리(大曲) 노가쿠도에서 공연 예정인 간제류의 노가쿠는 가능하면 열지 않도록 13일 호쇼회(寶生會) 간사 혼마 히로키요(本間廣淸) 씨를 불러 자숙을 권고하였다. 이에 대해 혼마 씨는 다음과 같이 말하였다. "〈세미마루〉처럼 문제가 될 만한 부분이 있는 경우면 몰라도 〈오하라고코〉는 불경스러운 데가 없기 때문에 저로서는 줄거리와 내용을 당국에 설명하고 이해를 구했습니다. 일단 14일 오마가리 노가쿠도에서 당국 관리들과 함께 〈오하라고코〉를 관람하기로 했으니, 문제는 그후입니다."

— 자료 I, 『아사히신문』 1939. 5. 14.자

문제의 〈오하라고코〉 관계자 입회하에 무사히 공연, 18일에 간담회를 열기로

14일, 오마가리 간제(觀世) 무대에서 열린 후쿠오류(福王流) 상속 발표 공연에서 상연된 〈오하라고코〉는 이 곡이 황족의 행동을 연기한다는 이유로 경시청으로부터 공연을 보류할 것을 권고받았다. 결국 이번에는 관계자가 입회하는 조건으로 공연이 허락되어 당일 오후 1시부터 간제 데쓰노조가 주인공 여원 역을, 우메와카 마사요(梅若萬佐世)가 법황 역을 맡고, 경시청 와카바야시(若林) 흥행계장 입회하에 무사히 공연을 마쳤다. 이 문제는 사회적으로 커다란 파장을 일으킬 수

있기 때문에 경시청에서도 일이 더 이상 커지는 것을 피하여 노가쿠회와 협의한 결과, 오는 18일 와카바야시 흥행계장과 노가쿠계에서는 노가쿠회 대표이자 부회장인 마쓰다이라 요리나가(松平賴壽) 백작을 비롯한 노가쿠회 소속 5류 대표(종가) 및 공연연합회 대표 혼마 히로키요 씨와 그 외 노가쿠 평론가 등이 출석하여 간담하기로 했다….

— 자료 J, 『아사히신문』 1939. 5. 16.자 석간

〈오하라고코〉 협의

문제의 〈오하라고코〉와 관련해서 태도를 결정하기 위한 노가쿠회 협의회는 18일 오전 10시부터 도쿄 스이도바시(水道橋)에 있는 호쇼회 사무실에서 열렸으며, … 오늘은 정오를 넘겨 해산했으나 최종 결론에는 이르지 못하고 조금 더 연구할 시간을 달라고 경시청에 양해를 구하기로 했다.

— 자료 K, 『아사히신문』 1939. 5. 19.자 석간

자료 I에서 〈오하라고코〉에 앞서 〈세미마루〉를 폐하는 사건이 있었음을 알 수 있는데,[9] 〈오하라고코〉에 대한 경시청의 불경이라는 지적에 혼마 히로키요 씨가 그 이유를 이해하지 못하여 경시청에 해당 곡의 줄거리와 내용을 설명했다는 대목에서, 경시청의 불경 판정이 노가쿠계에게는 전혀 예상하지 못한 일이었음을 알 수 있다. 경시청 또한 사태가 커지는 것을 염려했는지 5월 14일 공연은 일단 경시청 흥행계장이 입회하는 조건으로 공연을 허가하고 후일 간담회를 열어 숙의를 했으나, 결국 결론에 이르지 못하고 만다.

이 문제는 노가쿠 연기자 입장에서도 그리고 경시청(내무성) 입장에서도

9) 이 사건은 미노베 다쓰키치(美濃部達吉)의 천황기관설을 공격하기 위한 선봉장인 귀족원의원 기쿠치 다케오(菊池武夫)를 회장으로 하여, 이론적 브레인이자 '과학적 일본주의'를 표방하는 우익 사상가 모리 기요도(森淸人) 등이 1933년 설립한 단체 일본정신협회가 〈세미마루〉를 폐할 것을 요구하자 이에 내무성이 반응한 사건이다. 이에 관한 연구로는 中村雅之(2004), 「戰時體制下における天皇制の變容 : 『蟬丸・大原御幸事件』と謠本改訂」, 『能と狂言』 第2號, 能樂學會가 있다.

상당히 신중하게 접근할 수밖에 없었는지 이로부터 1년 반 후 『아사히신문』에는 “7곡은 사라지게 되었다, 노가쿠 숙정함”(1940. 12. 11.자 석간), “우타이본판(版)의 개정도 단행, 9곡은 공연을 보류”(1940. 12. 12.자 석간)라는 기사가 나온다. 11일자 신문에서는 절대로 공연하지 않기로 한 7곡, 기존의 연출을 변경하여 공연하는 3곡, 무대에서의 공연은 삼가지만 창(唱)만 하는 요쿄쿠에서는 대사를 개정하기로 한 4곡을 각 유파의 종가들이 합의를 보았다는 내용을 담고 있다. 한편 12일자 기사에서 가장 주목해야 할 부분은 “작품 줄거리가 어떠하든 이유를 불문하고 연기자가 황족으로 분장하고 무대에 등장하는 것은 불경이며, 경시청의 「흥행취체령」에 반한다”는 대목이다. 물론 이 불경문제에 대한 노가쿠계의 대응책이 나오기까지 1년 반이나 소요되었다는 점 자체가 노가쿠가 권력과 얼마나 지근 거리를 유지하고 있었는가를 알 수 있는 부분이기는 하나, 요는 노가쿠 연기자 따위가 천황이나 황족으로 분하고 무대에 서는 것 자체가 불경이라는 것이다.

여기에서 한 가지 더 주목해야 할 점은 이 불경 사건을 수습하는 과정에서 우타이본을 개정하는 대목이다. 노가쿠는 연기자, 합창단, 피리와 북 등의 악기를 무대에 올리는 일종의 오케스트라와 같은 것이며, 우타이(謠)는 노가쿠 작품의 대사를 노가쿠 연기자처럼 창을 하는 것을 말하고, 우타이본은 그 교재 즉 대본을 말한다. 문제는 우타이본의 간행과 관리는 종가들이 일반인에게 우타이를 교습하면서 많은 수익을 얻는 동시에 각 유파의 세력을 확장하는 의미가 있었기에 절대적으로 종가 고유의 권한이며, 메이지시대에는 우타이본 간행과 관련하여 이른바 저작권논쟁까지 벌어질 정도로 노가쿠에서 매우 중요한 부분이라는 점에 있다. 노가쿠는 기본적으로 ‘가타(型)’를 중시하며 그 보존을 책무로 여기기 때문에 우타이본 개정이라는 행위는 대사나 연출 등에 대대적인 또는 근본적인 변화가 발생했을 시에만 행하며 이는 역사적으로도 확인된다. 노가쿠사를 통틀어 우타이본을 노가쿠 종가의 내인이 아닌 정치적·사회적 이유 등의 외인에 의해 급거 개정한다는 것은 매우 드문 일이며, 이러한 중대한 개정을 하게 만든 것이 총력전체제하의 문화통제이며 예능통제였다.

III. 기예자증과 노가쿠

이 장에서는 노가쿠를 중심으로 기예자제도가 어떤 식으로 도입되었으며, 그 과정에서 노가쿠계는 어떠한 반응을 보였는가, 그리고 이러한 문화통제・예능통제라는 틀에서 실시된 기예자제도는 노가쿠에 어떠한 변화를 가져왔으며, 그 의미는 무엇인가에 대해 생각하고자 한다.

자료 F의 ⑦은 기존의 「흥행장급흥행취체규칙」이 강화되어 「흥행취체규칙」이 발령되어 앞으로 흥행자・기예자・연출자는 활동함에 있어 경시청에 허가 신청을 해야 하며, 1940년 3월부터 실시한다는 내용이다. 그리고 5월에는 성전을 완수하기 위해 각종 단체를 결성했는데, 기예자는 경시청이 공인한 단체에 가입해야만 기예자증이 발급되며, 이 기예자증 없이 무대에 오를 수 없다는 최종 통고와도 같은 내용의 기사가 지면을 장식한다(⑧). 10월에는 경시청은 기예자협회를 결성시켜 기예자에 대한 허가제를 실시하고 오사카에서는 보안과에 의해 가부키 공연이 중지되었다고 한다(⑩). 그리고 1941년 3월에는 기예자제도를 실시한 이후 처음으로 출연금지처분이 내려졌다(⑬).

이러한 기예자제도는 영화법을 비롯한 종래의 규제와는 본질적으로 다른 대단히 강력한 규제이다. 신문이나 영화 또는 연극 대본 등의 제작물에 대한 사전검열이 아니라 공연이나 연주 등의 활동 자체를 통제하고 관리하려는 것이다. 예를 들어 영화나 연극 대본을 써도 되는 사람, 신문 기사를 써도 되는 사람, 무대에서 연기나 연주를 해도 되는 사람을 사전에 선별하겠다는 것이며, 이는 제작자뿐 아니라 표현자까지 검열의 대상으로 삼았다는 의미에서 매우 강력한 통제라 할 수 있다. 더욱이 관제 또는 반관제 단체를 결성케 하여 관이 공인하는 단체에 가입하지 않으면 기예자증을 발급받지 못한다는 구조는 모든 기예자를 통제하에 두고 관리하겠다는 것이다. 당연히 이는 총력전을 수행하기 위함인데, 그 배경에는 자료 B를 통해 지적한 것처럼 "언론사상의 지도와 선전에 임하는 자"를 통제하고 관리한다는 의식이 있었다고 보아야 할 것이다. 물론 각종 단체를 결성하여 피라미

드식으로 통제를 중앙집중화하는 점은 익찬운동과의 연계라는 점에서 접근해야 할 것이다.

어쨌든 이 미증유의 기예자제도는 노가쿠계에 큰 충격을 주었다. 잡지 『요쿄쿠카이』에 「노가쿠와 흥행취체규칙」이라는 기사가 게재되어 있다.[10]

… 노가쿠회 수뇌부는 몇 차례 경시청 흥행과와 절충한 결과, 드디어 노가쿠회의 의견이 수용되어 해당 규정은 노가쿠에 한하여 적용하지 않기로 했다고 한다. 즉 경시청에서는 가령 노가쿠 연기자가 단독으로 신청하더라도 기예자증을 발급하지 않기로 방침을 정했다고 한다. 그 이유는 노가쿠는 '일반 대중에게 관람과 청문(聽聞)'을 제공하는 것이 아니라 특수한 회원제로 운영되며, 가끔 임시 회원이 입장하는 경우는 있으나 이 경우 또한 원칙적으로 입장객은 존재하지 않으며, 게다가 입장한 사람도 '일반 대중'이 아니라 사범이 있는 노가쿠 애호가 중 한 사람이기 때문이다. 또한 제2조의 흥행장인데, 노가쿠가 공연되는 장소는 노를 위한 '상설된 장소'가 아니라 어디까지나 주택의 일부이며, 무대는 노가쿠 수행을 위한 도장이며, 관람석은 노가쿠 모임이 열리는 이외의 시간에는 거실로 사용되는 공간이기 때문이다. 물론 호쇼회의 경우는 그렇지 않다. 제3조에 관해서는 노가쿠 연기자는 노에 출연하여 기예를 보이는 것을 '업'으로 삼는 사람이 아니기 때문이다. 노가쿠 연기자는 요쿄쿠 교습을 업으로 삼으며 그로써 생계를 유지한다. 노가쿠는 사업상 일종의 선전의 의미를 갖고 있는 동시에 수행의 의미로서 춤사위를 보이며 연기한다. 물론 이를 회원에게 보여 주기는 하나, 결코 영업적 이익을 산출할 수 있는 것이 아니라 오히려 출비만 많다는 점 때문이다.

이러한 이유가 인정되어 노가쿠에 한해서는 이 규정에서 일단 제외되는 것으로 결정되었다.

문제는 노가쿠회가 앞으로 취해야 할 태도인데, 노가쿠는 흥행이 아니기 때문

10) 東海烈(1940), 「能楽と興行取締規則」, 『謡曲界』 第51巻(1940. 7), 謡曲界発行所, 112-113쪽. 이 기사 외에도 1940년 6월호 「편집 후기」에 관련 기사가 있으며, 8월호와 9월호에도 기예자 관련 기사가 있다. 그리고 9 · 11 · 12월호에는 제목이 '신체제'라는 말이 포함된 기사, 즉 익찬운동 관련 기사가 많아진다.

에 흥행으로 오해받지 않도록 충분한 자중이 필요하다. 그 하나로서 노가쿠 공연을 개최할 때 포스터를 제작하여 배포하거나 일반 대중에게 전단지를 돌려 관람을 권유해서는 안 된다. 그리고 플레이가이드(공연물 매표소)를 이용하여 일반 대중을 대상으로 관람자를 모집하는 것도 좋지 않다. 또한 이익을 목적으로 하지 않는 — 예를 들면 외국인에게 감상을 제공하기 위한 시에서 주최하는 공연이라든지 또는 음악학교에서 하는 노가쿠, 성금 모금을 위한 모임 등 — 행사에서 주최자의 초대를 받고 출연하는 경우를 제외하고, 노가쿠 연기자 스스로가 주최하는 공개 노가쿠 — 히비야(日比谷)공개홀 등에서 공연되는 — 를 해서는 안 된다.

그 외에 노가쿠 연기자는 스스로 본분을 충분히 이해하고 시국이 시국이니만큼 충분히 자중할 것, 이것이 노가쿠회와 노가쿠 연기자 전체에게 바라는 바이다.

…이 문제는 언뜻 보기에는 해결이 된 것처럼 보이나, 꼭 그렇지만은 않다. 지금 당장은 이 정도로 넘어갈 수 있을지 모르겠으나, 머지않아 다시 문제가 될 수 있다. 이 문제에 대해서 진지하게 고민하고 가장 좋은 방법을 강구하기 위해서는 우메와카문제를 해결해야 하고, 이에모토제도에 대한 재검토가 반드시 이루어져야 한다.

— 자료 L, 『요쿄쿠카이』 제51권 7월호(1940. 7)

위 기사 바로 다음에 「흥행취체규칙」 전문과 기예자증 견본까지 싣고 있는데, 그만큼 노가쿠계가 긴장했다는 뜻일 것이다. 그런데 자료 K에서 "노가쿠회 수뇌부는 몇 차례 경시청 흥행과와 절충한 결과, 드디어 노가쿠회의 의견이 수용되어 해당 규정은 노가쿠에 한해 적용하지 않기로" 하고 "경시청에서는 가령 노가쿠 연기자가 단독으로 신청하더라도 기예자증을 발급하지 않기로 방침을 정했다"는 대목에 대해서는 추가적인 설명이 필요하다.

이 이야기는 기예자제도를 실시하려는(자료 F의 ⑦~⑧) 경시청에 대해서 노가쿠는 (i) 일반 대중에게 관람과 청문을 제공하는 것이 아니라 특수한 회원제로 운영되며, (ii) 노가쿠가 공연되는 장소는 노가쿠를 위한 '상설된 장소'가 아니라 어디까지나 주택의 일부이고 무대는 노가쿠 수행을 위한 도장이며, (iii) 노가쿠 연기자는 노에 출연하여 기예를 보이는 것을 업으로

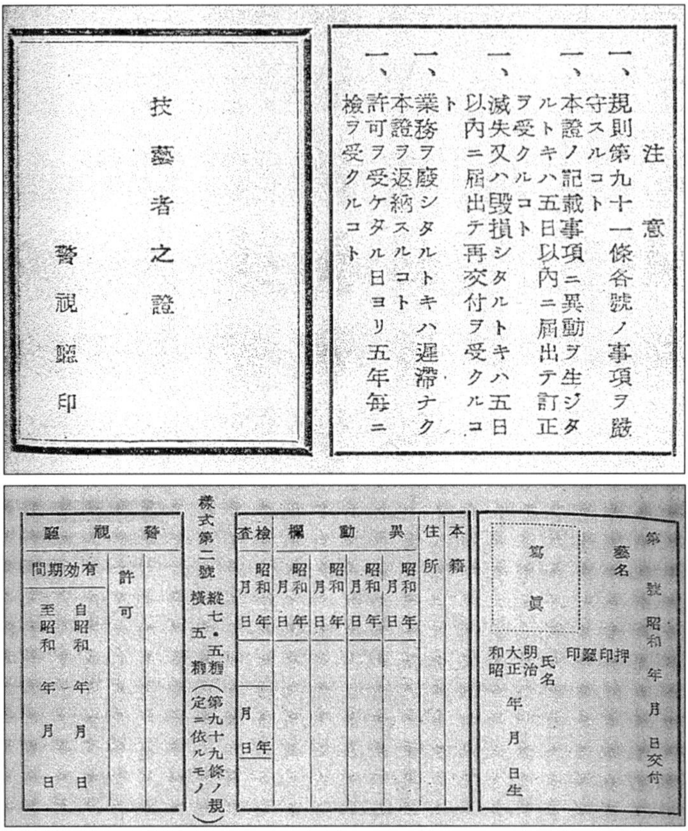

技藝者之證

警視廳印

注意

一、規則第九十一條各號ノ事項ヲ嚴守スルコト

一、本證ノ記載事項ニ異動ヲ生ジタルトキハ五日以内ニ屆出テ訂正ヲ受クルコト

一、本證ヲ滅失又ハ毀損シタルトキハ五日以内ニ屆出テ再交付ヲ受クルコト

一、業務ヲ廢シタルトキハ遲滯ナク本證ヲ返納スルコト

一、許可ヲ受ケタル日ヨリ五年毎ニ檢ヲ受クルコト

第 號 昭和 年 月 日交付

藝名

寫眞

押印 署印

氏名

明治 大正 昭和 年 月 日生

本籍

住所

異動欄 昭和 年 月 日 / 昭和 年 月 日 / 昭和 年 月 日 / 昭和 年 月 日 / 昭和 年 月 日

檢査 年 月 日

樣式第二號 縱七・五糎 横五・五糎 (第九十九條ノ規定ニ依ルモノ)

警視廳

有效期間 自昭和 年 月 日 至昭和 年 月 日

許可

〔그림 1〕 기예자증

삼는 사람이 아니라 요쿄쿠 교습으로 생계를 유지한다는 이유를 들어 설득한 결과, 노가쿠가 다른 연극이나 기다유(義太夫) 등과는 다른 형식으로 운영되고 있다는 점에 대한 이해를 얻어 이번에는 노가쿠를 「흥행취체규칙」 적용 대상에서 제외했다는 뜻이다.[11] 그러면서 글쓴이는 일단은 안도의 모습을 보이면서도 "이 문제는 언뜻 보기에는 해결된 것처럼 보이나, 꼭 그렇

11) 노가쿠계가 경시청을 설득하기 위해 제시한 이 세 가지 이유는 거꾸로 말하면 노가쿠가 대중적인 예능이 아니라 일부 계층을 위한 오락이었다는 폐쇄성을 자인한 것이기도 하다.

지만은 않다. 지금 당장은 이 정도로 넘어갈 수 있을지 모르겠으나, 머지않아 다시 문제가 될 수 있다"고 경계심을 풀지 않고 있다. 이 기사 말미에 「흥행취체규칙과 노가쿠 연기자(興行取締規則と能樂師)」라는 글이 게재되어 있는데, 여기에서 노가쿠 연기자들이 기예자증을 반대하는 이유를 적고 있다. 바로 "노가쿠 연기자들이 기예자증 즉 감찰(鑑札)을 거부하는 이유는, 첫째 조상으로부터 전하는 훌륭한 노가쿠를 계승하는 자로서 긍지 높은 정신에서 기인된다는 것은 분명한데"라는 대목이다. 여기에서 말하는 "긍지 높은 정신"이란 세이이타이쇼군(征夷大將軍) 아시카가 요시미쓰(足利義滿)의 총애를 받고, 오다 노부나가(織田信長)와 도요토미 히데요시(豊臣秀吉)를 거쳐 에도막부에서 시키가쿠라는 절대적인 지위를 얻는 유서 깊은 노가쿠, 그리고 메이지유신과 함께 한번은 붕괴 직전까지 몰리나 결국은 국가예능으로서 다시 일어선 긍지, 그리고 선행 문학을 소재로 하는 풍부한 문학성에 대한 긍지였을 것이다. 아울러 이에모토로서의 자긍심 또한 있었다고 본다. 결국은 이러한 노가쿠가 나니와부시(浪花節)나 로쿄쿠 또는 만자이 등과 동등한 일개 기예로 취급받아야 하는 수모를 수용할 수 없다는 뜻이다.

그러나 "지금 당장은 이 정도로 넘어갈 수 있을지 모르겠으나, 머지않아 다시 문제가 될 수 있다"는 글쓴이의 걱정은 기우로 끝나지 않고 현실이 되어 다가왔다. 그는 『요쿄쿠카이』 제51권 8월호(1940. 8)의 「흥행취체 여파」라는 기사에서 다음과 같이 쓰고 있다.

경시청 도쿄부(東京府) '공보(公報)' 제2043호(1940. 4. 20)에 지난 호 본지에 실린 취체규칙(取締規則)의 일부 변경 내용이 실려 있다. 다음과 같다.

청령(廳令)

○ 경시청령 제14호

1940년 2월 경시청령 제2호 흥행취체규칙에서 다음과 같이 개정함.

1940년 4월 20일

경시총감 아베 겐키(安倍源基)

제3조 "기예자라 칭하는 자는 흥행에 출연하여 기예를 하" 아래에 "고 또는 연극, 연예의 교습을 하(는 자)"를 덧붙인다.

제85조 기예자인 자는 아래 각 사항을 기재한 허가신청서 정본과 부본 2통을 경시총감에 제출하여 허가를 받아야 한다. 단 연극, 연예의 교습을 업으로 삼는 자이고 경시총감이 불필요하다고 인정하는 자는 이에 따르지 않는다.

1. 본적, 주소, 이름 및 생년월일
2. 예명
3. 기예의 종류
4. 전속하는 흥행장 또는 극단, 협회 또는 교습소의 명칭과 소재지

신청서에는 이력서 및 사진(출원 전 6개월 이내에 촬영한 소명함판, 탈모, 반신, 테두리 없음)을 2장 첨부할 것.

이상이다.

제3조는 개정 전에는 단순히 흥행에 출연하여 기예를 보이는 것을 업으로 삼는 자가 기예자였는데, 개정 후에는 그 외에 연극·연예를 '교수하는' 것을 업으로 삼는 자도 기예자가 된다. …결국 개정판은 모든 노가쿠 연기자는 물론 노가쿠 애호가를 모아 직접 요쿄쿠 교수를 정기적으로 행하는 자도 포함해서 모두 기예자 자격을 갖게 된다는 것이다. …이에 의해서 노가쿠계가 받는 영향은 매우 크다. 현행대로라면 노가쿠회가 주최하는 공연은 흥행으로 간주되지 않으나, 노가쿠 연기자들은 모두 기예자가 된다. 따라서 노가쿠회가 공연을 개최하는 것은 종래대로 할 수 있으나 "경시총감이 불필요하다고 인정"하지 않는 한, 모든 노가쿠 연기자는 '기예자증'을 발급받아야만 한다.

— 자료 M, 『요쿄쿠카이』 제51권 8월호(1940. 8)

구체적인 「흥행취체규칙」의 개정 내용까지 예시하면서 언급할 정도로 노가쿠계로서는 매우 충격적인 개정이었는데, 이 개정의 핵심이 자료 K에서 제시한 노가쿠 연기자를 「흥행취체규칙」 적용 대상에서 '예외'처리하게 된 세 가지 이유를 무력화하는 데 있었기 때문이다. 글쓴이가 직접 해설하고 있듯이 사범으로서 춤이나 우타이를 교수하는 자도 기예자로 간주한다

는 것이다. 즉 「흥행취체규칙」 시행 앞에서 노 연기자는 공연이 아닌 우타이 등의 교수로 생계를 유지하고 있다는 이유로 기예자로 분류되는 것을 피했는데, 이번 개정안은 '저격'이라는 표현이 어울릴 정도로 노가쿠 연기자를 기예자로 만들기 위해 핀 포인트로 목적을 설정한 개정이었다. 총력전을 외치며 국가가 동원할 수 있는 모든 것을 집결시켜 전쟁을 수행하려는 긴박한 상황 아래에서는 권력이 '일개 예능'에게 특권적 지위를 부여할 여유는 이미 갖지 못하고 있었던 것이며, 권력은 기존의 특권이나 자긍심은 모두 버리고 총력전을 위해 총력의 한 부분이 되라는 분명한 요구를 하고 있는 것이다.

「흥행취체규칙」 개정 이전에는 노가쿠 연기자들이 연극이나 기다유 또는 로쿄쿠 등과 동급의 예능으로 격하되는 것을 피할 수 있었는데, 그 대가로 노가쿠의 공연은 흥행으로 간주되지 않았기 때문에 수입을 확보할 방법이 우타이 등의 교수에 한정될 수밖에 없었다. 그러나 이번 개정을 계기로 앞으로는 노가쿠 공연이 흥행으로 인정받기 때문에 수입원은 확보하게 되었으나, 그 대신 괴멸 상태에서 국가예능으로 되살아난 노가쿠의 우위와 프라이드는 단념하고 로쿄쿠 등과 동등한 일개 기예자가 되는 '굴욕'을 받아들일 수밖에 없게 된 것이다.

노가쿠 연기자에게 이러한 처우는 매우 받아들이기 어려운 것이었다. 1943년 9월에 이르러서도 노가쿠계는 기예자증을 신청하지 않았다. 1943년 9월 30일자 『아사히신문』에 다음과 같은 기사가 게재되었다. 조금 길지만 부속 기사까지 모두 제시하겠다.

> 노를 단호하게 단속, 기예자증 없는 자의 공연을 금지
>
> 노가쿠는 6백 년래 고전예능으로서의 전통을 자랑해 왔으나 오로지 '노가쿠계'만 공연 형태가 특수하다는 이유를 대면서 고의로 「흥행취체규칙」의 일부 적용을 거부하는 태도를 고집하고 있는데, 경시청으로서는 그러한 이유를 인정하지 않고 앞으로 단호한 태도로 단속하기로 했다. 1940년부터 각 기예자허가제가 실시되어 기예의 향상과 건전한 발달을 위해 기예자증을 발급하게 되었고, 이미 예

능 각계는 그 취지를 이해하고 솔선수범하여 기예자증을 신청하여 당당하게 예능보국(藝能報國)의 결실을 맺고 있다. 그런데 이른바 간제, 호쇼, 기타, 곤고, 곤파루 5류는 예능에 대한 차별적 관념에서 벗어나지 못하고 황실과 귀족 그리고 재계와의 긴밀한 관계를 이용해서 스스로를 특권예능이라 과칭(誇稱)하고 「흥행취체규칙」 밖에 군림하고 있다. 이러한 태도는 준법정신이 결여되어 있다고 보아 당국에서는 중대 시국에 이러한 태도를 보이는 노가쿠계를 유감스럽게 생각하여 단호한 조치를 취하게 된 것이다.

앞으로 유료든 무료든 관계없이 공개적인 장소에서의 출연은 물론이고 노가쿠 교수를 업으로 하는 자에 대해서는 전면적으로 허가를 받게 하고, 기예증이 없는 자는 취업할 수 없게 된다. 따라서 노가쿠도에서 열리는 월례회나 별회(別會) 등도 종래에는 회원 조직을 대상으로 하는 것으로 간주했으나, 그 실상은 회원 외의 자도 관람하도록 하고 있기에 공개 공연으로 보고 「흥행취체규칙」을 적용하기로 했다.

경시청 당국자의 말

세계적으로 유례가 없는 고전예능을 보다 국민적으로 발전시킨다는 의미에서 노가쿠 관계자들도 「흥행취체규칙」의 정신을 십분 이해하여, 오히려 예능계의 모범으로서 앞으로 크게 노가쿠보국에 매진해 주기 바란다.

5류 대표 대책을 협의

기예자증문제가 발단이 된 노가쿠회의 동향과 관련하여 노가쿠회로서는 경시청이 요구하는 일반예능인에 대한 기예자증제도를 (노가쿠는 일반예능이 아니기 때문에) 받아들일 수 없다고 밝히며, 결국 29일부터 열릴 예정인 5류 공연을 중지하기로 했다. 노가쿠회에서는 29일 오후 2시부터 스이도바시에 있는 호쇼회에서 간제 데쓰노조, 호쇼 시게후사(寶生重英), 기타 롯페이타(喜多六平太), 사쿠라마 긴타로(櫻間金太郎) 씨로 구성된 5류 대표가 모여 이 건에 관한 대책을 협의하기로 했다.

10일까지 환불 5류 노가쿠 공연 요금

29일과 30일 양일간 간다(神田)공립강당에 열리기로 예정되었다 취소된 5류 노가쿠대회의 예매입장권은 10일까지 본사에서 환불을 합니다만, 이날까지 환불하러 오지 않을 시에는 기권하신 걸로 간주하고 해당 금액은 황군(皇軍) 위문금으로 돌리게 됨을 양해바랍니다.

— 자료 N, 『아사히신문』 1943. 9. 30.자

모든 예능이 「흥행취체규칙」에 따른 기예자제도에 호응하여 기예자증을 신청했는데, 6백 년이 넘는 역사와 전통을 자랑하는 노가쿠만 오히려 그들이 개최하는 공연 형태가 특수하다는 이유를 들며 「흥행취체규칙」 적용을 거부하는 태도를 고집하는데, 경시청으로서는 그러한 이유를 인정할 수 없으며 앞으로 단호한 태도로 단속을 하겠다는 것이다. 전용 무대인 노가쿠도에서 열리는 월례회와 별회도 그 실상은 공개 공연이기에 단속하겠다는 것이다. 이번에 경시청이 천명한 단속 의지가 얼마나 확고한지는 1943년 10월 10일에 열릴 예정이던 월례회가 중지되는 경우를 통해서 알 수 있다. 월례회 중지는 노가쿠계로서도 처음 있는 일이며, 그만큼 경시청의 단속 의지가 단호했고 그 단호함을 노가쿠계가 당혹스럽게 받아들이고 있음을 알 수 있는 대목이다. 그러나 월례회 중지는 반대로 노가쿠계 또한 노가쿠를 특권예능이 아닌 일반예능으로 격하하려는 「흥행취체규칙」은 결코 받아들일 수 없다는 단호한 입장을 표명한 결과이기도 하다는 점에 유의해야 한다.

경시청 당국자는 6백 년 이상의 전통을 자랑하는 노가쿠는 예능계의 모범이 되어 예능보국에 매진해 달라고 부탁하고 있는데, 이는 예능으로서의 노가쿠의 위상을 인정하는 한편 총력전체제로 국가의 존폐 위기를 극복해야 하는 상황에서 가장 오랜 역사와 전통을 가진 노가쿠가 "차별적 관념에서 벗어나지 못하고 황실과 귀족 그리고 재계와의 긴밀한 관계를 이용하여 스스로를 특권예능이라 과칭하고 「흥행취체규칙」 밖에 군림"하고 있으며, "이러한 태도는 준법정신이 결여"된 태도라는 것이다. 즉 국가를 위해서 총력전체제의 '총'의 하나가 되어 동참하라는 것이며, 그러지 않는 노가쿠에 강한 반발과 요구를 하고 있는 것이다. 환언하면 특권예능으로서의 차별적 관념을 버리고 일반예능, 즉 일개 예능으로서 예능보국을 하라는 요구를 받고 있는 것이다. 노가쿠와 권력을 둘러싼 이러한 구도는 권력이 예능을 일으켜 세웠으나 그 권력이 붕괴 위기에 처하자, 이번에는 예능에 부여한 프레스티지(prestige)를 해체해서 거두려는 것이고 이에 예능이 저항하는 것이다. 여기에 권력과 예능이 구축하는 관계의 본질이 보이는데, 권력이 예능의 부흥을 돕고 지원하고 육성하는 경우도, 반대로 프레스티지를 박탈하거나 유게이의 경우처럼 규제하는 경우도 늘 일관되는 것은 '권력을 위해서'라는 점이다. '문화권력'의 기본 구조는 여기에 있는지도 모른다.

1943년 12월 27일 노가쿠계는 결국 '특권예능'으로서의 프레스티지를 포기한다. 12월 26일 노가쿠회 회장 마쓰다이라 요리나가 백작은 5류 대표를 초대하여 협의한 결과, 기예자증을 신청하기로 하고 다음날인 27일에 노가쿠회 간부가 경시청을 방문해서 대리로 신청했다.[12] 협의의 구체적인 내용은 확인할 길이 없으나, 중일전쟁이 끝나지 않는 상황에서 미국과 전쟁을 벌이게 되었고 1942년 6월 미드웨이해전에서 큰 패배를 당한 후 전황이 일본에 불리하게 돌아가는 난국을 더 이상 무시하고 노가쿠의 프레스티지를 주장할 수 없게 된 시국의 어려움이 크게 작용했을 거라고 본다. 아울러 일본 본토에 대한 미군의 공습으로 전용 무대인 노가쿠도가 불타는 현실적인 압박도 있었을 것으로 본다.

노가쿠계가 기예자증을 신청했다는 기사가 1944년 1월 1일자 『아사히신문』 신년호에 「노가쿠계에 봄, 기예자증 해결」이라는 제목으로 실리는데 12월 28일자가 아닌 신년호에 이 기사를 게재한 것은 선전 효과의 극대화를 노린 치밀한 계산에 의한 것이라고 본다. 그만큼 노가쿠계가 기예자제

---

12) 대리로 신청서가 접수된 것은 5류 종가인 호쇼 시게후사, 간제 데쓰노조, 곤고 이와오, 곤파루 미쓰타로(金春光太郎), 기타 롯페이타를 비롯하여 와키, 하야시(囃 : 합창), 교겐을 담당하는 종가들뿐이었다. 따라서 기예자증이 교부되는 것도 이들뿐이기 때문에 노가쿠계가 앞으로 어떤 대응을 보일지가 과제로 남는다. 그러나 이에모토제도의 특성상, 이에모토가 기예자임을 수용했기에 그 문하에 있는 노가쿠 연기자들에게는 다른 선택권은 없다고 보는 것이 옳다.

도를 거부하는 상황이 총력전체제를 추진하는 권력에게는 골치 아픈 문제였는데, 이제 모든 예능이 예능통제 산하에 편입되어 '총력'을 결집할 수 있게 되었다고 선전하는 것이다.

마지막으로 예능통제를 실행한 경시청이 기예자의 동향을 파악하고 있었음은 『경시청통계서』의 「기예자 및 기타, 경찰서별(技藝者其の他警察署別)」을 통해 확인할 수 있다. 1926～1936년의 데이터를 추출하여 정리하면 다음과 같다.

〈표〉 장르별 기예자 조사 현황 : 1926～1936(경시청)[13]

	기다유 (義太夫)		라쿠고 (落語)		고단 (講談)		나니와부시 (浪花節)		스모 (相撲)
	남	여	남	여	남	여	남	여	남
1926	123	162	144	6	73	1	247	34	238
1927	24/79	31/114	19/142	2/6	10/57	0	63/214	6/24	2/233
1928	89	128	113	1	71	2	216	27	229
1929	98	114	105	0	57	0	199	24	247
1933	78	95	70	2	33	0	180	11	63
1936	81	86	72	12	36	0	196	37	-

	배 우		기 타		설명자		영사기사		호칸 (幇間)	
	남	여	남	여	남	여	남	여	남	여
1926	864	377	347	271	1095	56	-	-	165	2
1927	376/551	170/185	116/313	71/212	1102	38	-	-	155	0
1928	769	218	370	281	1183	26	-	-	134	0
1929	643	235	454	245	1235	44	-	-	174	0
1933	681	223	393	246	997	6	955	2	136	0
1936	818	315	566	379	728	0	1196	0	139	0

* '설명자'는 변사 또는 내레이터를 말한다.
** 1927년의 '376 / 551' 등은 '기예자 단속을 받지 않는 자 / 기예자 단속을 받은 자'이다.

13) 『警視廳統計書』 1926～1936년 각 연도판.

기다유 · 라쿠고 · 고단 · 나니와부시 · 스모(相撲) · 배우 · 기타 · 설명자 · 영사기사 · 호칸(幇間)에 대해서는 데이터가 확인되나, 노가쿠나 교겐 연기자에 대해서는 설정된 항목이 아예 없으며, 노가쿠 연기자가 포함되는지를 비롯해서 '기타'의 구체적인 내용은 확인할 수 없다. 기존의 흥행취체규칙을 강화하여 기예자에게 기예자증 발급을 시작한 것이 1940년 3월인데, 1937년판 『경시청통계서』에서는 1936년판까지 '기예자'였던 항목이 '음식점 · 요리점'으로 대체된다. 중일전쟁이 발발한 1937년부터 문화통제가 강화되며 1940년부터는 기예자에 대한 단속이 강화되고 있음에도 불구하고 '기예자' 항목이 1937년판부터 『경시청통계서』에서 사라지고 있는 점은 의문으로 남는다. 이에 관해서는 아직 설명할 수 있는 자료를 찾지 못했는데, 가령 관련 업무를 ① 정보국에 이관했을 가능성, ② '신체제' 즉 익찬운동의 일환으로 예능 분야를 총괄하기 위해 결성한 예능문화연맹 등으로 이관했을 가능성을 생각할 수는 있다. 그러나 정보국, 대정익찬회, 예능문화연맹은 모두 1940년 말에 설립되었기 때문에 만약 이관했다고 하더라도 1937~1940년의 공백을 설명할 수 없다. 계속해서 추적이 필요한 과제로 남는다.

IV. 나가면서

메이지유신으로 한번은 괴멸상태로 몰린 노가쿠였으나 국가와 지배계급에 의해 선택된 노가쿠는 '일본의 국위를 표상하는 예능', '국가예능'으로서 다시 권력과의 거리를 좁히며 재흥의 길을 걷게 되었다. 여기에는 문화에 작용하는 권력과 권력에 접근하는 문화가 엮어 내는 '문화권력'이라는 동태(動態)가 개재하고 있었다. 화려하게 부흥한 노가쿠는 이른바 15년전쟁을 거치며 오늘날 일본을 대표하는 전통예능으로서의 지위를 확고하게 다졌다. 그러나 노가쿠사를 다시 음미해 보면 근대의 노가쿠사, 특히 전시기의 노가쿠사는 거의 공백 상태임에도 불구하고 "6백 년 이상 이어 온 전통예능 노가쿠"라는 이데올로기라 해도 과언이 아닌 위관을 우리는 받아들이고 있다.

즉 15년전쟁기의 노가쿠사가 서술되지 않은 채 역사적 공간을 뛰어넘어서 현대로 접속되고 있는 것이다.

전쟁이라는 폭력이 갖는 기본 프레임은 적이냐 아군이냐이며, 그 근저에는 '불신'이 흐르고 있다. 문화적 제작물의 내용뿐 아니라 제작자나 표현자의 자격까지 통제의 대상으로 삼은 기예자제도는 바로 이러한 '불신'을 통제에 의해 불식하기 위한 의식이며 장치였다고 할 수 있다. 이 필터링을 거쳐 선별된 우량한 아군이 하나가 되어 천황을 정점으로 하는 국가에 보답하기 위한 강력이 되자는 것이 총력전체제이며, 이를 수행하기 위한 일종의 시행령이 문화통제·예능통제였다고 필자는 이해한다.

중일전쟁 이전에는 외교의 장에서 화려하게 공연된 국가예능 노가쿠였으나, 기예자제도하에서는 보다 폭넓게 민중에게 뿌리내린 로쿄쿠나 기다유 또는 만자이와 동등한 일개 예능이 될 것을 강요당하게 된다. 총력전체제라는 국가적 위기 상황에서는 종래의 프레스티지를 보국을 위해서 반납하고 '총'의 한 부분이 될 것을, 노가쿠를 국가예능의 자리로까지 끌어올린 권력으로부터 요구받은 것이다. 메이지유신에 의해 시작된 노가쿠의 위기를 권력에 의해 집행된 '근대화=문명화'라는 틀 밖에 노가쿠가 내몰린 것이었다고 이해한다면, 국가예능으로서의 재흥은 그 틀 안으로 재편입된 것이라고 이해할 수 있다. 그리고 기예자제도에 의한 기득권을 포기하라는 요구는 '틀' 자체가 해체될 위기에 처한 것을 뜻한다. 다시 말해 기예자제도라는 예능통제를 위한 강력은 언뜻 보기에 '예능보국'을 위한 힘의 강화일지도 모르나, 그 근저에서는 문화권력이 기능하는 틀 즉 그 자장(磁場) 자체가 해체되고 있었던 것이다. 그리고 이러한 전시기의 노가쿠사가 서술되지 않은 채, 그리고 전시기의 노가쿠의 동태를 음미하는 작업 없이 오늘날 노가쿠가 전통예능이라는 자격을 갖고 있는 바로 그 지점에 근대에 의해 만들어진 '전통'의 취약성이 있는 것은 아닌가. 노가쿠를 전통예능으로서 재평가하기 위해서도 근대노가쿠사, 전시기 노가쿠사는 서술되어야 할 것이다.

제2부

사상

근대일본의 아나키즘 수용과 식민지 조선으로의 접속

— 크로포트킨사상을 중심으로 —

박양신

I. 머리말

1920년 초 일본에서는 모리토(森戶)사건이라 불리는 필화 사건이 발생하였다. 이는 도쿄제국대학 경제학부 모리토 다쓰오(森戶辰男) 조교수가 경제학부의 잡지 『경제학연구』 창간호(1920. 1)에 게재한 「크로포트킨의 사회사상 연구」가 「신문지법」 제42조 조헌(朝憲)문란죄에 해당된다며 기소되고 휴직처분을 당한 사건이다. 그해 10월 유죄가 확정되어 모리토 조교수는 역시 기소된 잡지 편집인 오우치 효에(大內兵衛) 조교수와 함께 실직하였다. 이 사건을 계기로 학문과 사상의 자유에 대한 토론이 전개되는 한편, 문제가 되었던 크로포트킨(Pyotr Alekeevich Kropotkin, 1842~1921)이라는 아나키즘사상가에 대해 식자들의 관심이 집중되었다. 여러 잡지에서 크로포트킨 특집을 마련하는가 하면, 크로포트킨에 관한 번역서와 저술이 급격히 증가하였다.

이처럼 모리토사건을 계기로 크로포트킨이 많은 사람에게 읽히게 되었지만 크로포트킨, 나아가 아나키즘이 일본에 수용된 것은 훨씬 이전의 일이다. 일본의 아나키즘 수용은 1880년대 초 러시아 '허무당'에 대한 소개에서 비롯되고 있다.

하지만 아나키즘이 '무정부주의'라는 하나의 사상으로 수용되는 것은 19세기 말 사회주의의 수용과 궤를 같이하고 있다. 청일전쟁 이후 본격화되는 산업화에 따라 대두된 '사회문제'의 해결을 위해 사회주의가 일본에 수용될 때 무정부주의도 함께 수용된 것이다.

이후 특히 러일전쟁을 전후하여 무정부주의 소개서가 본격적으로 등장한다. 이를 통해 비로소 프루동, 바쿠닌, 크로포트킨으로 이어지는 무정부주의의 계보와 이론이 알려지고 크로포트킨도 일본에 수용되었다. 같은 시기에 사회주의자들은 크로포트킨의 저술을 소개하기 시작했으며, 고토쿠 슈스이(幸德秋水)를 필두로 사회주의에서 무정부주의가 분기하기 시작한다.

크로포트킨사상이 사회운동을 하는 주체들에게 영향력을 갖게 된 것은 미국 방문 후 아나키스트로 변신한 고토쿠와, 다이쇼기의 대표적 아나키스트 오스기 사카에(大杉榮)의 저술 활동에 힘입은 바 크다. 특히 오스기는 후술하는 바와 같이 1920년대 초 식민지 조선에 등장한 아나키즘의 수용에 주요 매개체 역할을 했다는 점에서 주목된다. 크로포트킨이 조선으로 건너간 1920년대 초라는 시점은 일본과 조선에서 공시적(共時的)으로 '개조'의 사회적 요구가 팽배하던 시기로서, 이를 배경으로 일본과 조선 양쪽에서 사회사상으로서 크로포트킨이 주목받은 것이다.

여기에서는 일본의 아나키즘 수용을 크로포트킨에 중점을 두어 살피고, 그것이 식민지 조선으로 접속해 가는 정황을 고찰하고자 한다. 그에 있어 본고는 다음과 같은 연구 사상의 결함을 메우는 데 초점을 맞춘다. 첫째, 기존의 연구에서는 중국과 한국의 아나키즘 수용에서 크로포트킨의 사상이 주축을 이루었음을 밝히고 있다. 그리고 중국의 크로포트킨 수용은 프랑스와 일본의 두 경로를 통해서, 한국의 경우는 일본이라는 경로를 통해서 이루어졌다고 파악하였다.[1)] 중국과 한국 모두 일본을 발원지로 하여 아나키즘, 특히 크로포트킨사상이 수용된 셈이지만, 기존의 연구에서는 정작 일본에서의 아나키즘·크로포트킨사상의 수용 상황에 대해서는 자세한 연구를 결여한 채 고토쿠와 오스기에 대한 소략한 언급에 머물고 있다.

둘째, 아나키즘·크로포트킨사상의 조선 접속과 관련하여 기존의 연구에서는 일본 발행 신문, 잡지, 서적, 일본 유학생, 한국에 있던 일본인 사회주의자 등을 통해 한국인에게 전파되었을 것이라고 추정하고[2] 일부 양국 인물 간의 접촉 정황을 밝히는 데 머물고 있다. 앞선 일본의 연구나 번역을 참고하고 중역(重譯)하는 것이 식민지 조선의 사회주의사상 수용의 중요한 특징이라는 지적[3]은 아나키즘의 수용에도 적용된다. 이 논문에서는 종래 아나키즘 수용의 회로로서 막연히 일본의 '신문, 잡지, 서적'으로만 추정되던 것을 구체적으로 그 전거를 밝힘으로써 식민지 조선의 아나키즘 수용과 일본의 관계를 보다 명확히 하고자 한다.

II. 메이지시대 아나키즘 수용과 크로포트킨

일본의 아나키즘 수용은 러시아 나로드니키＝니힐리스트＝허무당에 대

1) 조세현(2001), 『동아시아 아나키즘, 그 반역의 역사』, 책세상 ; 조세현(2005), 「동아시아 3국(한·중·일)에서 크로포트킨사상의 수용 : 『相互扶助論』을 중심으로」, 『中國史硏究』 제39집, 231-274쪽 ; 오장환(1998), 『한국 아나키즘운동사 연구』, 國學資料院, 제2장 ; 이호룡(2001), 『한국의 아나키즘 사상 편』, 지식산업사, 제3장 등. 일본 아나키즘의 경우는 크로포트킨이 절대적 지위를 차지하고 있다고 보기 어렵다. 실제 운동과 관련하여 생디칼리슴의 영향력이 컸기 때문이라고 생각된다. 또한 아나키즘사에 등장하는 고토쿠 슈스이와 오스기 사카에의 경우, 고토쿠는 직접행동론이 더 크게 부각되었고, 오스기는 크로포트킨 외에 다양한 저작으로부터 영향을 받고 있었다. 일본 아나키즘사의 개관으로는 松田道雄(1963), 「日本のアナーキズム」(松田道雄 編, 『現代日本思想大系 16 アナーキズム』, 筑摩書房)과 小松隆二(1972), 『日本アナキズム運動史』(青木書店)를 참조하였다.

2) 이호룡(2001), 앞의 책, 86쪽.

3) 박종린(2007), 「日帝下 社會主義思想의 受容에 關한 硏究」, 연세대학교 박사학위논문, 124쪽.

한 정보에서 비롯되고 있으며, 사회당[4] = 사회주의의 소개 과정과 병행되고 있다. 일본에 사회주의를 처음 소개한 것은 가토 히로유키(加藤弘之)의 『진정대의(眞政大意)』(1870)로 알려져 있지만,[5] 저널리즘에서 사상 내지 운동의 한 경향으로서 사회주의를 다루기 시작하는 것은 1870년대 말 이후이다. 1878년 6월에 발생한 사회당원에 의한 독일 황제 저격 사건과 그 뒤를 이은 비스마르크의 「사회주의자 진압법」 제정을 계기로 언론이 사회주의에 관심을 보이기 시작했다. 특히 1879년 당시의 대표적 정론(政論) 신문인 『도쿄아케보노신문(東京曙新聞)』과 『조야신문(朝野新聞)』 사이에 전개된 일종의 사회주의논쟁[6]은 식자들의 사회주의에 대한 인식지평을 넓히는 데 기여하였다.

이후 1881년 '사회당'을 제목에 넣은 신문 사설들이 종종 등장하는데, 이는 당시 활발하게 전개되고 있던 자유민권운동과 연관이 있었다. 즉 자유민권운동 측에서 요구하고 있는 국회 개설을 허용하지 않는다면 국민이 격앙하여 사회주의자가 될 위험이 있으니 사회당을 미연에 방지하기 위해서라도 민권을 확장해야 한다고 주장한 것이다.[7] 이 같은 관점은 곧이어 일본에 소개되는 허무당에 대한 태도에서도 마찬가지였다.

러시아 허무당이 일본에 알려진 것은 1881년 3월에 발생한 러시아 황제 알렉산더 2세 암살사건이 결정적인 계기가 된 것으로 보인다. 당시 암살자가

---

4) 당시의 용법에서 '사회당', '허무당'은 반드시 정당을 의미하지는 않았다. 여기에서 '당(黨)'이란 정당의 의미보다는 전통적인 '붕당(朋黨 : 주의나 이해관계를 같이하는 사람들의 결합체, 역사적으로 정치적 당파를 의미)'의 의미를 잇는 용어로 이해된다. 따라서 socialist가 사회당, nihilist가 허무당으로 표현된 것이다.

5) 下出隼吉(1967), 「『眞政大意』解題」, 明治文化硏究會 編, 『明治文化全集 2 自由民權篇』, 日本評論社, 7쪽. 『진정대의』에서 가토는 '콤뮤니스메(communisme)' 혹은 '소시아리스메(socialisme)'라는 '두 경제학파'를 소개하고 있다.

6) 논쟁의 초점은 사회주의가 정치적 권리의 평등을 지향하는 것이냐, 아니면 경제적 평등을 지향하는 것이냐에 있었으나, 재산의 공유 내지 균등한 배분을 주장하는 사회주의에 대해 비판적이었다는 점에서는 양자가 공통되었다. 이와 관련해서는 長江弘晃(1977), 「明治十二年における社會主義論爭をめぐって」, 『日本大學精神文化硏究所・教育制度研究所紀要』 第8集, 91-124쪽 참조.

7) 佐々木敏二(1974), 「日本の初期社會主義(1)」, 『經濟資料硏究』 第7號, 經濟資料協議會, 7쪽.

허무당으로 알려지면서 언론에서는 허무당=암살·폭력·파괴주의의 부정적 이미지로 보도되고, 그 이미지는 이후에 오래도록 지속되었다. 언론의 보도로 관심을 끌게 된 허무당은 차차 사회주의의 일파로 언급되기 시작하며, 번역 등 이와 관련된 서적도 발간되었다.

메이지 초기 이래 가장 우수한 사회주의론[8]으로 평가받는 「유럽 사회당을 논함」이라는 논설에서는 유럽 각국의 사회주의 동향을 서술하는 가운데 러시아 허무당—'니힐리스트'라는 음을 달고 있다—에 대해서도 간단히 설명하고 있다. 즉 나로드니키운동의 창시자인 체르니셰프스키를 그 거두라 하고, 바쿠닌이 서구를 왕래하며 그 설을 주장하고 있다고 전한다. 또한 러시아 정부의 허무당에 대한 탄압이 그 세력의 만연과 음모의 심화를 초래했다고 지적함으로써 허무당을 만들어 낸 전제적인 정치체제를 문제로 삼았다.[9] 이는 허무당의 반정부운동을 야기하게 된 정치 상황을 지적함으로써 우회적으로 자유민권론을 지지한 것으로 보인다.

이 논설이 발표된 1882년에는 러시아 허무당에 관한 책이 세 권 출간되었다. 『러시아 허무당 사정』,[10] 『러시아 허무당의 유래』, 『허무당 퇴치 기담』이 그것이다. 앞의 두 권은 영문 잡지나 신문에 실린 글의 번역을 모은 것으로 각각 71쪽, 17쪽의 팸플릿 정도의 책이며, 나머지 하나는 프랑스인의 책을 번역한 것이다. 이 중 앞의 두 권은 허무당을 비판하기보다는 허무당이 발생하게 된 러시아의 정치적·사회적 정황을 설명하는 데 주력하고 있다. 『러시아 허무당 사정』은, 러시아 혁명당의 성격을 규정한 것은 "노국(露國)의 참담한 국상(國狀)"이라며 농민들의 참상을 설명하고 있다. 『러시아 허무당의 유래』[11]는 런던의 한 신문 기사를 번역한 것인데, 그 내용이

8) 佐々木敏二(1974), 앞의 논문, 9쪽.

9) 城多虎雄(1968), 「論歐州社會黨(『朝野新聞』 1882. 7. 11.자)」, 明治文化研究會 編, 『明治文化全集 15』, 日本評論社, 40쪽.

10) 西河通徹 譯述(1882), 『露國虛無黨事情』, 競錦堂. 이 책은 자유당의 기관신문인 『자유신문』에 연재한 글을 한 권으로 묶은 것이다.

11) 安東久治郎 編(1882), 『露國虛無黨之由來』, 東雲館.

주로 『격주 잡지(隔週雜誌, The Fortnightly Review)』에 실린 크로포트킨의 「노국 혁명당」이라는 글에 의거하고 있다. 이는 크로포트킨의 글이 일본에 소개된 가장 빠른 예가 아닌가 하고 생각된다. 이 글에서는 나로드니키의 발생 배경과 지향점 등을 서술한 뒤 정부의 탄압 때문에 황제 암살이라는 과격한 행동에 나서게 되었다고 나로드니키를 옹호하였다.

이후에는 1880년대 말에서 1890년대 초에 걸쳐 대두된 사회문제가 계기가 되어 다시금 사회주의가 주목을 받게 되고, 그와 더불어 무정부주의가 소개된다.[12] 이 시기가 되면 자유민권운동의 지지라는 동기에 추동된 10년 전 상황과는 달리 실제로 사회주의가 발생할 사회적 근거, 즉 '사회문제'로 불리는 사회의 빈부 격차 현상이 나타나기 시작함으로써 사회주의에 대한 논의는 예방의 문맥을 넘어서기 시작하였다.

사회문제에 대해 일종의 국가사회주의를 주장하는 시바 데이키치(斯波貞吉)의 『국가적 사회론』은 "사회주의란 사회가 평등하게 이익을 얻을 것을 목적으로 생산의 발달을 기도하는 것이다"라고 정의한 후 사회주의의 종류를 진정(眞正)사회주의 혹은 국민주의(socialism 혹은 nationalism), 무정부주의(anarchism), 공산주의(communism)로 구별한다.[13] 이 중 무정부주의('무정부사회주의'라고도 칭한다)에 대해서는 "경찰 사무를 제외한 정부의 직무를 무용(無用)하다 하여 이를 폐지함으로써 생산의 진보를 꾀하려는 것"이라고 설명하였다.[14]

일본에서 anarchy, anarchist가 '무정부', '무정부당'이라는 용어로 표현된

12) 이 시기 사회문제의 발생과 그 대응에 대해서는 박양신(2011), 「근대일본, '진보'에서 '발전'으로 : 제국주의 성립기의 역사 · 사회의식」, 『翰林日本學』 제18집, 제2장 참조.

13) 斯波貞吉(1892), 『國家的社會論』, 富山房, 17쪽. 한국에서는 최초로 아나키즘을 '무정부주의'로 번역한 것이 게야마 센타로(煙山專太郎)의 『근세 무정부주의』(1902)라고 알려져 있으나[오장환(1998), 앞의 책, 23쪽을 비롯하여 여러 글에서 답습되고 있다], 사실은 그보다 훨씬 앞선 시바 데이키치(斯波貞吉)의 글에서 이미 그 용례를 볼 수 있다. 나아가 뒤에서 설명하듯이 사전상의 용례를 조사해 보면 1880년대 중반 이후에는 이미 아나키를 '무정부'로 번역하고 있음을 알 수 있다.

14) 斯波貞吉(1892), 앞의 책, 20쪽.

것은 대략 1880년대 중반으로 보인다.[15] 그 이전까지 사전에서 anarchy는 '요란(擾亂) · 국란(國亂) · 난세(亂世)', anarchist는 '반역자 · 반적(反賊)'으로 번역되는 것이 일반적이었다. 즉 anarchy가 혼란, 무질서, 전복의 의미로 이해된 것이다. 그것이 '무정부'로 번역된 것은 아나키즘에 대한 이해의 초점이 정부 및 정치에 대한 태도로 바뀌었음을 의미한다.

한편 청일전쟁 이후 일본사회가 본격적인 산업화 단계에 접어들자, 사회문제의 핵심은 종전의 빈민문제에서 노동자문제로 변화하고 노동운동의 조직화가 시작된다. 이에 종래 소개 단계에 머물던 사회주의도 이제는 하나의 사상으로서 수용되며, 그에 따라 19세기 말부터 사회주의자들에 의해 사회주의 관련 서적이 다수 출간된다. 그런데 이 시기 사회주의자들의 사회주의 서적에는 무정부주의에 대한 기술이 거의 보이지 않으며, 있다 하더라도 여전히 '파괴'의 이미지가 강한 무정부주의와 거리를 두려는 경향이 뚜렷했다.

무정부주의가 비교적 객관적으로 일본사회에 소개되는 것은 오히려 사회주의나 무정부주의를 자신의 사상으로서가 아니라 하나의 '학지(學知)'로 논하는 논자들의 저술 속에서이다. 후쿠이 준조(福井準造)는 『근세사회주의』(1899)에서 제1기 사회주의 : 영국 · 프랑스의 사회주의, 제2기 사회주의 : 독일의 사회주의에 이어 '근년의 사회주의'의 하나로 무정부주의를 들고 있다. 무정부주의에 대해서는, 공산(共産)과 공유(共有)를 이념으로 하는 점에서 사회주의와 유사하지만 "일체 중앙정부의 간섭을 무용하다고 배척함으로써 그 절멸(絶滅)을 유일한 목적"으로 하는 점에서 사회주의와 구분된다고 설명하였다.[16] 이어서 무정부주의의 역사에 대해 프루동 · 바쿠닌 · 크로포트킨의

15) 惣郷正明 · 飛田良文 編(1986), 『明治のことば辭典』, 東京堂出版, 561쪽에 의하면 일영사전에서 無政府 항목에 anarchy가 등장하는 최초의 사례는 1886년 간행된 사전(ゼー · シー · ヘボン, 『改正增補和英英和語林集成』)에서이다. 『明治のことば辭典』에는 제시되어 있지 않지만, 영일사전에서 빠른 예는 島田豊 纂譯(1888), 『和譯英字彙』(大倉書店)의 anarchy 항목에 '無政府, 無制度'가 나온다. 그러나 같은 사전에서 anarchist는 여전히 '내란을 일으키는 사람'으로 번역되어 있다.

16) 福井準造(1899), 『近世社會主義』, 有斐閣, 261쪽. 이 책은 1903년 중국에서 자오비젠

순으로 소개하는데, 특히 크로포트킨의 행적을 비교적 상세하게 소개하고 있는 점이 눈에 띈다.

그후 1902년에는 게무야마 센타로(煙山專太郞)에 의해 『근세 무정부주의』라는 일본 최초의 무정부주의 연구서가 발간되었다.[17] 게무야마는 도쿄제국대학교에서 철학과 사학을 전공하고 1902년 9월부터 와세다대학교 사학과에 서양사 전공 교수로 재직한 인물로, 이 책은 그가 재학 중에 저술한 처녀작이다.

게무야마는 무정부주의를 "일종의 사회의 질병"이라며 이에 대한 자신의 태도를 내비치면서도 전체적으로 비평 없이 객관적으로 서술하고 있다. 책은 「전편 러시아 허무주의」에서 러시아 니힐리스트와 나로드니키운동을 다루고, 「후편 구미 각국의 무정부주의」에서 각국의 아나키즘운동을 체계적으로 소개하고 있으며, 전자가 전체 분량의 3분의 2를 차지한다. 후편에서는 「제1장 근세 무정부주의의 조사(祖師)」에서 프루동과 슈티르너를 다루고, 「제2장 국제당의 사적 발전」에서 제1인터내셔널에서의 마르크스파와 바쿠닌파의 대립·분열을 다룬다. 「제3장 최근의 무정부주의」에서 유럽 각국의 무정부주의 동향을 서술하는데, 그 가운데 크로포트킨의 사상에 대한 언급이 나온다.

게무야마는 크로포트킨의 '공산적 무정부주의'의 특징을 세 가지로 정리하였다. 첫째, 모든 생산은 자본의 속박에서 벗어나게 하고, 공동노동의 성과는 이에 참여한 자로 하여금 임의로 이를 획득게 한다. 둘째, 정부의 굴

(趙必振)에 의해 번역·출간(廣智書局)되었다. 이 번역서는 중국에 마르크스의 학설을 가장 일찍 소개한 저작으로 평가받고 있다[清水稔(2008), 「近代中國とマルクス主義との出會いについて：とくに辛亥革命前後を中心として」, 『文學部論集』 第92號, 佛教大學文學部, 83-84쪽].

17) 이 책은 아나키즘을 처음으로 체계적으로 소개한 점, 오해나 독단적 이해에서는 벗어나지 못했어도 아나키즘을 운동사·사상사 속에서 그 자체의 모습에 가까운 것으로 파악하고 개인과 권력, 개인과 사회의 문제도 비교적 정확하게 이해하고 있는 점 등에서 일본 아나키즘운동의 기본적 양식이 되고 그 성육에 크게 기여했다고 평가된다[小松隆二(1972), 앞의 책, 25쪽].

레를 벗어나 각 단체와 조합체는 점차 단순한 것에서 복잡한 것으로 발전하여 자유로운 조직을 만든다. 셋째, 종교적 도덕의 속박에서 벗어나 의무도 제재도 없는 자유의 경지에 이른다.[18] 이 밖에 영국 런던에서의 크로포트킨의 동향도 언급하고 있으나, 아직 프루동과 바쿠닌에 비해서는 서술의 비중이 크지 않았다.

한편 이 책이 출간되기 직전인 1902년 4월 초부터 같은 해 10월에 걸쳐 사회주의자 가타야마 센(片山潛)이 주재하는 잡지 『노동세계』에는 '인물' 난에 「러시아의 황족 허무당의 수령 크로포트킨」이라는 글이 14회 연재되었다.[19] 이처럼 20세기 들어서면서 일본에 크로포트킨이 서서히 소개되기 시작하였다. 크로포트킨에 대한 관심은 러일전쟁 후 더 증대한다. 러일전쟁 반전운동을 통해 저항 세력으로 자기정립하게 된 메이지사회주의는 정부의 탄압에 당면하였다. 이에 이들이 국가·정부의 권력성에 반감을 갖게 된 것은 자연스러운 일이며, 무정부주의에 관심을 보였다 해도 이상한 일은 아니다.

1906년에 간행된 구쓰미 겟손(久津見蕨村)의 『무정부주의』(1906)는 게무야마의 저서보다 심도 있게 무정부주의의 원리를 고찰하고 있다.[20] 구쓰미는 1897년 『요로즈초호(萬朝報)』에 신문기자로 입사한 이래 『나가노니치니치신문(長野日日新聞)』, 『하코다테마이니치신문(函館每日新聞)』 등을 거쳐 1909년 이후 평론가로 활동한 인물이다. 이 책에서는 허무당에 대한 언급 없이 프루동에서 시작되는 근대무정부주의의 계보를 훑어 가며 개관하고 있다. 즉

---

18) 煙山專太郎(1902), 『近世無政府主義』, 東京專門學校出版部, 339-340쪽. 이는 크로포트킨의 대표 저서 『빵의 약취』를 기초로 하고 있는 것으로 보인다.

19) 『勞働世界』 第6卷 第1～8號(1902. 4～6), 第6卷 第10～13號(1902. 7～8), 第6卷 第17～18號(1902. 10).

20) 이 책의 내용 중 일부는 출간 전에 사카이 도시히코(堺利彦)가 주재하는 잡지 『사회주의연구』 제2호(1906. 4)에 「무정부주의 2파(無政府主義の二派)」와 「크로포트킨의 특색(クロポトキンの特色)」으로 발표되었다. 같은 호에는 그 외에도 크로포트킨의 「무정부주의의 철학(無政府主義の哲學)」이 시라야나기 슈코(白柳秀湖)의 번역으로 게재되어 있다.

프루동, 슈티르너, 바쿠닌을 각 장에서 순차적으로 서술한 뒤 '크로포트킨의 무정부주의'에 대해 앞의 사상가들에 비해 가장 많은 지면을 할애하여 서술한다. 그때까지에서 크로포트킨에 대한 가장 종합적인 고찰이라고 보아도 좋을 것이다.

구쓰미 겟손은 먼저 크로포트킨의 간단한 전기적 소개를 한 다음 크로포트킨의 사상은 매우 과학적이고 귀납적이라는 데 특징이 있다고 지적한다.[21] 그가 크로포트킨사상의 기본으로 가장 먼저 들고 있는 것은 '상호부조(相互扶助)의 대의'이다.

이는 "사회란 각 개인이 상호부조(솔리데리티 — 원문)의 대의를 행함으로써 자유로이 일치단결하는 것이어야 한다"는 사회관을 의미하는데, 크로포트킨에 따르면 이러한 상호부조의 감정은 우주의 생물, 즉 동물계는 물론 인간계에도 반드시 존재한다. 동물들은 국가 · 정부라는 조직체가 없음에도 단체적 생활을 영위하고 상호부조를 하고 있듯이, 인간은 상호부조의 감정을 활발히 하면 국가 · 정부라는 강제적인 조직을 만들 필요가 사라져 자유로운 사회, 자유로운 단체가 생겨난다는 것이다.[22] 자유로운 신사회가 발생하지 않는 이유는 현재의 사회조직이 불완전하기 때문이며, 그로 인해 개혁이 필요하다며 앞서 게무야마가 제시한 '공산적 무정부주의'의 세 가지 특징을 거론한다.

게무야마 센타로의 저서에 비해 구쓰미 겟손의 크로포트킨 고찰에서 눈에 띄는 점은 처음으로 상호부조에 대한 언급이 보인다는 점이다. 크로포트킨의 『상호부조론(Mutual Aid)』은 1902년 출판으로, 게무야마의 집필 당시에는 아직 세상에 나오지 않았다.

크로포트킨의 『상호부조론』에 대해서는 구쓰미에 앞서 1904년에 이미 사회주의자 니시카와 고타로(西川光太郞)에 의해 잡지 『헤이민신문(平民新聞)』

---

21) 久津見蕨村(1906), 『無政府主義』, 平民書房, 72쪽.

22) 久津見蕨村(1906), 앞의 책, 73-74쪽. 여기에서 저자는 상호부조에 solidarity라는 영어를 대응시키고 있으나, 크로포트킨은 mutual aid로 표기했다.

에 그 대략이 소개된 바 있다.[23] 4회에 걸쳐 비교적 상세하게 『상호부조론』의 내용을 요약 · 소개하고 있는 니시카와의 글은 일본에서 이 책을 최초로 소개한 것이라고 생각된다. 니시카와 고타로는 『상호부조론』의 소개를 마친 뒤 "어떤 암흑의 시대, 어떤 전투의 시대, 궁핍의 시대에도 보통 사람 사이에는 항상 상호부조가 실행되고 끊임없이 상호부조를 실행하려는 노력이 있었음에 놀라지 않을 수 없다. 나는 크로포트킨의 『상호부조론』을 통독하고 상호부조라는 정신이 얼마나 깊이 인간의 마음에 뿌리를 내린 것인지를 깨달았다"며 이 책의 일독을 권하였다.[24]

크로포트킨의 『상호부조론』은 1908년에도 사회주의자 야마카와 히토시(山川均)가 편역한 『동물계의 도덕』, 아카바 하지메(赤羽一)의 「원시인간의 상호부조」[25] 등을 통해 소개되었다. 야마카와의 책은 『상호부조론』의 「제1~2장 동물의 상호부조」를 토대로 편역한 것이다. 이 책은 뒤에서 설명하듯이 훗날 식민지 조선의 크로포트킨 수용에 영향을 주게 된다. 야마카와 히토시는 이 책의 마지막 부분에서 "생존경쟁은 동물계의 원칙도 인간사회의 대법(大法)도 아니다. 동일 종속(種屬)의 동물이 각기 동류를 적으로 삼아 생명을 다툰다는 생존경쟁은 단지 특별한 경우나 예외의 경우에 한정된다. 이러한 경우의 경쟁, 따라서 자연의 도태는 진화의 요소가 아니라 오히려 퇴화의 원인이 된다"[26]고 지적하고, 동물계에서는 경쟁을 피하고

23) 西川生(1904a), 「動物界に於ける相互補助(上 · 下)」, 『平民新聞』 第32~33號(1904. 6) ; 西川生(1904b), 「未開人の間に於ける相互扶助」, 『平民新聞』 第46號(1904. 9) ; 西川生(1904c), 「中世及び近世の社會に於ける相互扶助」, 『平民新聞』 第49號(1904. 10). 'mutual aid'를 니시카와는 처음에 '상호보조'로 번역했다가 후에 '상호부조'로 수정하고 있다.

24) 西川生(1958), 「中世及び近世の社會に於ける相互扶助」, 『(週刊)平民新聞(四)』, 創元社, 17쪽.

25) 赤羽生(1908), 「原始人間の相互扶助(上 · 下) : クロポトキン翁の『相互扶助』中より其の大意を紹介す」, 『東京社會新聞』 第11號(1908. 6. 25). 아카바는 같은 잡지에서 크로포트킨의 그 밖의 저술을 소개하고 있다. 赤羽一, 「パンの哲學」, 『東京社會新聞』 第7號 ; クロポトキン, 赤羽生抄譯, 「脳力勞働と手工勞働(上 · 中 · 下)」, 『東京社會新聞』 第8~10號 ; 西川生, 「農業と小工業の結合」, 『東京社會新聞』 第8號 등.

26) 山川均 述(1908), 『動物界の道德』, 有樂社, 196쪽.

상호부조로 조직을 유지하는 데 뛰어난 종속이 반드시 번영한다고 강조하였다.[27]

이에서 알 수 있듯이 크로포트킨의 상호부조론의 획기적인 점은 다윈의 진화론이 강조하는 생존경쟁에 대한 안티테제를 제시했다는 데에 있다. 즉 인류 진화의 원리는 생존경쟁에 있는 것이 아니라 상호부조에 있다고 주장한 것이다. 이는 '사회문제'를 발생시킨 자본주의, 나아가 제국주의를 떠받치는 자유경쟁 · 우승열패(優勝劣敗)의 원리를 비판하는 세력에게 매우 적절한 이론적 근거를 제공해 주는 것이었다. 그렇기 때문에 정부무용론을 주장하는 무정부주의에 대해서는 자신들과 선을 긋던 사회주의자들도 상호부조론은 수용했다.

이상에서 살펴본 바와 같이 러일전쟁을 전후하여 일본에 무정부주의사상이 본격적으로 수용되는 동시에 '무정부주의의 태두' 크로포트킨의 사상이 주목을 끌었다. 이를 기반으로 고토쿠를 비롯한 아나키스트가 일본사회에 등장하였다. 이후 아나키즘, 크로포트킨은 고토쿠 슈스이, 오스기 사카에와 같은 영향력 있는 아나키스트에 의해 전파되어 간다.

III. 고토쿠 슈스이, 오스기 사카에와 크로포트킨

1903년 10월 요로즈초호사(萬朝報社)를 퇴사한 고토쿠 슈스이는 동반 퇴사한 사카이 도시히코(堺利彦)와 함께 『헤이민신문』을 창간하여 반전론을 전개했다. 그런 가운데 『헤이민신문』 제52호에 게재된 글이 문제가 되어 고토쿠는 기소되어 경금고 5개월의 처분을 받아 투옥되었다. 감옥에 있는 동안 사카이에게 보낸 편지에서 고토쿠는 자신의 독서 목록을 나열하는 가운데 "목하 베개 맡에 있는 것은 우리 회사 그림엽서에 들어가 있는 인물 중 하나인 크로포트킨 씨의 『전원, 제조소 및 공장(田野, 製造所及工場)』, 엥겔스

27) 山川均 述(1908), 앞의 책, 198쪽.

씨의 『포이어바흐론』이다”[28]라고 적었다. 그 이전부터 미국의 아나키스트 앨버트 존슨을 통해 크로포트킨을 알고 있던 고토쿠는 감옥에서 그의 저서를 읽었던 것이다.

출옥 후 고토쿠는 존슨에게 쓴 편지에서 “실로 나는 마르크스파 사회주의자로 감옥에 갔다가 급진적 아나키스트가 되어 돌아왔다”[29]고 고백하였다. 하지만 이는 다소 과장된 표현이라는 것이 연구자들의 중론이며, 그의 아나키즘으로의 전환은 미국 방문 후로 보는 것이 타당할 것이다. 고토쿠는 위의 편지에서 존슨에게 미국행 의사를 밝히고 그해 11월 미국으로 출발하였다. 미국 체재 중 고토쿠 슈스이는 사회주의 단체와 아나키스트들을 만나고 1906년 6월 23일 귀국하였다. 귀국 후 고토쿠는 직접행동론을 주장하여 당시 의회주의의 입장을 취하고 있던 사회주의자들과 대립하는 한편, 아나키즘에 관한 서적의 번역에 힘썼다.

고토쿠 슈스이의 부재 중 일본의 사회주의 세력은 1905년 12월 6일에 ‘보통선거연합회’를 결성하고 보통선거운동으로 통일전선을 형성하고 있었다. 또한 사회주의자들은 1906년 2월 ‘일본사회당’을 결성하고 도쿄시의 전차요금인상 반대운동을 전개하였다. 그런 가운데 귀국한 고토쿠는 첫 연설 「세계 혁명운동의 조류」를 통해 구미에서 혁명운동의 수단이 의회주의에서 ‘총동맹파공(general strike)’으로 전환하고 있음을 전하면서 노동자의 혁명은 노동자 스스로가 수행해야 한다고 강조하였다.[30] 이른바 직접행동론의 주장이다.

이 주장은 이듬해 「나의 사상의 변화」에서 더 분명하게 표명되었다. “보통선거나 의회정책으로는 도저히 참된 사회적 혁명을 이룰 수가 없다. 사회주의의 목적을 달성하기 위해서는 하나로 단결된 노동자의 직접 행동(디렉

---

28) 幸德秋水(1969), 「사카이에게 보낸 편지(1905. 5. 30)」, 幸德秋水全集編集委員會 編, 『幸德秋水全集 9』, 明治文獻, 247쪽.

29) 幸德秋水(1969), 「앨버트 존슨에게 보낸 편지(1905. 8. 10)」, 앞의 책, 254쪽.

30) 幸德秋水(1969a), 「世界革命運動の潮流」(『光』 1-16, 1906. 7. 5.자), 幸德秋水全集編集委員會 編, 『幸德秋水全集 6』, 明治文獻, 100-101쪽.

트 액션—원문)에 의거하는 수밖에 없다."[31] 이는 기존에 사회주의 세력이 취하고 있는 의회주의 노선을 비판하는 것이었다. 고토쿠 슈스이는 마침내 1907년 2월 17일에 개최된 일본사회당 제2회 대회에서 직접행동론을 주장하여 의회주의를 고수하려는 다조에 데쓰지(田添鐵二)와 대립하였다. 이후 사회주의 세력은 의회주의파와 직접행동파로 분열한다.

한편 고토쿠는 1906년 12월 앨버트 존슨에게 보낸 편지에서, 일본의 사회주의자 다수가 생디칼리슴이나 아나키즘보다는 의회주의 전술을 취하는 경향이 있으나 이는 그들의 '무정부공산주의'에 대한 무지에서 기인한다고 지적하며, 현재 가장 중요한 작업은 "아나키즘과 자유사상(freethought)에 관한 문헌의 번역과 출판"이라고 밝혔다.[32] 그에 따라 1907년 2월부터 독일 아나키스트 아놀드 롤러(Arnold Roller)의 *Der Sozial Generalstreik*의 영역본 *The Social General Strike*(1905)의 번역에 착수하여 그해 12월 『경제 조직의 미래』라는 서명으로 출간하였다. 이어서 고토쿠 슈스이가 번역에 착수한 것은 바로 크로포트킨의 *The Conquest of Bread*〔『빵의 약취(略取)』〕이다. 그는 이 책에 대해 크로포트킨이 공산주의의 입장에서 장래 혁명의 방법과 이상사회의 건설 과정을 서술한 것이라고 소개하였다.[33] 『빵의 약취』는 1892년 프랑스어로 발간되었으나, 1906년 영어로 번역되자 고토쿠가 바로 그 영역본을 구입하여 번역한 것이다.

1907년 8월경부터 번역에 착수한 고토쿠는 이후 여러 글이나 편지를 통해 크로포트킨에 대한 신뢰를 표명하고 그의 사상을 선전하였다. 자신에게 아나키즘의 서적을 문의해 오는 이들에게 크로포트킨의 '콘퀘스트 오브 브레드'가 가장 좋다고 권했으며,[34] 농촌의 농민문제에 대해서는 토지의 공

31) 幸德秋水(1969b), 「余が思想の変化：普通選擧に就て〔『(日刊)平民新聞』 第16號, 1907. 2. 5.자)〕」, 幸德秋水全集編集委員會 編, 『幸德秋水全集 6』, 明治文獻, 135쪽.

32) 幸德秋水(1969), 「존슨에게 보낸 편지(1906. 12. 18)」, 앞의 책, 306쪽.

33) 幸德秋水(1969c), 「大久保より(十三)〔『(日刊)平民新聞』 第57號(1907. 3. 24.자)〕」, 幸德秋水全集編集委員會 編, 『幸德秋水全集 6』, 明治文獻, 196쪽.

34) 幸德秋水(1969), 「요시카와(吉川守國)에게 보낸 편지(1907. 12. 23)」, 앞의 책, 349쪽 ;

유와 공산, 농공 간의 협조를 주장한 크로포트킨을 소개하였다.[35] 심지어 사카이 도시히코가 고토쿠에게 『헤이민신문』 지상에서 크로포트킨 '선생'이라는 경어를 사용한 것에 대해 부적절하다고 지적하자, "소생은 크로포트킨 선생을 숭배하는 자이다. 그에게 사숙하는 자이다. 심취하는 자이다. 소생이 아는 한 그는 도덕, 식견, 논의, 문장, 용기, 온정 등 모든 점에서 볼 때 동서를 불문하고 드물게 보는 위인이다. 그는 실로 세계의 대교사이다. 내가 배울 점이 있어 배우고 숭배하는 것은 나의 자유이자 권리이다"라며 반발할 정도였다.[36]

『빵의 약취』는 비밀출판의 형태로 1909년 1월 역자 겸 발행자 헤이민사(平民社)의 이름으로 발간되었으나 곧바로 발매금지당했다.[37] 이를 예상한 고토쿠 슈스이와 헤이민사는 사전에 동지들로부터 선주문을 받아 인쇄가 끝나자마자 배포한 뒤 출판 신고를 하였으므로 발매금지의 효력을 최소화할 수 있었다. 그런데 이 책의 내용은 책이 발간되기 전 이시카와 산시로(石川三四郎)에 의해 자세히 소개된 바 있다.[38] 이시카와는 『빵의 약취』가 무정부공산주의를 가장 완전하게 설명한 것이라고 평가하고 크로포트킨의 자서전에 의거하여 그의 이력과 활동을 소개하며, 이어서 『빵의 약취』를 제1장에서 제17장까지 장별로 요점을 정리하고 있다.

『빵의 약취』는 메이지기의 사회주의 청년층에 적지 않은 영향을 주어 당시 '자유합의'나 '상호부조'라는 용어가 그들에 의해 종종 사용되었다. 다이

幸德秋水(1969), 「야마자키 게사야(山崎今朝彌)에게 보낸 편지(1908. 5. 6)」, 幸德秋水全集編集委員會 編, 『幸德秋水全集 9』, 378쪽 등.

35) 幸德秋水(1969d), 「海南評論(三)〔『日本平民新聞』 第20號(1908. 3. 20.자)〕」, 幸德秋水全集編集委員會 編, 『幸德秋水全集 6』, 明治文獻, 406쪽.

36) 幸德秋水(1969e), 「海南評論(一)〔『熊本評論』 第25號(1908. 6. 20)〕」, 幸德秋水全集編集委員會 編, 『幸德秋水全集 6』, 明治文獻, 461쪽.

37) 발매금지가 되기는 하였으나 번역서 간행을 계기로 이 책이 신문에 소개되기도 하였다. 白柳秀湖(1909), 「「ゼ・コンクエスト・オブ・ブレンド」を讀む」, 『讀賣新聞』(1909. 2. 14.자), 1면.

38) 石川旭山(1908), 「無政府共產主義の大成者クロポトキン：政治上に於ける自然主義の一派」, 『世界婦人』 第25號(1908. 6. 5).

쇼기에 들어서도 이 책은 아나키즘의 경전처럼 간주될 정도로 널리 읽혔다고 한다.[39] 이로써 고토쿠 슈스이는 크로포트킨의 전파에 크게 기여하였지만, 대역사건에 연루되어 1911년 처형됨으로써 더 이상 무정부주의를 발전시킬 수 없었다.

대역사건 이후 운동은 물론 사회주의 관련 출판물이 모두 금지되는 등 일본의 사회주의는 '겨울의 시대'로 접어든다. 이처럼 사회주의가 위축되었을 때 고토쿠를 이어 크로포트킨사상을 전파한 것은 오스기 사카에였다.

가장 싸다는 이유로 구독하던 『요로즈초호』를 통해 사회문제에 눈뜨고 고토쿠의 반군국주의론에 매료된 오스기는, 고토쿠가 헤이민사를 만들어 『헤이민신문』을 창간하자, 헤이민사를 찾아가 이들을 도우면서 사회주의에 입문하였다.[40] 당시 외국어학교 학생이던 오스기 사카에는 외국 잡지 기사의 번역과 잡일을 하였다. 1906년 외국어학교를 졸업한 오스기는 전차요금인상 반대운동에 참가했다가 구속되어 3개월 금고형을 살았다. 이후 사회주의운동의 길로 접어든 그는 고토쿠의 영향인지 크로포트킨의 저술을 여럿 번역하였다.

고토쿠 슈스이가 관여하던 『헤이민신문』에 크로포트킨의 자서전 일부를 번역하고(제1호, 1907. 1), 「청년에게 고함」을 14회에 걸쳐 번역하였으나(제42~60호에 단속적으로 게재, 1907. 3), 그 마지막 장의 내용이 「신문지조례」 위반으로 기소되어 또다시 3개월 금고형에 처해졌다. 출옥 후에는 『빵의 약취』 중 「제11장 자유합의」의 일부를 『헤이민신문』 제15~16호(1908. 1)에 번역·게재하였다. 그해 6월 22일 야마구치 고켄(山口孤劍)의 출옥 환영회 후 '무정부공산' 등이 적힌 적기(赤旗)를 흔들며 시위를 주도한 혐의(적기사건)로 사카이 도시히코, 야마카와 히토시, 아라하타 간손(荒畑寒村) 등 주요 사회주의자와 함께 구속되어 징역 2년 6개월에 처해졌다. 대역사건으로 고토쿠 슈스

39) 小松隆二(1969), 「『經濟組織の未來』ほか : 幸德秋水とアナキズム」, 幸德秋水全集編集委員會 編, 『幸德秋水全集 7』, 明治文獻, 435쪽.

40) 大杉榮(1991), 『自敍傳 · 日本脫出記』, 岩波書店, 139-140쪽, 173-174쪽.

이가 검거되었을 때 오스기는 감옥에 있었기 때문에 화를 면할 수 있었다.

오스기 사카에는 훗날 1920년 5월호 『개조(改造)』의 크로포트킨 특집에 기고한 논문에서 다음과 같이 쓰고 있다.

> 내가 크로포트킨에 사로잡혀 있던 것은 벌써 10년, 아니 15년도 더 전의 일이다. 스무 살(1904년 — 인용자) 전부터 크로포트킨의 책을 읽기 시작하여 10년 가까이 크로포트킨에 감화되어 있었다. 적어도 책의 형태로 나온 크로포트킨의 것은 죄다 사 모아서 읽었다. 두 번, 세 번, 네 번, 다섯 번도, 어쩌다가 여섯 번, 일곱 번도 반복하여 읽었다. 어떤 내용이 어떤 책의 어디에 써 있는지까지 대략 알고 있었다. 크로포트킨의 저서 전부의 상세한 색인이 자연히 나의 머릿속에 만들어져 있었다. 나는 이런 크로포트킨의 영향으로 지식적 발달과 전인격적 발달에 얼마나 이익을 얻었는지 모른다. 그와 동시에 또 얼마나 손해를 입었는지 모른다. 그 손해를 깨닫게 된 것은 내 나이 스물일곱 때 지바(千葉) 감옥의 독방에서였다. 그후 나는 크로포트킨의 책은 일절 읽지 않았다. 크로포트킨뿐만 아니라 일체의 무정부주의 문서로부터 가능한 한 멀어지기로 결심했다. 그래서 손에 잡히는 대로 범위도 순서도 상관없이 주로 사회학과 생물학의 여러 학자의 서적을 가까이하게 되었다.[41]

오스기는 자신이 성년이 된 후 크로포트킨에 탐닉하여 큰 영향을 받았으나, 1910년경부터 그에게서 멀어지게 되었다고 밝히고 있다. 이 회고가 어디까지 진심인지 알 수 없으나, "크로포트킨의 책은 일절 읽지 않았다"고 한 1910년경 이후에도 그는 크로포트킨에 관한 글을 썼고, 크로포트킨의 『상호부조론』(1917), 『혁명가의 회상』(1921)을 완역했으며, 일본에서 최초로 『크로포트킨 연구』(1920)라는 연구서를 출간하였다.

오스기 사카에는 1910년 11월 출옥 후 한동안 사카이 도시히코가 세운

41) 大杉榮(1920), 「クロポトキン總序：自然科學とアナアキー」, 『改造』 第2卷 第5號, 70-71쪽. 27세(1911)에 지바감옥에 있었다는 것은 오류이다. 그가 지바감옥에 수감된 것은 적기사건으로 투옥되었을 때이므로 1908~1910년, 즉 23~25세 사이이다.

바이분사(賣文社)에서 일을 하다가 아라하타 간손과 함께 1912년 10월『근대사상』을 창간하였다.『근대사상』 제2호에서 오스기는 크로포트킨의 사상을 소개하였다. 여기에서는 최근 과학의 성과를 소개하고 이를 인간사회에 적용·유추하는 방법으로 논의를 전개한다. 천문학의 최근 경향은 총체보다는 구성단위인 '극미(極微) 분자'에 주목하여 무수한 '극미 물질'이 각기 자유로이 움직이고, 그 사이에 균형이 생기는 것이 바로 우주의 조화라고 해석한다.[42] 즉 조화나 질서는 "어떤 동일한 점에 작용하는 모든 힘 사이에서 자유롭게 발생한 균형"이라는 것이다. 그러나 이 조화는 영원불변이 아니며, '진화와 변화'가 함께 자연의 대조화를 위해 기여하고 있다고 지적하여 변화를 강조하였다.[43]

오스기는 이후 당시 유행하고 있던 생(生)의 철학을 원용하여 아나키즘 이론의 토대를 제시한다. 그에 따르면 인류의 역사는 한 종족의 다른 종족에 대한 정복에서 시작되었으며, 정복자는 피정복자를 완전히 복종시키기 위해 여러 사회제도를 만들고 교화를 위한 제도를 갖추었다. "역사는 복잡하다. 그러나 그 복잡함을 일관하는 단순은 있다. 예컨대 정복의 형식은 여러 가지 있다. 하지만 고금을 통해 일체의 사회에는 반드시 그 양극에 정복자계급과 피정복자계급이 놓여 있다."[44] 따라서 '정복'이라는 사실을 명료히 인식하지 않으면 한 사회의 그 무엇도 정당하게 이해할 수 없다고 주장하였다.

이어서 생의 진수는 '자아'에 있으며, 자아는 힘이자 동작이므로 확장을 요구한다고 설명한다. 바로 이 생의 확장 과정에서 정복자와 피정복자의 양극을 낳게 되었다는 것이다. 그리고 이 양극의 생의 훼손이 자아괴멸에 가까워질 때 반란과 혁명이 발생한다고 주장하였다. 결국 생의 확충은 오

---

42) 大杉榮(1926a),「近代科學の傾向：クロポトキンに據る〔『近代思想』第2號(1912. 11)〕」,『大杉榮全集 1』, 大杉榮全集刊行會, 178쪽. 이 글은 크로포트킨의「무정부주의의 철학과 이론」의 앞부분을 번역한 것이라고 한다(『大杉榮全集 2』, 39쪽).

43) 大杉榮(1926a), 앞의 글, 185-186쪽.

44) 大杉榮(1926b),「征服の事實(1913. 6)」,『大杉榮全集 1』, 大杉榮全集刊行會, 31쪽.

로지 '반역'에 의해서만 달성될 수 있다고 강조하였다.[45] 오스기는 그 반역의 수단으로 무정부주의와 생디칼리슴을 제시한다.

오스기는 「개인주의자와 정치운동」에서 의회정치 및 정치 자체에 대한 부정적 입장을 분명히 하였다. 정치적 자유는 의회가 부여하는 것이 아니며, 대의정치는 오히려 각 개인의 충실한 활동을 방해한다는 것이 그의 생각이었다.[46] 그는 나아가 정치라는 것 자체에 대해서도 중앙집권적 성질로 인해 자유롭고 자치적인 인간관계나 단체 간의 관계를 허용하지 않는다고 부정적인 입장을 표명하였다.[47]

이처럼 정치에 대한 회의에서 등장한 것이 무정부공산주의이다. 개조 프루동과 바쿠닌을 거쳐 크로포트킨에 이르러 이론으로서 정돈된 무정부공산주의의 이상사회는 "자유로운 각 개인이 자유합의에 의해 한 단체를 형성하고, 각 자유자치단체가 다시 자유합의에 의해 상호 연합을 꾀하는 사회"이다.[48] 이러한 무정부주의의 추상적 이론을 구체화·사실화한 것이 생디칼리슴인 것이다. 그는 생디칼리슴이 발현되고 있는 유럽의 노동운동 전개과정을 프랑스의 사례를 들어 설명하고 일본 노동운동의 나아가야 할 길을 제시하였다.

오스기 사카에의 생디칼리슴 주장에 대해서는 일본의 노사관계는 노사협조가 그 특징이므로 서양의 생디칼리슴을 그대로 일본에 도입해서는 안 된다는 비판이 제기되었다. 예를 들면 가야하라 가잔(茅原華山)은 일본 산업계의 특징은 '포용적 정신', '자타 양존의 생활주의'에 있다고 주장했다. 이에 대해 오스기는 "공존적 정신은 적어도 동물계에서 동일 종의 각 개체 사이에서는 거의 보편적인 생활 기조"이며 인간사회에서도 마찬가지라고 지적하였다. 즉 공존의 정신이 일본만의 특징이 아니라고 반박한 것이다.

45) 大杉榮(1926c), 「生の擴充(1913. 7)」, 『大杉榮全集 1』, 大杉榮全集刊行會, 36-39쪽.

46) 大杉榮(1926d), 「個人主義者と政治運動(1915. 3)」, 『大杉榮全集 1』, 大杉榮全集刊行會, 361쪽.

47) 大杉榮(1926d), 앞의 글, 366쪽.

48) 大杉榮(1926d), 앞의 글, 359쪽.

그는 나아가 "소위 생존경쟁이라는 것은 결코 생물계의 보편 원칙이 아니다. 오히려 사실은 이 쟁투가 격렬한 곳에서 퇴보와 쇠멸을 보여 주고, 쟁투가 제거된 곳에서 진보와 번영을 보여 주고 있다"며 크로포트킨의 상호부조론을 원용하고 있다.[49)]

오스기는 같은 시기에 발표한 「동물계의 상호부조」(1915. 9)에서 이 크로포트킨의 상호부조 이념을 소개하고 있다. 앞에서 설명한 바와 같이 지금까지 『상호부조론』은 여러 사람에 의해 번역·소개되었다. 그런데 오스기 사카에가 이때에 새삼 이 글을 쓰게 된 계기는 제1차 세계대전 발발 이후 사상계의 필요에 따라 1915년 초 신판이 출간된 것이다. 즉 당시 독일의 지식인이 우승열패, 약육강식, 생존경쟁 등의 논리로 전쟁을 긍정하는 상황에 대해 "『상호부조론』의 신판은 이런 시대사조에 대항하여 새로운 의미의 생존경쟁, 즉 상호부조의 사상을 보급하기 위해 나타났다"고 그 의의를 밝혔다.[50)] 전쟁이 노정한 약육강식의 생존경쟁논리에 대항하기 위해 크로포트킨의 상호부조론이 사상계에 다시 호명되기 시작한 것이다. 오스기는 「동물계의 상호부조」에서 『상호부조론』의 전체 구성을 간단히 소개한 뒤 「제1장 동물의 상호부조」 중 개미의 사회생활까지 소개하고 있다. 이 글은 뒤에서 설명하듯이 윤자영에 의해 「상호부조론」으로 번역된다.

오스기는 1917년 마침내 『상호부조론』의 완역판을 출간하였다. 또한 그 즈음하여 발표한 「인류사상의 전통주의」(1917)에서 「제3장 야만인의 상호부조」와 「제4장 미개인의 상호부조」를, 「길드 이야기」(1919)에서 「제5~6장 중세 도시의 상호부조」를 요약·서술하고 있다.

그런데 오스기 사카에의 크로포트킨사상 전파의 노력에도 불구하고, 크로포트킨이 사회주의자와 아나키스트의 서클을 넘어 일반 식자 사이에서

---

49) 大杉榮(1926e), 「再び茅原華山を笑ふ(1915. 7)」, 『大杉榮全集 1』, 大杉榮全集刊行會, 461쪽.

50) 大杉榮(1926), 『大杉榮全集 2』, 大杉榮全集刊行會, 71-72쪽. 「동물계의 상호부조」는 『신소설』 1915년 9월호에 게재된 후 「크로포트킨의 생물학 : 상호부조론」이라는 제목으로 『크로포트킨연구』(アルス, 1920)에 수록된다.

주목을 받게 된 것은 머리말에서 언급한 모리토사건이 계기가 되었다. 문제가 된 모리토의 「크로포트킨의 사회사상 연구」는 크로포트킨의 사상을 학문적으로 연구한 최초의 글로, 무정부주의를 철학과 건설적 이상을 가진 하나의 사상체계라는 관점에서 분석하고 있다. 이 논문에서는 무정부공산주의의 경제 이론과 정치 이론, 그리고 종교적 · 정치적 권력이 사라진 사회에서 평화로운 공동생활을 영위할 수 있는 근거로서 상호부조론을 논술하고 있다.[51]

모리토사건을 둘러싸고 도쿄대학교 학생 사이에서는 찬반논쟁이 오가고, 언론에서는 앞다투어 그 경과를 보도하였다. 이로 인해 크로포트킨은 관심의 표적으로 급부상하게 되었다. 한 신문은 "오스기 씨가 번역한 크로포트킨의 명저 『상호부조론』이 출판 당시는 그다지 팔리지 않았으나 이번 모리토 다쓰오, 오우치 효에, 두 조교수의 필화 사건이 발생한 후 현저하게 팔리기 시작했다"라고 전했다.[52] 또 같은 신문은 '독서계와 출판계' 소식에서 '금단의 과일은 먹고 싶다'는 심리로 한때는 마르크스가 출판계의 꽃으로 인기가 높았으나, 이제 독서계의 유행은 빠르게 크로포트킨으로 옮겨 갔으며 마루젠(丸善 : 서양 서적을 주로 수입해 판매하는 서점)에 놓여 있던 크로포트킨의 원서들이 모두 품절되었다고 전했다.[53]

크로포트킨의 원서뿐만 아니라 크로포트킨 저술의 번역서나 크로포트킨을 다룬 서적,[54] 잡지의 글들도 갑자기 늘어났다. 잡지 중에는 『중앙공론

51) 森戸辰男(1920), 「クロポトキンの社會思想の硏究」, 『經濟學硏究』 第1卷 第1號(1920. 1). 이 논문은 총 65쪽에 이르는 장편의 글이다.

52) 『讀賣新聞』 1920. 1. 16.자, 7면.

53) 『讀賣新聞』 1920. 1. 25.자, 7면.

54) 1920년 전반기에만 遠藤無水 譯, 『勞働者の觀たるマルクスとクロポトキン』(文泉堂) ; 豊秋學人, 『クロポトキン評傳』(中央出版社) ; 遠藤無水 譯, 『クロポトキン獄中記』(一言社) ; 中山啓 譯, 『クロポトキンの經濟學說 : 原名 田園 · 工場 · 仕事場』(三田書房) 등이 출간되었고, 1920년 후반기에는 遠藤無水 譯, 『近世科學と無政府主義 : 附五大名著序文』(大鐙閣), 오스기의 『クロポトキン硏究』(アルス) 등이 출간되었다. 이듬해에는 森戸辰男, 『クロポトキンの片影』(同人社)가 출간되었다.

(中央公論)』과 『개조』가 4월과 5월에 각기 '생존경쟁설과 상호부조론', '크로포트킨 저작 총평'이라는 제목으로 특집을 편성하였다. 『중앙공론』의 특집에는 다섯 편의 글이 실렸는데, 그중 사카이 도시히코는 상호부조설이 진화학상의 수정 혹은 보완설로서 충분한 가치를 지닐 뿐만 아니라, 노동계급의 친화단결을 위해 유력한 학문적·역사적 근거가 된 점에 사회적 효과가 존재한다고 지적하였다.[55] 『개조』의 특집은 크로포트킨의 여러 저작을 다룸으로써 보다 더 다면적으로 조명하고 있다. 여기에는 총론에 해당하는 오스기 사카에의 「총서(總序)」를 비롯하여 여섯 편의 글이 게재되었다. 오스기가 그해 11월 그간 썼던 글들을 모아 『크로포트킨 연구』를 낸 것도 바로 이러한 크로포트킨 유행과 무관하지 않을 것이다.

IV. 사회개조와 크로포트킨의 조선으로의 접속

그런데 도쿄제국대학교 교수 요시노 사쿠조(吉野作造)에 의하면, 1920년대 초에 크로포트킨이 크게 유행한 데에는 보다 근본적으로 제1차 세계대전 이후 전개된 사회'개조'의 흐름이 중요한 배경으로 작용하였다. 요시노는 모리토사건과 관련하여 신문에 게재한 글에서 세계대전 후 서양에서는 마르크스보다 크로포트킨이 더 주목을 받고 있다고 지적하며, 그 이유를 세계대전의 결과에 따른 각국 사회 상태의 급변 때문이라고 분석했다. 즉 전쟁의 영향으로 각국에서는 개조의 필요성이 자각되고, 그 개조의 지침으로서 크로포트킨의 사상이 주목받게 되었다는 것이다. 요시노는 '개조'의 표적이 되고 있는 대상을 국제 관계와 노동·자본 관계로 집약하고, 그와 관련하여 크로포트킨의 사상이 어떤 시사를 주고 있는지를 논하였다.[56]

55) 堺利彦(1920), 「此問題の社會的意義」, 『中央公論』 第35卷 第4號, 112쪽.

56) 吉野作造(1995), 「クロポトキンの思想の研究(『東京朝日新聞』 1920. 1. 16-19.자)」, 『吉野作造選集 1』, 岩波書店, 245-247쪽. 이와 관련해서는 中村勝範(1994), 「森戸事件と吉野作造の「クロポトキン論」」, 『法學研究』 第67卷 第8號(1994. 8), 1-32쪽 참조.

이와 같은 세계적 동향은 일본에서도 공유되고 있었다. 전쟁을 통한 일본 자본주의의 급격한 성숙과 그에 따른 사회문제의 구체적 발생, 인간소외문제의 현재화(顯在化), 이에 대해 세계적인 기존 질서의 변동 움직임에 감응한 국내의 광범한 개조운동의 발생, 즉 개조사상의 분출과 그 주체들의 자기주장 고조가 제1차 세계대전 후 일본에서 전개된 상황이었다.[57)] 『중앙공론』 1919년 12월호의 「권두언 사회개조론의 2대 조류」에서는 "최근의 논단은 사회개조의 논의로 가득 차 있다. 그리고 사회개조론의 화살은 모두 자본주의 공격으로 집중해 있다. 이제 세간에서는 소위 사회개조주의와 같은 온건한 논의로는 수긍치 않게 되었다"고 당시의 분위기를 묘사하였다.[58)]

이처럼 공산주의, 무정부주의, 사회민주주의, 국가사회주의, 심지어 혁신우익까지 개조를 요구하는 시대 분위기 속에서 크로포트킨은 그 어느 때보다 광범하게 사람들의 주목을 끌게 된 것이다. 크로포트킨사상이 식민지 조선으로 건너가게 된 것도 이와 같은 일본 사상계의 상황을 배경으로 하고 있으며, 한편으로는 조선에서 공시적으로 전개되던 개조론의 발흥과 맥이 닿아 있었다.

식민지 조선에서도 1920년대 초 문화정치의 시작과 함께 발간되기 시작한 각 신문, 잡지 지면에서 '개조'라는 용어가 하나의 유행어가 되고 있었다. 이런 상황을 잡지 『개벽』 창간호의 논설에서는 다음과 같이 전하고 있다.

> 우리는 들엇노라. 날마다날마다 우리의 耳膜을 打動하는 改造改造의 聲 — 그 소리야 매우 흥 잇고 의미 잇고 그리하야 힘 잇고 정신 잇도다. 이 소리 가는 곳에 우리의 행복이 目前에 쏘다지는 듯하도다.
>
> 개조개조 그 무엇을 의미함인가. 세계라 云하는 이 활동의 기계를 뜨더 고쳐야 하겟다 함이로다.[59)]

---

57) 河原宏·宮本盛太郎·竹山護夫·前坊洋(1978), 『近代日本政治思想史』, 有斐閣, 166-167쪽.

58) 「卷頭言 社會改造論の二大潮流」, 『中央公論』 第34卷 第13號(1919. 12).

59) 「世界를 알라」, 『開闢』 第1號(1920. 6), 6쪽.

1919～1920년 조선에서 '세계개조', '사회개조'는 강자와 약자, 부자와 빈자의 차별이 없는 세계와 사회로 인식되었다. 사회개조에서는 정신적 측면이 더욱 중시되는 경향이 있었는데, 이는 당시 일본에서 유행하고 있던 문화주의 사조의 영향이었다고 지적된다.[60)]

개조의 사조는 그에 머물지 않고 사회주의사상의 수용과 운동을 촉진하는 방향으로도 작용하였다. 수용 초기의 사회주의는 일본의 초기 사회주의와 마찬가지로 여러 계열의 사회주의가 혼재되어 수용되는데, 그 과정에서 아나키즘도 함께 소개되는 것이다.[61)] 식민지 조선에서의 초기 아나키즘 수용이 크로포트킨을 중심으로 이루어졌다는 것은 기존의 연구에서 지적된 바이나, 그 외에도 오스기 사카에의 영향을 간과할 수 없다. 즉 크로포트킨 저작의 오스기 일역본이 한국어 번역의 저본이 되거나(중역), 오스기의 글 자체가 번역을 통해 조선에 영향을 미쳤다. 또한 크로포트킨의 수용에 있어서는 특히 「청년에게 고함」과 『상호부조론』에 집중되는 경향이 있었다.

잡지 『서울』 제4호(1920. 6)에는 한 페이지 정도의 짧은 글이기는 하나 처음으로 크로포트킨을 소개하는 「크로포트킨의 약전(略傳)」이 실려 있다. 이보다 조금 앞서 1920년 5월 22일자 『동아일보』에는 김명진의 번역으로 「청년에게 고함(크로포트킨)」이 게재되었다. 이는 10장으로 구성된 크로포트킨의 글의 제1장에 해당하는 부분을 번역한 것이다. 이를 오스기 사카에의 번역과 대조해 보면, 오역이 간혹 눈에 띄지만 일역본을 중역한 것을 확인할 수 있다. 이 글에서는 장래 무엇이 될까를 고민하는 청년들에게 사회 저변에 존재하는 하층민의 삶과 사회적 환경의 '부정'함에 눈을 뜨고, 그 시

---

60) 박찬승(1992), 『한국근대정치사상사연구』, 역사비평사, 제3장 ; 허수(2009), 「제1차 세계대전 종전 후 개조론의 확산과 한국 지식인」, 『한국근현대사연구』 제50집, 37-54쪽 참조. 둘 다 주로 『동아일보』와 『개벽』을 소재로 소위 '실력양성론' 진영의 개조론을 문화주의와 연결하여 분석하고 있다.

61) 이호룡은 『한국의 아나키즘 사상 편』(2001)에서 아나키즘 수용의 사상적 기반으로 명분론에 입각한 암살 활동, 대동사상과 더불어 사회개조·세계개조론을 들고 있다(70-80쪽). 이하 식민지 조선에서의 크로포트킨사상 수용과 관련해서는 이 책의 제3장과 오장환(1998), 앞의 책, 제2장에서 주로 도움을 받았다.

정을 위한 근본적 개혁의 필요성을 자각할 것을 촉구하고 있다.

「청년에게 고함」은 그 뒤로도 무아생(無我生)의 「청년에게 소(訴)함」으로 『공제(共濟)』 제7호에 제1장과 『공제』 제8호에 제2～4장이 번역·게재된다. 이 또한 오스기의 번역문의 중역으로 보인다. 제8호 게재분에서는 과학, 법률, 기술의 발전은 인류 전체를 위해서가 아니라 실제로는 소수 특권자를 위해서만 기여함을 지적하고 나서 이렇게 말했다.

> 諸君은 그 良心을 資本家 압헤 沈黙하고서 마츰내 靑年時代의 正大하던 預想까지 집어내 버리고 諸君 자신이 掠奪者가 되어 가지고 快樂의 權利를 엇기에만 精神을 일허바릴 터인가. 혹은 또 諸君이 그 愛他的 心情을 가지고 다음과 가티 말을 할 터인가. 아니 只今은 確實히 發明만 할 때가 아니오. 爲先 生産組織을 改革하지 안흐면 아니 될 것이라.[62]

즉 소수자에 봉사하는 학문을 할 것이 아니라 '생산조직'의 개혁, 곧 사회개혁에 나설 것을 촉구하고 있다.

이성태도 크로포트킨의 같은 글을 이듬해 최초의 사회주의 잡지인 『신생활(新生活)』 제6호에 게재하였으나 전문 삭제당하였다. 이처럼 「청년에게 고함」이 여러 차례 번역·게재되고 있는 이유는, 이 진보적인 잡지들의 주독자층인 식자들에게 불평등한 사회구조에 대한 자각과 행동을 촉구하기 위함이라고 생각된다.

그런데 위의 인용문 중 '약탈자'라는 용어는 아나키즘의 역사관을 엿보게 하는 주요 개념이다. 앞 장에서 소개한 바대로 오스기 사카에는 「정복의 사실」에서 인류의 역사는 정복에 의해 시작되었으며, 어느 사회나 정복계급과 피정복계급의 대립이 그 근본에 놓여 있다고 간파하고 '정복'의 사실을 인식할 것을 강조하였다. 이런 역사관의 영향은 여러 글에서 발견된다. 우영생(又影生, 정태신)은 「근대 노동문제의 진의」에서 다음과 같이 말하며

62) 無我生 譯(1921), 「靑年에게 訴함(續)」, 『共濟』 第8號(1921. 6), 107쪽.

근대의 자본가와 노동자를 각기 정복·피정복계급으로 상정하였다.

> 凡 吾 인류의 역사를 展讀하라. 복잡하나 단순하니 즉 정복적 투쟁 행위의 사실이 吾人의 역사를 일관한 亂脉的 주류됨을 拒否치 못할 것이다. 인류 同士間의 정복적 투쟁 행위는 그 결과 인류 同士의 間에 계급과 차별을 生하얏다.[63)]

기안(飢雁)의 「남의 나」에서는 "人類社會에 歷史와 文明이 잇슨 後로는 利害가 相反하는 두 階級이 잇스니 그는 곳 征服階級과 被征服階級이다. 이 事實은 사람의 本來의 感情을 각 사람의 利害를 爲하야 발달하지 아니하고 정복자의 利害를 위하야서야만 屈折하였다"고 말하였다.[64)]

또한 『신생활』 제8호의 「권두언 인간 소유와 반역」은 오스기의 「정복의 사실」과 「생의 확충」을 저본으로 하여 그 내용을 구성하고 있다. 필자인 정백은 첫머리에 "征服! 人間의 人間에 對한 征服! 이 얼마나 끔직한 人類에 對한 咀呪의 標語이뇨. 歷史는 複雜하다. 그러하나 單純하게 그 複雜을 一貫한 것은 征服과 被征服의 事實이 이것이다"[65)]라고 하여, 앞 장에서 인용한 오스기의 글을 원용하고 있다. 그에 이어지는 문장에서 필자는 정복계급과 피정복계급의 관계를 서술한 뒤 현재 부패와 민멸(泯滅)에 빠진 '생의 확충'을 위해 '반역'이 필요하다고 주장하였다.[66)]

오스기 사카에의 영향은 『신생활』 제9호에 실린 RST(이성태?)의 「쇄공장(鎖工場)」에서도 볼 수 있다. 이 글은 지금까지 연구자들의 주목을 받지 못했으나, 실은 오스기의 동명의 단편소설을 번역한 것이다.[67)] 자신을 휘감

63) 又影生(1920), 「近代 勞働問題의 眞義」, 『開闢』 第1號(1920. 6), 68쪽.

64) 飢雁(1922), 「남의 나」, 『新生活』 第2號(1922. 3), 33쪽.

65) 「권두언 인간 소유와 반역」, 『新生活』 第8號(1922. 8), 1쪽.

66) 오스기 사카에의 「정복의 사실」과 「생의 확충」은 『근대사상』에 게재된 뒤 단행본 『생의 투쟁(生の闘爭)』(1914)에 나란히 수록되었다. 다음 주의 오스기의 글이 『생의 투쟁』에 의거했음을 고려할 때 정백 또한 단행본으로 읽었을 가능성이 높다. 이를 통해 당시 오스기의 『생의 투쟁』은 조선의 사회주의자 사이에서 널리 읽혔던 것이 아닐까 하고 추측된다.

고 있는 강압의 쇠사슬을 끊어 내기 위해 제도나 조직에 의존하지 말고 '자아의 능력과 권위'를 자각하여 '전투'를 벌여야 한다는 메시지를 담고 있다.

한편 크로포트킨 수용에 있어 또 한 가지 두드러진 특징은 상호부조론에 큰 비중이 두어져 있었다는 점이다. 최초의 노동자 단체로 평가받는 조선노동공제회의 기관지 『공제』 창간호에서는 이 공제회의 설립 취지를 '호상부조'를 내세우고 있다.

> 勞動은 社會의 根本이요 愛情은 人類의 本良이라. 그럼으로 우리는 自力으로써 自我가 衣食하는 同時에 愛情으로써 호상부조하야 生活의 安定을 圖하며 共同의 尊榮을 期함이 本會의 主旨니라.[68]

같은 창간호에 실린 무아생의 글에서도 노동자철학과 관련하여 "호상부조의 精神에서 弱者를 助하며 賃銀奴隷를 完全히 解放하는 날에 비롯오 純眞한 哲學이 생길 것이다"[69]라고 기술하고 있다. 이미 크로포트킨의 상호부조론에 접하고 있었음을 시사하는 대목이다.

『공제』 제2호에 게재된 「노동운동의 사회주의적 고찰」에서 유진희는 직접 크로포트킨을 언급하면서 그의 사상에 기초해 노동운동의 방향을 제시한다. "크로포토킨은… 후년에 漂浪한 悲慘생활 중에도 호상부조론을 발표하야 完美한 인류애의 과학을 창조"하였고, 그를 통해 "사람의 생존코자 하는 노력은 소위 생존경쟁에 의하야 달성되는 것이 아니요. 互相扶助의 본능에 의하야 달성"된다고 주장하였다.[70] 유진희는 상호부조론뿐만 아니라 "노동자가 자본가와 노동을 매매하는 예속 관계를 탈각치 못하는 한에는

---

67) 「쇄공장(鎖工場)」은 『근대사상』 제1권 제12호(1913. 9)에 게재된 뒤 단행본 『생의 투쟁』에 수록되었다. RST의 번역문 마지막에 '生의 鬪爭에서'라고 쓰여 있는 것은 바로 이를 가리키는 것이다.

68) 朴重華(1920), 「朝鮮勞働共濟會主旨」, 『共濟』 第1號(1920. 9), 167쪽.

69) 無我生(1920), 「勞働者의 文明은 如斯하다」, 『共濟』 第1號(1920. 9), 35쪽.

70) 兪鎭熙(1920), 「勞働運動의 社會主義的 考察」, 『共濟』 第2號(1920. 10), 19쪽.

노동문제는 결코 해결된 것이 아니다. 자유 독립의 생산자란 것은 이 예속관계를 선탈(蟬脫)한 경우를 이름이니 자유 독립의 생산자가 아니고는 천부의 재능대로 생산할 수도 없으며, 따라서 수용(需用)대로 소비할 수도 없는 것이다"[71]라고 하여 '각자의 능력에 따라 (일하고), 각자의 필요에 따라 (소비한다)'라는 크로포트킨의 무정부공산주의 이념을 거론하였다.

이처럼 여러 언설에서 이미 크로포트킨의 '호상부조'가 언급되고 있는 가운데 크로포트킨의 상호부조론을 직접 소개한 것은 『공제』 제7호에 실린 경부(畊夫)의 「의(蟻)와 봉(蜂)의 호상부조」가 처음이다. 필자는 "反目嫉視하고 甚하면 兵刃이 動하는" 인간사회에 대해 반성을 촉구할 의도에서 동물계의 호상부조를 개미와 벌의 사회생활을 통해 보이고자 하였다.[72] 그 이하의 글은 전거를 밝히고 있지 않지만, 크로포트킨의 『상호부조론』의 「제1장 동물의 상호부조」 중에 나오는 개미와 벌의 사례를 번역한 것이다. 그 번역은 일역본의 중역이며, 해당 일역본은 1917년에 간행된 오스기 사카에의 번역서가 아니라 본고 제2장에서 언급한 야마카와 히토시 편역의 『동물계의 도덕』(1908)의 일부였다.[73] 개미와 벌의 사회는 호상부조와 분업에 의해 공동으로 단결하여 '안전과 행복'을 유지할 수 있음을 보이고, 인간사회에 반성을 촉구하는 내용이다. 필자의 취지에서 엿보이듯이 이 글은 아직 상호부조를 생존경쟁의 안티테제로 인식하기까지에는 이르고 있지 않다.

상호부조론이 다윈의 진화론에서 주장하는 생존경쟁에 대한 비판 혹은 '보충'으로 제기된 것임은 윤자영이 2회에 걸쳐 『아성(我聲)』 제3호(1921. 7)와 제4호(1921. 10)에 연재한 「상호부조론」에서 제시되고 있다. 윤자영의 이 글은 오스기 사카에의 『크로포트킨 연구』(1920)에 수록된 두 번째 논문 「크로포트킨의 생물학 : 상호부조론」의 완역이다.

---

71) 兪鎭熙(1920), 앞의 글, 10-11쪽.

72) 畊夫(1921), 「蟻와 蜂의 互相扶助」, 『共濟』 第7號(1921. 4), 44쪽.

73) 山川均 述(1908), 앞의 책, 제6장 개미의 사회생활(36-41쪽), 제7장 벌의 사회도덕(47-51쪽)의 일부. 야마카와의 책은 크로포트킨의 『상호부조론』을 저본으로 하여 번역을 하면서 중간중간 자신의 의견을 첨가하고 있는데, 경부의 번역에는 그대로 옮겨져 있다.

또한 『신생활』 지상에서는 이성태가 여러 차례에 걸쳐 크로포트킨의 『상호부조론』을 번역하고, 요령부득이기는 하나 크로포트킨사상에 대한 소개를 시도하였다. 여기에서 이성태가 번역한 『상호부조론』도 오스기의 번역본이 아닌 야마카와 히토시의 『동물계의 도덕』으로부터의 번역이었다. 즉 『신생활』 제2호에 게재한 「사회생활의 진화」는 『동물계의 도덕』의 「제22장 사회생활의 진화」의 번역이며, 『신생활』 제3호에 게재한 「적자의 생존」은 같은 책의 「제24장 적자의 생존」과 「제25장 공동생활과 정의의 관념」의 번역이다. 전자에서는 "동물에는 어떠한 형식으로든지 공동생활과 상호부조가 필요한 것임"을 보여 주고 있다고 논한다.[74] 후자에서는 적자생존의 요소는 경쟁이 아니라 사회생활(공동생활)과 상호부조에 있음을 거듭 강조하고, 도덕적 감정은 사회생활의 필연적인 산물이라고 하였다.[75]

이리하여 크로포트킨의 상호부조 관념은 식자 사이에 널리 퍼지고, 생존경쟁의 안티테제로서 많은 언설에서 언급되었다. 특히 1920년대에 전개된 청년회운동의 일환으로 열린 강연회에서 단골 주제가 되기도 하였다.[76] 이처럼 크로포트킨의 사상 중에서도 유독 상호부조론이 널리 수용된 것은 1920년대에 들어 부활하게 된 사회진화론과 관련이 있다고 생각된다. 1921년에 들어 국제사회에 대한 기대가 무너지면서 세계는 아직 정의·인도의

74) 이성태 역(1922a), 「사회생활의 진화」, 『新生活』 제2호(1922. 3), 14쪽. 이성태가 크로포트킨의 상호부조론을 오스기의 번역서가 아닌 마르크스주의자인 야마카와의 번역서를 통해 흡수하게 된 것은, 조선의 사회주의사상 수용이 주로 일본의 사카이 도시히코와 야마카와 히토시 등의 저술을 통해 이루어졌다는 사실[박종린(2007), 앞의 논문 참조]과 무관하지 않다고 생각된다.

75) 이성태 역(1922b), 「적자의 생존」, 『新生活』 제3호(1922. 4), 34-35쪽.

76) 『동아일보』의 기사에서 찾아보면 다음과 같다. 「嶠南學生親睦會에서 토론회 : 生存競爭이냐 互相扶助이냐」, 1921. 4. 23.자, 3면 ; 「서울청년회 하기 토론회 : 人類生存의 原則은 競爭乎아 扶助乎아」, 1921. 7. 23.자, 3면 ; 「學生大會西鮮講團 沙里院에서 講演會 : 生存競爭과 相互扶助(徐永琬)」, 1921. 8. 5.자, 4면 ; 「釜山青年會主催 東亞日報 釜山支局後援 聯合大討論會, 社會의 發展에는 互相扶助냐 生存競爭이냐는 問題로」, 1922. 4. 2.자, 8면 ; 「조선고학생갈돕회토론회 : 人類進化原則은 生存競爭인가 相互扶助인가」, 1923. 4. 3.자, 3면 ; 「朝鮮學生토론대회 : 社會의 進化는 生存競爭이냐 相互扶助이냐」, 1923. 11. 9.자, 3면 등.

원칙보다는 생존경쟁 원칙이 지배한다는 생각하에 사회진화론에 입각한 '실력양성론'이 다시금 힘을 얻어 사실상 '자본주의문명의 수립'을 지향하게 되자[77] 그에 대한 안티테제로서 상호부조론이 널리 수용된 것으로 이해할 수 있다.

한편 이성태는 「크로포트킨 학설 연구」를 통해 크로포트킨의 사상을 소개한다. 그 스스로 자신의 글이 "요령이 불분명한 곳과 게다가 문장이 난삽"[78]하다고 고백하고 있듯이, 이 글은 크로포트킨의 사상을 제대로 파악하고 있지 못하다. 그럼에도 이 글에서 주목할 것은 비로소 크로포트킨을 아나키스트로 규정하고, 그의 사상이 아나키즘임을 인식하고 있다는 점이다.

> 크로포트킨은 스스로 自己의 學說을 아나키시쯤(無政府主義)라 表明하였습니다. 또 世人도 그의 一派를 (아나키쓰트)라 부릅니다. 本來 이 아나키쓰트란 말이 그들 스스로 지은 것이 아니외다. 그의 反對派에서 攻擊的으로 지은 일흠을 그대로 襲用하게 된 것이외다. 일즉 '인터내슌낼' 안내시 '一切의 權力'을 否定하고 '一切의 權威'를 排斥하는 一派가 起하야 처음에 그들 스스로 '후에데리쓰트'라 稱하고 그다음 反國家黨 또는 反權力派라 稱하엿습니다.[79]

곧 아나키즘이 사회주의와 달리 '일체의 권력'과 '일체의 권위'를 배척하는 주의, 즉 '반국가·반권력'의 주의임을 인식하였다. 이성태는 『신생활』 제9호에 게재한 「상편(想片)」에서도 자신이 크로포트킨에게 큰 감화를 받았다고 밝히고, 크로포트킨의 자서전과 「청년에게 고함」 등에서 글을 인용하면서 사고의 단편을 적어 내려갔다.

이처럼 이성태는 크로포트킨의 소개에 열심이었다. 마크르스주의에 대한 소개가 중심을 이루던 『신생활』에서 이성태가 크로포트킨을 적극 소개한

---

77) 박찬승(1992), 앞의 책, 203쪽.

78) 이성태(1922c), 「크로포트킨 학설 연구」, 『新生活』 제7호(1922. 7), 37쪽.

79) 이성태(1922c), 앞의 글, 29-30쪽.

이유는 아나키즘사상 자체보다는 그 사상이 자본주의에 대해 근본적인 비판을 내재하고 있었기 때문이라고 평가되고 있다.[80] 이는 크로포트킨을 소개한 다른 논자들에 대해서도 일반적으로 적용될 수 있는 평가라고 생각된다. 일본에 수용되어 전개된 크로포트킨사상에 비하면 조선의 경우는 '무정부공산주의'의 이념(정치적 · 경제적 대안)은 결락한 채 「청년에게 고함」이나 상호부조론 등 주로 현실의 구조적 모순을 비판하는 내용의 것이 선별적으로 도입되는 경향을 보였다. 결국 1920년대 초 아나키즘과 크로포트킨의 수용이 식민지 조선에서 수행할 수 있었던 사회적 기능은 자본주의의 모순에 눈뜨기 시작한 개조의 시대에 생존경쟁설에 기초한 자본주의(나아가 제국주의)에 대한 대항논리로서의 역할이었다고 생각된다.

V. 맺음말

이상에서 고찰한 바와 같이 1880년대 초 러시아 허무당에 대한 소개에서 비롯되는 일본의 아나키즘 수용은 일본사회의 근대화 도정과 궤를 함께하고 있었다. 자유민권운동이 한창이던 1880년대 전반에는 사회주의와 더불어 반면교사로서 허무당이 부각되었다. 즉 허무당을 낳게 된 전제적 정치체제에 주목함으로써 선제적 예방으로서 자유민권의 확장이 주장되었다.

청일전쟁 이후 대두된 '사회문제'는 자본주의의 부작용이 표출된 것으로, 이에 대한 처방 내지 자본주의의 대안으로 사회주의와 함께 사상으로서의 '무정부주의'가 수용되었다. 종전의 허무당=파괴주의라는 이미지를 벗는데 크로포트킨의 무정부공산주의는 유효한 이론적 토대를 제공하였다. 러일전쟁을 전후한 시기에 '학지'로서 체계적인 무정부주의 소개가 이루어지는 가운데 서서히 크로포트킨이 주목받았다. 사회주의자들에 의해 크로포트킨 저술의 번역 · 소개되면서 이제 일본에도 일련의 아나키스트 집단이

80) 박종린(2007), 앞의 논문, 64쪽.

형성되었다. 크로포트킨의 전파에는 미국 방문 후 아나키스트로 전환하는 고토쿠 슈스이와, 다이쇼시대를 대표하는 아나키스트 오스기 사카에가 크게 기여하였다.

제1차 세계대전 종료 후 세계적으로 발흥하는 '개조'의 물결이 일본과 식민지 조선에도 밀려오는 가운데 새롭게 주목받게 된 크로포트킨은 모리토 사건을 계기로 독자층을 넓히게 되었다. 이러한 배경하에 1920년경부터 조선에서 크로포트킨이 등장하며 아나키즘이 수용된다. 그 과정에서 매개체로서 오스기 사카에의 저술, 오스기 및 야마카와 히토시의 크로포트킨 번역문이 주요한 역할을 하였다.

1919년 이후 일본에서 아나키즘은 노동운동과 결합하여 생디칼리슴의 방향으로 전개되었다. 인쇄공 노조인 신유카이(信友會)와 쇼신카이(正進會)를 대표로 하는 아나키즘계열 노동조합이 등장하여 사회주의(마르크스주의)계열 노동조합과 동맹과 대립을 반복했다. 자유연합계열 노조의 지도 이론을 제공하던 오스기가 학살당한 간토대지진 후 노동운동의 주류는 의회주의로 전환하고, 아나키즘계열의 노조는 쇠퇴해 가게 되었다. 이후 일본의 아나키즘은 테러리즘과, '순정아나키즘'으로 불리는 정치운동에서 한 발짝 물러난 아나키즘으로 전개된다. 반면 식민지 조선에서는 식민지 상황이라는 제약하에서 생디칼리슴이 전개될 여지는 매우 협소하였다. 마르크스주의가 사회주의의 주류를 이루게 되고, 아나키즘은 특히 일본과 중국 등 해외에서 민족해방운동의 이념으로서 일익을 담당하였다. 이처럼 양국의 아나키즘은 '제국' 본국과 식민지의 상황을 반영하여 향방을 달리해 갔던 것이다.

‘사회과학 · 혁명논쟁’의 네트워크

— 일본자본주의논쟁(1927～1937)을 중심으로 —

조관자

I. 변혁 담론의 흐름과 자장을 돌아보며

근대 이후 한국사회의 담론 공간에는 민족주의, 근대주의, 모더니즘, 자유주의, 사회주의(마르크스 / 레닌주의 · 마오주의 / 주체사상), 반근대주의, 탈민족주의, 포스트모더니즘 그리고 좌파 · 우파로 불리는 지식 집단 및 사상적 조류가 길항해 왔다. 사상운동, 사회운동과 관련해 이들은 국경을 넘어서 서로 연대하거나 논쟁하고 경쟁하면서 담론의 장을 형성하고 정치권력의 생성에 관여해 왔다. 그런데 시대 상황의 변화 속에서 어떠한 지식 집단이나 사상 조류도 미묘한 또는 전폭적인 변화를 거친다. 그 과정에서 정치적 · 사상적 전향이 문제 된 적이 있지만, 담론의 주요한 흐름 자체가 탈바꿈하는 현상도 본다.

2000년대 중반부터 10여 년간 한국사회와 재일코리언사회에 두드러진

사상 담론은 디아스포라(이산)와 경계 넘기 같은 영역에서 발견된다. 돌이켜 보건대 1990년대까지만 해도, 계급과 민족의 주체성 및 공동체의 통일을 중시하고 정체성 정치(identity politics)를 수행하는 담론이 주류를 차지했다. 그러나 글로벌리즘이 확대된 1990년대 후반부터 포스트모더니즘과 포스트콜로니얼리즘이 수용되면서 이항대립의 구조나 단선적인 민족사, 단일 공동체의 환상을 극복한 연구 흐름이 조성되었다. 이 조류들에 저항하던 민족주의조차 디아스포라 개념과 탈식민주의를 수용하여 민족 담론의 경계를 확장하고 재구성하는 것을 본다. 또한 1990년대 초반부터 유력해진 동아시아 담론에서도 최근에는 트랜스내셔널 네트워크 형성의 문제에 초점이 모아지고 있다.

이러한 흐름을 보면서 몇 가지 의문이 생긴다. 어떤 담론이 주류로 등장하기까지 그 생성 주체들은 공통된 신념과 정치적 이익에 기초하여 있거나 독자적 이념과 방법론에서 출발하는 것일까? 서로 등을 돌리고 열띤 논쟁을 벌였지만 결국 같은 미래(현재)로 밀려나 버린 그들은 사회 성격과 역사의 변화를 응시하며 진지한 인식론적 성찰을 거치는 것일까? 아니면 시대의 변화를 한탄하며 침묵하거나 권력의 실세와 담론의 유행에 부응하여 눈치껏 말을 바꾸거나 조건반사적으로 이합집산하는 것일까? 이들은 무엇에 대응하고, 어떠한 변화를 촉발해 왔는가? 무엇에 실패하고, 무엇을 반성하고 책임지려 했는가? 혹은 여전히 변하지 않거나 그냥 사라져 버리는 것인가?

시대 및 담론의 변화를 어떻게 분석하고 해석해야 하는지, 그 방법을 찾고 있는 필자는 우선 일본의 '강좌파' 주변을 들여다보고자 한다. 그 네트워크 안에서 생성·변화된 사상 담론이 시대 상황의 변화 속에서 어떻게 드러나고 변용되어 가는지 고찰하고자 한다. 왜 강좌파인가? 1980년대 한국사회에서는 민족해방(Nation Liberation, 이하 'NL')과 민중민주(People Democracy, 이하 'PD')의 변혁 이론이 시대사상과 사회운동을 좌우하는 실체로 작동했고, 1990년대에는 NL과 PD가 사회 세력, 사회사상을 상징하는 기호로서 소통되었다. 하지만 2000년대 이후 미래의 '변혁'을 장담하던 그것들은 공론의 장에서 자취를 감추고, 진보정치권이나 공안사건에 관련한 신문 기사 속에서 가끔씩 환기될 뿐이다.

주목할 점은 이러한 쇠퇴의 역사적 경험을 전전(戰前)과 전후의 일본에서 벌써 거쳐 왔다는 사실이다. 이미 알려진 이야기이지만 1980년대 한국의 사회구성체논쟁과 NL 및 PD의 탄생은 특별히 새로운 체험이 아니었다. 1920~1930년대 그리고 1945년에서 1960년대에 동아시아 좌파의 혁명운동에서 경험한 것이었다. 또한 1930년대와 1980년대 한국에서의 논쟁 경험은 일본과의 네트워크 속에서 진행된 것으로, 비록 그 역사적 실체를 완전히 밝히지 못하더라도 일본과 동아시아의 역사적 연환 속에서 반드시 고찰해야 할 문제이다. 이때 강좌파는 그 연결고리를 푸는 키워드의 하나이다.

일본에서는 전전과 전후에 걸쳐 강좌파와 노농파로 불리는 마르크스주의 지식인 집단 사이에서 '일본자본주의논쟁'이 벌어졌다. 처음에 이 논쟁은 메이지유신 이후 농업사회와 계급 분화의 특성을 규명하고 국가권력의 본질 및 일본자본주의의 '현 단계'를 구조적으로 파악함으로써, 혁명의 전략적 방침을 제시하는 문제로서 중시되었다. 논쟁의 다수파를 차지한 강좌파는 한국의 NL진영에 유비되며, 전후 동아시아의 공산당운동 및 일본의 공산당운동과 직접 연계되어 있었다. 한편 PD의 논리에 가까운 노농파는 사회민주주의 좌파에 승계되었으며, 일본공산당을 비판한 신좌익의 논리에도 차용된다. 전후 일본의 강좌파는 미국에 대한 일본의 종속성을 강조하고 노농파는 상대적 자율성을 주장함으로써 견해를 달리했지만, 제국주의 비판을 공유하기도 했다. 다만 이들의 논쟁은 전전과 전후에 걸쳐 동아시아 네트워크를 넘나들며 역동적으로 변화했기 때문에 섣불리 도식적으로 이해해서는 안 된다.

동아시아 단위의 트랜스내셔널사상사 연구에서 사회과학 담론의 사회화 및 민족·민주·혁명 담론의 유통문제를 다루고, 그 사상적 혼재 및 변화를 추적하는 것은 중요한 과제라 할 것이다. 특히 강좌파와 노농파와 같은 공동 연구, 지식 집단이 탄생하고 결합과 배제, 교착과 이반을 거듭한 역사가 일본의 전전과 전후만이 아니라 한국적 상황에서도 전개되었다는 사실은 반드시 되새겨 볼 만하다. 필자는 그 역사적 전체상에 접근하기 위한 기초 작업으로서, 이 글에서는 우선 전전의 일본자본주의논쟁(1927～1937)을 고찰하고자 한다.

다만 이 글의 목적은 일본자본주의논쟁의 구체적 논점을 검증하고 그 타당성을 평가하려는 것이 아니며, 그러한 연구의 필요성에 동의하지도 않는다. 이 글의 주요한 관심은 일본자본주의논쟁을 통해 '혁명'이라는 실천 명분과 '사회과학'이라는 학문 분야를 정립한 시대상 속에서 연구 네트워크가 형성된 사실을 밝히는 데 있다. 앞으로의 연구 과제로 남겨 두는 부분이 많겠지만, 네트워크는 전전의 일본에 국한되지 않고 시공간을 월경하는 것을 의미한다.[1] 이 글에서 네트워크란, 단순한 인적 연결만이 아닌 사상과 운동의 결합 및 괴리의 장, 공시적·통시적 연결망을 전체적으로 포착하고자 하는 개념이다.

II. 공산당과 노농파의 '민주혁명논쟁'

전전의 일본자본주의논쟁은 1932년 무렵부터 1937년 사이에 본격적으로 일어났다.[2] 하지만 이미 1927년부터 이른바 '민주혁명논쟁'이 벌어진 상태

1) 필자는 아직까지 동아시아 차원의 민족·민주·혁명 담론의 네트워크에 대한 전체상을 연구할 기회를 얻지 못했다. 다만 강좌파 역사학의 '아시아적 정체성'론을 극복하고, 중국과 북한의 사회주의혁명화 발전의 필연성을 밝히기 위해 배태된 '내재적 발전론'의 동아시아 네트워크에 관한 논문을 발표했다. 조관자(2013), 「내재적 발전론의 네트워크, '민족적 책임'의 경계 : 가지무라 히데키와 그의 시대, 1955～1989」, 『아세아연구』 第153호, 328-363쪽.

2) 필자는 논쟁의 전체상을 파악하기 위해 두 가지 대비되는 텍스트, 고야마 히로타케(小山弘健)의 『일본자본주의논쟁사 상·하』〔小山弘健(1953～1954), 『日本資本主義論争史 上·下』, 青木書店〕와 나가오카 신키치(長岡新吉)의 『일본자본주의논쟁의 군상』〔長岡新吉(1984), 『日本資本主義論争の群像』, ミネルヴァ書房〕을 함께 참조하였다. 고야마는 이 문헌을 집필할 당시 일본공산당의 혁명노선에 입각해 있었으며, 강좌파의 시각으로 일본자본주의논쟁의 역사화를 본격적으로 시도했다. 나가오카는 노농파에 가까운 경제학자로서, 강좌파의 이론적·실천적 힘이 퇴락한 시대 분위기 속에서 균형감을 잃지 않고 논쟁의 구체적 전개 및 배경을 돌아보는 심도 깊은 연구를 행했다. 이 연구들에 기초하여 이 글에

였다. 코민테른의 '27년테제'와 '32년테제'가 발표된 시기에 공산당계열과 사회민주주의계열이 논쟁을 지속한 것이다. 그 출발은 혁명가들의 비합법 조직인 공산당의 재건문제에 있었다.

1922년 처음으로 창건된 일본공산당(제1차 공산당)은 대중적 포용성과 활동력을 중시하는 야마카와 히토시(山川均, 1880~1958)의 '방향전환론'에 의거하여 1924년 일단 해산하였다.3) 그러나 1926년 말 후쿠모토 가즈오(福本和夫), 도쿠다 규이치(德田球一) 등 공산당 재건파가 등장하여 '대중획득만능주의'를 비판한다. 이들은 일본자본주의가 발전한 사실을 부정했으며 세계자본주의 위기와 함께 몰락 과정에 있다고 판단했다. 그리고 혁명의 결정적 국면을 타개할 목적으로 공산당 재건을 서둘러 코민테른의 승인을 얻는 데 성공했다.4) 이들이 제시한 일본혁명은 '부르주아민주주의'의 쟁취에서 출발한다. 우선 절대군주제(천황제) 타도로 정치적 자유를 획득한 후, 금융자본에 대한 노동계급의 투쟁으로 전환한다는 식의 2단계 혁명론을 주장한 것이다.5)

반면 사회민주주의계열에서는 일본자본주의가 이미 성숙기에 들어섰다고

서는 전전의 일본자본주의논쟁을 간략히 소개한다.

3) 야마카와는 1906년 사카이 도시히코(堺利彦)가 결성한 일본사회당에 참가한 이래, 그와 함께 1920년 일본사회주의동맹을 결성했다. 1922년에는 공산당 결성에 참가했으나, 사회민주주의 성향의 이론적 지도자로서 공산당으로부터 해당분자로 비판받았다. 한편 사회민주주의계열은 보통선거 실시에 대비하여 1925년 무산자의 합법 정당으로서 농민노동당을 창당한다. 그러나 1926년부터 무산자 그룹 내부에 좌우 대립이 벌어져 좌파는 노동농민당, 우파는 사회민중당, 중도파는 일본노동당으로 분열하고 이후에도 당의 이름이 명멸하며 이합집산이 계속된다. 노농파는 사회민주주의의 좌파계열이다.

4) 1926년 12월에 재건된 제2차 일본공산당은 비합법 정당으로 노동농민당, 일본노동조합평의회 등 대중 조직에 영향력을 행사했다. 1929년 대량 검거(4·16사건)로 잡지 발행을 못하는 등 타격이 컸으나, 1935년까지 중앙 조직을 유지했다.

5) 위의 내용은 공산당 기관지 『마르크스주의(マルクス主義)』의 주요 논조로 1927년까지 후쿠모토 가즈오(福本和夫), 사노 마나부(佐野學), 마쓰모토 데쓰야[松本徹也. 본명은 시가 요시오(志賀義雄)] 등이 대표적 논객으로 활동했다. '부르주아민주주의'는 민족자본가·독점자본·인민민주주의와 같이 현재도 상용되는 '과학'적 용어로 볼 수 없지만, 이 글에서는 당대의 용어를 그대로 차용한다.

판단했다. 자본주의가 발전하면서 봉건적 질곡이 부수적으로 심화하지만, 메이지유신은 명백히 부르주아 민주주의혁명이며, 일본자본주의는 이미 제국주의의 근대적 세계체제에 진입한 상태라는 것이다. 금융자본과 관료, 지주와 국가자본이 주도적으로 결합하여 '제국주의적 부르주아'의 지배 블록을 형성한 일본의 현 단계에서,[6] 금융자본과 절대군주제의 권력 형태를 분리하는 2단계 혁명론은 잘못된 논리이다. 이들의 일본자본주의 발전 및 지배 블록에 대한 인식은 코민테른의 27년테제 '일본문제에 관한 결의'에도 수용되었다.[7]

코민테른의 태도는 이중적이었다. 코민테른은 일본의 근대적 입헌군주제와 제정러시아의 절대주의적 군주제(차르체제)의 차이에 주목하지 않고, 일본의 국가권력과 농촌 경제의 반봉건성을 강조했다. 27년테제는 일본자본주의의 상향적 발전을 인정하면서도 반봉건적 군주제(32년테제에서 천황제로 명명)의 권력 형태를 명시하여 일본공산당의 방침에 손을 들어 주었다. 러시아혁명의 2단계 이행을 준거 모델로 삼아 일본에서도 '부르주아 민주주의혁명 이후의 급속한 사회주의혁명'을 전망한 것이다.[8] 코민테른의 의도는 야마카와이즘과 후쿠모토이즘의 대립을 해소하는 데 있었지만, 코민테른의 권위와 문구를 자파 논리의 정당화에 끌어들이려는 경쟁으로 논쟁은 더욱 심화되었다.

---

6) 猪俣津南雄(1927), 『現代日本ブルジョアジーの政治的地位』, 南宋書院.

7) 코민테른은 공산주의인터내셔널의 영어 표기 Communist International에서 Com과 Intern을 합한 약칭으로 제3인터내셔널의 명칭이다. 세계 노동자의 단결과 반전을 외친 제2인터내셔널은 제1차 세계대전 발발과 함께 각국의 내셔널리즘 속으로 소멸되었다. 이를 지켜본 레닌은 '전쟁을 혁명으로' 전화할 목적으로 각국의 공산당과 사회민주주의자를 모아 1919년 코민테른을 결성했다. 1927년 당시 일본문제를 관장한 부하린은 후쿠모토 가즈오의 논리 속에 트로츠키주의적 성향이 있다고 판단하여 공산당 중앙위원에서 후쿠모토와 후쿠다를 해임했다. 27년테제와 코민테른의 관계에 대해서는 長岡新吉(1984), 앞의 책, 46-50쪽 참조.

8) 또한 32년테제 '일본의 정세와 일본공산당의 임무에 관한 테제'에서도 독점자본가와 지주계급의 천황제 국가권력의 결합 관계를 밝히면서 천황제 타도의 민주주의혁명 임무를 재차 확인하였다[小山弘健(1953), 앞의 책 上, 19-32쪽].

노농파는 사회민주주의계열의 좌파가 창간한 잡지 『노농(勞農)』을 중심으로 활동한 지식인 그룹을 지칭한다.[9] 공산당 재건에 반대하여 해당파(당을 해산시키는 분자)로 비판받은 야마카와 히토시는 이노마타 쓰나오(猪俣津南雄, 1889~1942), 아라하타 간손(荒畑寒村, 1887~1981)과 함께 『노농』을 창간했다. 이들은 대중과의 '분리' 및 '결합'을 제시한 후쿠모토의 당 조직론을 분열주의로 간주하고, 조직운동의 과제로서 무산 정당의 합동과 노농통일론을 주장했다.[10] 『노농』 창간호(1927. 12) 권두언에서 야마카와는 투쟁의 대상을 '제국주의적 부르주아' 정치권력으로 규정한다. 창간호에 실린 이노마타 쓰나오의 글 「일본 무산자계급의 일반 전략」은 일본혁명의 주요 목적은 제국주의 타도이며, 혁명의 주요 세력인 프롤레타리아가 빈농·도시빈민·식민지 및 중국의 혁명 대중과 연대하여 부르주아층의 무력화에 힘써야 한다고 주장한다.

이 시기 후쿠모토 가즈오는 코민테른의 비판으로 당내 지위가 유약해진 상황에 있었기에, 노농파에 맞서 새로이 등장한 논객은 노동자 출신의 혁명가인 와타나베 마사노스케(渡邊政之輔, 1899~1928)였다. 그는 공산당 기관지 『마르크스주의』에서 부상하여 공산당의 서기장까지 역임했으며, 야마카와와 이노마타의 '제국주의타도론'이 혁명의 적인 군주제권력을 계획적으로 은폐하여 혁명투쟁을 방해한다고 주장했다. 이러한 비판은 스탈린의 「레닌주의의 기초」(1924)에서 정식화된 러시아혁명 제2단계(1917. 3~10)론에 입각하여 노농파의 전략 이론을 공격한 것이다.

9) 노농파의 대표적 인물인 이노마타 쓰나오는 농업경제학 연구자이다. 와세다대학을 졸업하고 미국 위스콘신대학에 유학한 후 귀국하여 제1차 공산당에 입당했다 검거 후 와세다대학을 사직했다. 1929년 『노농(勞農)』 동인을 탈퇴하지만 이론적으로는 여전히 노농파를 대표했다. 노농파에 대한 전반적인 정보는 石河康國(2008), 『勞農派マルクス主義 : 理論·ひと·歷史』, 社會評論社를 참조.

10) 나가오카 신키치에 의하면, 야마카와 히토시는 전위당의 형태로 공동전선당론을 주장한 반면, 이노마타 쓰나오는 전위당의 형식을 부정하고 좌익의 횡적 연대를 도모하는 횡단좌익론을 펼쳤다. 조직론의 차이가 이노마타의 『노농』 탈퇴에 영향을 미쳤다는 것이다[長岡新吉(1984), 앞의 책, 86쪽].

코민테른 27년테제와 맞물려 전개된 민주혁명논쟁은 『마르크스주의』, 『프롤레타리아과학』, 『노농』 등 공산당과 마르크스주의 연구 집단의 기관지를 통해 전개되었다. 1929년 공산당에 대한 대량 검거로 『마르크스주의』는 더 이상 발간될 수 없었지만, 논쟁 과정에서 이미 일본자본주의의 역사 및 성격에 관한 연구 과제가 구체적으로 드러났다. 1928년부터 논쟁의 성격은 '막말유신사(幕末維新史) 성격논쟁'으로 번져 갔다. 27년테제에 부합하여 막부 말기 유신사의 성격을 제시한 핫토리 시소(服部之總, 1901～1956),[11] 강좌파의 산파 역할을 한 노로 에이타로(野呂榮太郞, 1900～1934)의 활동은 필연적으로 일본의 마르크스주의 경제학과 역사학 연구의 발전을 재촉하는 것이었다.

연구사가 변화하는 문맥은 전후논쟁의 전개와 더불어 고찰할 과제이므로 여기에서는 언급하지 않지만, 반드시 짚고 넘어갈 문제가 있다. 이들 사이의 논쟁은 지금도 강좌파의 시각에서 정리한 '민주혁명논쟁'이라는 이름으로 회자되고 있다. 그러나 이노마타 쓰나오의 연구를 높이 평가하는 나가오카 신기치(長岡新吉)는 민주혁명논쟁 용어를 채택하지 않고 프티제국주의논쟁, 전략논쟁으로 분류하여 명명한다.[12] 전후 강좌파 연구자와 노농파 연구자 사이의 일본자본주의논쟁에 대한 해석의 차이는 그 자체로 중요한 연구 대상이다. 한편 제국주의 타도와 천황제 타도의 대립은 식민지기 조선의 마르크스주의자들에게 어떻게 인식되었는가? 그리고 그 해석을 둘러싼 전후 일본의 대립 구도는 해방 후 한반도의 좌익운동과 어떻게 연동했는가? 이러한 문제는 앞으로 해명해야 할 과제이다.

---

11) 핫토리 시소는 도쿄제국대학 사회학과를 졸업하고 메이지유신사 연구에 획기적 역할을 했다. 나가오카 신키치는 27년테제 발표 전후로, 핫토리의 메이지유신에 대한 인식이 부르주아혁명 일반론에서 '미완의 부르주아혁명 · 절대왕정'론으로 변한 사실을 지적한다[長岡新吉(1984), 앞의 책, 66-73쪽].

12) 長岡新吉(1984), 앞의 책, 58-63쪽 참조.

III. 강좌파의 탄생과 일본자본주의논쟁

1931년 정치 활동에 무심한 마르크스주의 경제학자 구시다 다미조(櫛田民藏, 1885~1934)는 소농제도의 봉건적 착취 관계를 부정하고 자본주의 화폐경제 구조 속에서 지대를 파악하는 논문을 발표하여 논쟁을 '지대논쟁'의 새로운 국면으로 이끌었다.[13] 마침 경제공황이 일어나고 만주사변으로 치닫는 시기였다. 마르크스주의 진영에서는 자본주의의 위기와 농촌의 궁핍화를 지적했으며 소작쟁의가 활발히 일어났다. 이 무렵 일본공산당은 천황제를 옹호하고 코민테른의 지도를 부정한 해당파와 심각하게 대립하면서도,[14] 한편으로 당의 파멸을 몰고 온 그동안의 과격 투쟁을 극복하고자 대중화 노선을 모색하고 있었다.

이와 같은 상황에서 1932년 『일본자본주의 발달사 강좌』(이하 '발달사 강좌')의 발행은 일본자본주의논쟁을 이론적으로 심화시키는 촉발제가 되었다. 이후의 논쟁은 '일본자본주의 분석', '봉건논쟁', '지대논쟁', '매뉴팩처논쟁'의 이론적 성격을 띠고 전개된다.[15] 그 무대는 해당파의 잡지로 불리던

13) 櫛田民藏(1931), 「わが國小作料の特質について」, 『大原社研雜誌』 第8卷 第1號(1931. 8). 구시다는 교토제국대학에서 수학했으며 스승인 가와카미 하지메(河上肇)를 비판한 것으로 유명하다. 1919년 도쿄제국대학 강사로 부임하나 1920년 필화사건을 계기로 사직하고 독일로 유학하며 문헌 자료 수집에 힘썼다. 오하라사회문제연구소(大原社會問題硏究所)에 몸담고 연구에 몰두하는 중 병사했다. 사후에 『구시다 다미조 전집 1~5』(1935, 改造社)이 간행되었다.

14) 야마카와 히토시 · 이노마타 쓰나오 외에도 사회민주주의 우파가 해당파로 공격받았는데, 공산당의 산업노동조사소를 흑자 경영으로 전환시킨 경험이 있으며 전후에 '재계 사천왕'으로 불린 사업가 미즈노 시게오(水野成夫), 창녀해방운동에 가담한 후 역시 사업가로 변신한 미나미 기이치(南喜一), 후쿠모토이즘 신봉자에서 천황숭배자로 변신한 문학가 아사노 아키라(淺野晃), 레닌 문건의 번역자인 가도야 히로시(門屋博) 등이 해당파에 속했다. 이들은 1927년 공산당 재건의 일등 공신인 후쿠모토 가즈오가 숙청된 것을 납득하지 못했으며, 3 · 15검거사건 이후 전향하여 1930년 일본공산당 노동자파를 조직하고 공산당으로부터 분열했다.

15) 이러한 명명은 일본자본주의논쟁의 역사화를 시도한 고야마 히로타케의 『일본자본주의논쟁사 상』(1953)의 서술에 따른다. 반면 나가오카 신키치의 『일본자본주의논쟁의 군상』은 1927년의 민주혁명논쟁을 '프티제국주의논쟁'으로 명명한다.

『일본경제연구』, 강좌파의 이론지 『경제평론』, 『역사과학』을 비롯하여 『개조』, 『중앙공론』, 『에코노미스트』와 같은 합법적 학술지, 상업지로 확대되었다. 1929년 사상탄압 이후 대학에서 쫓겨난 마르크스주의 학자들이 저널리즘에 대거 출현하여 이론적 쟁점의 확대 재생산을 도모한 것이다. 이 시기 논쟁의 목적과 성격은 '혁명'이 아닌, 일본자본주의의 역사 및 사회 성격을 규명하는 '사회과학'으로 넘어가고 있었다.

강좌파는 '발달사 강좌' 집필에 참여한 마르크스주의 지식인들을 지칭한다.[16] 그 배후에는 일본공산당 중앙의 선전선동부 책임자였던 이와타 요시미치(岩田義道, 1898~1932)와 '발달사 강좌'의 기획 책임자였던 노로 에이타로가 있다.[17] 노로는 1928년 4월부터 1년에 걸쳐 이노마타를 비판하는 「일본자본주의 발달사」를 발표한 후[18] 공산당의 외곽단체인 산업노동조사소에서 활동했다. 노로는 이노마타 쓰나오, 구시다 다미조와 논쟁을 벌이면서 과학적 연구의 필요성을 절감하고 공산당의 이론을 강화하기 위해 '발달사 강좌'를 기획했다.[19]

---

16) 강좌파를 대표하는 연구자는 야마다 모리타로(山田盛太郎, 1897~1980. 도쿄제국대학 경제학부 졸업, 1925년 경제학부 조교수 부임. 1930년 공산당에 자금을 제공했다는 이유로 대학에서 쫓겨났다. 일본자본주의의 특수성을 '군사적 반농노제'로 범주화하는 등 강좌파의 이론적 중심으로 활약했으며, 전시기에 국책 연구소에서 활동. 전후에 도쿄대학에 복직), 히라노 요시타로(平野義太郎, 1897~1980. 도쿄제국대학 법학부 졸업, 1923년 법학부 조교수 부임. 1927년 독일 유학 중에는 마르크스주의경제학을 연구했으며, 1930년 야마다와 같이 공산당동조사건으로 검거되었다. 중일전쟁 이후 체제에 협력한 중국 연구자이자, 전후에는 평화운동가로 활동), 하니 고로(羽仁五郎, 1901~1983. 도쿄제국대학 법학부에 입학했으나, 독일 유학 중에 유물사관과 크로체역사철학에 심취하여 1924년에 사학과로 전입. 도쿄제국대학 사료편찬회에 근무했으며, 민중투쟁의 관점에서 봉건체제의 해체를 조망했다는 평가)이다.

17) 노로 에이타로(野呂榮太郎, 1900~1934)는 게이오기주쿠대학(慶應義塾大學)을 졸업하고 1930년 일본공산당에 입당하였다. 이후 공산당과 강좌파의 이론적 지도자로 활동했다. 1974년 일본공산당에서 과학적 사회주의의 발전에 기여한 연구자에게 수여하는 '노로 에이타로 상'을 제정하여 2005년까지 운영했다.

18) 政治批判社 編輯(1927. 11~1929. 3), 河上肇 · 大山郁夫 監修, 『マルクス主義講座』, 上野書店内(제5권, 제7권, 제13권에 게재).

19) '발달사 강좌'의 간행과 관련한 상세한 정보는 大石嘉一郎(1982), 「『日本資本主義發達

1931년 4월부터 공산당 내외의 연구자 40여 명은 집단적 토론을 거듭하면서 개별 의견의 차이와 대립을 조정하여 '발달사 강좌' 전 7권을 간행하기에 이른다. 이 집단 연구는 처음에 하니 고로(羽仁五郎) 등이 이끌던 프롤레타리아과학연구소[20]의 이론 창출을 자료에 근거한 공동 연구로 향상시키고, 산업노동조사소의 조사 활동과 밀접하게 연결하는 것에서 출발했다.[21] 여기에 도쿄제국대학 조교수이던 야마다 모리타로(山田盛太郎), 히라노 요시타로(平野義太郎) 등이 결합하면서 강좌파로 불리는 연구 집단이 탄생하였다. 그리고 노농파 주변에 젊은 연구자들이 가세하면서 논쟁이 심화하였다.[22] 그 전개 양상은 정치성과 투쟁성을 잃고 경제주의의 이론적 쟁점에 빠졌다고 비판받을 정도였다.

史講座』刊行事情」, 『刊行50周年記念≪復刻≫ 日本資本主義發達史講座 別冊 1』, 岩波書店 참조.

20) 대량 검거로 『마르크스주의』가 폐간된 후 1929년 10월 마르크스주의에 기초한 연구 활동을 위해 하니 고로, 아키타 우자쿠(秋田雨雀), 미키 기요시(三木清) 등이 프롤레타리아과학연구소를 설립했다. 1930년 8월호 『프롤레타리아과학』의 권두 논문은 미키 기요시의 철학을 '소부르주아적 인텔리겐차'의 '사회민주주의 이데올로기'로 비판하여, 철학의 계급적·정치적 당파성을 강조한다. 공산당이 이 조직을 정치적으로 지도하여 전문가 집단의 연구에서 대중적 정치운동으로 전환시키는 가운데 벌어진 일이다. 당시 미키는 공산당동조사건으로 수감 중에 공산당 탈퇴를 선언한다. 노로 에이타로는 이 연구소의 농업문제연구회를 이론적으로 지도했다.

21) 프롤레타리아과학연구소 멤버가 '발달사 강좌' 수록 논문을 비판한 경우가 있었으나, 노로 에이타로가 프롤레타리아과학연구소에 대해 정치적 지도(fraction)를 수행했다. 노로의 역할에 대해서는 노사카 산조(野坂參三)·히라노 요시타로·하니 고로 등이 저술한 『노로 에이타로의 회상(野呂榮太郎の回想)』(1948, 大學新聞連盟出版部, 142쪽)을 참조할 수 있으나, 이 책의 내용 자체는 전후 학생운동을 선도할 목적으로 기획된 것이다.

22) 노농파에 합류한 연구자로는 사키사카 이쓰로(向坂逸郎, 1897~1985. 도쿄제국대학 경제학부 졸업 후 1922~1925년 독일 유학. 1928년 규슈대학을 사임하고 상업 출판사에 고용되어 『마르크스 엥겔스 전집』의 번역·편찬을 주관하는 한편, '지대논쟁' 등에 참가했다. 전후 규슈대학에 복직, 사회주의사상가로도 활동), 쓰치야 다카오(土屋喬雄, 1896~1988. 에도시대 상인자본의 역할과 한계를 언급한 경제사를 연구. 인민전선사건으로 도쿄제국대학 경제학부 조교수에서 해직, 전후에 복직), 아리사와 히로미[有澤廣巳, 1896~1988. 도쿄대학 경제학부에서 통계학을 전공하고 조교수 역임. 1926~1928년에 독일 유학, 인민전선사건으로 검거, 전후에 복직한 후 요시다 시게루(吉田茂) 정권의 전후 부흥에 기여] 등이 있다.

강좌파는 메이지유신이 반봉건적인 지주적 토지 소유에 기초하여 군사적 반농노제적 성질의 권력을 확립하고서 제국주의로 전화했다는 인식을 공유했다. 제1회 배본에 실린 야마다 모리타로의 첫 논문의 첫 구절은 "영국자본주의는 자유경쟁의 조국으로 나타나고", "러·일자본주의는 군사적 농노제=반농노제의 전형적 국가로 나타"났다고 쓰였다.[23] 코민테른의 세계 인식과 부합하게 일본의 사회 성격을 규정한 것이다. '발달사 강좌'는 처음에는 메이지유신사·자본주의 발달사·문화사·제국주의 일본의 현상의 4부로 기획되었으나, 결과적으로 〈표 1〉과 같이 3부로 구성되어 논문 43편, 자료해제 4편을 실었다. 이는 이와나미쇼텐(岩波書店)에서 1932년 5월부터 1933년 8월까지 7회에 걸쳐 출판·배본한 것으로, 제5회 배본 분량은 발매금지처분을 받아 일부 논문을 삭제하거나 개정할 수밖에 없었다고 한다.[24]

1930년대에 공산당 조직은 정치적 탄압으로 퇴조하고 일본주의 담론에 의한 역풍도 거셌다. 그러나 이러한 정치적 곤란 속에서 혁명사상으로서 마르크스주의는 여전히 명맥을 유지하고, 사회과학의 방법론으로서 권위를 구축해 갔다. 특히 '발달사 강좌'는 경제학과 역사학, 사회학의 분야에서 마르크스주의를 사회과학의 종합적 이론으로 정착시키는 데 기여하였다. 〈표 1〉의 항목을 보면 국제, 정치, 경제, 정책, 제국, 식민지, 민족운동, 계급, 도시, 교통, 문화 등 제 분야를 아우르면서 학제 간 연구의 '복합'적 틀을 견

---

23) 山田盛太郎(1932), 「工業に於ける資本主義の端初的諸形態, マニュファクチュア·家内工業」, 羽仁五郎·服部之總·伊豆公夫·中島信衛·山田盛太郎·小林良正·玉城肇·平野義太郎·山田勝次郎·丸山一郎 他, 『日本資本主義發達史講座 第3卷 第二部 資本主義發達史』, 岩波書店. 1934년 야마다는 '발달사 강좌'의 논문을 모아 재편집하여 『일본자본주의 분석』을 출판했다. '일본자본주의의 재생산 과정 파악'이라는 부제를 단 이 단행본은 마르크스의 재생산 이론을 분석의 틀로 삼아 반농노적 영세농과 반농노적 임금노동자를 배출하는 일본자본주의의 군사적 반농노적 패턴을 범주화했다. 또한 이러한 특징이 일본자본주의의 제국주의로의 전화 과정을 규정했다고 분석했다. 이는 노농파의 제국주의 부르주아 지배권력에 대한 반론이다.

24) 羽仁五郎·服部之總·伊豆公夫·中島信衛·山田盛太郎·小林良正·玉城肇·平野義太郎·山田勝次郎·丸山一郎 他(1982), 『刊行50周年記念≪復刻≫ 日本資本主義發達史講座 別冊 1』, 岩波書店, 43쪽.

지하고 있다. 이후 '발달사 강좌'는 자본주의 구조적 문제를 파악하는 당파적 시점(규범성)에 구속되면서도 사회현상의 실증적 분석을 통해 부분과 전체, 특수와 보편을 포괄하였다는 평가를 받는다.[25)]

〈표 1〉『일본자본주의 발달사 강좌』의 색인(복각판, 2쪽)

■ 메이지유신사	집필자	배본 회수	쪽수	색인 약호
1. 막부말기사				
막부 말기의 사회·경제 상태, 계급 관계 및 계급투쟁(전·후)	하니 고로	III, IV	78, 104	막말 사회
막부 말기의 정치적 지배 형태	하니 고로	IV	46	막말 정치
막부 말기의 세계정세 및 외교 사정	핫토리 시소	I	48	막말 세계
막부 말기의 사상적 동향	하니 고로	VII	41	막말 사상
막부 말기의 정치 투쟁	하니 고로	VII	31	막말 정투
2. 메이지유신변혁사				
메이지유신의 혁명 및 반혁명	핫토리 시소	V	59	유신혁명
메이지유신의 제도상 변혁	하니 고로 이즈 기미오(伊豆公夫)	III	56	유신제도
봉건 신분제도의 폐지, 질록공채(秩錄公債)의 발행 및 무사의 재산 인수	나카지마 노부에(中島信衛)	VI	31	신분 폐지
메이지유신의 농업상 제 변혁	야마다 모리타로	VII	28	유신 공업
메이지유신의 상공업상 제 변혁	고바야시 요시마사(小林良正)	VI	38	유신 상공
메이지유신의 제 변혁이 생활양식에 미친 제 영향	다마키 하지메(玉城肇)	III	47	유신 생활
메이지유신의 정치적 지배 형태	히라노 요시타로	V	68	유신 정치
메이지유신 변혁에 따른 새로운 계급 분화와 정치적·사회적 운동	히라노 요시타로	I	127	계급 분화

25) 고야마 히로타케(小山弘健)를 비롯한 공산당계열의 평가 외에 石田雄(1984),『日本の社會科學』, 東京大學出版部 참조.

■ 자본주의발달사	집필자	배본 회수	쪽수	색인 약호
1. 자본주의경제의 발달사				
농업의 자본주의 발달	야마다 가쓰지로(山田勝次郎)	VII	58	농업 발달
공업의 자본주의 단초적 제 형태 매뉴팩처, 가내공업	야마다 가쓰지로	I	51	공업 단초
공장공업의 발달	야마다 가쓰지로	V	88	공장공업
광산업의 발달	마루야마 이치로(丸山一郎)	VII	33	광산 발달
교통기관의 발달과 내외 시장의 형성=전개(상·하)	고바야시 요시마사	II, III	33, 68	교통 시장
은행, 기타 금융업의 발달	기무라 쓰네오(木村恒夫)	VII	27	은행 발달
자본 축적과 경제공황	오쓰카 긴노스케(大塚金之助)·와타나베 겐키치(渡邊謙吉)	II	68	축적 공황
2. 자본주의의 발달이 노동자, 농민에 미친 영향과 그 운동				
농민의 상태 및 농민운동소사	이나오카 스스무(稻岡暹)	VI	54	농민운동
노동자의 상태 및 노동운동사(상·하)	오가와 신이치(小川信一)	V	70, 80	노동운동
3. 정치사				
부르주아 민주주의운동사	히라노 요시타로	III	81	민주주의
정당 및 헌정사	다나카 야스오(田中康夫)	IV	40	정헌 헌정
의회 및 법제사	히라노 요시타로	VI	65	의회 법제
재정사	가자하야 야소지(風早八十二)	I	76	재정사
조약 개정 및 외교사	핫토리 시소	III	42	조약 외교
전쟁사	다나카 야스오	II	43	전쟁사
식민지정책사	아키사사 마사노스케(秋笹政之輔)	V	32	식민정책
4. 문화사				
문화운동사	아키타 우자쿠(秋田雨雀)·미타 세이자부로(三田清三郎)	III	25, 28	문화운동
경제사상사(要領)	오쓰카 긴노스케	V	35	경제사상

교화사(教化史)	야마시타 도쿠지(山下德治)	IV	42	교화사
자연과학사	오구라 긴노스케(小倉金之助)·오카 구니오(岡邦雄)	IV	22, 22	자연과학
■ 제국주의 일본의 현상	**집필자**	**배본 회수**	**쪽수**	**색인 약호**
1. 최근의 국제 정세	스즈키 쇼베에(鈴木小兵衛)	VII	41	최근 국제
2. 최근의 경제 정세와 경제공황(상·하)	이쿠미 데이이치(井汲貞一)	I, II	46, 48	최근 공황
3. 농촌 경제와 농업 공황	아이카와 하루키(相川春喜)	VII	52	농업 공황
4. 최근의 정치정세사	사카모토 미요시(坂本三善)	VII	42	최근 정치정세사
5. 최근의 식민지정책·민족운동	스즈키 쇼베에	V	59	민족운동
6. 최근의 계급 제 운동	니시 마사오(西雅雄)	VI	61	계급투쟁
■ 자료 해설	**집필자**	**배본 회수**	**쪽수**	**색인 약호**
세계 자본주의 발달사 문헌 해제	오쓰카 긴노스케	II	82	자본 문헌
메이지 재정·경제사 문헌	오우치 효에(大内兵衛)·쓰치야 다카오(土屋喬雄)	V	107	재정 문헌
농민 사료 해설	오노 다케오(小野武夫)	VI	62	농민 사료
일본사회주의 문헌 해설(개정판)	호소카와 가로쿠(細川嘉六)	IV	104	주의 문헌
색인(사항색인·통계색인·비판논점색인)		VII	28	

얼핏 제국주의 타도와 사회주의혁명을 서두르는 노농파가 더 급진적으로 보인다. 하지만 노농파를 이끈 인물들은 강좌파보다 10여 년 앞선 40대 중견이었다. 노농파는 일본자본주의의 분석에 기초하여 혁명 단계를 도출하고 이론과 실증의 엄밀함을 추구했다. 그들은 코민테른의 권위를 부정하지 않았지만, 코민테른이 승인한 일본공산당을 추종하지는 않았다. 전위당의 위상을 대중적 공동전선체에서 모색한 만큼 그 조직 관념은 리버럴했다. 오히려 평균 연령 30대 초반의 강좌파가 사회민주주의 성향의 노농파를 혁명의 적으로 공격하였고, 농촌의 궁핍한 현실을 강조하는 감성적 급

진성을 보이는 '열성분자'였다.[26] 역사적으로도 1906년 창당된 사회당의 활동이 러시아혁명의 영향력으로 창당된 공산당의 연륜보다 길고 노련했다. 게다가 공산당에 대한 검거 선풍 속에서 와타나베 마사노스케, 노로 에이타로 같은 젊은 지도자들이 희생되었다. 그 죽음은 당대에는 물론 전후에 이르기까지 강좌파의 혁명적 이미지를 더욱 강렬하고 엄숙한 것으로 만들었음이 틀림없다.

Ⅳ. '사회과학 · 혁명논쟁'의 네트워크

일본자본주의논쟁은 1936년 7월 콤아카데미사건으로 강좌파가 전부 검거되고, 1937년 12월 인민전선사건으로 노농파가 전부 검거되면서 일단 중지된다. 그러나 일본자본주의논쟁은 동아시아 차원에서 아직 끝나지 않은 '사건'이었다. 논쟁은 전후 일본에서는 물론 한국의 1980년대 중반까지 '계속'되었던 것이다.

1934년부터 좌우파의 근대주의를 비판하고 고전 부흥을 선도한 일본 낭만파의 야스다 요주로(保田與重郞, 1910~1981)는 전후에 쓴 회고록에서 도쿄제국대학 경제학부 지식인들에 대한 증오심 어린 기억을 술회한다. 그에 따르면 마르크스주의 경제학자들의 현실 분석과 예언은 군부의 정세 분석이나 남만주철도(만철) 조사부의 보고로 깨져 나갈 수밖에 없는 피상적 · 반동적인 것이었다. 또한 제2차 공산당이 활동한 시기에 지식인들이 조장한 '불안'은 당대 학생들을 선동하여 희생시키는 결과를 가져왔다.[27] 야스다의

26) 코민테른은 1928년부터 트로츠키 비판의 연장선에서 사회민주주의를 파시즘과 함께 맹렬히 비난하여 '노동자를 배반하는 가장 위험한 적'으로 규정했다. 일본공산당도 사회민주주의의 좌우파에 더욱 적대적 태도를 취했다. 코민테른 강령과 트로츠키의 대립을 보려면, 레온 트로츠키(2009), 정민규 옮김, 『레닌 이후의 제3인터내셔널』, 풀무질 참조.

27) 保田與重郞(1999), 『保田與重郞文庫 19 日本浪漫派の時代』, 新學社, 14쪽.

회고는 국가권력의 폭력문제를 간과하고 있지만, 검거된 후 전향을 선언하고 석방된 히라노 요시타로와 야마다 모리타로가 1939년부터 보인 행로는 사실상 국가정책에 부합하여 자신들의 이론을 뒤집은 것이었다.[28)]

20세기의 역사적 경험에서 볼 때, 마르크스주의의 어떤 엄밀한 이론도 일상성을 포섭하는 자본주의의 역동성을 포착하지 못했다. 결과를 놓고 본다면, 그 어떤 치열한 논쟁과 정치운동도 대중을 흡인하는 국가권력보다 더 강고하지 못했다. 그럼에도 불구하고 민주혁명논쟁 및 일본자본주의논쟁이 지속되던 당대에 마르크스주의는 현실 사회에 대한 비판적 대안으로 기능하면서 담론의 재생산 및 네트워크의 확장을 이루었다. 무엇이 그것을 가능케 했는가? 물론 일본자본주의가 국가 주도로 발전하는 단계에서의 계급 갈등, 그리고 공황의 위기를 반복하는 자본주의의 구조적 모순과 세계사적 불균등 발전 등 근본적 문제를 지적할 수 있다. 그러나 여기에서는 논쟁 주체들의 일상 환경으로부터 사회과학·혁명 이론을 유통시키는 네트워크가 형성된 사실에 주목하고자 한다.

일본에서는 산업혁명 이후 1897년 무렵부터 노동자들의 임금 인상 요구 파업이 발생하고, 노동조합 및 노동자들의 대중 조직(노동기성회)이 결성되는 등 노동문제가 사회화하기 시작했다. 같은 해에 법학자 구와타 구마조(桑田熊藏)를 중심으로 사회문제의 과격화에 대한 예방책을 강구하는 '사회정책학회'가 결성되었다.[29)] 1900년에는 「치안경찰법」이 제정되어 국가권력의 통제력이 발동하는 한편, 갈등 해소를 위해 「공장법」의 제정 등 사회정책의 방안도 제기되었다. 1904년 「공산당선언」이 번역되고[30)] 1906년 일본

---

28) 중일전쟁 이후 야마다 모리타로와 히라노 요시타로의 변화에 대해서는 長岡新吉(1984), 앞의 책, 제5장 및 武藤秀太郎(2009), 『近代日本の社會科學と東アジア』, 藤原書店, 제3부 참조.

29) 이 학회는 19세기 독일의 역사학과 경제학에서 영향을 받았으며, 마르크스주의자로부터 사회개량주의·강단사회주의로 야유를 받기도 하였다. 渡部徹(1978), 「社會政策學會」, 『日本近現代史辭典』, 東洋經濟新報社.

30) マルクス・エンゲルス(1904), 堺利彦·幸德秋水 譯, 「共産黨宣言」, 『週刊平民新聞』 第53號(1904. 11. 13.자).

사회당이 출현한 이래, 사회정책과 사회주의에 관한 서적이 출판된다.[31] 이렇게 하여 1910년대 일본에서는 사회문제 · 사회정책 · 국가정책이 중요 이슈로 등장하고, 아카데미즘에서도 사회주의사상이 싹트기 시작한다. 1919년 사업가이자 박애주의자였던 오하라 마고사부로(大原孫三郎)는 사회정책을 모색할 목적으로 오하라사회문제연구소('오하라샤켄')를 창립하고, 도쿄제국대학 경제학부를 만든 다카노 이와사부로(高野岩三郎)를 초대 소장으로 초빙했다.

2년간의 유럽 유학에서 돌아와 교토제국대학의 교수로 부임한 가와카미 하지메(河上肇, 1879~1946)는 1916년 『가난이야기(貧乏物語)』를 신문에 연재하여 베스트셀러로 등극시킨 후 마르크스주의를 본격적으로 연구하기 시작했다. 마침 제1차 세계대전 이후 전국적인 쌀소동이 일어났다. 이러한 흐름 속에서 '계급운동'이 추동되고 1920년대에는 일본공산당의 창건과 해체, 그리고 후쿠모토이즘의 출현과 제2차 공산당의 재건이 있었다. 이 시기에 마르크스 이론 및 국제공산주의 조직의 실천 방법론이 적극 수용되는 한편, 그 일본에서의 적용을 둘러싸고 혼란과 논쟁이 동시에 발생한 것이다.

논쟁 이전에 야마다 모리타로와 히라노 요시타로, 그리고 구시다 다미조와 오우치 효에(大内兵衛)는 '중간파 좌익'의 연대를 추구한 잡지 『대중(大衆)』(1926. 3~1927. 10)의 동인으로 활동한 적이 있다.[32] 이후 그들은 강좌파와 노농파로 갈라져 논쟁하였다. 그러나 그들의 이론적 대립을 네트워크의 해체로는 볼 수 없다. 논쟁은 오히려 연구 공간 및 담론 시장의 확대를 가져왔고, 권력의 탄압 속에서도 대중성을 확보하고 연구의 자생력을 키워 나

---

31) ドルワル・ド・レゼー(1911), 教學研鑽和佛協會 譯, 『社會主義ト自由思想』, 教學研鑽和佛協會 ; 清水澄(1911), 『社會主義ト社會政策』, 博文館.

32) 노농파의 중견학자 오우치 효에(大内兵衛, 1888~1980)는 도쿄제국대학 경제학과를 수석 졸업한 재정학자이다. 1920년 도쿄제국대학 조교수에서 해직된 후 오하라사회문제연구소의 촉탁연구원을 거쳐 1922년에 복직했다. 인민전선사건으로 재검거되었고 전후에 복직하여 전후 사회당의 이론적 지도자였다. 한편 1927년 이전까지 그들의 밀월 관계에 대해서는 長岡新吉(1984), 앞의 책, 31-37쪽 참조.

가는 활로로 작용했기 때문이다. 논쟁 과정에서 그들의 연구는 자본주의 사회구조를 분석하는 '과학'의 지위를 획득하거나 사회의 구조적 변화를 추동하는 '실천'으로 인증될 수 있었다.[33]

도쿄제국대학 경제학부 조교수로 근무했던 오우치 효에, 모리토 다쓰오(森戸辰男)는 1920년 경제학부 기관지의 필화사건으로 휴직한 동안 오하라사회문제연구소에 발을 들였다.[34] 이러한 인적 구성을 토대로 오하라사회문제연구소는 노농파의 연구 거점으로 자리 잡았고, 오노 다케오(小野武夫)와 사키사카 이쓰로(向坂逸郎) 등은 전후에도 사회민주주의운동의 이론가로 활약했다. 강좌파가 대학의 바깥에 연구 거점을 형성하고 공산당의 대중투쟁과 연결된 사실은 앞에서 이미 확인한 그대로이다.

한편 민주혁명논쟁을 거치면서 상업적 출판사들의 마르크스주의 서적 출판에는 가속도가 붙었다. 고분도(弘文堂)는 1926년부터 가와카미 하지메를 편찬자로 내세워 '마르크시즘총서'를 발간하기 시작하였고, 이와나미쇼텐은 1927년부터 2년간 가와카미 등이 번역한 『자본론』을 출판하였다. 1927년 11월부터 마르크스주의강좌 간행위원회가 조직되어 '마르크스주의 강좌' 시리즈를 펴내고, 1928년에는 신초사(新潮社)의 '사회문제 강좌', 전국노동조합자유연합회(全國勞働組合自由聯合會)의 '농촌사회문제 강좌' 등 강좌 형식의 출판 대중화가 이루어졌다. 이러한 기세 속에서 1931년 가이조사(改造社)는 규슈대학에서 실직한 사키사카 이쓰로를 초빙하여 '마르크스 · 엥겔스전집' 및 '경제학전집'을 간행하였다. 그리고 세계문학, 생물학 등 분야에서 '강좌' 시리즈를 출판하던 이와나미쇼텐이 1932년부터 '발달사 강좌'를 출판한 것이다.

---

33) 이시다 다케시는, 1920년대 말부터 마르크스주의가 사회과학이라는 명칭을 독점하고 방법론적으로도 '국민경제학=사회정책학'에서 마르크스주의로의 이행이 진행된다고 지적한다. 그 결정적 계기로 유물사관과 당파성에 입각한 '과학'을 주장한 후쿠모토이즘과 '발달사 강좌'의 간행을 거론한다[石田雄(1984), 앞의 책, 107-112쪽].

34) 1920년 모리토 다쓰오가 『경제학연구』에 러시아의 무정부주의자 크로포트킨의 사회사상에 관한 연구를 게재하여 우익으로부터 공격을 받고 휴직 처분된 필화사건이다.

이러한 출판 붐은 이미 일정한 독서층을 확보한 상태에서 일어났다. 1925년에 시작된 라디오 방송은 1932년에 수신 계약 수 100만 세대를 돌파했고, 같은 해에 대중잡지 『킹(キング)』은 300만 부 정도 팔렸다.[35)]만주사변의 와중에도 자본주의 대중문화는 진전하였고, 그 한복판에서 마르크스 원전의 번역 · 출판이 시도되었으며, 마르크스주의에 대한 소비 욕구와 혁명 담론이 증대한 것이다. 마르크스의 원전도, 그에 기초한 일본자본주의 분석도 결코 대중이 접근하기 쉬운 문장이 아니었다. 그러나 1920년대에는 사회주의문예운동 및 학생운동 · 사회운동단체를 기반으로 독서회와 연구회를 일상적으로 조직하고 동인지를 출판하는 문화가 형성되어 있었다. '발달사 강좌'의 경우를 보더라도 각 대학의 학생소비조합을 통하여 보급되었다. 발행 부수는 제1회 배본 제1쇄가 1만 2,600부, 제2~3쇄가 각기 300부였다.[36)]

이제 일본자본주의논쟁과 관련하여 네트워크의 특징을 정리해 보자. 첫째, 노농파와 강좌파는 도쿄와 교토의 제국대학 경제학부를 중심으로 인재를 충원했다. 둘째, 아카데미즘의 바깥에서 연구소와 출판사 같은 공동 연구의 거점을 확보했다. 셋째, 대중적 정치 조직과 연계를 맺고 저널리즘을 통해 담론의 대중화를 도모했다. 이렇듯 대학, 연구소, 저널리즘, 대중 조직을 넘나들면서 논쟁이 확대 · 재생산되는 과정에서 연구 네트워크가 공고해진 것이다. 국가의 감시망에 갇혔지만 국가에 종속되지 않는 자율적 연구와 저술, 출판과 독서가 망라된 네트워크는 연구자의 일상과 당대 사회가 만나는 장이었다. 이 네트워크는 대학에서 쫓겨난 연구자가 생활을 연명하는 장이었고, 그들의 일상 속에서 지속되는 연구를 사회화하는 제도적

---

35) 일본의 출판문화는 1925년 잡지 『킹(キング)』이 발간되고 1927년에 엔폰(円本) 형식의 문고가 발간되는 등, 대량 인쇄 · 대량 판매의 출판혁명을 이루었다. 佐藤卓己(2002), 『『キング』の時代 : 國民大衆雜誌の公共性』, 岩波書店, 26쪽, 221쪽.

36) 제2회 배본 1만 2천 부, 제3회 배본 1만 부, 2~3쇄 300부, 제4회 배본 1~3쇄 총 9,600부, 발매 처분을 받은 제5회 배본 1~2쇄 총 8,800부, 제6회 배본 1~2쇄 총 7,800부, 제7회 배본 1~4쇄 총 7,700부였다. 「岩波書店保存資料」(1982), 『刊行50周年記念≪復刻≫ 日本資本主義發達史講座 別冊 1』, 43쪽.

장치였다. 네트워크의 성원들은 자본주의를 비판하고 극복하는 이념을 추구했지만, 네트워크 자체는 자본의 힘이 작용하는 공공적 공간 속에서 대중과 소통하는 길을 열고 있었던 것이다.

네트워크는 국경을 넘는다. 이는 일본자본주의논쟁과 관련한 네트워크의 네 번째 중요한 특징이었다. 논쟁에 연루된 많은 논객이 일본을 떠난 경험을 가졌다. 강단의 이론가는 '원전'을 습득·수집하고자 유럽 유학을 시도했다. 공산당의 혁명가는 코민테른의 '승인'을 구하고자 소련으로 탈출을 감행했다. 이들의 네트워크는 '반봉건성'이 지배한 섬나라를 벗어나 자본주의와 사회주의가 앞서간 대륙을 횡단했다. 일본의 바깥에서 '사회과학·혁명의 보편 언어'를 획득하여 돌아온 그들은 그것을 일본어로 번역하고, 동아시아의 근대적 동시성의 공간에 깊숙이 전파·교류했다. 그들이 경쟁적으로 시도한 분석과 전략은 마르크스와 레닌의 언어가 근대 세계에서 획득한 '권위=법칙'을 식민지제국 일본의 현실에 '부여=재현'하는 것이었다. 그 네트워크 속에서 마르크스/레닌주의는 사회과학·혁명의 정전(正典)으로 등극할 수 있었다.

V. 남겨진 연구 과제

마르크스주의 이론은 사회운동과 연동하였고, 세계혁명의 명목하에 국경을 넘는 연대를 모색하였다. 코민테른의 일본에 관한 테제에 입각하여 정당성을 논증한 '발달사 강좌' 시리즈는 역시 코민테른과 연계되어 있던 중국, 조선, 미국, 유럽에서도 읽혔다.[37] 또한 일본자본주의논쟁과 비슷한 논쟁은 1927년 이래 중국에서도 벌어졌고, 1930년대 중반 식민지기 조선에서도 찾을 수 있다.

중국에서는 1927년 국공합작에 기초한 중국혁명이 실패한 후, 중국사회

37) 大學新聞連盟(1948), 『野呂榮太郎の回想』, 大學新聞連盟出版部, 8쪽.

성격의 규명과 제국주의의 영향 및 민족자본가에 대한 인식을 둘러싼 논쟁(중국사회사논전, 중국농촌사회성질논전)이 전개되었다. 조선의 논쟁은 마르크스주의운동가이면서 강좌파의 시각에서 농업경제사를 연구한 인정식〔1907~?, 일본 이름 도쇼 이치오(桐生一雄)〕의 일본어 글에 잘 소개되어 있다.[38] 특히 봉건 잔재의 타파를 강조하는 강좌파 이론은 이른바 '아시아적 정체성' 문제를 공유한 중국과 한반도의 공산주의운동과 관련하여 고찰할 과제이다.

일본자본주의논쟁의 네트워크는 1937년 이후에도 파괴되지 않았다. 그중에서 혁명운동의 열정이 강한 강좌파는 중일전쟁 이후 레닌이 코민테른을 형성했을 당시의 어젠다, 즉 '전쟁을 혁명으로' 전환시키려는 의지를 모방하여 전시체제의 형성에 적극적으로 개입하였다. 이들의 아시아 담론과 전쟁 협력의 문제에 대한 연구는 최근에도 계속되고 있지만,[39] 이 역시 동아시아 담론의 역사적 변화와 더불어 면밀한 검토를 필요로 하는 분야이다.

일본자본주의를 분석·비판하는 담론 및 그것을 생산하고 소비하는 네트워크는 1945년 이후에 다시 분출하였다. 강좌파를 비롯한 논쟁 주체들은 현실 권력을 분석하고 쟁취하는 데 실패했지만, 그 담론의 자장은 일본이 고도성장 소비사회에 진입하기까지 사회과학과 대중운동에서 무소불위의 힘을 발휘하였다.

전전의 강좌파는 일본근대의 반봉건적 '저발전'을 문제 삼아 '부르주아민주주의혁명'을 추구하였고, 전후의 강좌파는 반미적인 반제민족민주혁명을 추구하였다. 이들의 사상은 전후의 마르크스주의 경제학과 역사학의 방향성을 규정했다. 또한 마르크스주의와 대립 구도에 있던 '오쓰카(大塚) 사학'과 '마루야마 마사오(丸山眞男) 정치사상'에도 녹아들었다. 그들의 문제의식과 영향력은 찬동자뿐 아니라 반대자들의 학문적 발전을 자극하는 역할

38) 印貞植(1937), 『朝鮮の農業機構分析』, 白揚社의 서문은 1930년대 한국의 사회성격논쟁을 정리한 것이다. 인정식 서문의 번역문과 중국에서의 논쟁에 대한 소개글이 임영태 편저(1985), 『식민지시대 한국사회와 운동』, 사계절, 19-26쪽에 실려 있다.

39) 石井知章·小林英夫·米谷匡史 編著(2010), 『一九三〇年代のアジア社會論：「東亞協同體」論を中心とする言說空間の諸相』, 社會評論社.

을 하였다. 또한 1960년대 이후 한국의 역사학과 농경제사, 1980년대 한국의 사회구성체논쟁에는 전후 일본의 자본주의논쟁이 복합적으로 유입되어 있다. 이 모두가 앞으로의 연구 과제와 연결된 내용이다.

번역과 식민주의

—춘원 이광수의 「메이지천황 어제 근역」을 중심으로—

박상현

I. 머리말

춘원 이광수. 그는 일제강점기에 최초로 근대장편소설인 「무정(無情)」을 쓴 근대작가로, '친일'에 앞장선 변절한 지식인의 대명사로 널리 알려져 있는 인물이다. 특히 이광수는 일제에 협력하는 적지 않은 작품을 남겼기에[1] 그에 관련된 연구가 학자들의 관심을 끌고 있다.

그런데 매우 흥미로운 것은 식민지 조선에서 이광수가 와카(和歌)를 일본어로 창작하기도 하고, 메이지천황이 손수 지은 와카인 「메이지천황 어제(明治天皇御製)」를 조선어로 옮기기도 했다는 사실이다.

1) 이에 대한 체계적인 정리로는 다음과 같은 것이 있다. 김병걸 · 김규동 편(1986), 『親日文學作品選集 1』, 실천문학사 ; 이광수(1995), 이경훈 편역, 『춘원 이광수 친일문학전집 2』, 평민사 ; 이광수(1997), 김원모 · 이경훈 편역, 『동포에 고함』, 철학과현실사.

본론에서 자세히 다루겠지만 그는 1939년 2월에는 「기회 있을 때마다 읊다(折りにふれて歌へる)」를 『동양지광(東洋之光)』에, 1942년 1월에는 「새해 초하루(元日)」를 『신시대』에 발표했는데,[2] 전자에는 이광수의 창작 와카가 9수, 후자에는 7수가 실려 있다. 또한 그는 1941년 1월에는 박문서관(博文書館)에서 일본어로 쓴 『동포에 고함(同胞に寄す)』을 발간했는데, 여기에도 창작 와카 8수가 수록되어 있다. 한편 그는 1941년 5월에 「군함(いくさ船)」이라는 제목하에 메이지천황의 와카를 조선어로 번역하여 『신시대』에 6수를 실었다. 또한 그해 7월에는 같은 잡지에 「메이지천황 어제」라는 제목으로 메이지천황의 와카를 17수, 9월에는 18수 번역 · 소개했다.

여기에서는 이광수가 일본어로 창작한 와카와 조선어로 번역한 와카 가운데, 특히 그가 번역한 와카를 우선 검토해 보고자 한다. 이 연구 테마는 국어국문학계와 일어일문학계에서 큰 관심을 보일 법한 것임에도 불구하고, 이에 관한 선행 연구는 의외로 얼마 되지 않는다. 임종국의 『친일문학론』과 이경훈의 『이광수의 친일문학 연구』 그리고 최현식의 「이광수와 '국민시'」[3]가 있는 정도다.[4] 그리고 이 연구들은 주로 이광수가 왜 「메이지천황 어제」를 조선어로 옮겼는가(번역 의도 분석), 그리고 그가 번역한 「메이지천황 어제 근역」에는 어떤 노래(歌)가 실려 있는가(번역 작품 분석)에 대해 논했다.

번역에 관한 주요한 물음에는 일반적으로 누가 번역했는가, 왜 번역했는가, 언제 번역했는가, 무엇을 번역했는가와 더불어 어떻게 번역했는가가

---

2) 이때 이광수는 창씨개명한 가야마 미쓰로(香山光郞)를 사용했다.

3) 임종국(1983〔1966〕), 『친일문학론』, 민족문제연구소 ; 이경훈(1998), 『이광수의 친일문학 연구』, 태학사 ; 최현식(2008), 「이광수와 '국민시'」, 『상허학보』 제22집, 상허학회, 305-341쪽.

4) 참고로 「메이지천황 어제」에 관한 일본에서의 선행 연구를 살펴보면, 단행본은 다수 있지만 논문은 다음과 같이 몇 편에 지나지 않는다. 廣瀨誠(1992), 「昭和天皇御製の語彙と御詠風 : 明治天皇御製と對比して」, 『富山女子短期大學紀要』 第27號 ; 田中綾(2007), 「明治天皇御製をめぐる昭和十年代 : 文部省『國體の本義』等と御歌所所員『明治天皇御製謹話』との對比」, 『日本近代文學會北海道支部會報』 第101號, 19-28쪽.

있다. 이 가운데 여기에서는 이광수가 「메이지천황 어제」를 '어떻게' 조선어로 옮겼는가에 초점을 맞추고자 한다.

II. 「메이지천황 어제 근역」의 작품

메이지천황은 1867~1912년에 걸쳐 재위(在位)했는데, 그 기간 중 그는 약 10만 수에 달하는 와카를 창작했다고 한다. 이 가운데 이광수는 우선 6수를 골라 조선어로 번역하여 「いくさ船」(A)라는 제목하에 『신시대』[5]에 발표했다.[6] 1941년 5월의 일이다. 또한 그는 같은 잡지에 「메이지천황 어제 근역」이라는 제목하에 1941년 7월(B)과 9월(C)에 각각 17수와 18수의 메이지천황의 와카를 조선어로 옮겼다.[7] 결국 그는 총 41수의 메이지천황의 와카를 번역했는데, 그것을 인용하면 다음과 같다.

A. 「いくさ船」(1941. 5)

明治天皇御製

(海軍에 關하여 지으신 것 몇 首)[8]

①[9] 戦にかちてかへりしいくさ船けへふもかゝれりしながはの沖

---

5) 1941년 1월에 신시대사가 대중잡지를 표방하며 만든 것으로, 태평양전쟁이라는 시국적 배경하에 창간되었다. 따라서 이 잡지에 실린 내용에는 전쟁 및 전쟁 협력에 관한 글이 적지 않았다.

6) 이광수는 「いくさ船」 아래에 소제목으로 '明治天皇御製'를, 다시 그 아래에 '海軍에 關하여 지으신 것 몇 首'를 두었다. 그리고 번역을 마친 후에는 '謹譯 香山光郎'라고 적고 있다.

7) 이광수는 번역을 마친 후 각각 '謹譯 香山光郎' 그리고 '香山光郎 謹譯'이라고 표기하고 있다.

8) 띄어쓰기와 표기 등은 원문 그대로 옮긴 것이다.

9) 번호는 편의적으로 인용자가 붙인 것이다(이하 동일).

謹譯. 싸홈싸호아 이기고 돌아오는 싸호는배들 오늘도 들어오네 시나가와 앞바다

② すゝめてふ旗につれつゝいくさ船かろくも動く浪の上かな

謹譯. 나아가라는 旗발의 군호 따라 싸호는배들 가벼이도 달리는 바다의 물결이어

③ あたの船うちしりぞけていくさびと大海原の月や見るらむ

謹譯. 원수의 배를 쳐물려치고 나서 사흘아비들 가없는 난바다의 달바라고 있으리

④ なみ遠くてらすともしびかゝげつゝ仇まもるらむわがいくさぶね

謹譯. 멀리 물결을 불들어 비최면서 (기나긴밤에) 敵兵을 지키리라 우리 싸홈하는배

⑤ 港江に万代よばふ声すなりいさををつみし船やいりくる

謹譯. 浦口 머리에 萬歲萬歲 부르는 소리 들리네 勝戰하야 功세운 배들어오나브다

⑥ いさましくかちどきあげて沖つ浪かへりし船を見るぞうれしき

謹譯. 긔운차게도 승전鼓喊 지르며 물결 혀치고 돌아오는 배 보니 깃븜도 깃블시고

謹譯 香山光郎

B. 「明治天皇御製謹譯」(1941. 7)

義

① 身にあまるおも荷なりとも国の為人のためにはいとはざらなむ

내힘에 겨운 무거운 짐이라도 나라 위하야 남을 위하야서는 싫여하지아니하리라

② おのが身はかへりみずして人のため尽すぞひとの務なりける

제몸을랑은 돌아보지않고서 남을 위하여 힘다함이 사람의 구실인줄 알아라

折にふれて

③ 天(あめ)をうらみ人をとがむることもあらじわがあやまちを思ひかへさば

하늘 원망코 남의 탓을 하올줄 바이없으니 이내 몸의 허물을 돌려생각하오면

述懐

④ ひろき世にたつべき人は数ならぬことに心をくだかざらなむ

넓은세상에 나설만한 사람은 하잘것없는 일일래어 마음을 괴롭히지않으리

折にふれて

⑤ 早苗とるしづが菅笠いにしへの手ぶりおぼえてなつかしきかな

논에 모내는 農夫의 도롱삿갓 옛날모양을 보는듯한저이고, 그리도 情다워라

鏡

⑥ 国といふくにのかゞみとなるばかりみがけますらを大和だましひ

나라라하는 나라들의 거울이 도일 만하게 닦아라 사내들아 야마토의 마음을

人

⑦ かくばかりことしげき世にたへぬべき人をえたるがうれしかりけり

오늘날같이 일많은 세상에 견디어나갈 사람을 얻사옴이 깃사온 일이러라

農夫

⑧ 山田もるしづが心はやすからじ種おろすより刈りあぐるまで

논밭지키는 農夫의 마음 편할날이 없으리 씨를 뿌릴때부터 거둬들이기까지

運動

⑨ ことしあらば軍のみちにたゝむ身は野をも山をもふみならさなむ

일있을때면 싸홈하는 일 맡을 이몸이어든 들에서나 山에서나 달리기 이키리라

心

⑩ かざらむと思はざりせばなかなかにうるはしからむ人のこゝろは

꾸미리라는 생각곧 아니하면 어지간히들 아름다왔을 것을 사람의 마음이여

光陰如矢

⑪ 思ふことつらぬかむ世はいつならむ射る矢のごとくすぐる月日に

생각한 일을 일우어지을날이 그 언젤든가 쏜살같이 光陰은 흘러가는데

神祇

⑫ いつはらぬ神のこゝろをうつせみの世の人みなにうつしてしがな

거짓이없는 하나님의 마음을 믿을수없는 온 세상사람의게 다 옮겨나주었으면

蟲声非一

⑬ さまざまの蟲のこゑにもしられけりいきとしいける物のおもひは

가지가지의 버러지소리로도 알아볼것이, 목숨있는 萬物의 생각하는 생각을

神祇

⑭ わがくには神のすゑなり神祭る昔の手ぶり忘るなよゆめ

우리나라는 검님의 자손이니 검님위하는 예부터 전하는법 잊을시라 꿈에나

折にふれて

⑮ みちみちにつとめいそしむ国民の身をすくよかにあらせてしがな

제길따라서 맡은일 힘써하는 나랏백성의 몸성하게 튼튼케 하여주고 싶어라

寄国祝

⑯ 萬民こゝろあはせて守るなる国にたつ身ぞ嬉しかりける

모든백성이 마음을 모호아서 지키는나라 이나라에선 이몸이 기쁨고 기쁠시고

夢

⑰ たらちねの親のみまへにありとみし夢のをしくも覚めにけるかな

사모하옵는 어머님을 뫼옵고 있다고 보던 그꿈이 아깝게도 깨어져 버렸세라

謹譯 香山光郎

C. 「明治天皇御製謹譯」(1941. 9)

正述心緒

① よもの海みなはらからと思ふ世になど波風のたちさわぐらむ

천핫백성이 모다 동포형제로 살세상이 어찧다 바람물결 이리로 설레는고

折にふれて

② 久方のあめにのぼれるこゝちしていすゞの宮にまゐるけふかな

높고 거룩한 하늘에 오르옵는 마음을 가지고 이스즈의 神宮에 뵈옵는 오늘이어

神祇

③ 神垣に朝まゐりしていのるかな国と民とのやすからむ世を

검님뫼신데, 아침에 절하삷고, 비옵는 말슴, 나라와 백성들이, 태평하올 세상을

思

④ 国民のうへやすかれとおもふのみわが世にたえぬ思なりけり

우리 백성이, 평안하여지라는 오직 한 생각, 평생에 끄님없는 나의 생각이랏다

折にふれて(明治三十七年日露戰爭中)

⑤ 夢さめてまづこそ思へ軍人むかひしかたのたよりいかにと

꿈이깨어서, 맨처음 생각기는, 우리군사들, 나아가는 곳에서, 오는기별 어떤가

⑥ おのが身にいたでおへるもしらずしてすゝみも行くかわが軍びと

제 몸이 맞아 중한 상처 생김도 모르고서리, 앞으로앞으로만, 나아가는 내군사

⑦ 戦のにはのおとづれいかにぞとねやにも入らずまちにこそまて

전장으로서, 무슨 기별 오나고, 밤이 깊도록, 자리에 들지않고 고대고대하여라

⑧ 石だゝみかたきとりでも軍人みをすてゝこそうち砕きけれ

돌로 쌓은, 굳고굳은 城壘도, 우리군사의, 몸버려 부딕쳐서, 깨뜨려내였어라

⑨ 久しくもいくさのにはにたつひとは家なる親をさぞ思ふらむ

오랜세월을, 전장에서 싸호는 우리 군사들, 고향에둔 어버이, 생각간절할 것을

⑩ はからずも夜をふかしけりくにのため命をすてし人をかぞへて

어느사이에, 한밤을 새였어라, 나라위하야, 목숨바친 사람의, 수를 세이노라고

述懐

⑪ 末つひにならざらめやは国のため民のためにとわがおもふこと

마츰내에야 아니될줄 있으리, 나라위하야 백성을 위하야서 하는 나의생각이

民

⑫ 国の為いよいよはげめちよろづの民もこゝろをひとつにはして

나라 위하야, 힘쓸 때는 왔어라, 오늘야말로 만백성이 마음을 하나로 도모아서

誠

⑬ とき遅きたがひはあれどつらぬかぬことなきものは誠なりける

비록 이른수 더딘 수는 있어도, 반듯이 한번, 일우고야 말기는 참된 마음이러라

折にふれて

⑭ 思ふことつらぬかずしてやまぬこそ大和をのこのこゝろなりけれ

마음먹은일, 일우지아니하고는, 말지않는 이, 야마토 사나히의, 마음이라 하더라

蝸牛

⑮ 世のさまはいかゞあらむとかたつぶりをりをり家を出でて見るらむ

세상형편이, 어떻게 되는가고 저달팽이는, 때때로 집을 나와 돌라보나 보도다

山家鄰

⑯ 谷川のおなじ流の水汲みて鄰へだてぬみやまべのさと

골짜구니에, 흐르는 한 시내의, 물길어먹고, 너나 없이 사노라, 산골의 마슬사람

鶴思子

⑰ まへになりうしろになりし雛まもるたづの心のあはれなるかな

앞을 섰다가, 뒤로도 따르면서, 새끼 지키는, 두루미의 마음여, 가엽기도 한지고

歌

⑱ まごゝろをうたひあげたる言の葉はひとたびきけば忘れざりける

속마음을, 그대로 읊어내인 참된 노래는, 한번 들어 다시는, 잊혀지지않더라

香山光郎 謹譯

선행 연구들에서는 이상과 같이 메이지천황의 와카를 조선어로 옮긴 이광수를 어떻게 바라보았을까? 기존 연구에서는 이광수가 번역한 메이지천황의 와카 곧 「메이지천황 어제 근역」을 논할 때, 주로 '왜' 번역했나 곧 번역 의도와 함께 '무엇을' 번역했나 곧 번역 작품의 내용에 많은 관심을 가졌다.

그럼 우선 왜 번역했나에 대한 논의부터 검토해 보자. 이 문제를 최초로 언급한 사람은 아마도 임종국일 것이다. 그는 『친일문학론』에서 다음과 같이 지적한다.

일제 말엽의 번역문학— 對米戰의 결과인 반미사상으로 영미문학의 번역이 자취를 감추었고 일본문학의 조선어역과 조선문학의 일어역이 성행하였다. 그리고 이것이 국어보급운동과 내선문화 교류에 직결되는 문제임은 더 말할 필요도 없다. 그리고 작품에 따라서는— 예를 들면 『萬葉集』이나 『愛國百人一首』, 『天

皇陛下御歌』[10] 같은 종류의 번역은 직접 일본 정신을 선전하는 역할도 적지 않았다. 친일문학의 종범적(從犯的) 위치를 점하는 것.[11]

임종국의 지적을 요약하면 이렇다. 일제강점기 말기에 일본문학 작품의 조선어 번역이 활발했는데, 그것은 '국어' 곧 '일본어' 보급과 직결되는 문제로 일본 정신을 선전하는 것이었고, 이런 것들은 결국 친일문학의 종범적 위치에 속한다는 것이다. 그리고 여기에 해당하는 것으로는 「천황폐하 어가(天皇陛下御歌)」 곧 이광수의 「메이지천황 어제」와 같은 것이 있다고 지적한다.

이경훈은 『춘원 이광수 친일문학전집 2』에서 「いくさ船」(A)에 대해 다음과 같이 말한다.

> 이는 일본의 "明治天皇"이 지은 와까(和歌. 원문 그대로 — 인용자)를 이광수가 번역한 것으로, 천황에 대한 신하로서의 충성의 포즈를 잘 보여 준다는 점에서, 또 봉건적 군주와 근대적 시민의 관계를 재정립하여 근대국가로 나아가는 일반적인 시민혁명… 등의 문제에 대한 우리 민족의 주체적인 역사적 체험의 결여…가 초래한 전근대적 태도를 보여 준다는 점에서 중요하다. 다시 말해 이는 일본의 천황에 대한 친일적 충성심의 문제뿐만 아니라, 군주라는 역사적 형식에 대한 춘원의 태도문제를 보인다.[12]

또한 그는 『이광수의 친일문학 연구』에서는 「메이지천황 어제 근역」(C) 가운데 특히 「기회 있을 때마다(折にふれて)(메이지 37년[13] 러일전쟁 중)」 곧 C의 ⑤~⑩의 와카를 언급하면서, "천황에 대한 익찬자(翼贊者) 또는 전쟁에 나간 신하로서의 충성심"[14]을 나타내기 위해 이광수가 메이지천황의 와카를

---

10) 이광수의 「메이지천황 어제 근역」을 가리킨다.

11) 임종국(1983[1966]), 앞의 책, 445-446쪽.

12) 이광수(1995), 앞의 책, 44쪽.

13) 서기 1904년.

14) 이경훈(1998), 앞의 책, 194쪽.

번역하게 되었다고 말한다.

최현식은 「이광수와 '국민시'」에서

> 그에게 와카의 제작 및 번역은 새로운 국민국가/민족의 열망, 그러니까 (조선인의 — 인용자) 일본제국으로의 신민화 · 국민화를 실현하는 정신의 개조를 의미했다.[15]

고 지적한다.

결국 선행 연구자는 이광수가 메이지천황의 와카를 조선어로 번역한 이유를 다음과 같이 지적한다. 즉 식민지 조선에 국어 곧 일본어 보급과 함께 일본 정신을 선전하고, 천황에 대한 신민으로서의 충성심을 표현하며, 식민지 조선인의 황국신민화를 실현하는 데 있었다.

다음으로 선행 연구자는 「메이지천황 어제 근역」이 어떤 내용이었나 곧 번역 작품의 분석, 표현을 바꾸면 수많은 「메이지천황 어제」 가운데 그가 '무엇을' 번역했는가에 주의를 기울였다. 그리고 이에 대한 언급으로는 최현식의 지적이 대표적인데, 그는 앞에서 인용한 논문인 「이광수와 '국민시'」에서

> 실제로 춘원이 번역한 메이지의 와카는 '이에(家)'의 논리에 충실하게 신의 숭앙, 충과 효, 백성에 대한 자애 등을 주요 내용으로 하고 있다.[16]

고 말한다.

지금까지 살펴보았듯이 이광수가 조선어로 번역한 메이지천황의 와카인 「메이지천황 어제 근역」에 대해 선행 연구자는 그가 '왜' 「메이지천황 어제 근역」을 번역했고, 그가 번역한 「메이지천황 어제 근역」은 대체로 어떤 내

15) 최현식(2008), 앞의 논문, 324쪽.

16) 최현식(2008), 앞의 논문, 321쪽.

용이었는가를 고찰했다.

그렇다면 이광수는 「메이지천황 어제 근역」을 '어떻게' 조선어로 옮겼을까? 그것을 대역(對譯) 그리고 와카의 리듬인 5·7·5·7·7음(音)을 키워드로 지금부터 살펴보기로 한다.

III. 대역

조금 전에 살펴보았듯이 이광수는 1941년 5~9월 세 번에 걸쳐 메이지천황의 와카 41수를 조선어로 옮겼다. 그런데 무척 흥미로운 것은 그가 메이지천황의 와카를 조선어로 번역할 때, 이미 앞에서 자세히 예시했듯이 먼저 일본어 원문을 제시한 후 그에 대응하는 형태로 조선어역을 제공했다는 점이다. 곧 '대역'을 했다는 말이다.

이광수가 굳이 대역이라는 방식을 도입한 이유는 무엇일까? 와카의 번역이니까 그에 해당하는 조선어역만 보여 주는 것도 가능했을 텐데 말이다. 예를 들어 『창조』 창간호인 1919년 2월호에는 와카는 아니지만 운문(韻文)인 일본의 근대시를 소개하는 「일본 근대시초 (1)」이 실려 있는데, 여기에는 일본의 근대시 몇 수가 게재되어 있다. 그런데 그 번역 방식이 '일본어 원문·조선어역'의 대역이 아니라 다음과 같이 조선어역만 제시하는 방식으로 되어 있다.

> 島崎藤村(시마자끼·도오손)
> 오기쿠
> 거믄머리부드럽고기인
> 계집애의맘을뉘알리오
>
> 사나이입에서나는말을
> 생각지도말라참되다고

계집애의맘은엿다고만

젼해오는것도우섭도다

(이하 생략)[17]

이 밖에도 주요한은 1919년 3월 「일본 근대시초(2)」를 『창조』에, 황석우는 1920년 7월 『폐허』에 각각 일본의 근대시를 조선어로 번역하여 실었다. 또한 김억은 1924년 10월 『영대(靈臺)』에, 1927년 7월에는 『중외일보(中外日報)』에 일본의 근대시를 조선어로 옮겼다. 그런데 중요한 것은 주요한, 황석우, 김억 모두 번역문에 조선어역만 제시했다는 것이다.

그렇다면 이광수는 메이지천황의 와카를 조선어로 번역할 때 왜 일본어 원문을 표기했을까? 이 질문에 대해 다음과 같은 글은 많은 참조가 된다. 그가 「메이지천황 어제 근역」 연재(A~C)를 처음 시작한 것은 1941년 5월이었는데, 바로 그 시기인 1941년 5월 10일에 발표한 「내선일체 수상록」에서 이광수는 아래와 같이 말한다.

> 모든 조선인이여. 오늘부터 국어('일본어'를 가리킨다 — 인용자)를 배우자. … 황민화의 제일 요건은 국어를 아는 것이기 때문이다.[18]

곧 '국어'인 '일본어'를 배우는 것은 황국신민화의 첩경이라는 것이다. 다시 말해 이광수는 1941년 5월 당시 식민지 조선인의 황국신민화를 위해 조선인에게 일본어를 보급시키는 것이 대단히 중요하다는 인식을 갖고 있었다.

결국 선행 연구자들이 지적했듯이 이광수가 메이지천황의 와카를 조선어로 번역한 이유는 일본어를 모르는 식민지 조선인에게 와카에 담겨 있는 일본 정신을 조선어로 전달하여 그들을 황국신민화하기 위해서였고, 이런

---

17) 벌쏫(1919), 「日本近代詩抄(1)」, 『創造』, 創造社, 76쪽. 참고로 '벌쏫'은 주요한의 필명이다.

18) 이광수(1995), 앞의 책, 245쪽에서 재인용.

번역 의도는 번역문에서 조선어역이 담당했다. 한편 이와 더불어 이광수는 메이지천황의 와카를 조선어로 옮기면서 일본어 보급에도 신경을 썼는데, 그 역할은 번역문에서 '일본어 원문'이 수행했다. 이 같은 두 가지 목적을 달성하기 위해 이광수는 번역문에서 조선어역과 더불어 일본어 원문도 함께 제공하는 대역 방식을 선택했던 것이다.

이와 같은 대역은 이광수의 「메이지천황 어제 근역」 이후에야 비로소 나타나기 시작한 번역 방식이라는 점에 주목할 필요가 한다. 예를 들어 이 번역 방식은 『조광』에서 확인할 수 있다. 『조광』은 태평양전쟁 말기인 1944년 8월호부터 「국어 강좌」 곧 '일본어 강좌'라는 코너를 만들어 식민지 조선에 일본어를 보급하고자 힘썼는데, 이 잡지의 1944년의 9월호에는 일본의 근대시인인 미야자와 겐지(宮澤賢治)의 유명한 시가 아래와 같이 '일본어 원문·조선어역'의 대역으로 소개되어 있다.

> 雨(アメ)ニモ負(マ)ケズ
> 宮澤賢治
>
> 雨(アメ)ニモマケズ　　비한테도 안지고
> 風ニモマケズ　　바람에도 안지고
> 雪ニモ夏ノ暑サニモマケヌ　　눈한테도 여름더위에도 안지는
> 丈夫ナカラダヲモチ　　튼튼한 몸을 가지고
> 欲ハナク　　욕심은 없고
> (…)　　(이하 생략)[19]

그런데 이광수가 메이지천황의 와카를 조선어로 옮길 때 조선어역과 함께 일본어 원문을 제시하는 대역 방식을 채택해야만 했던 필연성에는 당시의 일본어 보급률, 곧 일본어가 가능한 자의 비율이 크게 관여했다. 즉 그가 메이지천황의 와카를 조선어로 번역한 1941년은 일제강점기의 후반기

19) 번역자 미상(1944), 「國語講座」, 『朝光』(1944. 9), 52쪽.

였다. 하지만 당시의 식민지 조선에 일본어 보급률은 예상외로 그리 높지 않았다. 조선총독부가 1943년 12월에 발간한 『조선 사정』의 부록에 수록된 「참고통계표」[20]와 경성일보사와 매일신보사가 공동으로 편찬한 1945년도판 『조선 연감』[21]에 의하면, 일본어 보급률 곧 일본어가 가능한 자란 '일본어가 약간 가능한 자'와 '일상회화에 지장이 없는 자'를 포함한 수치였다. 통계가 처음 시작된 것은 1913년인데 당시 조선인 인구는 약 1,500여만 명이었고, 이 가운데 일본어가 가능한 자는 약 9만 2천여 명으로 0.61퍼센트에 지나지 않았다. 일본어가 가능한 자가 총인구 대비 10퍼센트를 넘긴 것은 1938년이었다. 당시 조선인 인구는 약 2,200여만 명이었고, 이 중 일본어 가능자는 270여만 명이었다. 그리고 1942년에는 일본어 가능자가 19.94퍼센트에 달하게 되었다. 당시 조선인 인구는 약 2,500여만 명이었고, 이 가운데 일본어가 가능한 자는 약 510만 명 정도였다.[22]

따라서 일본어 보급을 높이는 수단의 하나로 일본문학 작품의 번역에서 조선어역과 함께 일본어 원문을 제시하는 대역의 방식이 선택된 것이다.

이처럼 1941년을 전후로 식민지 조선에서 일본어 보급이 더욱 절실하게 된 데에는 1937년의 중일전쟁 이후 전장의 확대와 그에 따른 병사의 충원이 제국일본에 절실히 요구되었기 때문이다. 따라서 자연스럽게 일제의 병력 동원의 대상으로서 식민지 조선인이 주목받게 되었고, 그것은 제도화를 통해 구체적으로 실현되었다. 즉 1938년에는 육군특별지원병제도, 1943년에는 해군특별지원병제도 및 학도지원병제도 같은 소위 '특별지원병제도'가 실시되었다. 또한 1943년에는 「병역법」을 개정하여 만 20세의 조선인 남자에게 병역의 의무가 부과되었고, 1944년부터는 징병제에 의한 강제동원이

---

20) 朝鮮總督府 編(1943), 『朝鮮事情』, 9쪽.

21) 경성일보사 · 매일신보사 편(1945), 『朝鮮年鑑』, 130쪽.

22) 세키 마사아키(關正昭)는 당시의 일본어 보급률을 알려 주는 여러 통계 수치를 그대로 믿어서는 안 된다고 지적한다. 지배자 측이 만든 자료이기에 그 수치가 부풀려졌을 가능성이 높기 때문이라고 한다. 關正明(1997), 『日本語教育史研究序説』, スリーエーネットワーク, 22쪽.

실시되었다. 그리고 이와 같은 일련의 제도화가 의미하는 것은 전장에서 일본인과 원활한 커뮤니케이션이 가능한 조선인 병사가 필요해졌다는 것이고,[23] 이런 시대적 요청에 적극적으로 부응한 형태가 바로 일본문학 작품을 조선어로 옮길 때 조선어 번역문과 함께 일본어 원문도 제시하는 대역이었다.

Ⅳ. 5·7·5·7·7음

이광수는 메이지천황의 와카를 조선어로 옮길 때 와카의 리듬인 5·7·5·7·7음을 그대로 살려서 번역했다. 예를 들면 다음과 같다.

戦にかちてかへりしいくさ船けへふもかゝれりしながはの沖

싸홈싸호아(5) 이기고 돌아오는(7) 싸호는배들(5) 오늘도 들어오네(7) 시나가와앞바다(7)

あだの船うちしりぞけていくさびと大海原の月や見るらむ

원수의 배를(5) 쳐물려치고 나서(7) 사흘아비들(5) 가없는 난바다의(7) 달바라고 있으리(7)

그런데 일제강점기에 와카의 조선어역이 항상 위와 같이 와카의 리듬을 중시하는 출발언어중심주의로 이루어진 것은 아니다. 거꾸로 우리의 리듬을 중시하는 도착언어중심주의로 번역된 경우도 있었다. 그런 사정은 번역가이자 시인으로 우리에게 널리 알려져 있는 김억이 잘 보여 준다.

---

23) 세키 마사아키도 이와 같은 사정을 단적으로 보여 주는 것이 당시 널리 퍼졌던 다음과 같은 표어라고 말한다. "훌륭한 군인을 만들어 내기 위해 국어(=일본어) 생활을 실행하자", "내선일체 우선 국어부터", "국어로 나아가자 대동아"〔關正明(1997), 앞의 책, 22쪽〕.

그는 1943년 7월 28일부터 같은 해 8월 31일까지 일본에서 가장 오래된 시가집으로 알려져 있는 『만엽집(萬葉集)』을 조선어로 번역하여 『매일신보』에 「만엽집초역(萬葉集鈔譯)」이라는 타이틀로 연재했다. 또한 그는 1943년 7월 20일부터 같은 신문에 만엽시대 가인(歌人)부터 에도시대 가인의 와카 1백 수를 번역한 「선역애국 백인일수(鮮譯愛國百人一首)」도 연재했다. 그는 이 와카들을 도착언어중심주의로 번역했다.

먼저 「만엽집초역」에 번역·소개되어 있는 와카부터 살펴보자. 이광수와는 다른 의미로 김억에게도 와카를 조선어로 번역할 때 철저한 규칙이 있었다. 31음 곧 5·7·5·7·7로 된 와카를 초장이 3·4·3·4이고 종장이 3·5·4·3으로 끝나는 양장(兩章) 시조형으로 번역한다는 것이다. 예컨대 다음과 같다.

권4 639[24)]

이몸을(3) 아니닛고(4) 생각을(3) 하는탓가(4)

꿈속을(3) 그님이뵈여(5) 잠못이뤄(4) 하노라(3)

한편 이와 같은 규칙은 「선역애국 백인일수」에 번역·소개되어 있는 와카에서도 확인할 수 있다. 예를 들면 다음과 같다.

권2 235[25)]

우리님(3) 높고크사(4) 現神이(3) 그오시매(4)

구름속(3) 우레山우에(5) 게오실宮(4) 집시네(3)

24) 원문은 아래와 같다(이하 원문만 제시).
吾背子かかく戀ふれこそぬばたまの 夢に見えつゝいねらえすけれ(吾背子我 如是戀禮許曾 夜于玉能 夢所見管 寐不所宿家禮)
박경수 편(1987), 『岸曙金億全集 2-2』, 韓國文化社, 464쪽에서 인용(이하 동일).

25) 大君は神にしませば天雲の 雷の上に廬せるかも
박경수 편(1987), 앞의 책, 485-535쪽.

그렇다면 여기에서 다시 이광수로 돌아가자. 그는 왜 당시의 식민지 조선인에게 익숙하지 않은 5 · 7 · 5 · 7 · 7이라는 일본 와카의 리듬을 그대로 살려 조선어로 옮겼던 것일까? 그는 메이지천황의 와카를 조선어로 번역하면서 왜 5 · 7 · 5 · 7 · 7로 번역했는지에 대해 명시하지 않는다. 그렇기 때문에 현재로서는 그 이유를 명확히 알 수는 없다. 하지만 다음과 같은 이유가 있지 않았을까.

첫째, 이광수는 『만엽집』 등을 통해 와카를 잘 알고 있었고, 또한 스스로 직접 와카를 창작하기도 했다. 따라서 그는 와카의 리듬에 친숙해 있었고, 그 리듬이 내면화되어 있었기에 자연스럽게 와카의 리듬을 살려 조선어로 번역하게 되었다.

이광수가 『만엽집』과 그것에 실려 있는 와카에 친숙해 있었다는 것은 앞에서 인용한 『동포에 고함』이라는 글에서 그가 다음과 같이 발언한 데에서 확인할 수 있다.

> 병합 30주년! 조선 이천삼백만 민중은 메이지천황의 고마우신 뜻에 의해 일본의 신민이 되었던 것이다. … 조선의 민중은 우리 임금님[26]을 위해, **바다에 가면 물에 잠긴 시체, 산에는 풀이 무성한 시체**가 될 것을 기쁘게 생각하게 된 것이다…(쇼와 15년 1월 7일).[27]

위 인용문에서 강조 표시한 '바다에 가면 물에 잠긴 시체, 산에는 풀이 무성한 시체'라는 표현은 『만엽집』의 대표적인 가인 중의 하나인 오토모노 야카모치(大伴家持)의 와카인 "海行かばみづくかばね 山行かばくさむすかばね(권18 4094)"의 조선어역이다.

또한 이광수가 와카의 리듬에 친숙해 있었고 그것을 내면화하고 있었다는 것은 그가 일본어로 와카를 창작했다는 점에서 알 수 있다. 즉 그는

---

26) 이때 '임금님'이란 천황을 가리킨다.

27) 이광수(1997), 앞의 책, 119쪽에서 인용.

1939년 2월 『동양지광』에 「折りにふれて歌へる」라는 제목하에 일본어로 된 와카 9수를 창작하여 발표했고, 1942년 1월에는 『신시대』에 「元日」라는 제목하에 7수의 와카를 일본어로 게재했다. 여기에서는 지면 관계상 이 와카들 가운데 전자에 실린 노래만 인용한다.

「折りにふれて歌へる」[28)]

① 天地のいづくはわが家ならざらむ仰ぐ御光果てしあらねば[29)]

② 好き人の文読む程に何時となく念仏(ねむぶち)申す身となりにけり[30)]

③ 韓土(からづち)の二千萬(ふたちよろづ)の民草と君わが君と仰ぎまつらむ[31)]

④ とこしへの濁りに喘ぐ黄河の流も澄みて君が代となる[32)]

⑤ 常闇(とこやみ)の我が魂(たま)の夜も明けぬらむかの雲の端に映ゆる曙(あけぼの)[33)]

⑥ 恩愛の覇絶ちてぞ恩愛のえにしのものを救ひこそせめ[34)]

⑦ われと云ふかたきを討ちて四十八(よそや)年(とせ)そのたゝかひは去年(こぞ)も今年(ことし)も[35)]

⑧ まごゝろのしめす真(まこと)にひたすらにわれは生きなむその日その日を[36)]

⑨ ひととせを又なすなくて過ごしけりあくる年はと又誓ひつゝ[37)]

그리고 이광수는 앞에서 인용한 『동포에 고함』에도 일본어로 와카를 창

---

28) 이광수(1995), 앞의 책, 13쪽에서 인용(이하 동일). 덧붙여 말하면 원문에는 우리말 번역이 없으나 편역자인 이경훈이 번역을 해두었다.

29) 天地 어디는 우리 집 아니랴 진정 우러러 볼 빛이 있다면.

30) 좋은 사람의 글 읽고 문득 念佛 아뢰는 몸 되었네.

31) 韓土의 二千萬 民草와 함께 임금님, 우리 임금님 하고 우러러 받들도다.

32) 영원한 탁류에 헐떡이는 黃河의 흐름도 맑아져 天皇의 나라가 되노라.

33) 영원히 어두운 내 영혼의 밤도 밝힐 듯 구름 끝에 빛나는 曙光.

34) 恩愛의 굴레 끊고 恩愛의 錄 닿는 것 구제하는 일이야말로.

35) 나라고 하는 敵을 쳐 사십팔 년, 그 싸움은 작년에도 금년에도.

36) 참된 마음 가리키는 眞에 一念으로 나는 사노라 그날그날을.

37) 이루지 못하고 또 한 해 보내는구나 來年에는 하고 또 맹세하면서.

작하여 실었는데, 「조선신궁 신전에서(朝鮮神宮大前にて)」라는 제목하에 3수, 「지원병을 기리며(志願兵をたたへて)」라는 제목하에 5수 총 8수를 지었다.[38)]

둘째, 이광수는 메이지천황이 손수 지은 와카인 「메이지천황 어제」라는 '신성한 텍스트'에 대한 존경이 있었고, 그것이 결국에는 이광수로 하여금 「메이지천황 어제」를 와카의 리듬대로 곧 축어역하게 했다고 추정된다. 물론 그에게도 서두수(徐斗銖)와 같은 생각, 즉 와카의 내용뿐만이 아니라 와카의 형식까지 식민지 조선에 이식시키고 싶었을 수도 있다.

서두수는 식민지 조선인으로서는 최초로 경성제국대학에서 당시의 '국문학'인 '일본문학'을 전공한 인물이다. 그런 그는 1942년 11월 2일부터 같은 해 11월 12일까지 『매일신보』에 『만엽집』에 실려 있는 4,500여 수의 와카 가운데 「병사의 노래(防人歌)」를 뽑아 조선어로 번역한 「防人歌(사끼모리노우다) : 치졸한 이식」을 연재했다. 이 연재를 시작하면서 서두수는 와카를 어떻게 번역할 것인가에 대해 적지 않게 고민했는데, 그런 그가 고민에 고민을 거듭한 끝에 내린 결론은 결국 '병사의 노래'를 다음과 같이 일본 와카의 5 · 7 · 5 · 7 · 7에 따라 조선어로 번역한다는 것이었다.

> 권20 · 4341[39)]
>
> 서슴는고야(5) 미에리싸그곳엔(7) 아비홀로니(5) 길고긴이내갈길(7) 참아못가서슴네(7)[40)]

그러고는 다음과 같이 말한다.

> 그러나어써튼 될수잇는대로 意味로쌴만아니오 形式까지도 — 적어도言數에잇

---

38) 지면 관계상 8수의 와카를 인용하지는 못했다. 전문은 이광수(1997), 앞의 책, 299-300쪽 참조.

39) 원문은 아래와 같다.
橘の 美衣利の里に 父を置きて 道の長道は 行きがてぬかも

40) 徐斗銖(1942), 「防人歌(사끼모리노우다) : 稚拙한 移植」, 『每日申報』 1942. 11. 5.자, 2면.

서서라도 全然다른傳統을가지고온 두가지를 가까히 그려보게한것이 이제실으랴는 拙譯이다.[41]

그렇기 때문에 서두수는 「병사의 노래」를 조선어로 번역하여 연재할 때, 「防人歌(사끼모리노우다) : 치졸한 이식」이라고 굳이 밝힌 것이다. 이때 '치졸한'이라는 표현은 서두수가 자신의 번역 작업을 겸손하게 나타낸 것이고, '이식'이란 말 그대로 와카의 5·7·5·7·7의 형식을 식민지 조선에 옮겨 심겠다는 것이다.

그런데 이광수는 「메이지천황 어제」를 조선어로 번역하면서 「메이지천황 어제 : 치졸한 이식」이라 하지 않고 「메이지천황 어제 근역」이라고 표현했다. 여기에서 '謹'은 '근신(謹愼)'이라는 단어에서도 알 수 있듯이 '삼가다 · 조심하다'의 의미이다. 결국 '근역'이란 삼가고 조심하면서 번역했다는 말이고, 굳이 '근역'을 붙인 것은 「메이지천황 어제」라는 '신성한 텍스트'에 대한 존경과 경외가 있었기 때문이다.[42] 왜냐하면 식민지 조선인에 불과한 이광수가 조선어로 옮기는 대상이 다름 아닌 메이지천황이 직접 지은 「메이지천황 어제」이기 때문이다.

제국일본의 천황에 대한 이광수의 존경과 경외는 일본인 작가인 다나카 히데미쓰(田中英光)가 「조선의 작가」라는 글에서 그를 묘사하는 다음과 같은 대목에 매우 잘 드러난다. 즉 다나카가 유진오와 함께 이광수의 집에 들러 술을 먹게 되는데, 그때 이광수가 다나카에게 최근에 쓴 자신의 일기를 보여 준다. 그런데 1940년 이후에는 이광수의 일기에 일본어로 창작한 와카가 많이 등장했는데, 더욱 놀라운 것은 그 와카의 대부분이 '대군(大君)' 곧 '천황'으로 시작하였고, 더더욱 놀라운 것은 이와 같은 와카가 나오자 이

---

41) 徐斗銖(1942), 앞의 글.

42) 「메이지천황 어제」라는 텍스트에 대한 존경과 경외로 「메이지천황 어제」에 '근' 자를 붙인 것은 이광수만이 아니었다. 내지(內地)에서 일본인에 의해 출간된 책에도 있었는데, 예컨대 다음과 같다. 大坪草二郎(1936), 『明治天皇御製謹釋』, 岡村書店 ; 千葉胤明(1938), 『明治天皇御製謹話』, 大日本雄辯會講談社.

광수가 단좌를 하며 자세를 바로잡더라는 것이다. 이와 같은 사정을 다음과 같은 인용문이 극명히 보여 주고 있다. 조금 길지만 그대로 인용한다.

(유진오와 이광수 그리고 다나카 히데미쓰가 이광수의 집에서 술을 먹으면서 — 인용자) 혀가 약간 고부라진 듯했으나 가야마(이광수가 창씨개명한 일본 이름 — 인용자) 씨는 근래 이삼 년 써오던 일기를 보여 주었다. 옛날 것은 한문으로 쓰였으나 근년으로 오면… 특히 흥미 있는 것은 쇼와 15년(1940) 이후의 것에는 전부 가일기(歌日記)라 해도 좋을 정도로, 단가투성이로 채워져 있었다. …놀라운 것은 그 노래의 대부분이 '대군(大君)의'로 시작되는 투로 되어 있었다는 점이다.

또한 놀라운 것에는, …가야마 씨는 이러한 노래가 나올 무렵이 되자, 단좌하여 지금까지의 취태를 갑자기 고쳤다는 점이다. 물론 유진오 씨도 나도 무릎을 바르게 하여 가야마 씨가 읽는 애국가를 배청(拜聽)했다. 옛 지사는 취해서 존황애국에 대해 비분강개했다고 한다. 그러한 일을 나는 생각하였고, 나는 가야마 씨의 자세를, 바른 취태를 아름답다고 생각했다.[43)]

V. 맺음말

우리는 춘원 이광수를 일제강점기에 제국일본에 협력한 대표적인 문인이자 비평가로 기억하고 있다. 그런데 그의 문필 활동 중 지금까지 그다지 주목하지 않은 분야가 있다. 이광수의 와카 창작과 와카의 조선어역이 그것이다. 이 가운데 이 글에서는 특히 후자에 대해 주로 고찰해 보았다.

이광수는 1941년 5~9월 총 세 차례에 걸쳐 『신시대』에 「메이지천황 어제 근역」이라는 타이틀로 메이지천황의 와카 41수를 조선어로 옮겨 식민지 조선인에게 소개했다. 그가 메이지천황의 와카를 조선어로 번역한 이유는 그것을 통해 식민지 조선에 일본 정신을 선전하며, 천황에 대한 신민으로

43) 김윤식(1999), 『개정 · 증보 이광수와 그의 시대 2』, 솔출판사, 352쪽에서 재인용.

서의 충성심을 표현하고 일본제국의 신민화를 실현하는 데 있었다. 그런 의미에서 이광수에게 번역은 식민화의 채널이었다고 말할 수 있겠다.

그런데 선행 연구에서는 이광수가 메이지천황의 와카를 조선어로 '어떻게' 옮겼는가에 대해서는 안타깝게도 다루고 있지 않았다. 따라서 여기에서는 이 테마를 '대역'과 와카의 리듬인 5·7·5·7·7을 키워드로 살펴보았다.

이광수가 메이지천황의 와카를 조선어로 옮겼을 때 굳이 '일본어 원문·조선어역'이라는 '대역' 방식을 취한 것은 이것이 식민지 조선인의 황국신민화와 일본어 보급에 적합한 번역 방식이라고 그가 판단했기 때문이다. 조선어역은 조선인의 황국신민화를 담당하게 되었고, 일본어 원문은 일본어 보급을 맡게 되었다.

한편 그가 메이지천황의 와카를 조선어로 번역할 때, 굳이 와카의 리듬인 5·7·5·7·7을 준수하면서 조선어역을 한 데에는 크게 두 가지 이유가 있었다. 첫째, 와카 창작 등을 통해 와카의 리듬이 이광수에게 내면화되어 있었기 때문이다.[44] 둘째, 그는 메이지천황이 직접 지은 와카인 「메이지천황 어제」라는 '신성한 텍스트'에 대한 존경과 경외가 있었으며, 그런 그의 존경과 경외는 '근역'이라는 어휘에 단적으로 드러난다. 그래서 그는 메이지천황이 손수 지은 「메이지천황 어제」를 와카의 리듬대로 '축어적'으로 옮겼다고 판단된다.

44) 최현식도 「이광수와 '국민시'」에서 이광수가 일본어로 창작한 와카를 평하면서 "와카들은 국민정신의 개조와 일본 정신의 내면화를 향한 수행의 자세를 모범적으로 예시한다"고 보았다[최현식(2008), 앞의 논문, 318쪽]. 또 이광수의 일본 정신의 내면화는 앞에서 예시한 다나카 히데미쓰의 「조선의 작가」에서 묘사된 이광수의 모습, 곧 일본인보다 더 일본인다운에서 단적으로 드러난다.

제3부

대중문화

식민지 대중문화와 '조선적인 것'의 변증법

— 영화와 대중가요의 비교를 중심으로 —

조형근

I. 들어가며 : 제국/식민지 관계와 대중문화의 정치 · 경제학

식민지와 제국 사이의 문화적 동화와 이화, 통합과 분리라는 문제에는 단순한 이분법으로는 이해할 수 없는 매우 복잡미묘한 맥락들이 어지럽게 얽혀 있다. 제국은 자신의 문화를 보편적인 것으로 상승시키면서 그 보편 속으로 식민지의 고유함을 통합하고자 한다. 그렇다고 해서 문화적 통합을 통한 완전한 동일화를 추구하는 것은 결코 아니다. 제국의 입장에서 볼 때 제국/식민지 사이의 지배/피지배 관계를 정당화하고, 그 관계를 안정적 · 지속적으로 재생산할 수 있는 문화적 차이, 나아가 위계의 유지가 동시에 요청되기 때문이다. 이상적으로 본다면 식민지의 고유성은 우선 개별성이 지양되고 한 계기(moment)를 통해 보편성으로 통일된 후 특수성이 재현되는 것이 가장 바람직하다. 요컨대 식민지는 종족적 특수성을 지닌 제국 내 한 지방이라는 위상으로 지양·통합되어야 한다. 문제는 이런 종류의 지양과 변증법적 통일이 하나의 정치공동체·시장을 이룰 수 없는 제국/식민지 관계에서는 근본적으로 불가능하며, 제국 스스로도 궁극적으로 용납할 수 없다는 데 있다. 이 미묘한 차이를 유지하는 것이 지배의 전제조건이었지만, 이 미묘한 거리는 끊임없는 굴절과 과잉·결핍에 의해 침범당했다. 종족적·문화적 차이, 위계는 문화적으로 지양되지 않고 끊임없이 정치화되며, 식민지에 대한 제국의 문화적 통합 시도는 끊임없이 분열적 상태에 처한다.[1)]

그런데 식민지인의 입장에서 볼 때도 이 문제가 분열적 상황을 야기하기는 마찬가지다. 한편에서 식민지인은 민족적 고유성의 고수를 소망한다. 식민지 이전의 과거를 기억하거나 재발견하고 전통을 미화하며, 제국과 식민지 사이의 문화적 차이의 환기를 되풀이함으로써 제국과의 경계를 유지하려 한다. 하지만 또 한편에서 식민지인은 제국이라는 보편/대타자로의 완전한 통합을 소망한다. 파농이 말하듯이 식민지인으로서 "흑인의 타자성은 흑인이 아니라 백인"이며,[2)] 식민지인은 차별 대우를 극복하려는 과정에서 지배민족이 되고 싶다는 소망을 내면화하게 된다. 그러므로 식민지인은 이중의 맥락에서 분열적 상태에 처한다. 자기 내부의 양가적 분열에 더해 제국과의 관계에서 분열증을 경험하게 되기 때문이다. 제국의 통합 요구에 응할 때조차 제국이 식민지적 차이, 결핍을 재차 가시화하면서 자신을 밀

---

1) 식민지에 대한 제국의 문화적 동화와 이화를 둘러싼 전략적 목표와 난점이 잘 드러난 사례로 조선총독부가 발행한 기관지 월간 『조선』에 게재된 조선에 대한 일련의 시각적 이미지들을 들 수 있다. 매우 의식적으로 배치된 이 이미지들 속에서 조선은 원시성, 토속성의 이미지로 시각화될 때에는 일본과는 무관한, 무시간적인 독자적 실체로 재현되지만, 일제에 의해 개발된 공간으로서는 현대 일본의 한 부분, 그 연장으로 재현된다. 이런 시각적 재현 전략은 제국과 식민지를 시공간적으로 분리하면서도 통합하는 효과를 발휘한다. 그럼에도 불구하고 이미지들이 야기하는 기의상의 분열, 충돌들, 이미지 외부의 실재가 가하는 과잉들은 결국 조선에 대한 일본의 군사적 점령의 이미지들을 통해 폭력적으로 진압되고 있다. 이에 대해서는 조형근·박명규(2011), 「식민권력의 식민지 재현 전략 : 조선총독부 기관지 『朝鮮』의 사진 이미지를 중심으로」, 『사회와 역사』 제90집 참조.

2) 프란츠 파농(1998), 이석호 옮김, 『검은 피부, 하얀 가면』, 인간사랑, 122쪽.

어내는 탓이다.

식민지 조선의 경우는 상황이 이보다 더욱 복잡했다. 식민지 조선에 다가온 보편자/대타자는 하나가 아니라 둘이었기 때문이다. 이른바 서구적 근대와 일본적 근대, 1930년대 중반 이후에는 차라리 근대의 초극이라 불러 마땅할 두 보편자가 식민지 조선인 앞에서 경합하고 있었다. 양자는 내용적으로도 시기적으로도 겹치면서 갈라졌다. 양자는 서로 협력하면서 경쟁했고 이웃고 적대했다. 이중의 분열증 상황에 처해 있던 식민지 조선인은 다시 자신의 개별성이 지양되어야 할 두 보편자 사이에서 서성거려야 했다.

식민지 대중문화라는 층위에 주목한다면 우리는 경계와 전선이 복잡다기하게 중첩하고 분기하던 이 문화적 공간들을 가로지르며 문화적 실천에 개입하던 두 가지 중요한 요소, 메커니즘을 다시 주목해야 한다. 하나는 검열이라는 권력의 개입이며, 다른 하나는 문화산업의 시장논리다. 검열체제는 볼 수 있는 것과 볼 수 없는 것, 말할 수 있는 것과 없는 것 사이의 경계를 획정하고 이동시키면서 제국/식민지 사이의 문화적 동화와 이화를 관장하는 중추신경계로서 작동과 오작동을 거듭하고 있었다.[3] 검열의 다른 한편에서는 대중문화를 생산, 유통시키는 문화산업의 시장논리가 점차 확산되어 가고 있었다. 제국/식민권력이 정립하고 구사한 법률과 제도, 선전과 검열체제가 대중문화 영역 전반에 광범위한 영향을 미쳤지만, 장르의 성쇠와 유행의 변천에는—최소한 본격적인 총력전체제기 이전에는—권력의 작용만큼이나 시장의 힘이 크게 작용했다.

요컨대 식민지 조선의 대중문화는 통합과 분리라는 모순적 요구를 동시에 제출하는 제국/식민권력과 식민지인으로 대별되는 주체들이, 검열체제를 축으로 하는 정치적 메커니즘과 이윤을 추구하는 시장의 메커니즘 사이에서 경합하고 갈등하는 과정에서 출현·성장한 것이다. 창작 및 실연자,

---

3) '검열체제'라는 용어는 한기형의 연구에서 빌려 왔다. 검열체제란 "검열을 수행하는 식민통치기구, 검열 과정, 검열 과정의 참여자를 하나의 체계로 파악하려는 의도에서 구성"된 개념이다[한기형(2005), 「문화정치기 검열체제와 식민지 미디어」, 『대동문화연구』 제51권, 성균관대학교 대동문화연구원, 71쪽].

문화자본, 평론가, 검열 및 문화정책 당국자들이 중요한 행위자로서 이 경합과 갈등에 참여하고 있었다. 보통의 식민지 조선인 대중은 이 이중의 이중적 · 분열적 상황 속에서, 볼 수도 말할 수도 없는 검열체제의 힘과 수시로 변화하는 시장의 변덕이 산출한 대중문화를 체험하고 있었다. 물론 중요 행위자들이 소구하거나 의식한 대상은 언제나 이 보통의 대중이다. 이 대중이 구체적으로 향수한 것은 단지 대중문화의 개별적인 생산물에 지나지 않았지만, 그 생산물의 생산 · 유통 · 수용 과정 전반은 이 거시적인 제국/식민지 문화 · 정치 · 경제의 장 속에서 주형된 것이다.

이 글은, 대중문화 영역에서 제국의 보편성과 식민지의 고유성이 처해 있던 복잡다기하고 모순적이며 다중적인 분열 상황을 영화와 대중가요라는 영역 속에서 출현하고 있던 '조선적인 것'의 문화적 재현 양상을 통해 고찰하는 것을 목표로 삼는다. 첫째 '조선적인 것'이 영화와 대중가요에서 부상하던 양상, 영역 간 차이와 원인을 분석하고, 둘째 총력전체제 이후 '조선적인 것'의 재현이 점차 불가능해지던 상황과 원인을 추적하며, 셋째 이를 통해 제국/식민권력 사이의 문화적 통합과 이화가 지닌 동학과 한계를 규명하고자 한다.[4]

II. 조선적인 것 : 다중적 분열 상황 속에서의 부상

이른바 '조선적인 것'의 부상은 1920년대와 1930년대 식민지 조선의 문화

4) 이 시기 '조선적인 것'을 지시하던 용어들로는 향토색, 로컬 컬러, 지방색, 조선색 등을 들 수 있다. 조선 특유의 문화적 고유성을 지시한다는 점에서 이 단어들은 혼용되고 있었지만, 지시 대상은 맥락에 따라 중첩되고 갈라졌다. 무엇보다 이 일련의 단어들은 민족적인 것(the national), 종족적인 것(the ethnic), 지역적인 것(the local)을 모두 표상할 수 있었다. 그 혼용의 동학에는 제국/식민권력과 식민지 대중문화의 생산자/수용자들의 의식적인 전략, 비공식적이거나 과잉된 해석, 텍스트 외부성 같은 요인들이 작용하였다. 이 글에서는 혼동을 피하기 위해 특별한 경우를 제외하면 '조선적인 것'으로 통칭하도록 한다.

지형에서 가장 주목할 만한 현상 중 하나였다. 신채호, 박은식 등으로부터 발흥한 국학 연구는 최남선, 안확, 정인보, 안재홍 등으로 이어지는 국학파 국학운동으로 이어졌고, 1921년에는 조선어학회가 결성되어 역사, 고전문학과 언어 연구가 결합하는 계기가 마련되었다. 또한 시조부흥운동 · 민요시운동 등이 전개되었는가 하면, 신문사나 잡지사가 주관하는 고적 답사나 경승 기행 같은 '국토 없는 국토 순례'가 활기를 띠었다. 1920년대에 전통지향성이라는 형태로 나타난 조선적인 것의 부상은 근대적 의미에서의 민족문화의 기초를 발견 · 확인함으로써 상상의 공동체로서의 '민족'을 실체화하는 작업이었다.[5)]

하지만 1920년대까지의 조선적인 것에 대한 관심과 탐구는 아직 폭이 그리 넓지 못했다. 특정 학파나 유파에 국한되었으며, 민족의 실체화라는 관점에서 보면 낭만적 민족주의라는 사상적 기반으로부터 자유로웠다고 보기 어려운 측면도 있다.[6)] 또한 이런 움직임은 카프를 비롯한 사회주의계열의 작가, 문화예술인과의 경쟁, 대립, 상호 비판 속에서 의식적으로 선택되고 강화된 측면 역시 존재했다.

역설적이게도 조선적인 것에 대한 관심은 1920년대 문화통치의 맥락 속에서 일제 식민권력에 의해 조장된 측면이 있었다. 1920년대 들어 일제는 사회교화사업의 일환으로 박물관 건립, 토속종교의 승인, 고적 조사 및 보호, 조선의 구관 조사, 위인 발굴 및 선양, 향약 · 계 등의 제도 및 관습의 장려 등 조선의 고유문화를 장려하는 정책을 취했다.[7)] 〈조선미술전람회〉와 같은 대규모 이벤트를 통해 조선의 지방색, 향토색의 재현, 조선적인 창작 원리의 필요성을 제도적으로 촉구하였다.[8)] 식민지 지식인들이 민족적

---

5) 차승기(2009), 『반근대적 상상력의 임계들 : 식민지 조선 담론장에서의 전통 · 세계 · 주체』, 푸른역사, 20쪽.

6) 오태영(2006) 「'향토'의 창안과 조선문학의 탈지방성」, 『한국근대문학연구』 제14호, 230쪽.

7) 이지원(2000), 「1920~30년대 日帝의 朝鮮文化 支配政策」, 『歷史教育』 제75집, 68쪽.

8) 1922년의 제1회 조선미술전람회 심사에서 주도적 역할을 맡았던 도쿄미술학교 교수 가와이 교쿠도(川合玉堂)는 "조선에는 조선 고유의 풍속이나 기분이라는 것이 있고, 그

전통의 근대적 창출을 시도하는 상황에서, 이전에는 동문동종(同文同種)을 내세우며 문화동화를 추진하던 일제 식민권력이 오히려 제국과 식민지 간의 문화적 차이를 고무하는 듯한 상황이 전개된 것이다.

1930년대 후반에 접어들면서 사정이 달라졌다. 일본이 일으킨 만주사변과 국제연맹 탈퇴, 영미 등 서구권과의 대립, 파시즘의 대두 등을 거치면서 이른바 '근대의 위기'론이 대두하였다. 서구적 근대를 모방하면서 그와 중첩되고 일면 동연적(coextensive)인 지향을 갖던 일본적 근대는 이제 '근대의 초극'으로 방향을 돌렸다. 전체주의적 총동원체제로 돌입한 1930년대 말 이후에는 서구적 근대에 맞선 동양적 가치를 전경화(前景化)했는데, 사실 이때의 동양은 평등한 다민족공동체로서가 아니라 서구와 맞서게 된 일본의 확대된 심상지리로 제시되었을 뿐이다.

이제 식민지 조선에서 조선적인 것에 대한 문화적 상징이 부재한 국민국가를 대리하는 창안된 전통의 기표이자 문화적 실천 원리가 될 수 있는 가능성은 갈수록 희박해졌다. 예컨대 향토색은 조선의 문화적 고유성과 연계되기보다는 서구의 모더니즘에 맞서는 동양적 공통성을 지시하게 되었는데, 이때의 동양은 제국일본의 확대판에 다름 아니었던 것이다. 일정하게 허용되던 조선적인 것의 표현 공간은 일본의 제국적 보편 속으로 폭력적으로 통합되어야 했다. 그럼에도 불구하고 이 통합은 끊임없이 동요했고 긴장과 균열을 노출했다.

일제 식민지기 조선적인 것이라는 문화적 재현 범주는 이런 다중적 분열 상황이 겹겹이 중첩되어 있던 소용돌이 속에 자리 잡고 있었다. 조선적인 것이라는 범주는 다가적이고 모순적인 상황 속에서 형성되었으며, 자신의 부상을 통해 이 다가성과 모순성을 심화하였다. 조선적인 것은 완전히 실현될 수도, 제국적 보편 속으로 지양될 수도 없었다. 서구적 근대 속으로

특수한 풍속 기분을 화재(畵材)로 하여 시대에 순응"하여 그림을 그려야 한다고 주장했다. 그는 실제로 심사에서 이 점을 주로 보았다고 술회한다. 이런 심사 기준은 1920년대 내내 지속되었고 1930년대 이후에는 약간의 변화를 거치면서 더욱 강화된다[川合玉堂(1922), 「朝鮮美術展覽會に就て」, 『朝鮮及滿洲』第176號(1922. 7), 37쪽].

지양되는 것은 더욱 불가능했다. 조선적인 것은 식민지 조선인의 문화적 독자성에 대한 열망을 드러내는 동시에 통합을 추구하는 제국이 한 지방에 부여하는 문화적 기호(記號)로서 조장된 것이기도 했다. 조선적인 것은 권력의 호명이면서 저항의 응답이었고, 통합의 기표이면서 분리라는 기의를 환기시켰다. 동시에 조선적인 것은 조선인 민중의 '리얼한' 현실이자 소비자 대중의 가공된 기호(嗜好)였고, 그 현실에 부응하려는 문화예술인의 자각적 노력임과 동시에 그 기호를 이윤으로 바꾸고자 한 문화산업자본의 성장 전략이었다. 조선적인 것은 이 복잡하고 다층적인 시도들, 욕망들이 교차하는 자리에서 탈구된 채 요동치고 있었다.

III. 대중문화 영역에서 조선적인 것의 부상

1. 영화의 경우

영화에서 '조선적인 것'의 재현은 극영화 제작의 가장 초기부터 시도되었으며, 비중 또한 작지 않았다. 우선 극영화 제작 역사에서 가장 이른 시기에 속하는 1923년 이미 〈춘향전〉이 일본인 하야카와 마쓰지로(早川松次郎)에 의해 제작되었는데, 이는 사극영화의 효시가 되었으며 이후 고전영화 붐을 일으키는 계기가 된다.[9] 이어서 박승필 제작, 박정현 감독의 〈장화홍련전〉(1924), 윤백남 감독의 〈운영전〉, 이경손 감독의 〈심청전〉(1925) 등 고전소설의 영화화가 진행되었다. 조선의 고전소설은 영화 제작을 위한 좋은 소재가 되었다. 〈춘향전〉을 제작한 하야카와의 회고담에 따르면, 남원까지

9) 이영일(2004〔1969〕), 『한국영화전사』, 소도, 73-74쪽. 흔히 최초의 한국영화로 1919년에 제작된 연쇄극 〈의리적 구토(義理的仇討)〉를 꼽지만, 이는 야외활극 장면만을 촬영하여 연극 공연 중에 상영한 것으로서 독립적인 영화 작품으로 보기에는 무리가 있다〔김미현 편(2006), 『한국영화사 : 開化期에서 開花期까지』, 커뮤니케이션북스, 29쪽〕. 이런 점에서는 같은 날 공개된 단편기록영화 〈경성 전시의 경(景)〉을 한국 최초의 영화로 꼽을 수 있을 것이다〔김미현 편(2006), 앞의 책, 21쪽〕.

가서 실지 촬영을 했을 뿐 아니라 "조선의 고유한 풍습·습관을 어디까지 존중하고자 무한 주의를 다하였다".[10)]

가장 중요한 모범은 흥행에 대성공한 나운규의 〈아리랑〉(1926)이었다. 〈아리랑〉은 이후 식민지 조선 극영화 제작의 중요한 모델이 되었으며, 민족적 정조를 담아내는 영화가 대중적이고 시장 친화적이라는 인식을 영화 관계자들에게 심어 준 계기가 되었다.[11)] 〈아리랑〉은 몇 가지 점에서 전형적이고 특기할 만하다. 고전소설 같은 옛이야기가 아니라 현재의 식민지 조선을 시공간으로 삼는다는 점, 식민지 조선의 실체이자 정화로서 조선 농촌의 비참한 현실을 주제로 삼아 조선 민중이 겪고 있는 삶의 고난을 비극적으로 재현하고 있다는 점, 주제가 〈아리랑〉·초가·골목 등을 포함하여 곳곳에 향토색을 환기하는 소재들을 활용하고 있다는 점 등이다. 조선영화계라는 장이 형성되고 문화계 전반에서 조선영화에 대한 관심이 높아진 1930년대 후반이 되면 〈아리랑〉은 조선영화의 대표작으로 선택되고 승인된다.[12)]

〈아리랑〉에 이어 이규환의 〈임자 없는 나룻배〉(1932)와 〈나그네〉(1937 / 유성영화) 등이 조선영화의 대표작으로서 흥행에 성공하고 일본 수출에 이어 흥행과 평론 양자 모두에서 성공을 거두었다. 이들은 조선적인 것의 재현이라는 맥락에서 〈아리랑〉과 핵심적인 특징을 공유하고 있었다.

이 영화들은 농촌의 비참한 현실을 테마로 삼으면서 조선의 향토색을 매우 의식적으로 시각화했다.[13)] 또한 일본과의 합작으로 제작되었다는 점에

10) 李龜永(1925), 「조선映畵의 印象」, 『每日申報』 1925. 1. 1.자, 4면.

11) 소재가 조선적이지 않더라도 조선적인 것을 의식하는 측면이 있었다. 일본인이 세운 조선키네마가 제작한 극영화 〈바다의 비곡(海の秘曲)〉(1924)의 경우 일본자본과 기술로 제작되었고 감독과 주연이 모두 일본인이었지만, 각각 왕필렬·주삼손이라는 한국식 예명을 사용했다[안태근(2013), 『한국영화 100년사 : 감독·배우·스태프와 한국영화의 모든 것』, 북스토리, 21쪽].

12) 이화진(2004), 「식민지 영화의 내셔널리티와 '향토색' : 1930년대 후반 조선영화 담론」, 『상허학보』 제13집, 365쪽.

13) 농민과 농촌이 '조선적인 것'을 재현하는 핵심적인 주체이자 공간으로 부상했다는 사실 자체가 이미 식민지적 상황을 반영하고 있다. 농민은 수천 년간 존재해 왔지만, 민족적 정체성의 기초로서 농민이 발견되고 강조된 것은 1920년대의 일이다[Sorenson,

서도 공통적이다. 이 영화들을 통해서 "조선 색채 짙은 영화"의 코드가 공유되었다.[14] 1938년 11월 조선일보사가 개최한 최초의 영화제는 독자 투표로 무성영화시대와 유성영화시대의 대표작을 선정했는데, 무성영화로는 순서대로 〈아리랑〉·〈임자 없는 나룻배〉·〈인생 항로〉(1937/안종화 감독)가, 유성영화로는 〈심청〉(1937/안석영 감독)·〈오몽녀〉(1937/나운규 감독)·〈나그네〉가 각각 선정되었다.[15] 이 중 〈인생 항로〉만 전형적인 로맨스 장르로 분류될 수 있고, 나머지는 이른바 "조선 색채 짙은 영화"들이었다.

대중의 호응에서 확인할 수 있는 것처럼 영화 제작에서 조선적인 것의 재현을 추동한 동인 중 하나는 시장의 요구였다. 특징적인 것은 시장에서의 지배자 또는 대타자가 일본영화가 아닌 할리우드영화였다는 점이다. 식민지 조선의 대중은 할리우드영화에 열광한 반면, 일본영화는 그다지 인기가 없었다. 저예산의 사무라이 시대극과 신파조 현대극은 할리우드영화와 경쟁이 되지 않았다. 1934년 「활동사진영화취체규칙」으로 외화 수입 규제가 시작된 이후인 1930년대 중반에도 조선에서는 서양영화(90퍼센트 이상이 미국 할리우드영화)가 60~70퍼센트의 점유율을 기록했으며, 1940년대 초까지 양화 관람의 열기는 여전했다. "대중의 영화에 대한 미학적 기준과 취향의 중심에 있는 것은 외국영화, 그중에서도 할리우드영화였다".[16] 할리우드영화에 이미 눈이 높아진 식민지 조선의 대중에게 그것을 모방한 아류작으로 다가가서는 성공의 가능성이 애초에 희박했다. 조선영화가 조선

Clark(1997), "National Identity and the Creation of the Category "Peasant" in Colonial Korea," in Gi-Wook Shin and Michael Edson Robinson, ed., *Colonial Modernity in Korea*, Harvard University Asia Center, pp.293-300]. 도시가 외래 식민자에게 점령당한 상황에서 농민과 농촌은 '조선적인 것'이 옛 전통에 기반을 두고 새롭게 정의되어야 하는 터전이 되었다.

14) 유성영화로 제작 환경이 변화하던 이 시기에 무성영화 초기에 영화화되었던 작품들을 포함하여 〈춘향전〉, 〈장화홍련전〉, 〈심청전〉 등 조선의 고전소설들이 다시 영화화되었다.

15) 「各畵 "베스트 10" 當選. 映畵祭 人氣의 反影! 추첨투표 총수 5천여 매. 無聲 1席 아리랑 전편 發聲 1席 심청전」, 『朝鮮日報』 1938. 11. 23.자.

16) 유선영(2005), 「황색 식민지의 서양영화 관람과 소비 실천, 1934~1942 : 제국에 대한 '문화적 부인'의 실천성과 정상화 과정」, 『언론과 사회』 제13권 제2호, 16쪽.

적인 것의 재현으로 눈을 돌리게 된 데에는 이러한 시장이라는 힘이 중요하게 작용했다.

당시 영화 시장은 매우 역설적인 상황에 놓여 있었다. 관객은 폭증하고 있어 1927년 260만 명을 헤아리던 것이 1935년에는 880만 명으로 늘어났고 1940년에는 2,100만 명을 넘어섰다. 영화는 식민지 조선인에게 가장 인기 있는 대중문화였다. 반면 대공황과 만주사변의 영향 등으로 제작 자금의 공급이 경색되면서 영화 제작은 급속히 위축되었다. 1930년 12편이던 제작 편수가 1931년에는 10편, 1932년에는 4편, 1933년에는 3편까지 축소되었다. 영세한 영화 프로덕션들이 한 편을 제작하고 문을 닫는 1사1작의 난관에 처해 있었다.[17]

반면 1935년을 기점으로 무성영화에서 유성영화로 제작 환경이 변화하면서 제작비는 두 배 이상으로 치솟았다. 영세자본이 주축을 이루던 영화 제작사들로서는 이제 협소한 조선 시장만을 대상으로 해서는 생존을 도모하기 힘든 상황이었다. 전국의 극장에서 개봉한다고 해도 평균적으로는 제작비의 겨우 절반 정도만 회수할 수 있었다. 이런 점에서 영화와 관련하여 "가장 민족적인 것이 가장 국제적이다"라는 말이 바로 이 시기 1930년대 중반에 나왔다는 점은 매우 함축적이다.[18] 해외 수출은 선택이 아니라 필수였다. 경쟁력 없는 조선영화를 수출하기 위해 요구된 전략이 조선적인 색채가 짙은 향토영화의 제작이었다.[19] 당시 조선영화계에서 가장 막강한 영향력을 갖고 있던 조선영화사 사주 최남주는 이 향토색을 '조선영화의 생명선'으로 보면서 이렇게 강조했다.

> 외국의 풍속이나 생활양식을 모방하는 것보담 우리에게만 있을 수 있는 고유한 것을 즉 조선의 정서를 나타내는 것을 제작해야 할 것이라고 생각됩니다. …우리

17) 민병기 외(1998), 『한국의 영상문학』, 문예마당, 143쪽.

18) 崔章(1936), 「朝鮮映畵企業論」, 『朝鮮映畵』 제1호, 35쪽.

19) 강성률(2007), 「1930년대 로컬컬러 담론 연구」, 『영화연구』 제33호, 243쪽.

는 남과 같이 막대한 자력을 드릴 수도 없으니 풍일(豊溢)하는 재료를 갖인 것만 을 달게 알고 조선의 향토색이라든가 그 정조를 무르녹게 묘사만 잘하면 세계 영화 시장에 진출할 희망이 넘치는 것입니다.[20)]

동시에 제작사의 대형화, 주식회사화가 진행되었다. 조선영화주식회사, 청구영화사, 성봉영화사 등 대형 주식회사가 설립되었고 난립해 있던 중소 제작사들, 프로덕션들은 도태하기 시작했다.[21)] 향토색 짙은 조선영화는 제작자, 감독, 평론가 등 영화계 인사 대부분이 공감하는 시대의 화두가 되었다. 이런 영화의 모범인 〈아리랑〉만 해도 할리우드영화의 관습적 문법을 차용하고 모방했다는 사실은 이미 나운규 자신이 고백한 바 있다. 〈아리랑〉은 "화나는데 서양사람 흉내를 내서 한 작품 만들어" 보려고 만든 영화였다.[22)] 이제 모방을 넘어 조선 고유의 것을 순정하게 표현해야 한다는 점에서는 〈아리랑〉조차 극복의 대상이 되었다. 더욱이 이런 요구는 조선영화 제작에 다양한 경로로 참여하고 있던 일본 영화자본의 요청이기도 했다. 일본 대중 사이에서 조선영화를 흥행시키기 위해서는 '조선적인 코드'가 절실했다.

하지만 다른 한편에서 향토색 영화의 제작에는 조선 민중의 실제 비극적 삶의 재현이라는 리얼리즘적 원칙과 문예운동상의 동인도 작동하고 있었다. "가장 민족적인 것이 가장 국제적인 것"이라고 말한 최장의 입장은 사실 수출을 위한 조선색 추구는 아니었다. 그는 무엇보다도 조선인 영화 소비자 대중 본위의 관점에서 조선적 색채의 구현이 중요하다고 강조했던 것이다. 그것이 성공할 때 수출도 용이할 것이라는 쪽이 그의 진의였다.

임화는 "싸이랜트 〈아리랑〉을 성공시킨 것과 같이 〈나그네〉를 성공시킨 것도 「레아리즘」(리얼리즘 — 인용자)이라는 사실은 명명될 필요가 있"고, "내

20) 崔南周(1936), 「朝鮮映畵의 生命線」, 『朝鮮映畵』 제1호, 43쪽.

21) 민병기 외(1998), 앞의 책, 146쪽.

22) 羅雲奎(1936), 「아리랑을 만들 때」, 『朝鮮映畵』 제1호, 47쪽.

용의 어느 부분에 가서 아무리 수긍하기 어려운 부분에 봉착(逢着)하드래도 작가가 생활의 진실을 추구하는 경우에는 사람들은 감동을 받는 것"이라고 평가하고 있다.[23] 김성춘은 "우리 조선에 있어서는 우리 구미(口味)에 맞는 향토영화를 제작하는 것이 조선영화 발전상에 있어서 제일 주요한 문제"라고 주장하였다.[24] 이런 맥락에서 보면 당대에 제작되고 있던 이른바 향토영화의 상당수는 소재주의에 함몰되면서 기껏해야 일본과 외국 대중의 이국 취미에 영합하고 있는 것으로 보였다. 임화는 〈춘향전〉 이래 일련의 시대극 열풍을 "흥행 효과와 경비 감약(減約)만을 위하여 민중을 속이는" 짓이라고 비판하기도 했다.[25] 심지어 명작으로 꼽히던 〈나그네〉조차 소재주의의 포장을 벗기고 보면 실패작에 불과하다는 비판도 있었다. 카프를 비롯한 사회주의 리얼리즘계열 논자들의 비판은 식민권력의 검열만큼이나 영화인에게 끊임없는 긴장을 제공했다.

요컨대 영화에서 조선적인 것의 부상은 시장·자본의 요구라는 경제적 차원과, 조선인 문화예술인들이 조선인의 삶의 실재를 표현해야 한다는 문예운동적 실천의 차원에 동시에 기반을 두고 있었다. 물론 시장과 자본의 힘은 갈수록 강해졌다. 특히 1930년대 중반 유성영화시대를 맞이하면서 이런 측면은 더욱 심화되었다. 그러한 한 영화에서 구현된 조선적인 것의 재현은 〈아리랑〉에서 소극적이나마 가능했던 저항성마저 거세되면서 "영화 자체의 역사적 맥락을 봉인한 채 조선적인 정조가 두드러지는 농촌 이야기로 일반화한 측면도 있는 것"이라고 할 수 있다.[26]

이런 소재주의적 한계를 논할 때 식민권력의 검열이라는 근본적인 제약을 고려해야 함은 물론이다. 〈아리랑〉 또한 순사의 따귀를 때리는 장면이나 시국 비판과 관련된 장면이 삭제되었다는 증언이 있다.[27] 나운규의 다

---

23) 林和(1941), 「朝鮮映畵發達小史」, 『三千里』 제13권 제6호, 203-204쪽.

24) 金聖春(1936), 「朝鮮映畵製作의 主要問題」, 『朝鮮映畵』 제1호, 56쪽.

25) 林和(1926), 「危機에 臨한 朝鮮映畵界」, 『每日申報』 1926. 6. 20.자, 3면.

26) 이화진(2004), 앞의 논문, 382-383쪽.

27) 안태근(2013), 앞의 책, 27쪽.

른 작품 〈사랑을 찾아서〉(1928)나 〈개화당 이문〉(1932) 역시 적지 않은 사전 검열을 당한 것으로 알려져 있다.[28] 이영일의 증언에 따르면, 농토를 빼앗긴 농민이 두만강을 건너서 살 길을 찾아 떠난다는 내용을 담은 〈두만강을 건너서〉는 검열 과정에서 〈사랑을 찾아서〉로 제목이 바뀌었다. 나운규는 검열을 피하기 위해 "암시적이며 우회적인 방법으로 자기가 하고 싶은 말을 교묘하게 할 줄 알아야" 한다고 말했다고 한다.[29] 검열은 이런 방식으로 직접 행해지지 않더라도 내면화된다. 나운규의 시대에 조선적인 것의 재현이 비참한 농촌 현실의 의식적 재현으로서 고발적 성격을 지니고 있었다면, 또 카프가 활동하던 시기에는 비평을 통해 조선적인 것의 실재적 재현이 영화인들에게 문제적인 지향으로서 존재했다면, 이념이 왜소화되고 검열이 내면화된 1930년대 중반 이후 조선적인 것은 대중의 취향이라는 영역으로 이전되고 있었다.[30]

2. 대중가요의 경우

대중가요의 출현과 성장에 중요한 제도적 장치는 음반산업과 라디오 방송이라고 할 수 있다. 특히 음반산업은 대중가요의 생산자로서 매우 중요한 역할을 수행했다. 미국계 컬럼비아레코드에 의해 1907년에 최초로 출현한 음반산업은 초기에는 조선의 판소리, 민요와 잡가 등 전통가요의 녹음에 치중했다. 이후 본격적인 근대적 대중가요는 1926년 윤심덕의 〈사의 찬미〉와 1928년 이애리수의 〈황성의 적〉의 발매를 시작으로 성장하였다. 그리고 유성기의 보급, 1927년부터 시작된 라디오 방송과 1928년부터 시작된 전기녹음의 위력이 결합하면서 대중가요 또한 영화에 못지않게 급속도로 확산되었다. 음반산업 성립 이후 1930년대 중후반까지 대중가요 유행의 흐

28) 민병기 외(1998), 앞의 책, 139쪽.

29) 신원선(2004), 「무성영화 〈아리랑〉과 검열 : 검열이 〈아리랑〉에 미친 영향과 원형 재구 가능성을 중심으로」, 『한국극예술연구』 제19집, 140-141쪽.

30) 이화진(2004), 앞의 논문, 370쪽.

름을 곡종별로 살펴보면, 대체로 민요를 포함한 전통가요→(영화 해설)→유행가(트로트)→신민요→신속요로 이어지고 있다.[31] 이런 유행의 변화는 근본적으로 시장의 논리, 즉 대중의 취향과 자본의 이윤논리에 기반하고 있었다.

그런데 대중가요의 경우, 영화와 비교할 때 하위 장르 간, 즉 곡종 간 다양성이 상대적으로 컸다는 점이 특징이다. 전통가요에 속하는 판소리, 민요, 잡가, 속요는 물론 서양음악의 영향을 받은 일본 엔카풍의 유행가와 재즈송으로 통칭되던 서양식 가요, 만요(넌센스), 영화 해설 그리고 새로이 창작된 신민요 등이 경합하고 있었던 것이다. 이런 장르상의 다양성 속에서 특정한 장르의 장기적이거나 압도적인 우위는 가능하지 않았다.

물론 이런 장르적 다양성 속에서도 대중가요에서 조선적인 것을 추구해야 한다는 의식은 높아지고 있었다. 또 한편으로는 유행가의 가사가 퇴폐적이고 저속하다는 판단에서 유행가 가사의 정화 필요성도 제기되었다. 언론사와 관련 단체들이 유행가 가사를 정화하려는 목적으로 유행가 가사 현상 공모를 실시하기도 했는데, 노랫말의 기본적 정서로는 향토성과 토속성이 강조되었고, 이는 소박하면서도 정감 있는 시골 풍경과 맞닿아 있었다.[32] 작곡과 관련해서도 "작곡문제는… 옛 노래(고가) 양식에서 그 구곡의 편영을 한번 찾아내 주어도 좋겠다"는 의견들이 제시되고 있었다.[33]

이런 의식적 노력에도 불구하고 영화와 비교할 때 대중가요에서는 영화에서와 같이 조선적인 것의 부상과 관련된 공유된 창작의 코드를 찾기 어렵다. 하위 장르들은 각 장르적 문법에 따라 조선인 대중에게 소구하고 있었으므로 특정한 조선색의 코드를 찾는다는 것은 사실상 불가능하다. 판소리·민요·잡가·속요 등은 기원상 조선적인 것 자체로 정의될 수도 있지만, 조선적인 것이 전통 자체가 아니라 근대적으로 발견되고 창안되는 범

---

31) 이소영(2009), 「'조선적인 것'의 음악적 표상 : '비빔밥식 노래'」, 『낭만음악』 제22권 제1호, 133쪽.

32) 장유정(2006), 『오빠는 풍각쟁이야』, 민음IN, 141-146쪽.

33) 김태준(1934), 「조선의 가요는 어데로」, 『朝鮮日報』 1934. 4. 29.자.

주라는 점을 고려한다면 이 또한 쉽게 결론지을 수 있는 문제는 아니다. 예컨대 음반산업을 통한 전통가요의 확산으로 각 곡종은 이전의 지역성을 탈각하고 전국화되었으며, 경기민요의 득세와 같이 특정 지역의 특성이 조선적인 것 일반을 대표하는 결과를 낳기도 했다.

유행가의 경우는 사정이 더욱 복잡하다. 서양음악의 작곡법과 일본식 요나누키음계가 결합되고 거기에 조선인 대중의 정서에 소구하는 가사를 붙인 유행가는, 조선적인 것의 원형이라기보다는 오히려 식민지적 혼종성의 대표적 사례라고 해야 어울릴 것이다. 그렇지만 유행가는 전반적인 염세적 · 퇴영적 가사와 정조에도 불구하고,[34] 혹은 그 퇴영성 자체가 환기하는 잠재적 불온성으로 인해 곧잘 검열의 칼날을 맞고 금지곡이 되었다.[35] 이는 식민지에서 불온성의 강도라는 것이 민족적인 것의 재현에 대한 충실성과 꼭 비례하지는 않는다는 사실을 잘 보여 준다. 퇴폐성, 저속성에 대립하는 향토색, 토속성과 같은 특성은 곧잘 건전성의 이미지와 연결되고 있었다.

이 점은 1930년대 중반 유행가(트로트)를 제치고 대중가요 시장에서 가장 큰 반향을 얻었던 신민요의 경우를 보면 더욱 분명해진다. 1933년 〈신방아타령〉(작사 미상/박용수 작곡/왕수복 노래), 1934년 〈처녀총각〉(범오 작사/김준영 작곡/강홍식 노래), 〈노들강변〉(신불출 작사/문호월 작곡/박부용 노래) 등이 크게 히트하면서 신민요는 주류 장르로 부상하였다.

신민요는 명칭대로 조선적인 가사와 선율, 정조에 기초하고자 했다. 유행가가 도시적 풍경에 치중하고 토속성을 드러내지 않은 반면, 신민요는 토속적 풍경에 기초하면서 남녀 간의 사랑 또한 토속적 풍경 속에 위치시켰다.[36] 빅터레코드사 문예부장 이기세가 평가하듯이 신민요는 "조선의 고

---

34) 유행가 가사의 퇴폐성과 저속성은 당시 여론의 주된 비판 지점 중 하나였다. 언론사를 포함한 다양한 단체가 저속한 유행가 가사를 정화하려는 목적으로 각종 현상 공모전을 개최했다[장유정(2006), 앞의 책, 141-143쪽].

35) 현재 확인된 금지레코드는 총 금지곡의 금지사유로 치안방해가 26건, 풍속괴란이 17건, 사유 미상이 10건으로 나타난다[문옥배(2004), 『한국 금지곡의 사회사』, 예솔출판사, 82-83쪽 〈표 3〉 참조].

36) 이영미(1998), 『한국대중가요사』, 시공사, 83쪽.

전예술을 캐여 내기를 즐겨 하고 향토색이 흐르는 그러한 종류의 노래를 일반이 더욱 환영하는 현상" 속에서 부상하였고, "두말할 것도 없이, '류행가'보다는 조선의 내음새가 들어 있고 우리들의 마음에 반향(反響)할 만한 노래"로 받아들여졌다.[37)]

신민요는 유행가와는 달리 자학과 자기연민이 뒤섞인 정서적 과잉과 거리를 두었다는 점에서 긍정적임에도 불구하고 해학적 표현의 재미에 매몰되어 삶의 괴로움, 시대적 공감을 얻을 수 있는 절절한 형상화, 당대적 긴장감의 획득이라는 점에서는 뚜렷한 한계 또한 지니고 있었다.[38)] 사실 신민요에 대한 이런 비판적 인식은 당대에도 이미 제기되고 있었다. 우선 신민요는 정체성이 불분명했다. 컬럼비아레코드사의 문예부장이던 이하윤의 말처럼 "유행가도 아니고 민요도 아닌 그 중간식 비빔밥 격인 '신민요'로서 이것은 전래의 조선 소리를 얼마간 그냥 본떠다가 음보(音譜)를 서양 악보에다 맞춰서 부르는 것"이었다.[39)] 신민요는 전통적 민요의 음계와 장단, 가사를 서양음악의 선법 및 악기 반주와 결합함으로써 창안된 새로운 전통으로서 유행가보다는 조선적인 것이라는 정의에 좀 더 가까운 장르라고 할 수 있을 것이다. 신민요가 서양음악을 정식으로 교육받은 엘리트들이 전통의 보존과 갱신을 목적의식적으로 추구하는 과정에서 출현했다는 사실은 더욱 주목할 만하다. 동시에 바로 이런 성격 때문에 신민요는 적지 않은 비판에 노출되었다. 국문학자이자 민요 연구자였던 김사엽은 신민요를 이렇게 비판했다.

> 신민요라고 하여 유행가와 구별한 것도 이자 간(二者間)에 하등(何等) 한계선을 인정할 수 없는 사이비의 민요였음에 너무도 실망하엿다. 신민요를 창작하는 이가 민요에 대한 소허(少許)의 이해도 없는지라 민요와 유행가와의 상위(相違)

37) 이기세 · 이하윤 외(1936), 「新春에는 엇든 노래 流行할가」, 『三千里』 제8권 제2호, 124쪽.

38) 이영미(1998), 앞의 책, 85-87쪽.

39) 이기세 · 이하윤 외(1936), 앞의 글, 123쪽.

가 시적(詩的) 형식에 있는 것이 아니고 그 내용적 사상과 음악적 소질에 있어서 의식(意識)하여야 한다는 것을 모르고 있다.[40]

당시의 신민요는 민요의 계승자로서 마땅히 견지해야 할 사상과 음악적 소질을 도외시한 사이비 민요에 불과하다는 날 선 비판이다. 비판의 요지는 신민요의 상업성, 일본 신민요운동의 모방적 성격,[41] 민중성의 결여였다. "각 레코-드 회사에서 한 상업정책으로 일본 내지의 그것에 모방하여 민요에 대한 깊은 이해도 없는 시인들의 값싼 자기 영탄에 그친 시를 민요의 음악적 관용법을 무시하고 작곡을 해서 신민요라는 '렛델'을 붙여 판매시장에 내어놓은들… 이 현상이 신민요의 발생을 의미하는 것은 아니다."[42]

민요의 작가는 늘 민중일 것이며, 인심의 불안과 불평이 분노가 되고 풍자가 될 때 그것이 민중의 민요가 된다는 것이 김사엽의 주장이었다.[43] 이런 점에서 신민요가 그 불같은 부상이 무색할 만큼 급속하게 인기를 잃고 신속요에게 자리를 내준 사실은 주목할 만하다.[44] 신민요가 묘사한 향토는

---

40) 김사엽(1935a), 「新民謠의 再認識 : 아울러 日本民謠運動의 昨今」, 『朝鮮日報』 1935. 12. 14.자.

41) 1920년대에 시작된 일본의 민요운동은 토속적 · 지방적인 것을 주축으로 이루어졌다. 근대에 창출된 것으로서의 민요는 도시로 이주하고 국경 너머로 출정하는 근대일본인에게 고향의 이미지를 구축함으로써 원점과 기원점을 제공하였다. 동시에 도시의 레코드를 통해 들려오는 민요는 계급과 지역의 차이라는 사실적 상을 지우고 변함없는 자연이라는 환상으로 그것을 대체하였다[쓰보이 히데토(2006), 「노래와 고향의 재창조 : 20세기 전반기 민요운동과 그 외」, 『한국문화연구』 제30호, 29-45쪽].

42) 김사엽(1937), 「藝術民謠 存在論 : 그 時代性과 土俗性에 관하여(1)」, 『朝鮮日報』 1937. 2. 20.자.

43) 김사엽(1935b), 「新民謠의 再認識 : 아울러 日本民謠運動의 昨今(2)」, 『朝鮮日報』 1935. 12. 13.자.

44) 빅터의 이기세는 1935년 하반기부터 "일반 레코-드팬 대중이 『新民謠』에도 역시 실증을 가지기 시작하게 되여, 순전한 在來의 『民謠』도 아니고, 『新民謠』도 아닌 그 중간층인 『俗謠』라고 명칭을 부를 수 잇는 그런 종류의 노래로 기우러지는 듯함을 역역히 엿볼 수 잇"다고 평가하고 있다[이기세 · 이하윤 외(1936), 앞의 글, 125쪽]. 신속요는 본래 불리고 있었지만 거의 알려져 있지 않던 노래를 새로운 반주에 맞추어 부르는 노래로서, 신민요보다 훨씬 더 '조선적'이었다. 조선적인 것의 재현이라는 측면에서

"더 이상 생활의 기반이 되는 향토가 아니라 근대인의 향수의 대상으로서의 향토로 변질"되었다.[45] 식민지의 현실과는 무관하게 삼천리강산을 축복하는 건전한 가사들은 실제의 식민지 민중과 괴리되어 있었다. "그냥 조선 고전 내음새가 물컥물컥 나는 그러한 노래 그냥 그대로가 아니고, 그렇다고 또 외국의 유행가도 아닌, 다시 말하면 조선의 민요에다 양곡 반주를 맞춘 그러한 중간층의 비빔밥식 노래"인 만큼 충분히 민족적이지도 못했다.[46] 충분히 민중적이지도, 충분히 민족적이지도 못한 신민요는 대중을 차라리 "조선 고전 내음새가 물컥물컥 나는" 신속요로 이끄는 역할에 그친 것이다.

신민요는 대중가요에서 조선적인 것의 전형이 되기에는 불충분했다. 그것은 우발적 잡종화, 감잡기식 잡종화, 중략잡종화로서 "탈식민적 해체의 계기를 제공하는 '불가사의한 불안정성(occult instability)'이 아니라 제국과 중심부의 기준에 따라 부단히 잡종화를 기획하게 만드는 후기식민성을 조절하고 연장하는 엔진으로 작용"했다. 자기를 부정하는 타자지향적인 기획으로서 자신의 틀(schema)이 부재한 무정형의 상태에서 시작한 것인 한 외부의 자극에 취약할 수밖에 없었으며, 결국 단종에 이른 것이다.[47]

III. 영화와 대중가요, 차이의 원인

지금까지 살펴본 것처럼 영화와 대중가요 사이에는 '조선적인 것'의 재현이라는 측면에서 양상의 차이가 존재했다. 영화의 경우 조선적인 것은 비

신민요는 신속요에 비해 어중간했던 것이다.

45) 이주영(2008), 「신민요의 향토성과 '조선적인 것」, 『한국어문학 국제학술포럼 학술대회』, 44쪽.

46) 이기세 · 이하윤 외(1936), 앞의 글, 124쪽.

47) 유선영(2002), 「식민지 대중가요의 잡종화 : 민족주의 기획의 탈식민성과 식민성」, 『언론과 사회』 제10권 제4호, 51쪽.

록 논쟁이 있었지만 상대적으로 안정적인 코드를 공유하고 목적의식성 아래 비교적 장기간 추구되었던 반면, 대중가요의 경우 창작의 코드들은 하위 장르별로 분산되어 있고 신민요·신속요의 경우를 제외하면 목적의식성도 상대적으로 약했으며 그마저 유행의 변화에 따라 부침이 심했다.

그렇다면 이런 차이를 낳은 원인은 어떤 것일까? 불충분하지만 몇 가지로 추정해 보자. 첫째, 장르에 미친 외래적 영향의 강도 차이를 들 수 있다. 앞에서 설명한 바와 같이 영화의 경우 할리우드영화라는 외래영화의 압도적 우위에 따라 영화산업의 생존을 위해서는 조선색의 강조가 불가피한 측면이 존재했다. 할리우드영화의 기술적 우월성과 장르적 다양성, 표현의 개방성 앞에서 조선의 영화인들이 선택할 수 있는 생존 전략은 극히 제한되어 있었다.

외래의 문화 상품이 직접 미치는 영향이라는 점에서 보면 대중가요의 경우 상황은 상대적으로 양호했고, 그것이 오히려 조선적인 것을 재현해야 한다는 압력을 약화시켰을 가능성이 있다. 기술적으로 근대의 산물인 영화와 달리 대중가요에는 민요·속요·잡가 등과 같은 기존의 전통적 양식이 이미 존재하고 있었으며, 외래의 영향은 할리우드영화처럼 압도적인 위상의 독자적 실체가 아니라 재즈송·엔카풍 유행가·신민요·만요 등에 다양한 방식으로 분산된 채 스며들어 있었다. 맞서야 할 외래 경향이 분명하지 않은 상황에서 민족적 색채 짙은 창작방법론의 필요성은 영화만큼은 절박하지 않았다고 할 수 있다.

둘째, 자본의 규모와 역량, 장르적 다양성의 차이와 그에 따른 경합 양상도 주목할 필요가 있을 듯하다. 영화의 경우, 일본계 자본이라 하더라도 자본 규모가 매우 영세하고 제작 및 배급 환경 또한 매우 열악했다. 열악한 제작 환경 속에서 제작 가능한 장르의 선택지는 매우 좁았다. 강화되어 가던 검열 및 단속 등 권력의 통제 또한 선택의 폭을 좁히기는 마찬가지였다. 나운규의 〈아리랑〉 이래 앞에서 언급한 일련의 토속적 색채의 영화들과, 〈바다의 비곡〉 등을 선두로 한 통속적인 내용의 신파조 작품 계열들, 그리고 카프계열의 영화인들이 제작한 〈유랑〉(1928)·〈혼가(昏街)〉(1929)·〈암로

(暗路)〉(1929) · 〈지하촌〉(1931) 같은 경향계열 작품 정도가 구별될 수 있을 뿐이었다.[48] 검열이 치안과 풍속이라는 두 방면에 통제를 집중하는 상황에서 조선색을 그려 내는 순수영화는 역설적으로 검열과 탄압의 상대적 안전지대에 들어가 있었다.

반면 대중가요의 경우는 하위 장르로서 다양한 전통가요들과 재즈송, 엔카풍의 유행가, 신민요, 신속요, 만요 등이 경합하고 있었고 장기적인 우세종은 존재하지 않았다. 곡종들은 지속적인 경합의 과정 속에 놓여 있었다. 따라서 음반산업자본은 특정한 하위 장르에 몰두하기보다는 대중의 취향 변화에 반응하기도 하고 때로는 선도하기도 하면서 다양한 장르에 관여해야 했다. 컬럼비아, 빅터, 시에론, 오케, 폴리도르, 태평의 6대 음반회사들은 일본의 메이저 음반회사가 직접 진출한 형태였다. 일본에서의 경험과 자본의 규모가 뒷받침되어 있었기 때문에 이 음반회사들은 모두 문예부를 두고 조선인 문예부장을 필두로 대중의 취향, 유행의 변화를 면밀하게 파악하면서 시장 상황에 가변적으로 대응했다.[49]

셋째, 장르의 매체적 특성이 초래하는 횡단성의 차이 또한 염두에 두어야 할 것이다. 영화는 시청각 모두에 작용하지만, 무엇보다도 시각적 측면이 더욱 두드러지는 장르라고 할 수 있다. 시각적 재현은 번역을 필요로 하지 않으며, 언어적 의미는 변사나 자막을 통해 전달될 수 있었다. 할리우드영화가 조선에서 얻은 성공이나 조선색 짙은 영화들의 일본 흥행 성공은 영화매체의 이런 특성에 기반한 측면이 있을 것이다. 이런 횡단의 용이성이 조선영화의 위기를 강제했고, 또 조선적인 영화의 제작을 추동했으며, 수출 가능성을 증폭시켰다.

---

48) 유현목(1997), 『한국영화발달사』, 책누리, 12쪽 ; 김미현 편(2006), 앞의 책, 50-51쪽 (그나마도 카프계열의 사회주의 리얼리즘적 작품은 식민지기를 통틀어 5편 제작에 그친다. 이는 사회주의사상 및 좌파민족운동이 처한 당대의 열악한 현실에서 비롯된 상황이었다. 따라서 좌파의 경우 실제 작품 활동보다는 비평과 논쟁을 통한 개입과 영향력 행사가 더 주목된다).

49) 장유정(2006), 앞의 책, 154-156쪽.

반면 대중가요의 경우 시각적 전달 가능성은 거의 배제한 채 노랫말이라는 언어를 매개로 한다는 점에서, 이런 횡단성에 상대적으로 제한이 있을 수밖에 없다. 일본의 히트곡은 조선으로 넘어오면서 번역·번안을 거친 다음 익숙한 조선인 가수에 의해 불렸고, 조선인 가수들이 일본에서 음반을 낼 때는 민요 같은 경우를 제외하면 일본어를 사용했을 뿐만 아니라 적지 않은 경우 이름조차 일본식 예명을 사용했다.[50] 횡단성 자체가 영화보다 낮았지만 횡단하는 경우에는 번역을 포함한 현지화라는 매개를 거치면서 노래의 민족적 기원에 대한 인식이 희미해졌다.

넷째, 무엇보다도 중요한 요인으로 텍스트 자체가 지닌 함축과는 별도의 차원에서 작동하는 '텍스트 외부성'의 차이를 주목할 필요가 있다. 영화와 대중가요가 수용 양식의 측면에서 지닌 큰 차이는 향유의 집합성 대 개인성, 공연성 대 재현성이라고 할 수 있다. 영화는 무엇보다도 집합적으로 소비되었다. 조선인 군중은 조선인 극장에서 조선영화를 관람했다. 또한 무성영화는 변사의 존재로 인해 일종의 공연으로서 상연되었다. 변사의 즉흥성은 집합적 관객성과 조우하면서 언제든지 텍스트를 넘어선 잉여를 능동적으로 생산할 수 있었다. 임석경관(臨席警官)의 존재는 거기에 인종적·정치적 긴장까지 부가하였다. 이미 검열을 거친 것인 한 그 텍스트가 체제에 근본적인 위협이 되지 못한다 하더라도 이런 수용 양식상의 특징은 조선인 관객에 의해 텍스트를 넘어선 불온한 해석과 기대의 지평을 열어 주었다.[51] 조선색 짙은 영화들은 대개 텍스트가 지닌 불온성 이상으로 대중에

50) 이준희(2011), 「1945년 이전 일본 대중가요 음반에 나타난 조선인의 활동」, 『대중음악』 제7호, 129-157쪽.

51) 이상에 대해서는 이승희(2012), 「식민지 조선 흥행시장의 병리학과 검열체제」, 『상허학보』 제35집, 218-224쪽 참조. 김려실에 따르면, 검열을 거쳐 제작된 〈아리랑〉은 텍스트상으로는 결코 항일영화가 아니지만 '의도된 모호성'과 관객과 변사의 능동적인 상호작용을 거치면서 관객, 나아가 조선인 민중에게 항일영화로 해석될 수 있었다. 예를 들어 주인공 영진은 영화에서 단순한 광인이었지만, 조선인 관객은 그가 3·1만세운동에 참여했다가 고문을 받아 미친 것으로 해석했다. 영화 〈아리랑〉은 수많은 변종의, 더 급진적인 '아리랑'들을 낳았다. 상영을 거듭하면서 형성된 암묵적 해석의 지평을 경과하면서 '아리랑'에 대한 평가는 "농촌을 배경으로 한 멜로 드라마"에서 "조선의

게 과잉 해석되었으며, 영화인들은 검열의 경계선 안에서도 과잉 해석을 염두에 두고 영화를 제작할 수 있었다.

반면 대중가요의 경우는 공연을 통한 직접적 · 집합적 감상의 기회가 없는 것은 아니었지만, 기본적으로는 개인적이거나 간접적 재현을 통해 향유되었다는 점에서 영화와는 대조적이다. 개인 혹은 소수의 지인이 상대적으로 정적인 환경 속에서 유성기나 축음기, 라디오를 통해 재현되는 대중가요를 '감상'하는 과정에서 텍스트를 넘어서는 불온한 잉여가 생산될 여지는 상대적으로 작았다. 물론 노래 자체는 사회적으로 공유되는 것이며, 공유된 해석의 지평에 의해 텍스트 이상의 의미를 생산할 가능성은 충분하다. 이 점은 당대 금지곡 선정의 사유를 다룬 기사에서도 일부 시사되고 있다. 어떤 대중가요가 금지되는 것은 반드시 그 가사가 담고 있는 치안상 · 풍속상의 위험성 때문만은 아니었다. "문자로 나타난 바로는 아무렇지 않지마는 그 입으로 불려 나오는 매듸에는 너무나 회고적이요 애상적인" 노래나, "문자로 표현한다면 몰라도 말로서 표현할 때에는 도모지 그냥 둘 수 없는 노래들"이 금지되었다.[52] 이는 검열의 잣대가 대중가요의 문자 텍스트에 내재한 불온성에 있다기보다는 텍스트 외부에서 그것이 소비 · 해석되고 공유되는 실천적 맥락, 즉 화용론적 맥락 속에 있었음을 시사한다.[53] 다만 향유 양식의 집합성과 공연성이 약한 대중가요에서 이 화용론적 맥락의 개입은 상대적으로 덜 뚜렷하거나 애매할 수밖에 없었다.

현실을 사실적으로 그린 수작"으로 변모하였다[김려실(2006), 『투사하는 제국, 투영하는 식민지 : 1901～1945년의 한국영화사를 되짚다』, 삼인, 101-118쪽].

52) 미상(1936), 「엇더한 레코-드가 禁止를 當하나」, 『三千里』 제8권 제4호, 269쪽.

53) 예를 들어 〈목포의 눈물〉은 1935년 『조선일보』의 제1회 향토찬가공모에서 당선된 향토색 짙은 '건전가요'였다. 다만 문제라면 음반 발매 직후 5만 장 이상 판매될 정도로 지나치게 공전의 히트를 기록했다는 점이다. 대중은 이 건전한 노래를 자신의 입장에서 불온하게 해석하고 공유하였다. 〈목포의 눈물〉이 분명한 사유 없이 금지곡이 된 이유는 가사 텍스트 자체의 불온성 때문이 아니라, 그것이 유행하고 불리는 화용론적 맥락에 있었던 것이다.

IV. 조선적인 것, 그 가능성과 불가능성

대중문화에서 '조선적인 것'의 재현이 처해 있던 이 복잡다기한 상황은 식민지 말기, 총력전체제가 본격화되면서 또다시 굴곡을 겪기 시작한다. 1937년 중일전쟁과 1941년 태평양전쟁을 도발한 일본제국/식민권력은 영화와 음반산업에 대한 검열을 대폭 강화함과 함께 총후(銃後)의 문화전선을 담당할 국책영화와 시국가요의 생산을 독려할 제도적 장치를 마련하였다. 1937년 6월 조선총독부 학무국에서 제정한 「필름레코드인정규정」은 통제의 강화책과 더불어 일반 대중의 교화를 목적으로 사회교화상 우수한 영화와 음반을 총독부 차원에서 인정·추천한다는 유인책 또한 포함하고 있었다.[54] 총력전 상황 속에서 내선일체·황국신민·대동아공영권으로 이어지는 일련의 '제국적인 것'으로의 통합논리 앞에서 조선적인 것의 고유성을 재현할 수 있는 가능성은 어떤 운명을 맞고 있었을까?

1. 영화의 경우

1940년 「조선영화령」이 실시되고 기존 영화사를 통폐합한 조선영화 제작주식회사의 설립이 추진되는 한편, 영화인등록제 등이 실시되면서 조선의 영화계는 이른바 파시즘적 동원체제로서 영화신체제에 진입했다. 바로 이 무렵 제작된 중요한 국책영화들의 운명은 조선적인 것이 이 문제적 상황 속에서 어떤 운명에 처하게 되었는지를 보여 주는 사례가 된다.

잘 알려진 것처럼 〈지원병〉(1940~1941 / 안석영 감독)과 〈반도의 봄〉(1941 / 이병일 감독), 〈집 없는 천사〉(1941 / 최인규 감독), 〈그대와 나〉(1941 / 허영 감독) 같은 중요한 국책영화들이 겪은 운명은 결코 순탄치 않았다. 1938년 2월 22일에 발표된 육군특별지원병제도의 실시에 호응하여 제작된 국책영화 〈지원병〉은 일본 개봉에서 혹독한 실패를 맛보았고, 국내 개봉 또한 크게 늦추어졌

54) 이준희(2009), 「일제시대 군국가요(軍國歌謠) 연구」, 『韓國文化』 제46집, 149쪽.

다. 일제 당국은 이 영화의 개봉을 마뜩치 않게 생각했다. 근본 원인은 〈지원병〉이 지닌 담론적 균열에 있었다. 물론 〈지원병〉은 명백한 친일영화다. 주인공 춘호가 스스로 조선인 됨을 부정하고 황국신민이 되는 과정을 통해 제국의 통치 이념인 내선일체를 직설적으로 표현하고 있었다. 그럼에도 불구하고 영화 속에서 춘호의 자기부정은 언제나 조선적인 것에 대한 강한 향수와 애착을 동반하는 형식으로 진행된다.

내선일체와 관련된 이와 같은 딜레마는 조선군 보도부의 지휘 아래 조선, 일본, 만주 3국의 유명 배우 및 일본의 영화 역량을 총동원하여 제작한 〈그대와 나〉에서도 반복되었다. 조선인 특별지원병 1호로 중국에서 전사한 이인석 상등병을 영웅적으로 묘사한 이 영화조차 제국의 승인을 얻는 데에는 끝내 실패하였다. 내선일체의 기획 의도를 높이 평가받아 일본 문부성의 추천까지 받은 이 영화 또한 결국은 조선어 사용이 문제 되어 일본 내 상영이 허가되지 않았다. 조선영화를 통한 '내선일체의 구현'은 끝내 불가능한 구호로 남았다.[55]

조선총독부 촉탁 니시가메 모토사다(西龜元貞)가 시나리오를 쓰고 최인규가 연출한 영화 〈집 없는 천사〉 역시 조선총독부의 검열을 거쳐 조선군 보도부의 추천을 받고 조선영화 최초로 문부성 추천을 받았으나, 내무성에서 이의를 제기해 재검열을 받은 끝에 결국 문부성 추천이 취소되었다. 일본에서의 흥행은 참혹하게 실패했다. 경성의 부랑아들을 교화하여 충량한 황국신민으로 키워 낸다 — 영화는 부랑아들이 교화되어 일본어로 황국신민의 서사를 제창하는 것으로 끝난다 — 는 노골적인 시국영화였음에도 문부성 추천이 취소된 결정적인 이유는 조선어 대사와 조선 복장, 기독교 정신의 미화, 경성 부랑아들의 어두운 세계를 사실적으로 묘사한 점, 일본 정신이 자연스럽게 녹아들지 못하고 과장되게 표현되어 역효과를 낸 점, 계몽 주체와 대상이 조선인만으로 구성된 점 등이었으리라고 분석된다.[56] 제국

55) 이덕기(2010b), 「제국의 호명, 빗나간 응답 : 영화 〈지원병〉과 '내선일체'의 문제」, 『한국극예술연구』 제31집, 239-270쪽.

56) 이상우(2012), 「월경하는 식민지극장 : 다이글로시아와 리터러시」, 『한국문학이론과

주체의 시선에는 이제 아무리 사소한 요소라 할지라도 조선적인 것의 재현 자체가 극도로 불편해진 것이다.

이런 상황은 명백히 역설적이고 모순적이었다. 일본영화를 제작할 수 없는 조선 영화인들이 소위 국책에 적극 협력하는 영화를 제작했음에도 불구하고 그 협력이 제국에 의해 거절당하고 있었기 때문이다. 영화를 제작한 고려영화협회의 히로카와(廣川倉用)는 『영화순보(映畵旬報)』의 조선영화 신체제 수립에 대한 좌담회에서 조선총독부가 영화에 국어(일본어)의 사용을 강요하지 않고 있다고 말하면서, "그것(〈집 없는 천사〉 — 인용자)이 재검열 · 삭제된다면 이는 조선영화 전체의 문제"라고 비판했다.[57)]

이병일 감독의 〈반도의 봄〉이 보여 주는 서사와 묘사는 이런 점에서 상당히 시사적이다. 가장 조선적인 소재인 〈춘향전〉을 제작하고 있는 조선의 젊은 영화인들이 시련과 역경을 극복하고 결국 더 큰 배움을 위해 일본으로 떠난다는 이야기는 이 시기 조선적인 것이 차지하고 있는 위상과 운명을 절묘하게 시각화해 내고 있다. 대사는 대체로 조선어가 주를 이루지만, 조선인끼리 일본어로 대화하는 상황이 곧잘 출현한다. 조선어와 일본어는 혼용되면서 이중언어(diglossia) 구조 아래에서의 코드 스위치 상황을 연출한다.[58)] 주인공들이 촬영하고 있는 영화 〈춘향전〉은 영화 속 영화로서 액자 구성을 통해서만 환기된다. 〈춘향전〉 부분에서는 가능한 한 향토색을 살려 재현하려 했지만, 조선 가옥의 기와나 동대문 · 남대문 등의 조선적인 화면까지 검열 대상이 되었다고 알려져 있다. 대동아공영이라는 제국의 기획에서 차이를 상기시키는 조선적인 것은 삭제의 대상이 되었다. 주인공의 무거운 발걸음을 쫓아가는 발 클로즈업 숏, 희망찬 영화사 설립 장면이나 일

비평』 제16권 제4호, 491-492쪽.

57) 川崎賢子(2006), 「「外地」の映畵ネットワーク一千九百三十一四十年代における朝鮮 · 滿洲國 · 中國占領地を中心に」, 山本武利 編, 『岩波講座「帝國」日本の學知 4 メディアのなかの「帝國」』, 岩波書店, 253쪽.

58) 〈반도의 봄〉에서 조선어와 일본어가 혼용되는 장면들의 규칙성에 대한 분석으로는 신하경의 연구가 자세하다[신하경(2011), 「일제 말기 '조선붐'과 식민지 영화인의 욕망」, 『아시아문화연구』 제23집, 91-98쪽].

본으로 떠나는 마지막 신 모두에서 배우들의 표정은 즐거움이나 희망보다는 무겁고 비장하게 묘사된다.[59)]

1942년의 〈배뱅이굿〉(오영진 감독)과 1943년의 〈맹진사댁 경사〉에 이르면 이제 조선적인 것이 차지할 수 있는 공간은 원천적으로 부정된다. 애초에 일본어로 작성되어 완성되어 시나리오가 『국민문학』 지면에 게재되고 조선영화 제작주식회사가 영화화까지 결정했음에도 불구하고 두 영화는 끝내 촬영에 들어가지 못했다. 이들은 물질주의와 개인주의를 비판하고 동양적 가치를 찬미한다는 점에서 국책에 부응하고 있었다. 게다가 〈집 없는 천사〉 사건으로 인해 오영진은 애초에 시나리오를 일본어로 쓴 상태였다. 그런데도 이 시나리오들은 향토색을 드러냈다는 사실 자체만으로 영화화가 불가능해졌다.

제국적인 것이 극단적으로 확장되자, 조선적인 것의 재현 가능성은 에스닉한 것조차 표현하기 힘들 정도로 극도로 위축되었다. 조선을 상기시킬 수 있는 코드들을 최소화하려는 검열의 시도가 진행되었다. 하지만 바로 그런 극단적 확장 탓에 조선적인 것은 가장 낮은 차원의 향토적인 것, 토속적인 것의 재현만으로도 문제적인 것이 되었고, 제국의 균열을 드러내는 위험한 표지가 될 수 있었다. 그 해결책은 결국 조선적인 것에 대한 완전한 부정으로 귀결되었다.

2. 대중가요의 경우

중일전쟁 발발과 그에 뒤이은 전시체제로의 돌입으로 이어지면서 대중가요에 대한 통제 또한 점차 심화되었다. 대중가요에 대한 단속 기준을 한층 강화하여 유행가를 경무국 보안과 차원에서 취체하도록 하였고, 1941년 태평양전쟁 발발 이후에는 미국 · 영국 · 프랑스의 노래를 적성음악이라는

59) 전우형(2009), 「식민지 근대의 이중 구속과 영화적 표상 : 〈반도의 봄〉의 자기반영적 서사 분석」, 『한국언어문화』 제38집, 69-100쪽.

이유로 금지시켰다. 다만 이미 일본어로 학교교육을 통해 알려진 노래들은 금지 대상에서 제외하였다.[60]

반면 시국에 부응하는 시국가요의 생산을 독려하기 위한 시도는 시차를 두고 진행되었다. 이전부터 시국가요의 생산과 보급이 꽤 진행되고 있던 일본 국내와 달리 식민지 조선의 대중음악계에서 시국가요는 전혀 생산되지 않고 있었다.[61] 그나마 1937년 말 최초의 시국가요 여섯 곡의 음반 출시와 1938년 초까지의 출시 이후 1941년 12월 태평양전쟁 발발기까지 시국가요는 거의 생산되지 않았다.

시국가요가 사실상 생산되지 않은 가장 큰 이유는 음반회사의 소극성이었다. 이 소극성을 초래한 결정적 요인은 대중의 시원치 않은 반응이었다. 1939년 열린 5대 음반회사 문예부 관계자 좌담회에서는 "내지에서는 시국가요가 상당히 산출되었고 또 판매 성적도 좋았지요. 그러나 조선에서는 그렇게 좋은 성적은 보지 못하였습니다", "전시반(戰時盤)이라고 있기는 있으나 성적이 그리 좋질 못합니다", "애국가를 냈었는데 판매 성적으로 보아서 그리 양호치는 못하였습니다" 등 이런 상황에 대한 토로가 이어졌다.[62] 음반 시장에서 판매량이 극히 저조한 만큼 음반회사들이 취입을 꺼리고 홀대한 것이 당연하다.[63]

그러나 태평양전쟁 발발 이후에는 본격적으로 군국가요가 양산되었다. 전시체제 강화에 따른 엄격한 검열, 물자 통제, 소비 위축 탓에 대중가요

60) 문옥배(2004), 앞의 책, 59쪽.

61) 일본에서는 1931년 만주사변 이래 이미 시국에 부응하는 가요들이 생산되기 시작했다. 1932년 2월에 발표된 〈만주행진곡〉, 같은 해 12월에 발표된 〈아세아행진곡〉 등을 필두로 1932년의 상하이사변을 거치면서 소위 '육탄 3용사'를 기리는 노래들이 발표되었고, 루거우차오사건(蘆溝橋事件)이 발발한 1937년이 되면 전쟁기 전체를 대표하는 〈애국행진곡〉·〈노영의 노래(露營の歌)〉·〈바다에 가면(海ゆかば)〉의 세 곡이 발표되면서 본격적인 국민가의 시대가 전개된다[戸ノ下達也(2010), 『「國民歌」を唱和した時代 : 昭和の大衆歌謠』, 吉川弘文館, 77-79쪽].

62) 「레코-드界의 內幕을 듣는 座談會」, 『朝光』 1939. 3월호, 314쪽.

63) 구인모(2008), 「최남선의 '시국가요'와 식민지의 정치의 미학화」, 『국제어문』 제42호, 282쪽.

일반 음반의 생산·유통·소비는 심대한 타격을 받았다. 반면 군국가요는 당국의 적극적인 독려 아래 생산이 대폭 확대되어, "지금은 군국의 봄을 노래하는 씩씩하고 명랑한 군가 조 유행가가 거리거리에서 들려오"는 시대가 결국 닥치고 말았다.64)

이른바 시국가요들 속에서 조선적인 것이 표현될 여지는 극히 좁았다. 만주개척이민과 중일전쟁을 거치면서 오히려 만주와 중국, 더욱 먼 이국이 대중가요, 시국가요의 중요한 공간으로 등장하기도 했다. 여태까지 등장해 본 적이 없는 만주와 중국이 〈만주의 달〉(1937), 〈야루강 춘색〉(1938), 〈북국 오천 키로〉(1939) 등과 같이 지속적으로 등장한다는 것은 주목하기에 충분하다.65) 〈아리랑만주〉, 〈사막의 환호〉(1942), 〈목란(木蘭)의 자랑〉(1943) 등도 마찬가지다. 이런 노래들은 조선적인 것보다는 오히려 제국일본의 시선을 내면화한 이국 취향을 보여 준다. 조선인 대중은 이런 노래들을 외면했고, 판매고는 보잘것없었다.66)

대표적인 시국가요 중 하나인 〈지원병의 어머니〉(1941 / 조명암 작사 / 고가 마사오 작곡) 같은 경우는 아예 일본 군국가요 〈군국의 어머니〉의 번안곡이다. 시국가요들에는 대개 충성·승리·아세아·대동아 같은 단어나 중일전쟁·태평양전쟁과 관련된 구체적인 지명, 또는 병정·총칼·군복·위문 등 전쟁 관련 단어가 상투적으로 등장했다.67) 조선적인 것 혹은 향토색이 설 자리는 사라졌다.

---

64) 양훈(1943), 「人氣流行歌手 群像」, 『朝光』 5월호, 89쪽.

65) 이영미(2010), 「한국 대중가요 속의 전쟁 : 그 변화와 의미」, 『대중음악』 제6호, 124쪽.

66) 예외적으로 〈복지만리〉는 대중적 성공을 거두었다. 만주 이민을 장려하는 영화 〈복지만리〉의 주제가였던 이 노래는 태평레코드사의 광고에 따른다면 5만 장의 판매고를 기록했다[한국대중예술문화연구원(2003), 『韓國大衆歌謠史 1』, 한국대중예술문화연구원, 323-325쪽]. "백마를 달리던 고구려 쌈터"의 "파묻힌 성터 위에 청노새는 간다 간다"는 가사가 일본의 대륙 침략에 부응하면서도 민족의 옛 영광을 상기시키는 이중적 성격을 지녔던 탓일까? 정확한 것은 알 수 없다.

67) 이준희(2011), 앞의 논문, 155쪽.

V. 나가며 : 제국적 보편성의 극단적 확장과 파국

일제 식민지기 대중가요와 영화를 중심으로 한 대중문화 영역에서 나타난 '조선적인 것'의 재현 양상은 제국/식민지 관계가 지닌 문화적 동화와 이화의 복잡한 변증법 그리고 그 변증법의 파국적 귀결을 보여 주는 좋은 텍스트가 된다. 제국적 보편성은 식민지적 개별성과 처음에는 대립적 관계에 처하는 듯이 보이지만, 상호 침투와 지양을 거치면서 식민지적 개별성을 제국적 보편성 속의 특수성으로 통합하고자 시도한다.

1920년대 지식인들이 중심이 되어 부상한 조선적인 것은 국가를 상실한 민족이 상상계의 차원에서 '민족적인 것(the national)'을 구축하고자 한 상징 투쟁의 일환으로 이해할 수 있다. 일제 식민권력은 이러한 시도 자체를 전면 부정하기보다는 오히려 일정한 수준에서 용인하면서 그것을 자신의 보편성 속으로 통합하고자 하였다. 예컨대 식민권력이 강조하고 있고 검열체제 속에서 일정하게 허용하고 있던 향토색, 지방색이란 민족적인 것의 정치적 함축이 거세된 개별성으로서 '종족적인 것(the ethnic)'에 가까웠다. 에스닉한 차원에 국한되는 한 조선적인 것은 일본 내의 향토색 · 지방색과는 다른 차원의 고유성을 지닌 것으로 인식되었지만, 동시에 '제국적' 보편성의 다양성을 구성하는 여러 계기 중의 하나로 통합될 수 있을 것이었다. 다만 종족적인 것의 재현이 민족적인 것의 상징적 구축과 연계될 때는 언제든지 검열의 대상이 되었다. 일제의 검열이 일관된 기준에 의거하지 않고 텍스트 외부성의 맥락에 따라 자의적으로 진행된 것은 이런 상황 때문이었다.

한편 영화와 대중가요의 생산자들은 대체로 민족적인 것과 종족적인 것 사이의 공간에서 동요했다. 그 동요에는 대중의 기호와 식민권력의 정책, 일본자본의 성격 등 다양한 변수가 작용했다. 제작자들이 조선적인 것의 재현에 적극적으로 나선 것은 무엇보다도 시장/대중이 거기에 적극적으로 호응했기 때문이다. 일본자본은 조선에서의 상업적 성공, 나아가 일본 시장에서의 성공을 위해 이런 흐름에 편승했다. 특히 영화 쪽이 좀 더 그런 경향이 강했다. 영세한 규모에 머물고 있던 일본 측 제작자본의 입장에서 최우선의 관심사는 제국/식민지 사이의 문화적 동화·이화와 같은 거시적 문제가 아니라, 조선인 대중의 정서와 일본인 대중의 이국 취향에 소구하는 조선색 짙은 영화의 제작이었다. 반면 식민권력은 조선적인 것의 토속적인 재현은 묵인하되, 그것이 민족적인 것으로 발전하지 못하도록 상방 한계선을 긋는 데 집중하고 있었다.

이런 상황은 총력전체제에 접어들면서 전변하기 시작했다. 대중가요의 경우, 조선적인 것의 재현 가능성은 극도로 줄어들었다. 시국가요는 조선을 벗어나서 제국의 영토 확장에 복무하는 선전도구가 되었다. 제국적 보편을 구성하는 다양성의 일 계기로 종족적인 것을 통합한다는 전략은 종족적인 것마저 부정됨으로써 좌초되어 갔다. 영화의 경우도 전체적인 양상은 유사했지만, 과정은 좀 더 복잡하게 전개되었다. 국책에 적극 협력하고 황국신민화를 찬양하는 국책영화의 경우에서도 조선적인 것의 부분적 재현은 제국의 보편성을 불안정하게 하는 위험 요소로 전화하였고, 제국에 의해 부정당하는 상황이 초래되었다. 제국적 보편성이 극도로 확장되자 조선적인 것은 토속적인(ethnic) 수준에서조차 위험한 것의 자리를 차지하게 되었는데, 그럼에도 불구하고 이런 긴장 상황은 일정 기간 지속되었다. 조선이라는 공간의 재현, 조선인 배우의 출연, 조선인에 의한 불완전한 일본어 사용과 같이 근원적으로 이질적 요소까지 완전히 제거하는 것은 사실상 불가능한 일이었기 때문이다. 제국은 본국 내 상영에 대한 추천 철회와 같은 간접적 방식으로 대응할 수밖에 없었다. 이 긴장을 해결하는 과정에서 제국은 결국 조선어 사용은 물론 조선 유래의 서사조차 수용하지 않는 극단적인 길을 선택할 수밖에 없었다. 이런 상황은 제국/식민지 간 문화적 동화와 이화의 스펙트럼 사이에서 조선적인 것의 재현을 둘러싸고 진행되던 제국적 문화정치가 추구한 변증법적 운동의 최종적인 자기부정이자 파국이었다.

전시 예술동원과 '국어극'
—콩쿠르, 다이얼로그, 연극—

홍선영

I. 들어가는 말

1943년 가을 식민지 도시 경성에서는 소위 '국민연극경연대회'가 개최되었다. 당시 이 공연들은 일본어 연극과 한국어 연극을 동시에 무대에 올렸는데, 예를 들어 11월 25~28일 극단 현대극장은 호조 히데지(北條秀司)[1] 작 〈춘성 부부(春星夫婦)〉와 함세덕 작 〈황해〉를 부민관에서 공연하였다. 동일한 극단이 같은 날 무대에 올린 이 두 연극은 전혀 다른 작품으로, 전자

1) 1902~1996, 극작가. 오사카 출신으로 간사이대 문과를 졸업하고 오카모토 기도(岡本綺堂)에게 사사했다. 1937년 〈표창식 전후(表彰式前後)〉를 신국극으로 상연하여 신진 작가로 주목받았다. 이어 희곡집『각하(閣下)』(1940)를 출간하여 신초사(新潮社) 문예상을 수상, 중간연극 및 상업연극의 각본 집필에 전념해 왔다. 신국극, 신파, 가부키 등 여러 장르의 무대공연을 위한 각본을 다수 집필하는 등 전후 및 현대까지 왕성하게 활동하였다.

는 일본어였고 후자는 한국어였다. 이 대회는 연극사적 측면에서 석 달 간 8개 극단, 16개 작품이 참가하였고 약 5만 명의 관객이 공연을 관람했다는 점에서 주목할 만한 이벤트였다. 이 글은 같은 장소, 같은 관객에게 상이한 언어의 작품을 상연한 이유, 즉 한 무대에서 공연된 일본어 연극과 한국어 연극의 공존과 모순적 상황에 대하여 고찰하고자 한다.[2] 이 두 개 언어에 의한 연극은 조선연극문화협회가 주최하고 조선총독부, 경성일보사, 매일신보사 등이 후원한 국민연극경연대회에서 상연된 작품들이었다. 1942년과 1943년, 1945년 3회에 걸쳐 개최된 국민연극경연대회 및 그 참가작에 관한 1차 자료의 발굴과 함께 '국민연극'에 대한 실체적 연구는 최근 상당히 축적되었으며, 이러한 선행 연구는 국민연극이 내선일체(內鮮一體)와 황국신민(皇國臣民)화를 목적으로 하는 '관제 예능행사'로서 연극콩쿠르가 개최되었음을 지적하였다.[3] 그 가운데 국민연극의 대상인 식민지 관객의 낮은 '국어' 이해도로 인하여 '조선어극'이 불가피했다는 통치 전략의 딜레마 등에 대해서는 이미 언급된 바 있다.[4] 이처럼 1940년대 국민연극 및 공연 희곡에 관한 연구가 상당 부분 진전되었음에도 불구하고 '국어극'에 대해서만큼은 어떤 작품이 얼마나 존재했는지 정확하게 파악되지 않았다. 국민연극경연대회에 참가한 일본어극에 관한 연구는 한국 작가에 의한 일본어 작품에 대한 언급도 부족하지만, 일본 작가에 의한 일본어 작품에 대한 검토도 거의 전무하다. 즉 제2회 대회부터 일본어극의 참가가 있었다는 사실과 이를 통해 '친일극'을 강요했을 것[5]이라는 지적만 있을 뿐, 참가작에 대한 연

---

2) 이 글에서는 일본어극, 한국어극에 대하여 문맥에 따라 '국어극·조선어극'이라는 용어를 사용하였고, '경성·조선·조선인' 등 당시의 역사적 용어를 사용하였다.

3) 이재명(2011), 『일제 말 친일 목적극의 형성과 전개』, 소명출판 ; 이재명·이기한·양승국·박영정·송태욱·박명진·최경국·김종원·정호순·김명화·윤석진·현재원·백현미·김기란·양수근(2005), 『해방 전(1940~1945) 공연 희곡과 상영 시나리오의 이해』, 평민사 ; 이덕기(2010a), 「일제 말 극단 현대극장의 국민연극 실천과 신극의 딜레마」, 『어문학』 제107집, 한국어문학회.

4) 정호순(2005), 「일제 말기 연극경연대회 작품 경향 연구」, 이재명 외, 『해방 전(1940~1945) 공연 희곡과 상연 시나리오의 이해』, 평민사.

5) 김남석(2007), 「극단 아랑의 공연사 연구 : 국민연극경연대회 참여 시기를 중심으로」,

구는 충분히 진행되지 못한 상황이다.

여기에서는 일본어 작품 중 어떤 작가의 어떤 희곡이 선정되었는지를 밝히고, 1940년대 연극신체제와 국어극 상연을 둘러싼 제 문제를 고찰하고자 한다. 이 작품들은 일본인 작가에 의해 일본어로 창작된 것이지만 조선인 작가에 의한 일본어 작품이 일부 포함되어 있으며, 또 일본어로 상연되었지만 식민지의 조선인 관객에게 전달되었다는 점에서 매우 복합적인 텍스트이다. 특히 희곡이라는 문학 텍스트는 제한된 분량의 지문을 제외하면 등장인물의 '다이얼로그'의 집합체인데, 어떠한 언어로 다이얼로그가 구성되는가는 연극의 본질적인 문제이다. 따라서 일본어로 구성된 연극에 대한 심사 기준이 콩쿠르에서 어떻게 작동하였는가를 살피고, 이를 통해 전시체제하에서 권력화해 가는 조직적 · 제도적 추이 속에서 1940년대 국어극의 실상을 드러내고자 한다. 구체적으로 국민연극경연대회에 출품된 일본어 연극을 검토하기 위해 먼저 전체적인 레퍼토리 구성과 경연 결과를 정리하고, 이 가운데 일본어극 참가작의 구체적인 내용을 확인하는 작업이 우선되어야 한다. 이는 연극사 기술의 공백을 메워 가는 의미에서도 필수적인 작업이라 판단하기 때문이다.

II. 연극신체제와 콩쿠르

1939년 전시체제 전환 이후 일본 국내에서는 연극잡지의 통폐합, 연극인의 조직적 일원화를 통한 통제를 기반으로 매년 국민연극경연대회가 개최되었으며, 이는 대정익찬회 및 정보국이 후원하는 연극신체제의 대표적인 실천 행사로서 자리매김하였다. 그리고 1940년 8월 19일 신쿄(新協)과 신쓰키지(新築地) 양 극단의 주요 멤버 1백여 명에 대한 검거와 극단 해산 이후, 일본의 연극운동은 1941년 6월 결성된 일본이동연극연맹과 연계하는 형태

『어문논집』 제56호, 민족어문학회, 177쪽.

로 국가총동원체제에 흡수되어 갔다.[6] 그리고 식민지 조선에서도 동일한 의도로 식민지 연극인의 역량을 '총동원'하려는 계획하에 국민연극경연대회가 개최되었다. 그런데 식민지 조선에서의 연극콩쿠르의 시초는 1938년 동아일보사가 주최한 대회였다. 이 대회에는 실제 극연좌·낭만좌·중앙무대·예우극장 등의 극단들이 참가하고 1938년 제1회 대회는 극연좌가, 1939년 제2회 대회는 소인 극단인 예우극장이 우승하였다.[7] 이처럼 이 대회는 신극을 위한 연극콩쿠르였지만, 2년여의 공백 후 재개된 콩쿠르는 판이한 성격의 것으로 바뀌었다. 1940년 12월 조선연극협회의 결성, 1942년 조선연극문화협회로 재편하여 전시체제하의 문화예술을 통제하는 조직이 일원화되고 협회의 주요 사업으로서 연극콩쿠르가 다시금 대두된 것이다. 이러한 콩쿠르라는 경연을 통해 예술적 기량을 함양하고 장려하기 위한 제도가 어떻게 전시체제의 예술동원을 위한 '문화권력'으로 자리매김하였는지는 다음 절에서 검토하고, 여기에서는 세 차례 진행한 대회가 회를 거듭하면서 드러낸 몇 가지 특징적인 변화와 전체적인 상황에 대하여 서술할 필요가 있겠다.

제1회 대회는 1942년 9~11월 지정 극장인 경성 부민관에서 개최된 장기 공연이었으며, 제2회 대회는 1943년 9~12월 역시 부민관에서, 제3회 대회는 1945년 1월 말에서 3월 초까지 지정 극장 없이 진행하였다. 여기에서 제1회 대회 5개 극단, 제2회 대회 8개 극단, 제3회 대회 7개 극단이 참여한 대규모 연극제에 관하여 개괄하되, 이 글의 검토 대상인 일본어극을 포함하는 상연 레퍼토리를 중심으로 살펴보자.[8]

---

6) 홍선영(2010a), 「전시기 이동연극과 '국민문화'운동 : 일본이동연극연맹(1941. 6~1945. 8)을 중심으로」, 『일본어문학』 제45집, 한국일본어문학회, 389-408쪽.

7) 권두현(2010), 「연극경연대회의 탄생과 제도화」, 『한국극예술연구』 제31집, 한국극예술학회, 11-55쪽.

8) 전시체제하에서 4년여간 존재한 국민연극경연대회의 진행 과정에 대한 상세한 연구는 이재명(2011), 앞의 책 참조. 여기에서는 이러한 선행 연구에서 밝혀진 내용을 바탕으로 필자가 새롭게 파악한 레퍼토리를 포함하여 정리하였다.

국민연극경연대회[9] 혹은 연극경연대회라는 명칭으로 가을의 연극 시즌에 맞추어 1942년 9월 18일부터 11월 25일까지 경성 부민관 대강당에서 열린 제1회 대회는 성군(星群) · 아랑(阿娘) · 현대극장(現代劇場) · 고협(高協) · 청춘좌(青春座)의 5개 극단 순으로 공연이 진행되었다. 9월 18~21일 나흘간 극단 성군은 〈산돼지〉(박영호 작/이서향 연출)를 상연하였는데, 공연 첫날인 18일은 야간 7시에 개막하여 1회 공연, 나머지는 주야간 2회로 총 7회 공연하였다. 성군의 〈산돼지〉는 광산을 배경으로 '과학화'와 '기계화'의 필요성을 강조하며 개인의 이익을 떠나 광산물증산을 주장하는 내용이다. 두 번째 참가 극단인 아랑은 〈행복의 계시〉(4막 9장/김태진 작/안영일 연출)를 10월 2일 야간 1회 공연으로 시작하였다. 3일과 4일은 주야간 2회 공연을 하였으며, 낮 공연은 1시, 밤 공연은 6시 반 개막, 9시 반에 종연하였다. 〈행복의 계시〉는 의학계의 브나르도운동의 일환으로 국책 선전의 요소가 노골적으로 드러나지는 않는다. 세 번째 참가 극단인 현대극장은 〈대추나무〉(유치진 작/서항석 연출)를 10월 16일 야간 공연을 시작으로 사흘간, 17일과 18일은 주간 1시, 야간 6시 반에 개막하여 총 5회 공연을 하였다.[10] 〈대추나무〉는 만주 이주를 독려하여 만주 개척을 '분촌계획' 혹은 분촌운동과 결부시켰다는 점에서 프로파간다연극의 면모를 지녔다. 네 번째 극단 고협은 〈빙화(氷花)〉(임선규 작/전창근 연출)를 10월 31일에는 오후 6시 반 개막, 오후 10시에 종연하였고, 11월 1일과 2일에는 오후 1시와 6시 반 2회 공연하였으므로 총 5회를 공연하였다. 〈빙화〉는 연해주 한국인의 비참함을 고발하고 아시아에서의 선량한 일본의 역할을 강조함으로써 시국 편향성을 보였으나 평가가 엇갈리는 연극이었다. 마지막으로 다섯 번째 참가 극단인 청춘좌는 〈산풍〉(3막 6장/송영 작/나웅 연출)을 11월 23~25일 사흘간, 이 중 24일과 25일은 주야 2회 공연으로 총 5회 공연이었다. 〈산풍〉은 군청 산림지도요원의 지위 강화,

---

9) 「演劇競演打合會 審查要領을 討議」, 『每日申報』 1942. 9. 15.자, 2면 ; 「劇壇總力의 文化戰 十八日 國民劇競演大會」, 『每日申報』 1942. 9. 16.자, 2면 ; 「國民演劇競演大會 今夜, 府民館서 開幕 · 本報讀者優待」, 『每日申報』 1942. 9. 18.자, 4면.

10) 『每日申報』 1942. 11. 1.자, 3면 광고란.

증산에 대한 책임 의식을 강조하는 정도로 비교적 국책성이 옅은 편이다.[11] 이들이 공연한 다섯 참가작은 모두 조선의 작가가 창작한 '조선어' 연극이었다.

이상 제1회 연극경연대회 참가작의 당시 공연 대본을 보면 첫부분에 '의도'와 '개요'가 첨부되어 있으며 '국어'로 집필되어 있다. 즉 연극의 상연 언어가 조선어극임에도 일본어로 작가의 의도와 줄거리를 쓰고 있는데, 이는 검열을 통과하기 위한 필수요건이었을 것이다. 그리고 당시 5개 극단만이 대회 참가가 결정된 것은 18개 연극단체 가운데 우수한 5개 단체를 조선연극협회가 선출하도록 하였기 때문이다.[12] 협회 내부 결정에 의해 본선 진출 5개 팀이 결정된 것이다. 당시 총독부 내부 문건 「연극경연대회 개최의 건」 및 조선연극문화협회의 「사업경과보고서」 등에 의하면 '내선일체의 강화 촉진'과 '일본 정신의 발양', '전쟁 의식의 고무'를 이루고 아울러 '연극문화의 앙양'을 기하기 위하여 개최하였음을 분명히 하였다. 관객은 상당히 모인 것으로 보이는데, 제1회 대회는 초청을 포함하여 약 4만 5천 명의 관객을 동원했으며, 5개 단체 합하여 약 4만 9,500엔의 수입을 거두었다고 한다.

그런데 제2회 대회가 되면서 상연 레퍼토리에 근본적인 변화가 생긴다. 조선어극을 상연하기 전에 일본어극 한 편을 상연하는 형태가 필수조건으로 새롭게 추가되어 국어극이 등장한 것이다. 1943년 9월 16일에서 12월 19일[13] 사이에 진행된 제2회 대회[14]는 8개 극단, 16개 작품이 참가하여 관객 약 5만 명이라는 기록은 당시 경성 인구를 감안할 때 역시 상당한 관객

---

11) 이미원 편(2003) 『국민연극 1～4』, 연극과인간, 7-8쪽.

12) 朝鮮總督府(1942), 「演劇競演大會開催件」, 『政務總監事務引繼書』〔영인본, 민족문제연구소(2000), 『日帝下 戰時體制期 政策史料叢書 29』, 한국학술정보, 349쪽〕. 제1회 대회의 수상 극단, 수상자, 수상작은 단체상(총독상) 아랑 · 고협, 작품상(총독부 정보과장상) 유치진의 〈대추나무〉, 연출상(황도문화협회장상) 나웅 · 안영일(2명), 장치상(매일신보사장상) 원우전(청춘좌), 개인연기상(경성일보사장상) 서일성(성군) · 유경애(성군) · 황철(아랑) · 김양춘(현대극장) · 박학(고협) · 김선초(청춘좌) 등이었다.

13) 「出演團體陣容及作品」, 『綠旗』 제8권 제10호(1943. 10)〔어문학사(2011) 영인본, 315쪽〕.

14) 「出演團體陣容及作品」, 『綠旗』 제8권 제10호(1943. 10)〔어문학사(2011) 영인본, 315쪽〕.

동원을 이루었음을 알 수 있다. 제2회 대회의 첫 번째 참가 극단 예원좌는 일본어극 〈대소봉재일(大詔奉載日)〉〔1막/구호(龜湖) 작〕과 함께 〈역사〉(4막/송영 작/나웅 연출)를 1943년 9월 16일부터 나흘간 공연하였다. 10월 21~24일 나흘간의 두 번째 공연을 이어 간 극단은 성군이었다. 성군은 〈신곡제(新穀祭)〉(김건 작/한노단 연출)와 함께 쓰바키 산시로(椿三四郎)의 〈만월〉이라는 일본어극을 상연하였으나 두 편 모두 수상권에 들지 못했다. 세 번째 참가 극단 황금좌는 11월 11~14일 역시 경성 부민관에서 공연하였다. 〈동상(銅像)〉은 동시에 상연한 조선어극 〈북해안의 흑조〉의 작가 이광래(李光來, 1908~1968)[15]가 쓴 일본어 작품으로 단체상 2등을 수상했다.[16] 네 번째 출연한 극단은 청춘좌이다. 11월 18~21일 나흘간의 공연 기간 동안 〈국화 피다(菊咲けり)〉와 〈꽃피는 나무〉(임선규 작/박진 연출)를 무대에 올렸다. 다섯 번째 참가 극단 현대극장은 호조 히데지의 〈춘성 부부〉와 함세덕의 〈황해〉(함세덕 작/유치진 연출)를 각각 무대에 올렸고, 후미에 역을 맡은 김선영이 연기상을 수상하였다. 여섯 번째 등장하는 극단은 고협이다. 미요시 주로(三好十郎, 1902~1958)[17]의 〈한역(寒驛)〉과 〈아름다운 고향〉(김태진 작/신고송 연출)을 상연하였다. 일본어극 〈한역〉이 단체상 1등 수상작이었다. 일곱 번째 참가 극단 아랑은 12월 9~12일 안일복 작 일본어극 〈출진(出陣)〉과 박영호 작

---

15) 1928년 와세다대학교 영문학과에 진학하면서 연극에 입문하였고 귀국 후에는 『조선일보』와 『중앙일보』 기자를 지냈다. 1935년 극예술연구회에 가입하고 1936년 『동아일보』 신춘문예에 희곡 「촌(村) 선생」(3막)이 당선하며 극작가가 되었다. 1938년 극단 중앙무대를 설립하고 1945년에는 극단 민족예술무대를 조직해 연극운동을 벌였다. 1949년에는 유치진과 함께 한국연극학회를 조직하고 1950년에는 국립극장 전속극단인 신극협의회의 대표를, 1953년에는 서라벌예술대학 연극영화학과 교수를 지냈다.

16) 유일하게 현재 한국어로 번역·공개되었다〔이재명 외(2005), 앞의 책, 9-68쪽〕.

17) 일본 사가현 출생. 와세다대학 영문과를 졸업하고 시, 소설, 희곡을 창작했다. 1926년 6월 『문예전선(文藝戰線)』 활동 전후부터 마르크스주의에 경도하였다. 1928년 좌익예술동맹 설립에 참가, 나프(전일본무산자예술동맹)의 일원으로 정력적으로 희곡과 시를 썼다. 1929년 프로트(PROT), 즉 일본프롤레타리아 극장동맹에 참가, 『재와 먼지(灰塵)』(1927, 中央公論社)로 프롤레타리아 극작가로서 세상에 알려졌다. 대표적인 작품으로 「유령장(幽霊荘)」, 「부표(浮標)」 등이 있다. 「한역」은 『미요시 주로 희곡집 부표』(1940, 櫻井書店)에 실려 있다.

〈물새〉(4막)를 공연하였으며, 〈물새〉가 연출상과 장치상 · 연기상을 받았다. 마지막 참가 극단 태양은 12월 16~19일 사이에 〈밤마다 돋는 별〉(4막 5장/양서 작/전창근 연출)과 함께 일본어극 〈용사애(勇士愛)〉를 무대에 올렸다. 제2회 대회는 단체상과 개인상이 모두 〈동상〉, 〈한역〉과 같은 국어극에 집중되었다.

1945년 1월 29일부터 3월 7일 사이에 개최된 제3회 대회를 보면, 참가 극단은 청춘좌 · 예원좌 · 신생극단 · 황금좌 · 고협 · 성군 · 아랑의 7개 극단이고 극단별로 서로 다른 극장에서 공연을 하고 심사하는 방식으로 이루어졌다. 제3회 대회만 '지정 극장 없이' 진행되어 대회 장소를 위한 극장을 주최 측이 대여하지 않은 이유는 불분명하지만, 주최 측에서 제공하는 극장 대여가 대회 참가작에 주어지는 최대 특혜 중의 하나였다는 점을 감안한다면 제1회와 제2회 대회를 거치면서 극단의 참여가 소극적이었을 가능성, 그리하여 대회의 규모가 축소되었을 가능성을 짐작해 볼 수 있겠다. 실제 제3회 대회의 특징적인 변화는 국어극이 대폭 축소되었다는 점이다.

제3회 대회 첫 번째 참가 극단 청춘좌는 〈이율곡 선생 모당실기 신사임당(李栗谷先生母堂實記 申思任堂)〉(3막 6장)과 함께 일본어극 〈어두운 등대(燈台もと暗し)〉(1막)[18]를 동양극장에서 공연하였다. 이어 두 번째 참가 극단 성군은 〈김옥균의 사(死)〉(4막 7장)를 2월 8일부터 동양극장에서 공연하였다.[19] 세 번째 참가 극단은 예원좌로 〈별의 합창〉(3막/박영호 작/이서향 연출)을 2월 10일부터 7일간 약초(若草)국민극장에서 야간 공연 중심으로 상연하였고 일본어극이 없었다. 네 번째 참가 극단 신생극단은 〈현해탄〉(3막/조명암 작/나웅 연출)을 2월 17~25일 동양극장에서 1회 야간 공연으로 시작하여 주간 1시 반과 야간 6시 반 개막하여 상연하였고, 역시 일본어극은 상연하지 않았다. 다섯 번째 참가 극단 황금좌는 〈개화촌〉(4막 5장/조천석 작/안종화 연출)을 2월 20~26일 하루에 2회 중앙극장에서 상연하였다. 이때 황금좌는 일본어극

18) 『每日申報』 1945. 1. 31.자, 2면 하단 광고.

19) 『每日申報』 1945. 2. 7.자, 2면 하단 광고.

〈광야에서(曠野にて)〉〔1막/니시카메 모토사다(西亀元貞)[20] 작〕를 함께 상연하였다. 여섯 번째 고협은 〈상아탑에서〉(임선규 작/이서향 연출)를 2월 24일 야간 공연부터 약초국민극장에서 시작하였고 일본어극은 없었다. 그런데 극단 성군이 2월 26일부터 동양극장에서 〈달밤에 걷든 산길〉(3막 5장/송영 작/한로단 연출)을 다시금 일본어극 〈경계선 돌파〉(1막)[21]와 함께 공연에 나서며 성군은 연극경연대회 기간 중 두 차례에 걸쳐 새로운 연극을 선보였는데, 이는 검열로 인하여 첫 번째 출품한 〈김옥균의 사〉가 금지되었기 때문이다.[22] 마지막 참가 극단 아랑은 〈산하유정〉(3막 4장/김승구 작/안영일 연출)을 2월 27일 야간 공연으로 시작하여 3월 7일까지 주간 공연 1시, 야간 공연 6시 반 개막, 중앙극장에서 상연하였고 이때 일본어극 상연은 없었다.[23] 결국 일본어극을 1943년 제2회 대회에서는 8편 상연한 반면, 1945년 제3회 대회에서는 3편만 상연하였다. 제3회 대회는 조선어극만을 올린 극단이 많았고 일부만 일본어극이 포함되어 있었다. 또 부민관이라는 단일 극장에서 진행하던 방식을 그만두고 극단마다 극장을 정해서 상연했다. 아마도 참가 극단이 국어극 상연에 소극적인 탓이었을 것이며, 제3회 대회 전체가 지정 극장 없이 진행한 점이나 국어극 필수 상연이라는 조건을 강제적으로 적용하고자 한 대회의 취지가 점차 퇴색되었음을 보여 준다. 참가 작품의 공연 희곡을 살펴보아도 대본 구성에 변화가 있었는데, 상단에는 조선어를, 하단에는 조선어를 번역한 일본어를 싣고 있어 검열을 통한 통제가 보다 강화되었음을 알 수 있다.

---

20) 영화 〈집 없는 천사(家なき天使)〉〔高麗映畵協會 제작(1941), 한국영상자료원, 2009 복원〕와 〈병정님(兵隊さん)〉〔조선군보도부 제작(1944), 감독 방한준, 한국영상자료원, 2009 복원〕 등의 시나리오를 쓴 작가이다.

21) 『每日申報』 1945. 2. 26.자, 2면 하단 광고.

22) 이재명(2011), 앞의 책.

23) 제3회 대회의 수상 내역을 보면 단체상 극단 아랑, 작품상 〈산하유정〉(김승구 작)·〈상아탑에서〉(임선규 작), 연출상 안영일(〈산하유정〉), 장치상 김일영(〈산하유정〉), 연기상 황철·박영신(아랑), 이예란(예원좌), 변기종(청춘좌), 박제행(고협), 연기장려상 조미령(청춘좌)·엄미화(아랑)였다.

전체 참가작의 흐름을 보면, 1942년 제1회 대회는 조선어극만으로 진행했지만 1943년 제2회 대회는 일본어극을 의무화하여 일본어 작품이 8편 포함되었고, 1945년 제3회 대회는 다시금 조선어극 중심으로 선회하여 일본어 작품은 3편뿐이었다. 즉 제1회 대회가 조선어극, 제2회 대회가 조선어극과 일본어극, 제3회 대회는 일본어극이 부분적으로 포함되어 더 이상 '필수 과제'로서 기능하지 못하는 변화를 거쳤다. 단순하게 보면 초기에는 조선어극만 상연했으나 정책의 측면에서 일본어극 동시 상연을 의무화했다가 극단들의 저항에 부딪혀 결국에는 조선어극으로 되돌아간 것으로 보인다. 이는 8할에 가까운 조선인 관객이 일본어극의 대상이 될 수 없는 상황에서 현실에 맞지 않았을 것이다. 앞에서 살펴보았듯이 제1회 대회에서는 조선어극이었고, 제2회 대회는 조선어극과 일본어극이 공존했으며, 제3회 대회는 일부 일본어극이 포함되었다. 하지만 제3회 대회의 조선어극 대본에는 조선어와 함께 일본어가 실려 있었다는 점에서 여전히 모든 연극이 철저하게 검열을 거쳤다는 점을 알 수 있다. 결국 제1~3회의 변화를 보면 그 방향성에서 전 작품이 전시 이념의 도구화, 즉 '연극동원'을 피해 갈 수 없었다는 점이다.

III. 다이얼로그의 일본어화 : 국어극 참가작과 그 특징

주지하듯 1940년대 연극경연대회 참가작에 관한 언급에서 '국민연극' 연구와 관련하여 개별 작가 및 작품에 대한 연구는 이재명(2011), 이미원(2003) 등에 의해 이미 상당 부분 정리되었다. 하지만 제2~3회 대회에서 공연된 일본 작가의 작품에 대한 언급 없이 전시 예술동원을 위해 개최된 '국민연극경연대회'의 실체를 규명하는 데에는 한계가 있을 수밖에 없다. 앞에서 '국어극'의 제목과 작가 등을 당시 신문 자료 등을 통해 확인하였는데, 이를 토대로 희곡 텍스트를 규명하고자 한다. 당시 국어극 상연을 확인할 수 있는 실마리로서 『매일신보』는 1943년 9월 16일자 기사에서 제2회 연극경연대회 개막을 알리며 "국어극 새로 추가"라는 관련 뉴스를 전하였고 '국어극상'이 추가로 제정되었음을 알렸다.[24] 일본어극이 경연대회의 필수 규정으로 새롭게 등장하였으며, '반도 국어극 수립'에 자극이 되리라는 언급을 동시대 관제 담론에서 쉽게 발견할 수 있다. 실제 국어극으로 참가한 일본어극 11편 가운데 현재 텍스트가 남아 있고 그 존재를 확인할 수 있는 작품은 5편이며, 제목과 작가 및 줄거리 등 부분적인 내용을 확인할 수 있는 작품은 6편으로 총 11편의 일본어 작품이 무대에 올려졌다. 다음의 표에서 작품, 작가, 연출, 극단, 공연 일정 등을 정리하였다.

〈표 1〉 국민연극경연대회 참가작 중 일본어극 일람

	작품명	작가	연출	극단	공연 일정	비고
1	〈대소봉재일(大詔奉載日)〉/1막	구호(龜湖)	김춘광(金春光)	예원좌	1943. 9. 16~19.	-
2	〈만월(滿月)〉/1막	쓰바키 산시로(椿三四郎) 작/기타무라 하루오(北村晴夫) 각색	미상	성군	1943. 10. 21~24.	희곡 확인
3	〈동상(銅像)〉/1막	이광래(李光來)	박춘명(朴春明)	황금좌	1943. 11. 11~14.	희곡 확인
4	〈국화 피다(菊咲けり)〉/1막	에토 요시노스케(衛藤吉之助)	에토 요시노스케	청춘좌	1943. 11. 18~21.	-
5	〈춘성 부부(春星夫婦)〉/1막	호조 히데지(北條秀司)	미상	현대극장	1943. 11. 25.	희곡 확인
6	〈한역(寒驛)〉/1막	미요시 주로(三好十郎)	서정□(徐廷□)	고협	1943. 12. 2~5.	희곡 확인
7	〈출진(出陳)〉/1막	안일복(安一福)	미상	아랑	1943. 12. 9~12.	-

24) 「國語劇 새로 追加 第二會演劇競演藝苑座로부터 開幕」, 『每日申報』 1943. 9. 16.자, 2면.

8	〈용사애(勇士愛)〉/ 1막	오카다 데이코 (岡田禎子)	미상	태양	1943. 12. 23~26.	희곡 확인
9	〈어두운 등대(燈台もと暗し)〉/1막	미상	미상	청춘좌	1945. 1. 29~미상	-
10	〈광야에서(曠野にて)〉/1막	니시가메 모토사다 (西龜元貞)	미상	황금좌	1945. 2. 20~26.	-
11	〈경계선 돌파(警戒線突破)〉/1막	미상	미상	성군	1945. 2. 26.	-

위 표에서 정리하였듯이 제2회 대회에는 8편, 제3회 대회에서는 3편의 일본어극을 상연하였다. 제목과 작가 등의 기록만 확인한 채 공연 희곡의 존재를 정확하게 파악할 수 없는 일부를 제외한 작품 즉 〈대소봉재일〉(구호 작), 〈만월〉(쓰바키 산시로 작), 〈동상〉(이광래 작), 〈국화 피다〉〔에토 요시노스케(衛藤吉之助) 작〕, 〈춘성 부부〉(호조 히데지 작), 〈한역〉(미요시 주로 작), 〈용사애〉〔오카다 데이코(岡田禎子, 1902~1990)[25] 작〕 등의 순으로 작가, 주제, 줄거리 등을 구체적으로 살피고자 한다. 선행 연구에서 언급되지 않은 이상의 7편의 작품에 대한 줄거리 및 관련 사항에 대한 서술은 1940년대의 '친일 목적극' 연구의 공백을 메우는 의미가 있기에 정리해 두고자 한다.

첫 번째로 언급할 작품은 〈대소봉재일〉이다. 무대장치는 강호(姜湖, 1908~1984),[26] 연출은 김춘광(金春光)이 맡았는데 현재로서는 작가 구호가 누구인

25) 일본의 근대 극작가. 에히메 출신으로 도쿄여대 졸업. 본명은 요시코(禎子). 오카모토 기도(岡本綺堂)에게 사사하고 1930년 희곡집 『마사코와 그 직업(正子とその職業)』으로 주목받았으며, 예술파 극작가로 알려져 있다. 대표작으로는 『祖國』(1942, 拓南社), 『岡田禎子作品集 1』(1983, 青英舍) 등이 있다.

26) 경남 창원 출생. 일본의 미술학교 전문부 수학. 1927년 서울에서 조선프롤레타리아예술연맹 가담, 극단 신건설(新建設)의 미술부 단원으로 무대미술, 영화미술 및 연출 활동을 했다. 해방 직후 조선프롤레타리아미술동맹, 조선연극동맹 간부로 나섰다 1946년 7월 월북하여 북한 연극동맹 서기장, 가극단 단장, 국립예술극장 총장, 조선화보사 사장, 평양연극영화대학·평양미술대학 교원, 무대미술학부장 등을 역임하였다. 〈금강산 6선녀〉(1947/가극), 〈춘향전〉(1948/가극), 〈또다시 전선으로〉(1951/영화), 〈다시는

지 특정할 수 없다. 다만 당시의 관극평을 통해 극의 내용과 성격을 짐작할 수는 있다. 전쟁터에서 전사한 아들의 영(靈)을 모시며 고독하게 일상을 보내는 노부인이 극의 중심인물이다. 그를 찾아오는 위문객과 전쟁놀이를 하는 동네 아이들, 백의(白衣)의 청년들이 무대에 차례로 등장하여 '영미 격멸'이라는 당시의 시국성 짙은 대사들을 '연송(連誦)'한다.[27] 관극평에 의하면 '단조로운 대사의 연결 외에 극적 흥미를 찾을 수 없었다'거나 무대에 대한 평가에서 '연출 역량은 나타나지 않았다' 혹은 '따분한 이 극을 살리기에 매우 효과적' 등의 표현으로 보아 각본의 완성도는 그다지 높지 않았던 것으로 보인다. 그러나 '창의성 있는 무대 구성'과 '양식화'에 대한 측면을 긍정적으로 평가하고[28] '청신미(淸新味)'라고 표현한 것으로 보아 무대 표현 방식이 새로웠음을 알 수 있다. 제목에서 짐작하듯 전쟁 발발 직후 흥아봉공일을 폐지하고 개전일인 1941년 12월 8일을 기념하여 매월 8일을 대소봉재일로 정하여 전시체제하에서의 '국민동원' 강화를 위한 운동으로 전개하였으므로, 이 연극이 전형적인 프로파간다연극임을 알 수 있다. 그러나 희곡 텍스트가 남아 있지 않아 구체적인 실체를 파악하는 데에는 한계가 있다.

〈만월〉[29]은 어느 지방의 농촌 출신 청년 니키치(仁吉)가 주인공이다. 그는 도쿄의 제과점에서 일하다 전쟁 영향으로 가게가 문을 닫자 고향으로 돌아온다. 참전한 형 세이키치(淸吉)를 대신하여 아버지 진사쿠(甚作)를 도와 농촌 일을 하게 되는데, 아버지는 곡식을 생산하는 농부로서 자부심이

그렇게 살 수 없다〉(1955 / 연극), 〈조선의 어머니〉(1959 / 연극), 〈공산주의자〉(1959 / 연극), 〈밀림의 역사〉(1963 / 가극), 〈생의 노래〉(1965 / 영화) 외 『해방 전 우리나라 살림집과 생활양식』(1980) 등을 저술했다.

27) 오정민(1943), 「연극경연대회 출연 예원좌의 「역사」」, 『朝光』(1943. 10), 朝光社〔양승국 편(1992b), 『한국근대연극영화비평자료집 13 1937. 11~1938. 6』, 태동, 59-60쪽〕.

28) "…극본이 그러고 보니 연출적 역량은 나타나지 않았다. 그런데 장치가 강호의 창의성 있는 무대 구성은 따분한 이 극을 살리기에 매우 효과적이었고 이러한 양식화에의 경향은 극단 태양이 〈그 전날 밤〉을 상연했을 때 김일영 장치에도 볼 수 있는 일이었지만 청신미(淸新美)가 있었다"〔오정민(1943), 앞의 글, 59-60쪽〕.

29) 日本移動演劇聯盟(1943), 『短篇劇名作選』, 協營出版社, 353-375쪽.

강하고 자식에게 엄격한 인물이다. 진사쿠는 농촌으로 돌아온 아들을 진정한 농부로 키우고자 니키치에게 돌산을 개간하는 험한 일을 시킨다. 진사쿠는 아들이 산미증산에 매진하는 농부로 성장하기를 바라지만, 농촌 일이 벅차고 자신 없는 니키치는 도시로 되돌아가고 싶어 갈등한다. 이러한 진사쿠와 니키치 사이의 대립을 축으로 극이 전개되며, 어머니 구니와 여동생 오타미는 니키치를 이해하려는 편에 서서 아버지 진사쿠를 비난한다. 그러던 어느 날 과로로 누워 있던 니키치가 사라지자 극의 긴장감이 고조되고, 결국 밭일을 묵묵히 하는 니키치의 모습에 부자의 화해가 이루어진다. 국가가 요청하는 '후방 전사'로 엄격하게 키우려는 아버지 진사쿠의 노력이 결실을 맺어 아들 니키치가 적극적으로 산미증산의 현장에서 고단한 과정을 거쳐 농부로 거듭난다는 성장 드라마이다. 1942년 여름 일본이동연극연맹 및 분게이슌슈사(文藝春秋社)가 공동 주최한 '이동연극각본 현상모집'에 응모한 수백 편의 작품 가운데 1위를 차지하여 이미 수십 회의 이동공연을 통하여 검증된 각본으로, 이것이 실린 『단편극명작선』 가운데 이동연극의 대표작으로 꼽힌다.[30]

〈동상〉은 〈북해안의 흑조〉의 작가 이광래가 쓴 작품으로 한국어로 번역되어 현존한다.[31] 산미증산을 위한 수리조합 설립과 같은 공공의 이익을 위한 개인의 희생을 미화하는 내용으로 전시동원의 이데올로기를 알기 쉽게 풀어낸 연극이다. 1941년 어느 시골의 농촌 마을에는 마을 사람들이 신처럼 모시는 동상이 세워져 있다. 홍수를 방지하기 위해 제방을 쌓는 데에 자신의 재산과 노력을 희생한 마쓰오카(松岡)라는 인물을 기리는 동상이다. 마을의 지주 시라카와(白川)는 제방 공사로 인해 가장 큰 혜택을 입었음에도 불구하고 과거부터 현재까지 마쓰오카의 장남 신이치와 대립하고 있다. 올여름 가뭄이 들어 마쓰오카의 수로에 대해 시라카와를 비롯한 마을 주민들은 불만이 쌓였다. 장남 신이치는 아버지의 정신을 이어 수리조합 설립

30) 日本移動演劇聯盟(194), 앞의 책, 「序文」, 3쪽.

31) 이재명 외(2005), 앞의 책, 9-68쪽.

을 주장하고, 차남 신키치는 이에 반대한다. 아버지 시절의 제방 공사처럼 수리조합 역시 시라카와의 부만 축적해 줄 것이라 생각하기 때문이다. 이 연극의 중심 대립은 신이치 · 신키치 형제와 시라카와이며, 이는 과거 아버지 마쓰오카의 제방 공사를 둘러싼 갈등이 현재는 수리조합을 둘러싼 대립으로 반복되고 있다. 그런데 또 다른 대립은 신이치와 신키치 사이의 갈등이다. 표면적으로는 신이치의 수리조합운동에 대한 신키치의 반발이지만, 내면적으로는 토지 및 유산에 대한 후계 구도의 갈등이 복선으로 암시되고 있다. 과거 제방 공사로 만들어진 수로의 문을 열면 신키치가 상속받을 토지가 물에 잠기는 것이다. 신이치가 동생의 상속 재산을 탐내는 것이 아니라, 그리고 시라카와 개인의 이익을 보장하기 위해서가 아니라 가뭄으로 물부족을 겪는 마을 공공의 이익을 위해 수리조합 설립을 주장한다는 점이 점차 설득력을 얻어 가는 과정이 이 연극의 중심 플롯이다. 그런데 신이치와 신키치의 갈등은 나라를 위해 증산운동이 꼭 필요하다는 어머니의 언급이 계기가 되어 갑작스럽게 해결되고 만다. 더구나 마쓰오카 형제와 대립하던 시라카와가 수리조합 설립에 비용을 대겠다고 결단하는 과정 또한 급작스럽고 작위적이다. 마지막은 수로문의 개방을 주장하는 마을 주민들이 신이치에게 폭력을 가하고 동상을 부수겠다고 분노하는 장면에서 신이치와 신키치는 아버지의 동상을 지키려고 힘을 합치고 시라카와는 형제들의 편에 서서 마을 주민을 설득한다. 결말에서 동상 마쓰오카의 출정을 알리며 등장인물 모두 출정가를 부르면서 막이 내린다. 대립과 갈등을 해결하는 과정이 매우 단조롭다는 점에서 프로파간다연극의 전형적인 전개를 보여준다. 그럼에도 불구하고 신이치 · 신키치 형제의 갈등을 암시하는 복선, 그리고 개인과 공공의 이익의 대립, 인물 성격의 다양한 구현, 복잡한 갈등 지점이 존재한다는 점에서 장막극으로 완성될 만한 극적 전개의 가능성을 지닌 작품이다.

결국 이 연극은 수리조합 건설을 통한 산미증산, 공공의 이익을 위해 개인의 이익을 희생한 이에 헌사하는 내용이며, 작가 역시 각본 앞부분에 쓴 '작의(作意)'에서 '동상'이란 "모든 것을 초월한 국가 이념에 입각한 새로운 의지의 상징"이라고 밝히고 있다.[32] 제2회 대회의 두 번째 주제로 규정된 '생산증강'에 부합하는 연극이라는 점에서 국어극 단체상 2등을 차지한 배경을 짐작할 수 있다.

〈국화 피다〉는 임선규의 〈꽃피는 나무〉와 함께 무대에 올랐는데, 극작과 연출을 맡은 에토 요시노스케라는 인물을 특정하기 어렵고 공연 희곡 역시 확인되지 않으므로 정확한 내용과 주제 등을 알 수 없다. 다만 당시 관극평에 의하면 "조선다운 코믹 연기"를 접할 수 있지만 완성도가 떨어지는 작품이었다.[33]

함세덕의 〈황해〉와 함께 상연한 일본어극은 호조 히데지의 〈춘성 부부〉였다.[34] 〈춘성 부부〉는 3경(景)으로 이루어졌다. 주인공 미나가와 하루호시(皆川春星)는 신극 배우 출신으로 연극에 대한 열정을 여전히 지니고 산다. 문학과 예술을 사랑하던 젊은 시절에 만난 부인 후미에는 지금은 현실의 삶에 매몰되어 원고료로 근근이 생활비를 보태는 그의 무능함을 못마땅해 한다. 어느 날 그들 집에 문학 동인의 일원이던 친구 아카기 지로(赤木二郎)가 찾아온다. 후미에는 아카기의 성공한 언행에 신뢰를 보내고 그의 과학공업 사업의 투자 제안을 선뜻 받아들인다. 그런데 투자금을 챙겨 간 아카기가 소식을 끊자, 하루호시(춘성)이 그의 거처가 있는 산속 여관으로 찾아가고 투자한 돈을 곧 되돌려 주겠다며 나간 아카기는 다시 모습을 감춘다. 사기를 당했다고 여긴 후미에도 산속 여관에 찾아와 그를 기다리지만, 그의 소식은 알 길이 없고 아카기의 아이를 낳은 젊은 여인이 나타난다. 그녀를 통해 아카기의 진심어린 인간미를 알게 된 하루호시와 후미에는 아카기를 너그럽게 이해하려고 한다. 그리고 석양과 산벚꽃을 바라보며 여유로움을 되찾고 부부애를 회복하기에 이른다.

---

32) 이재명 외(2005), 앞의 책, 96쪽.

33) 이 언급은 세키구치 지로(關口次郎)가 남긴 「조선연극 시찰기」〔關口次郎(1944), 「朝鮮演劇視察記, 『日本演劇』 第2卷 第2號, 日本演劇社〕라는 글에서 지적한 내용이지만, 그는 일본어극에 대해서는 매우 소극적으로 언급했다.

34) 北條秀司(1940), 『新潮大衆文學賞 閣下 北條秀司戲曲集』, 双雅房, 200-261쪽.

〈춘성 부부〉는 당시 대중연극의 대표적인 극작가 호조 히데지의 단막 희곡으로 부부애를 다룬 소품이다. 시국적인 성격이 없이 신극에 대한 열정을 지켜 가는 무능한 남편과 이를 비난하는 부인이 돈보다 인간애가 가치 있음을 깨닫고 부부애를 회복한다는 홈드라마 같은 연극이다. 호조 히데지는 시국에 부응하는 희곡을 다수 창작한 작가였고, 또 일본이동연극연맹이 편찬한 『단편극명작선』(1942)에 시국성 짙은 희곡을 실었지만,[35] 이를 선택하지 않고 신극 배우의 현실을 반영한 〈춘성 부부〉를 선택했다는 점에서 극단 현대극장의 국어극 레퍼토리 선정과 관련한 고뇌를 짐작하게 한다.

'국어극 단체상 1등' 수상작 〈한역〉은 미요시 주로가 사회주의 연극운동과 거리를 둔 '전향' 이후에 발표한 1938년 작품으로, 앞에서 언급한 작품 가운데 〈춘성 부부〉와 함께 희곡으로서 완성도 높은 작품이다. 이 연극은 전선으로 출정하는 병사와 배웅 나온 가족, 마을 사람들의 풍경, 그리고 외지에서 흘러들어 온 오시노(お篠)라는 여자의 이야기를 담은 단막극이다. 소집 영장을 받아들고 입대하려고 기차역에 온 데쓰조(鐵三)는 병든 아들을 만나러 가는 오시노에게 기차표를 양보한다. 그런데 오시노를 쫓는 남자들과의 오해로 충돌하게 되는데, 데쓰조가 전쟁에 출정한다는 사실이 밝혀지면서 갈등이 갑자기 해결된다. 〈한역〉은 일본 국내에서도 전시체제의 '국민문화' 창출을 위해 되풀이 상연되던 일본이동연극연맹의 대표적 레퍼토리이다. 이미 전시하 이동연극으로서 〈한역〉이 갖는 프로파간다의 양의적 의미는 검토한 바 있다.[36] 이에 의하면 연극과 '시국성'의 결합은 유례 없는 관객대중화의 기반을 제공했다는 측면을 낳았지만, '전쟁 찬미'라는 시국성과 조우하면서 완성된 국책 프로파간다연극이었다. 그럼에도 불구하고 극의 긴장감과 완성도, 작가 미요시 주로의 비중으로 보아 주목할 만한 작품이라 하겠다. 아울러 〈춘성 부부〉와 〈한역〉이 일본 내에서 잘 알려진 작

35) 호조 히데지의 단막희곡 〈어머니(おふくろ)〉가 『단편극명작선』〔(日本移動演劇聯盟(1942)〕에 실려 있고 그 밖에도 시국성 짙은 작품이 비교적 많은 작가이지만, 그러한 국책연극이 연극경연대회의 일본어극으로 선택되지는 않았다.

36) 홍선영(2010a), 앞의 논문, 295-315쪽.

가의 단막극을 상연하여 각각 국어극 단체상과 연기상을 수상한 것도 이와 무관하지 않을 것이다.

〈용사애〉는 오카다 데이코의 희곡집 『조국』(1942)과 일본이동연극연맹이 편찬한 『단편극명작선』에 동시에 실린 단막극이다. 야마구치(山口)라는 농촌 마을 사람들은 이 마을의 중요한 농업용수를 아사히카와(旭川)에서 얻고 있는데, 이 강물은 옆마을 히라우마(平馬)를 거쳐 흐르기 때문에 수리조합의 관리며 수문의 개폐 역시 히라우마에 달려 있기에 야마구치 농민들은 늘 그들의 환심을 사려고 노심초사한다. 이러한 '물'문제로 얽혀 있는 이 두 마을에 새롭게 또 하나의 문제가 생겼는데, 그것은 야마구치에 데릴사위로 온 기요히토의 아내 히데코(秀子)가 실은 과거 히라우마의 가쓰이치(勝一)라는 남자와 약혼한 사이였다. 그런데 가쓰이치가 참전한 사이에 히데코의 부모가 서둘러 다른 남자를 데릴사위로 맞이한 것이다. 전쟁에서 부상을 입고 돌아온 가쓰이치가 히데코를 만나고 싶다는 연락을 해오고 방문하기로 한 날, 히데코는 불안한 마음으로 기다린다. 야마구치 사람들 모두 약혼녀를 빼앗긴 가쓰이치의 복수심으로 인해 물의 주도권을 가진 히라우마와 대립하게 될 것을 우려한다. 마침내 다리를 잃은 가쓰이치가 지팡이를 짚고 등장하는데, 그는 야마구치 사람들을 향해 긴 독백을 통해 그간 자신의 심정을 고백한다. 즉 히데코의 결혼 소식을 듣고 실망했지만 결혼 선물로 주고 싶다며 히라우마 마을이 소유한 수문의 열쇠를 내놓는다. 그간 히라우마 마을이 수원지라는 위치를 이용하여 야마구치를 괴롭혀 온 점을 사과하고 히라우마의 마을 사람들을 설득하여 물을 자유롭게 공유하도록 결정한 것이다. 오랜 앙금이 있던 두 마을이 수문 열쇠를 넘겨주고 화해하는 계기나 동기가 뚜렷하지 않다는 점에서 프로파간다연극의 난맥상이 쉽게 드러나지만, 제목처럼 '용사애'를 간명하게 보여 준다는 점에서 시국성을 적절하게 담아낸 단막극이 틀림없다. 작가 오카다 데이코는 첫 번째 희곡집에서 자신이 단막극에 애착을 가진 것은 연극이 '순화와 응축의 예술'이기 때문이라고 언급한 바 있다. 그리고 〈용사애〉는 국민정신총동원연맹에서 『국민오락각본집』을 편찬하여 널리 배포할 계획을 세울 당시 '아마추어도 할 수 있는 연극' 그리고 '이동연극용 각본'을 위해 창작했다고 밝히고 있다.[37] 〈용사애〉는 앞에서 언급한 〈만월〉과 함께 일본이동연극연맹이 편찬한 『단편극명작선』에 실린 작품이다. 이 책에 실린 단막극 14편은 모두 전시체제에서 '식량증산'에 헌신하는 농촌 혹은 중요 자재의 '증산'을 위해 일선에서 활동하는 공장과 광산에서 상연될 '아마추어 연극'용 각본이다. 이처럼 이동연극용 각본은 향후 지방 순회공연 등에서 적극 활용될 수 있는 성격의 것이었다는 점에서 국어극 참가작으로 〈만월〉, 〈용사애〉를 선택했을 것이다.

1943～1945년에 개최된 연극콩쿠르에서는 이상의 일본어극 11편을 상연하였다. 국어극이라는 조건을 충족시켜야 콩쿠르에 참가할 수 있는 구조가 된 것이 배경이었다. 국민연극의 가장 첨예한 위치에서 '경연'의 형태로 연극제에 참가한 작품들에 대해 보다 종합적인 평가가 필요할 것이다. 다만 미요시 주로의 〈한역〉은 징병제, 〈만월〉과 〈용사애〉는 생산증강이라는 지정 주제에 부합하는 프로파간다연극이었지만, 〈춘성 부부〉는 시국적인 연극과는 거리가 있다는 점을 확인할 수 있다. 또 〈만월〉과 〈용사애〉는 이동연극을 위한 요건을 갖춘 희곡 가운데 선택된 작품이었다는 특징이 공통적이다. 특히 미요시 주로 · 호조 히데지 등의 작품이 국민문화운동의 일환으로 외지에서 국어극으로 상연되었다는 점은, 애초 작가의 의도와 상관없이 제국일본의 문화예술 작품들이 권력화해 가는 조직적 · 제도적 추이 속에서 국가에 의해 연극이 '동원'되어 식민지의 관객에게까지 전달되고 있었음을 알 수 있다.

Ⅳ. 수상작/비수상작의 갈림길 : 이중어, 다이얼로그

1942년 연극협회 결성 이후 가속화된 연극인에 대한 통제의 가장 조직적인 형태가 조선연극문화협회였으며, 이보다 앞선 1940년 조선연극인협회의

37) 岡田禎子(1942), 『戲曲祖國』, 拓南社, 325쪽.

결성과 함께 국민연극 논의가 본격화되었고 국민연극의 구체적인 실천 방법으로 고안된 것이 연극상 설정과 연극콩쿠르였다.[38] 당시 연극콩쿠르의 시행 및 연극상 제정은 이른바 신극운동 내부에서도 제기되었다.[39] 그러나 총독부 주도로 생겨난 연극콩쿠르는 기본적으로 신극 극단의 것도 대중연극의 것도 아닌 신극과 흥행극이라는 성격을 달리하는 극단들이 경쟁하는 구도였으며, 더구나 조선연극문화협회는 연극협회와 함께 예능·가극단·서커스단까지 포함하는 단체였다. 애초부터 연극인의 예술적 기량을 겨루는 콩쿠르라기보다 1940년대 연극경연대회는 제국일본의 식민지 통치기구로서의 조선총독부가 식민지 문화예술의 역량을 총력전에 '동원'하고자 한 것으로 보아야 할 것이다.

구체적으로 극작가는 창작의 자유를 제한당했고 참가 극단들은 여러 조항을 통해 통제받았다. 즉 통치자로부터 주어진 조건들, '지정 주제·지정 장소·지정 언어'에 철저히 따르는 것에서 시작되었다. 아울러 경연대회의 심사를 통해 수상작과 비수상작을 가르는 기준은 상당히 여러 요소가 작용하였고, 또 뜻밖의 요소들이 존재한 것으로 보인다. 따라서 콩쿠르라는 경연대회의 경쟁 속에서 우월한 것을 검증해 내는 심사 기준과 그것을 뒷받침하는 권력으로서의 언어가 어떻게 사용되는가가 더욱 중요해졌다.

먼저 가장 주요하게 통제할 수 있는 수단으로서 '지정 주제'의 제시이다. 총독부 내부 자료[40]에 의하면, "건전한 국민연극 진흥을 도모하고 아울러

---

38) 安英一(1940), 「劇界展望」, 『朝光』(1940. 1), 朝光社〔양승국 편(1992a), 『한국근대연극영화비평자료집 12 1936. 10～1937. 10』, 태동, 190-191쪽, 194쪽〕; 安英一(1941), 「연극 특집호 발간에 제하야」, 『삼천리』(1941. 3); 함대훈(1941a), 「국민극 수립의 의의」, 『경성일보』 1941. 1. 28-30.자; 함대훈(1941b), 「國民演劇의 첫 烽火 : 劇團 現代劇場 創立에 際하여」, 『每日申報』 1941. 3. 30-4. 2.자; 함대훈(1941c), 「국민연극의 현 단계」, 『朝光』(1941. 5), 朝光社〔양승국 편(1992a), 앞의 책, 1369쪽〕; 송영(1942), 「國民劇의 創作 : 作家의 立場에서」, 『每日申報』 1942. 1. 15-20.자.

39) 양승국(2001), 『한국현대희곡론』, 연극과인간, 308쪽.

40) "연극경연대회 개최 건/ 건전한 국민연극 진흥을 도모하고 아울러 반도에서 가장 대중성이 높은 연극을 통해 민중에게 올바른 시국 인식을 고취시키는 데 일조하도록 조선 최초의 연극경연대회를 개최하기로 하였다." 朝鮮總督府(1942), 앞의 글〔영인본,

반도에서 가장 대중성이 높은 연극을 통해 민중에게 올바른 시국 인식을 고취시키"는 연극을 모아 경연대회를 열겠다는 취지를 밝혔다. 아울러 가장 직접적인 간섭은 연극의 주제 및 내용에 대한 통제였다. 먼저 연극의 내용에 내선일체 촉진, 일본 정신 앙양, 전의 고양이 담겨 있으며, 전시하 조선에서 국민연극으로 추천하기에 충분하고 예술적 가치가 클 것 등을 요구했다. 이 가운데 내선일체, 일본 정신, 국민연극이라는 정치적 목적이 우선되어 '예술적 가치'는 가장 마지막 조건으로 제시되었다.

작품 선정과 연출가 · 장치가의 선택은 각 극단의 자율에 맡긴다는 규정이 있었으나, 해를 거듭하자 작품 선정에 대한 극단 자율권을 제한하려는 논의가 있었다. 당시 소속 작가를 보유한 극단은 현대극장이 유일했고 나머지 극단은 작가를 '배급'받았다.[41] 다시 말해 작가를 선정하는 권한이 극단이 아니라 주최 측에 있다는 점에서 작가 배급을 통해 구체적으로 어느 정도 작품 선정을 결정할 수 있었는지는 확인하기 어렵지만, 작품 선정에 사전에 개입할 수 있는 시스템인 것이다. 이 밖에 참가 연극의 주제 및 내용과 관련한 몇 가지 중요한 사항을 제시하였다. 첫째, 협회에 이미 가입되어 있는 18개 연극단체 중 일부 단체만이 선출된다는 점이다. 즉 참가 대상이 제한되고 주최 측이 본선 진출 극단을 결정했음을 의미한다. 둘째, 대회 참가 극단에게는 공연 장소가 제공되고 최우수 수상작에는 지방 순회공연의 혜택이 주어졌다. 이는 신극 극단이 당시 추구해 온 '직업화', 연극전문극장 설치 요구를 전부 충족시키지는 못하지만 지방 공연보다 경성 공연에서 적자를 면치 못하던 당시 상황에 비추어 극장문제와 지방 공연은 수상 단체에게 부여한 혜택 가운데 상당히 유리한 조건이었다. 실제 참가작 가운데 최우수 단체에게 주어지는 특혜는 지방 순회공연을 실시하도록 한다는 것이다. 나머지 흥행에 드는 비용은 각 극단이 자비로 충당하고 공연 장소 대여비 '금 3백 엔'은 총독부가 지급하는 형태였으며, 이러한 극장 대

민족문제연구소(2000), 『日帝下 戰時體制期 政策史料叢書 29』, 349쪽].

41) 함세덕(1943), 「演劇コンクールをまへに」, 『國民文學』(1943. 9), 488쪽.

여비와 상금 지급은 소수의 수상 작가와 극단에 부여하는 혜택이었다. 이러한 지방 순회와 극장 대여 그리고 '수상작'이라는 혜택은 특정 소수의 작품만이 식민권력의 제도적 · 조직적 통제를 통해 '권력화'하는 기반을 창출해 냈다.

그런데 '연극을 통한 시국 인식 고취'의 필요성은 대립하고 경쟁하는 참가 주체 사이에 예기치 않은 편차와 혼란, 가중되는 경쟁의 기반을 형성하기도 하였다. 대회 참가 극단들이 참가작으로서 조선어극과 함께 일본어로 또 한 편의 연극을 준비해야 한다는 것이었다.[42)]

이제 연극경연대회에 출연하여 극장 대여 비용을 제공받고 수상권에 들어 지방 순회공연의 혜택을 누리려면, 일본어로 작품을 창작하거나 선정하여 일본어로 배우들의 연기를 준비해야 하는 '국어극'이라는 전제조건을 받아들여야 했다.

한편 참가작 간 히에라르키를 형성시키는 결정적인 계기가 되는 수상 규정에 따르면 단체상인 '총독상'은 금 1천 엔, 개인상 가운데 작품상인 '정보과장상'(1명)은 금 5백 엔, 연기상(3명)은 금 1백 엔, 연출상(1명)은 금 1백 엔, 장치상(1명)은 금 1백 엔, 단체상 및 작품상은 총독부에서 지출하도록 되어 있었다. 연기상, 연출상, 장치상은 국민총력조선연맹문화부장상, 조선군보도부장상, 조선방송협회장상, 경성일보사장상, 매일신보사장상, 조선연극협회장상 등의 명칭으로 수여되었다. 또 '심사회'를 설치하여 참여(參與) 및 심사위원에 의해 각각 수상작이 선정되었다. 이때 '참여'는 국민총력조선연맹문화부 문화위원 및 연극 관계 전문가 중에서 선정하였으며, 심사를 한 참여는 참고 의견을 문서로 작성하여 심사회에 송부하도록 하였다. 구체적인 심사위원의 면면을 보면, 우선 심사위원장은 국민총력조선연맹 문화부장 야나베 에이자부로(矢鍋永三郎), 심사위원에는 총독부 정보과장 구라시마 이타루(倉島至), 국민총력과장 쓰쓰이 다케오(筒井竹雄), 경무과장 야기 노부오(八木信雄), 보안과장 후루카와 가네히데(古川兼秀), 조선연극협회 명

42) 朝鮮總督府(1942), 앞의 문서.

예회장 경성제국대학 교수 가라시마 다케시(辛島驍), 조선연극협회 상무이사 김관수(金寬洙), 조선연극협회 고문 경성일보사 학예부장 데라다 에이(寺田瑛), 조선연극협회 고문 매일신보사 학예부장 백철(白鐵) 등이다. 이들에게 주최 측이 심사 방법에 대해 구체적으로 어떤 기준을 제시했는가는 당시 심사위원들에게 배부되던 '심사표'에 첨부된 자료에 기초하여 유추해 볼 수 있다.[43)]

심사 방법은, 첫째 작품 · 연출 · 연기 · 장치 · 기타를 각 1백 점을 최고점으로 한다. 둘째 기타를 세별(細別)하는 조명 · 의상 · 소도구 · 효과에 대해서는 각 20점을 최고점으로 하며, 공란에는 심사자가 주의한 점을 적시하여 최고 20점으로 한다. 셋째 심사자는 관람 일시를 반드시 기입할 것, 넷째 연기 평점은 별표의 총괄평 · 총점과 일치할 것이 요구되었다. 다섯째로 심사위원은 작품 · 연출 · 연기 · 장치 · 기타, 5개 항목에 대하여 인정할 만한 상세한 평문(評文)을 각각 별지에 적어 제출할 것 등이 상세하게 적시되어 있었다. 이를 토대로 보면 작품 · 연출 · 연기 · 장치의 분야를 나누어 평가했다는 점, 조명 · 의상 · 소도구 · 효과에 대해서도 배점은 상이하지만 심사가 이루어졌다는 점을 확인할 수 있으며, 심사자의 관람일에 따라 관객 반응에 의해 극장 분위기가 상이하여 그 영향을 받았을 가능성도 충분히 가늠할 수 있다는 점에서 이러한 심사 방법이 실제로 얼마나 완벽하게 반영되었는지 실증하기 어려운 측면이 존재하지만, 역설적으로 심사 결과를 통해 심사 과정에 대한 입체적으로 추정해 볼 수 있겠다. 예를 들어 제2회 대회의 심사 결과는 다음과 같다.

> 國語劇 團體賞 一席에『高協』
>
> 朝鮮語劇은 總督賞, 報道部長賞에는 該當者 업다.
>
> 演劇競演受賞者決定
>
> 〔國語劇〕

---

43) 이미원 편(2003), 앞의 책 4, 연극과인간, 621쪽.

가. 團體 1等 高協 朝鮮聯盟賞

나. 團體 2等 黃金座 大和塾賞

다. 個人 演技賞(2人) 金鮮英(現代劇場) 朝鮮文人報國會長賞, 沈影(高協) 大和塾賞

〔朝鮮語劇〕

가. 團體賞 總督賞 該當者無

나. 朝鮮軍報道部長賞 該當者無[44)]

위 수상 내역에서 보듯 조선어극은 총독상·조선군보도부장상 등의 단체상 해당자가 없는 반면, 국어극은 고협·황금좌 등이 수상 단체로 선정됨으로써 조선어극의 포상 제외와 국어극 장려라는 상황을 확인할 수 있다. 제2회 대회가 열린 시기에 조선연극문화협회가 주최하는 '내선만(內鮮滿) 연극운동의 현상과 장래'에 관한 좌담회 자리에서 육군항공본부 촉탁 대정익찬회 예능위원 세키구치 지로(關口次郎, 1893~1979)[45)]가 국어극의 목표를 물었을 때, 연극문화협회 상임이사 미키 나오(三木尙)는 조선에서 일본어로 연극을 상연하는 문제가 국민연극운동의 과제로서 인식하고 있었으며, 총력연맹 문화과 참사 데라모토 기이치(寺本喜一)는 '국어' 상용이 목표라고 언급한 바 있다. 그런데 국어극 심사를 상세하게 살펴보면, 〈대소봉재일〉에서 노부인 역을 맡은 극단 예원의 배우 윤사음(尹史音)에 대해서는 "국어 발음"이 세련되었다고 평가하였다.[46)] 또 다른 심사 기준에 대하여 이동연극 운영위원 아사쿠라 하루아키(朝倉春明)는 채점 요령을 언급하면서 먼저 '국어 발음'과 '국어의 전체적인 분위기'를 본다고 하였다. 만주국 군사부 촉탁 연극공작대 대장 모리 다케시(森武士)는 연출이 '갈팡질팡'하는 이유가 "국어를 잘하느냐 못하느냐가 우선이고 그 다음이 연기라는 식"이니 그렇지 않

44) 『每日申報』 1944. 1. 30.자, 3면.

45) 근대일본의 극작가. 1921년 희곡 「어머니」로 등단하였으며 『연극신조(演劇新潮)』의 동인이 되었고, 기시다 구니오(岸田國士) 등과 신극연구소를 설립하여 신인을 양성하였다.

46) 오정민(1943), 앞의 글〔양승국 편(1992b), 앞의 책, 59쪽〕.

은가 하고 지적하였다. 그리고 배역을 정하는 경우, 대사가 많은 주역은 "국어를 잘하는 배우"에게 맡길 수밖에 없다고 말한다.[47] 여기에서 수상작으로 선정된 주요한 이유가, 배우들의 일본어 발음과 크게 관련이 있고 배역을 선정할 때는 이것을 의식하여 일본어 습득의 정도가 기준이 되었다는 사실을 확인할 수 있다.

그렇다면 경연의 수상작이 국어극에 집중된 것은 물론, 그 가운데에서도 수상작과 비수상작을 가르는 기준이 연극의 완성도나 배우의 연기에서 찾기보다 배우의 '발음'이었다는 믿기 어려운 사실을 인정할 수밖에 없다. 다음은 극단 현대극장의 이념적 지주였던 함대훈의 글이다.

> 예술에서 언어의 미는 중대하다. 특히 영화 연극의 '다이얼로그' 즉 대화의 미는 영화, 연극의 기본적인 요소이다. …다이얼로그(대화)의 미야말로 연극의 생명이다. 이러한 연극의 생명인 다이얼로그를 '국어'로 하는 경우, 상당히 연마하지 않으면 언어의 미, 회화의 미, 예술의 미로서 성과를 거두기 어려울 것이다.[48]

이 글에 따르면 연극의 생명은 다이얼로그의 미이며 그것을 구성하는 것은 언어이다. 연극에서 언어의 아름다움을 추구하는 것은 당연하다. 그럼에도 불구하고 연극경연대회가 조선어극이 여전히 중심이 되어야 한다고 주장한 배경과 관련하여 경무국 사무관 호시데 도시오(星出壽雄)는, 연극에서의 '국어 상용'이 전면적으로 이루어져야 하는 입장이지만 현실에서는 이

---

47) 1943년 제2회 연극경연대회가 열리고 있던 시기에 조선연극문화협회가 주최한 '내선만 연극운동의 현상과 장래'에 대한 내부 관련자 좌담회가 열렸다. 이 자리의 참석자는 육군항공본부 촉탁 대정익찬회 예능위원 세키구치 지로, 만주국 군사부 촉탁 연극공작대 대장 모리 다케시(森武士), 조선에서의 참석자는 이동연극 운영위원 아사쿠라 하루아키(朝倉春明), 연출가 아베 히데키(安倍英樹), 총력연맹 문화과 참사 데라모토 기이치, 연극문화협회 상임이사 미키 나오, 현대극장 대표이자 극작가 유치진이었다. 「座談會內鮮滿國民演劇を語る」, 『綠旗』 제15권 제1호 통권 95호(1944. 1), 58-60쪽.

48) 咸大勳(1942), 「朝鮮映畫, 演劇における國語使用の問題」, 『綠旗』 제7권 제3호, 130-131쪽(번역은 필자).

를 실행할 수도 없고 해서도 안 된다고 주장했다.[49] 이는 '황국신민화'라는 시국 목적에 부응하기 위해 국어극이 되어야 마땅하지만, 식민지 관객에 대한 연극의 영향력을 고려할 때 연극의 언어를 일본어로 고집할 수 없다는 취지였다. 왜냐하면 일본어극은 대다수 관객이 일본어를 할 수 있는 시기에 도달했을 때 비로소 그 존재 의의가 있기 때문이다.

그러나 일본어극의 상연과 관련하여 이러한 인식은 조선 연극인의 그것과는 괴리가 있었다. 말하자면 유치진은 일본어로 연극을 상연하는 어려움을 토로하며 어떠한 방침으로 각본을 선택할 것인가 하는 점에서 갈팡질팡했으며 상당한 용기가 필요하다고 솔직하게 고백하였다.[50] 일본어 작품의 참가가 의무화된 제2회 대회 관극평에서 세키구치는, 국어극 각본이 함량 미달인 것은 유감스럽지만 언어는 자유롭게 구사되었다는 점을 지적하였다. 그는 배우들의 열연과 일본어의 능숙함을 호평하였고, 또 "이중어의 사용으로 인하여 자주 일어나는 늘어지는 연출"을 지적하였지만, 그 밖의 구체적인 사항에 대해서는 함구하고 있다.[51] 이러한 언급은 조선어로 연극을 상연하기 위해서는 일본어극을 반드시 상연해야 했던 당시의 상황을 우회적으로 보여 준다. 세키구치가 일본어극에 대하여 국어의 자유로운 사용 외에 특별히 언급할 것이 없다는 냉정한 평가를 내린 반면, 조선어극에 대해서는 '평소 사용하지 않는 이중어' 즉 조선어와 일본어가 무대에서 동시에 사용됨으로써 빚어진 배우들과 연출의 혼란과 고뇌가 고스란히 전해져 깊은 인상을 남긴 것으로 보인다.

요컨대 전시체제하 예술의 조직적 동원으로 개최된 연극경연대회에서 이 '국책' 작품에 포함된 일본어극과 조선어극을 한 무대에서 동시에 연출

49) 星出壽雄(1942), 「朝鮮演劇の新發足」, 『朝光』, 朝光社, 456쪽.

50) 이 문제는 제2회 경연대회 이후 유치진, 안영일 역시 지적한 바가 있다. 「座談會内鮮滿國民演劇を語る」, 『綠旗』 제15권 제1호 통권 95호(1944. 1), 58-60쪽.

51) 세키구치 지로는 제2회 연극경연대회를 시찰한 후 「조선연극 시찰기」〔關口次郎(1944), 앞의 글〕라는 글을 일본에서 발표했으며 「座談會内鮮滿國民演劇を語る」〔『綠旗』 제15권 제1호 통권 95호(1944. 1), 58-60쪽〕의 주장과 비교할 때 그의 관극 소감에 뉘앙스의 차이가 보인다.

해야 했던 식민지 조선 연극인들의 의식적·무의식적 노력은 다시금 평가되어야 한다. 희곡을 창작하는 작가인 그들은 예술의 자유로운 창작을 침해당했기 때문이다. 또한 그러한 피해의식은 이 작품들 속에서 혼란과 내면적 갈등을 가져다주었다. 특히 무대에서 조선어극을 상연하기 위해서는 일본어극을 함께 상연해야 하는 딜레마를 겪었고, 식민지의 연극인들은 저항과 협력의 경계선에서 아슬아슬한 줄타기를 해야 했다. 어쩌면 이 경연대회 참가작들이 '전의 고양'이라는 주제를 담았느냐, 안 담았느냐에 관한 언급은 사실상 불필요할지도 모른다. 왜냐하면 전의 고양을 위한 콩쿠르에서 그것을 담는 것은 당연한 것이기 때문이다. 또 국어극이라는 조건을 충족시키는 것만이 콩쿠르에서 살아남는 구조였던 것이다. 경연대회 참가작들이 창작의 자유로부터 어느 시기보다 가장 차단당하고 통제되었으며, 그 첫번째 출발은 통치자로부터 주어진 조건들, 즉 지정 주제와 지정 장소·지정 언어를 철저하게 따르는 것이었다.

V. 맺음말

1940년대 국민연극경연대회 참가극 가운데 '국어극'에 대한 기초적인 조사를 진행한바 몇 가지 새로운 사실을 발견하였다. 그것은 이미 알려진 이광래의 〈동상〉 외에 여러 편의 일본어극이 조선의 관객을 대상으로 상연되었다는 점이다. 하지만 국민연극의 실체를 밝혀 줄 일본어극 가운데 현재 희곡으로 확인할 수 있는 작품은 단 5편에 불과하며, 제목과 내용을 유추할 수 있는 작품은 6편이므로 적어도 총 11편의 일본어극 작품이 상연되었음을 확인할 수 있었다. 이는 제2회 대회부터 국어극이라는 조건을 충족시켜야 콩쿠르에 참가할 수 있는 시스템으로 변화한 것이 일본어극이 등장하게 된 배경이다. 국어극의 형태로 연극제에 참가한 작품들 가운데 미요시 주로의 〈한역〉은 징병제, 〈만월〉과 〈용사애〉는 생산증강이라는 지정 주제에 부합하는 프로파간다연극이고 〈만월〉과 〈용사애〉는 이동연극을 위한 희곡이었지만, 〈춘성 부부〉는 시국적인 연극과는 거리가 있었다. 미요시 주로, 호조 히데지 등의 작품이 외지에서 국민연극으로 상연되었다는 점은 이 작가들의 애초 창작 의도와는 상관없이 국책연극으로 '동원'되어 식민지의 관객에게까지 전달되었음을 말해 준다.

제1회 대회가 조선어극, 제2회 대회가 조선어극과 일본어극, 제3회 대회는 조선어극을 중심으로 상연하여 일본어극이 부분적으로 포함되는 변화를 거쳤다. 단순하게 보면 조선어극만 상연하다 적극적인 정책하에서 국어극 동시 상연이 의무화되었다가 다시 조선어극으로 되돌아간 과정이지만, 실상은 훨씬 복잡한 과정이 내재되었으리라 짐작된다. 즉 연극경연에 참여한 극작가 · 연출가 등의 '혼란'을 비롯하여 총동원시기에 국민연극 창출의 일환으로 시작된 '연극콩쿠르'는 '일본어(권력언어)' 연극 상연을 통한 '동화'를 실현하고자 했을 터이지만, 대다수의 '조선어(민족언어)' 관객의 현실적 존재는 전시체제하 예술동원을 '좌절'시켰다는 측면을 간과할 수는 없는 것이다. 그러므로 제국일본의 예술동원과 통제 조직, 수상제도를 통한 적극적 · 조직적 개입의 과정 속에 있었기에 정치적 목적에 이용하고자 하는 의도가 강하게 개입된 것은 사실이다. 그러나 식민지에서 국어극으로서 국민문화운동의 일환으로 전개되었다는 점, 국가에 의한 예술동원이 작가의 저항의식과는 때로는 무관하게 전개되기도 한다는 점에서 문화예술 작품의 권력화를 의식적으로 경계해야 함을 시사해 준다. 아울러 '제국'의 문화 장악을 위한 시도가 연극콩쿠르라는 제도 그리고 국어극 필수 상연을 통해 실현되었는지 혹은 좌절되었는지는 개별 텍스트 분석을 통해 보다 세밀한 결과를 도출해야겠지만, 여기에서 밝혀낸 일본어극 11편의 존재는 식민지 연극인들의 '친일극'이라는 기존의 평가에 머무르는 것이 아니라, 전시체제에서의 '연극동원'이라는 억압적인 조건에서 조선어극 상연의 공간을 만들어 내고자 한 흔적으로서 제한적이나마 그 의의를 인정하고자 한다.

식민지 말기 다이글로시아와 조선영화의 제국적 소비

―〈지원병〉을 중심으로―

서재길

I. 머리말

2000년대 이후 한국 근대문학 연구 분야에서 두드러진 경향으로 나타나고 있는 문화론적 연구(cultural studies)는 그동안 정전(canon) 중심의 문학 연구가 소홀히 한 대중잡지, 영화, 드라마, 만화, 유성기 음악, 라디오 연예 등의 대중문화에 대한 새로운 시각을 제시하면서 '위기의 인문학'을 타개해 가고 있다. 특히 일제 식민지시기의 대중문화와 근대성에 관한 논의는 역사학계의 이른바 '식민지 근대성' 논의와 결부되어 북미와 일본의 최신 연구 성과와 협조/경쟁하면서 그동안 지나친 민족주의적 연구 풍토가 간과한 식민지시기의 일상을 새롭게 조명하고 있다. 물론 이러한 연구 경향이 '식민성'을 지나치게 부차적인 것으로 여긴다거나 식민지 근대의 지역적 · 계층적 · 젠더적 불균등성을 간과한다는 점 때문에 비판을 받고 있기도 하다.

그러나 식민성을 한국적 특수성으로서만 아니라 세계사적 보편성 속에서 새롭게 보아야 한다는 관점은 연구자 사이에서 점점 설득력을 얻고 있으며, 이는 특히 신진 연구자 사이에서 두드러지게 나타나고 있다.[1)]

식민지시기 대중문화 연구의 가장 큰 딜레마 중 하나는 오히려 자료의 부재로 인해 풍요로운 해석의 가능성이 차단되어 있다는 점이다. 예를 들어 실물 자료가 잡지나 신문에 남아 있는 문학이나 유성기 음반(SP 레코드)으로 남아 있는 대중음악과는 달리, 영화나 라디오의 경우 시청각 자료가 거의 남아 있지 않은 것이 현실이다. 영화의 경우에는 1차 텍스트가 존재하지 않아 영화사 연구자들은 오랫동안 신문·잡지의 기사나 영화평, 당대 영화인들의 자서전적 기록 등에 의거하여 연구를 수행해야 했다. 또한 라디오 드라마나 방송소설의 경우 방송 자료는 전무한 상태이고, 식민지 말기인 1940년대에 방송된 작품 중 일부가 신문이나 잡지 등에 활자 텍스트로 남아 있을 뿐이다.[2)] 식민권력에 의해 중요하게 여겨지던 식민지 말기의 텍스트들만이 '운 좋게' 살아남을 수 있었던 셈이다. 이런 문제는 대중문화에 있어서 '식민지 근대성'이라는 주제에 대한 탐구를 심화시키는 데 장애로 작용하고 있는 것이다.

이 같은 상황 속에서 2000년대에 들어 창춘(長春)의 중국영화(電影)자료관과 러시아의 고스필모폰드(Gosfilmofond) 등에서 1930~1940년대의 영화가 줄줄이 발굴되면서 식민지영화사 연구는 새로운 전기를 맞이하게 된다. 한국영상자료원이 낡은 영화 필름을 디지털로 복원하여 일부 연구자에게 자료가 공개되면서 실물 필름에 기반한 텍스트 분석이 섬세하게 이루어질 수 있었던 것은 영화사 연구의 큰 진전이었다. 또한 이 시기 극영화 중 상당수

1) 한국에서의 식민지 근대성 논의의 가능성과 한계에 대해서는 조형근의 일련의 논의를 참고. 조형근(2006), 「한국의 식민지 근대성 연구의 흐름」, 정근식·공제욱 편, 『식민지의 일상, 지배와 균열』, 문화과학사 ; 조형근(2009), 「비판과 굴절, 전화 속의 한국 식민지 근대성론 : 구조, 주체, 경험의 삼각구도를 중심으로」, 『역사학보』 제203집, 303-321쪽.

2) 서재길(2007), 「한국 근대 방송문예 연구」, 서울대학교 박사학위논문 참조.

가 한국영상자료원에 의해 DVD로 복각되거나 KMDB(Korea Movie Database)의 VOD 서비스를 통해 전격 공개되면서 연구자들뿐만 아니라 관심 있는 일반인에게도 식민지 영화에 대한 관심을 불러일으켰다.

그런데 새롭게 발굴된 영화 필름이 연구자나 일반에 공개되면서 텍스트 확정에 대한 문제가 제기되었다. 한 편의 영화가 여러 개의 롤(roll)로 구성되는 이 시기 영화의 속성상 필름 롤 중 일부가 분실되거나 복원 과정에서 롤의 시간적 순서가 엉클어지는 일이 발생할 가능성이 크기 때문이다. 내용이 상이한 판본이 복수로 존재하거나 완성본으로 생각되던 영화가 실제로는 중요한 부분이 누락되어 있는 경우도 확인된다. 그중 하나가 이 글에서 논의할 식민지 말기의 친일 협력 영화 〈지원병〉(1941)이다. 중국영화자료관에서 발굴된 이 영화는 원본이 제대로 확정되지 않은 상태에서 일부 연구자에 의해 연구가 진행되면서 텍스트를 오독하는 경우가 발생했다.[3] 그뿐만 아니라 대다수의 연구자가 완본으로 전제하고 사용하는 DVD 편집본[4] 역시 일부 필름이 유실된 불완전본 상태인 것이 확인되고 있다.

여기에서는 우선 원본의 확정을 위해 DVD로 공개된 텍스트가 완본 상태가 아니라는 점을 당시에 간행된 유관 자료를 통해 실증하고, 유실된 부분을 복원함으로써 텍스트에 대한 새로운 해석을 시도하려 한다. 또한 이 작품이 영화의 형태로서만이 아니라 개봉을 전후한 시기에 활자 인쇄물의 형태로도 식민지 조선의 대중에게 소비되었으며, 일본어와 조선어가 구술언어와 문자언어라는 이중적 층위에서 제국의 극장 속에서 두 개의 상이한 민족에게 소비되었다는 점에도 주목하고자 한다. 이를 통해서 하나의 영화 텍스트가 매우 다른 형태로 제국과 식민지의 관객에게 소비될 수 있었다는

---

3) 예를 들어 식민지시기 영화에 대한 전반적인 개괄을 행하고 있는 김려실의 논의에서는 춘호가 지원병이 된 자신의 모습을 상상하는 부분이 앞부분에 배치되는 등 전체 서사의 순서가 엉클어진 채 소개되고 있다. 김려실(2006), 『투사하는 제국, 투영하는 식민지 : 1901~1945년의 한국영화사를 되짚다』, 삼인.

4) 이 작품은 2007년 한국영상자료원에서 편집하여 태원엔터테인먼트(주)에서 제작 · 판매한 〈발굴된 과거 : 일제시기 극영화 모음, 1940년대〉에 수록되어 있다.

사실을 밝히고, 그것이야말로 이 시기의 영화 텍스트들이 지닌 중층적 성격의 일단임을 밝히려 한다.

II. 〈지원병〉의 텍스트 확정 문제

식민지 조선에서 지원병제도가 공포된 이듬해인 1939년 8월 기획되어 1940년 3월 제작이 완료된 〈지원병〉은 조선프롤레타리아예술동맹(이하 'KAPF') 출신 극작가이자 최초의 라디오 프로듀서로 잘 알려진 최승일의 제작 아래 역시 KAPF 비평가 출신 박영희의 원작을 만문만화(漫文漫畵) 작가이자 화가인 안석영이 각색하여 연출한 작품으로, 당대 최고의 여배우 문예봉이 출연하여 유명세를 탔다. 당시 조선총독이던 미나미 지로가 화면에 직접 등장하여 지원병들을 열병하는 모습을 담는 등 조선총독부의 전폭적인 지원 속에

映畫物語

『志願兵』

東亞映畫

文藝峰の（芬玉）

山の畠の午下り――。
なだらかに續く山の傾斜面に、開墾の鍬を休めた春浩の聰明な眼には、又しても、眞劍に物思ふ色が浮かんできた。この頃の春浩の生活に屢々見受けられるこの表情。それは、じつと何かを凝視めてゐながらも、逆に、心の奥深く、幾つもに縺れ合ひながら聞えてくる自己の叫びの一つ〳〵に、冷靜な判斷を與へやうとして苦しんでゐる姿であつた。

瞬間、春浩は、自分の視野の中に、黑い影の動きをキャッチしながらも、わざと視線を山の頂きに移した。春浩の傍には、卷いた國旗を手にして、許婚の芬玉の顏が笑ひかけてゐた。
「あ、誰かと思つたら！」
「まあ、わたしと知りながら……」
片手を口に當てゝ、芬玉の聲は、嬉しくも恥づかしさうである。
「貴方の足音を、僕は、落葉の音と思つ

〔그림 1〕「영화물어 〈지원병〉」(『관광조선』 1940. 1)

서 제작이 이루어진 것으로 알려져 있다.

이 작품은 1940년 일본에서 먼저 공개된 후 조선에서는 한 해 뒤인 1941년 일반에 공개되었다.[5] 그런데 이 작품은 개봉 이전에 일본관광협회 조선지부에서 발간하던 일본어 잡지 『관광조선』 1940년 1월호에 줄거리와 대사 일부를 축약한 '영화물어(映畵物語)'가 게재되었고([그림 1] 참조), 일본에서의 개봉을 앞둔 시점에는 『경성일보』의 주말판이라고 할 수 있는 『국민신보(國民新報)』에 4회에 걸쳐(1940. 6. 2~23) '지상영화(紙上映畵)'가 게재되었다([그림 2] 참조).[6] 따라서 '영화물어'와 '지상영화'라는 두 형태의 원작 텍스트 공개로 인해 일본어를 이해하는 조선의 독자들은 이미 영화의 전체 내용을 알고 있는 상태에서 영화를 접했을 가능성이 크다.

영화 화면에 나타나는 몇 가지 시간 표지를 단초로 하여 분석하면, 이 작품의 시간적 배경은 지원병제도가 공포(1938. 2)되기 전해인 1937년 가을 무렵에서 제1차 지원병 입소가 시작되는 1938년 6월에 이르는 시기이다. 춘호가 서울에서 돌아오는 길을 그리는 장면에 추수가 끝난 가을 농촌 풍경이 등장한다든지 춘호와 창식이 참석한 '총후(銃後)에 있어 우리의 임무'라는 강연회의 입간판에 11월 13일이라는 날짜 표시가 있는 것으로 미루어 작품의 앞부분이 중일전쟁이 발발한 직후인 1937년의 가을이라는 것을 짐작할 수 있다. 작품에 분명한 시간 표지가 드러나지는 않지만, 주인공이 최

---

5) 이 작품에 대한 개략적인 분석은 김려실(2006), 앞의 책과 이영재(2008), 『제국 일본의 조선영화 : 식민지 말의 반도 : 협력의 심정, 제도, 논리』, 현실문화의 논의를 참고. 두 사람의 논의는 DVD 편집본이 공개되기 이전에 연구자들에게 배포된 텍스트를 사용한 것으로 보인다.

6) 이 두 자료를 학계에 처음 소개한 이덕기는 검열에 의한 필름 삭제의 가능성을 강하게 시사하고 있으나[이덕기(2010b), 「제국의 호명, 빗나간 응답 : 영화 〈지원병〉과 '내선일체'의 문제」, 『한국극예술연구』 제31집, 249쪽], 필자는 그와 관점을 달리한다. 한편 그는 『관광조선』에 실린 텍스트를 '시놉시스'로, 『국민신보』에 실린 텍스트를 '시나리오'로 명명하고 있는데, 이는 지나치게 현재적인 관점에서의 명명이라 하지 않을 수 없다. 근대 초기의 새로운 매체 지형 속에서 인쇄매체를 통해 소비되는 '영화물어'와 '지상영화'라는 독특한 혼종적 장르의 특수성을 간과할 가능성이 크기 때문이다. 이 두 장르의 특징에 대해서는 제4절 참조.

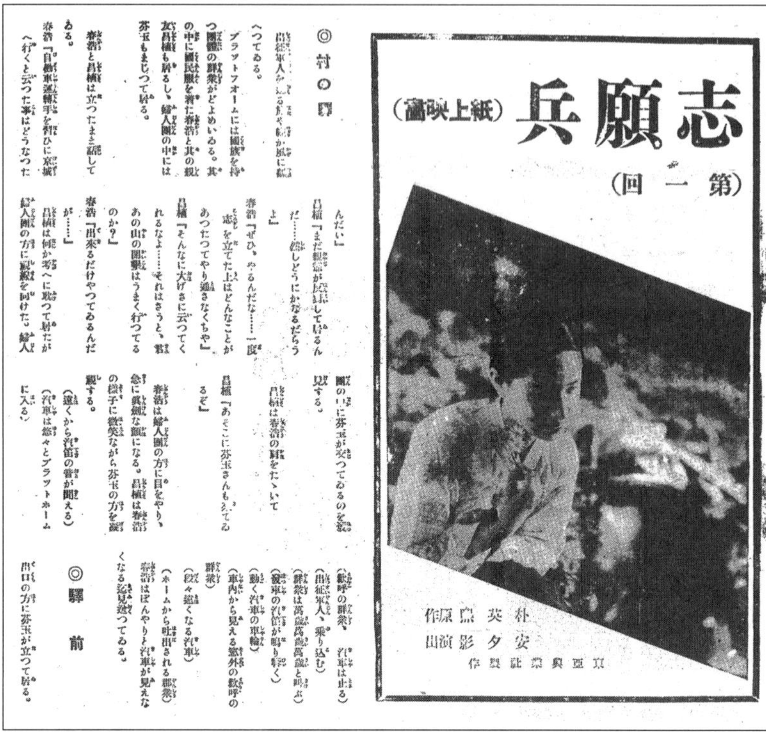

志願兵（紙上映畫）

（第一回）

朴英熙 原作

安夕影 演出

東亞興業社製作

◎ 村の驛

出征軍人を送る旗や幟が風に翻へつてゐる。

プラツトフオームには國旗を持つ團體の群衆がどよめいゐる。其の中に國民服を着た春浩と其の親友昌植も居るし、婦人團の中には芬玉もまじつて居る。

春浩と昌植は立つたまゝ話してゐる。

春浩「自動車運轉手を習ひに京城へ行くと云つた事はどうなつたんだい」

昌植「まだ親爺が反對して居るんだ……然しどうにかなるだらうよ」

春浩「ぜひ、やるんだな……一度志を立てた上はどんなことがあつたつてやり通さなくちや」

昌植「そんなに大げさに云つてくれるなよ……それはさうと、君あの山の開墾はうまく行つてるのか？」

春浩「出來るだけやつてゐるんだが……」

昌植は何か考へに耽つて居たが婦人團の方に視線を向けた。婦人團の中に芬玉が交つてゐるのを發見する。

昌植は春浩の肩をたゝいて

昌植「あそこに芬玉さんも來てるぞ」

春浩は婦人團の方に目をやり、急に眞劍な顔になる。昌植は春浩の樣子に微笑ながら芬玉の方を凝視する。

（遠くから汽笛の音が聞える）

（汽車は悠々とプラットホームに入る）

（歡呼の群衆、汽車は止る）

（出征軍人、乘り込む）

（群衆は萬歳萬歳萬歳と叫ぶ）

（發車の汽笛が鳴り響く）

（動く汽車の車輪）

（車內から見える窓外の歡呼の群衆）

（段々遠くなる汽車）

（ホームから吐出される群衆）

春浩はぼんやりと汽車が見えなくなる迄見送つてゐる。

◎ 驛前

出口の方に芬玉が立つて居る。

〔그림 2〕「지상영화 〈지원병〉」(『국민신보』 1940. 6. 2)

초의 지원병 합격자가 되어 훈련소에 입소하는 장면에서 영화가 끝나는 점은 이 영화의 마지막 장면이 1938년 6월경임을 시사한다.[7] 아울러 공간적

7) 그런데 이 영화의 시간 표지에는 혼란이 존재하는 것이 사실이다. 강연회 다음 장면 즉 영애가 마을로 찾아오는 신과 덕삼 일행과 춘호의 싸움 신은 같은 날을 배경으로 하고 있는데, 계절적 배경이 불명료하다는 것이 그 사례이다. 영애를 마중하기 위해 역으로 나갔다 돌아오는 길에 만난 구장이 지원병제도 실시를 알리는 신문 기사를 보여 주는 장면이 있는데, 실제로 지원병제도가 공포된 것이 1938년 2월이라는 점을 고려하면 등장인물들의 복장이 계절과 맞지 않다고 할 수 있다. 또한 춘호가 훈련병 입소를 위해 떠나는 마지막 장면 역시 여름을 배경으로 하고 있지만 등장인물의 복장은, 이 장면처럼 역의 플랫폼을 배경으로 하는 첫 장면의 것과 비슷하다. 덧붙여 영화에 등장한 〈지원병〉 기사 화면은 『경성일보』 1938. 2. 23.자, 조간 2면에 실린 기사를 그대로 사용한 것을 확인할 수 있다.

배경은 구체적으로 드러나 있지 않아 확인하기 어려우나 가까운 거리에 역이 있는 바다 근처의 농촌 마을이다.

이 영화는 돌아가신 아버지의 뒤를 이어 마을의 마름 일을 하는 한편으로 산비탈의 땅을 개간하던 남자 주인공 춘호가 같은 마을의 덕삼이라는 노인의 간계로 마름의 자리를 빼앗길 위기에 처하면서 서사가 전개된다. 서울에 가서 지주를 만난 춘호는 마름 일을 그만두더라도 땅을 개간하는 일을 멈추지 않겠다고 선언하고 고향으로 돌아온다. 그의 연인인 분옥은 항상 춘호가 어두운 표정을 짓고 있는 것이 자신이 미천해서 도움을 주지 못하기 때문이라고 자책하지만, 춘호를 절망으로 내모는 것은 분옥과의 결혼이나 자신의 직업과 관련된 개인적인 일이 아니라 보다 큰 데에 있었다. 즉 그는 조선 사람은 병사가 될 수 없다는 사실에 절망하고 있었던 것이다. 춘호를 위로하기 위해 찾아온 어릴 적 동무이자 지주의 동생인 영애의 등장으로 분옥은 마음의 상처를 입고, 춘호의 친구인 창식이 분옥에게 접근하면서 춘호는 둘의 관계를 오해하게 된다. 역에서 돌아오는 길에 구장을 통해 조선에서의 지원병제도가 실시된다는 소식을 들은 춘호는 지원병이 되어 훈련을 받는 자신의 모습을 상상한다. 춘호를 만난 분옥은 창식이 서울로 떠나면서 사과했다는 사실을 전하지만, 춘호는 그보다 중요한 게 있다면서 자기는 제국의 군인이 되겠다는 결심을 비친다. 춘호의 지원병 합격 소식이 신문을 통해 전해지자, 지주는 춘호의 가족의 생계를 돕겠다며 마름 교체 문제를 없던 것으로 하겠다고 전한다. 작품의 마지막은 지원병에 당당히 합격한 춘호가 가족과 연인, 그리고 마을 사람 모두의 환송 속에서 열차를 타는 장면으로 마무리된다.

그런데 DVD로 이 영화를 본 사람이라면 이 영화의 중간에 서사의 흐름이 부자연스러운 부분이 있음을 쉽게 눈치챌 수 있을 것이다. 그것은 마름의 교체를 둘러싼 춘호와 덕삼의 대립이 절정으로 치닫는 부분으로, DVD 편집본에서 46분 전후에 해당하는 부분이다. 지원병 입대를 결심한 춘호가 군복을 입고 행군하는 자신의 모습을 상상하는 장면에서 덕삼이 그를 불러내 숲 쪽으로 데려가고 창식이 그들을 뒤쫓는다. 여기에서 갑자기 영화의 공간적 배경이 분옥의 집 앞으로 바뀌면서 창식이 분옥에게 국가에 봉사하기 위해 운전을 배운 뒤 북지(北支)로 떠나겠다고 하면서 지난 일을 사과하는 장면으로 이어지며, 춘호가 분옥에게 지원병으로 전쟁에 나가겠다는 결심을 밝히는 장면이 연결된다. 덕삼이 춘호를 유인한 이유와 창식이 그들을 뒤쫓은 이유, 창식이 서울로 가게 되는 이유가 설득력 있게 제시되지 않는 것이다.

DVD 편집본에서는 『국민신보』에 실린 「지상영화 〈지원병〉」 중에서 총 6개 분량의 신(scene)이 생략되어 있다. 44개로 이루어진 전체 신 중에서 #31～35에 해당하는 신이 영화에서 사라진 것이다.[8] 숲 속에서 덕삼 일행이 춘호에게 폭행을 가하려 하고 뒤따라온 창식이 춘호를 도와주면서 거친 몸싸움을 하는 장면(#31 : 숲 속 산길), 집으로 돌아온 춘호가 어머니에게 지원병 입대를 알리는 장면(#32 : 춘호의 방), 지원병 이야기를 들은 어머니가 잠을 못 이루는 장면과 춘호 역시 마당을 배회하는 장면(#33 : 춘호의 집 대문 앞), 춘호가 경찰서장을 찾아가 도움을 부탁하는 장면(#34 : 경찰서장실), 분옥이 아버지에게 춘호와 덕삼이 싸움을 벌였다는 이야기를 듣는 장면(#35 : 분옥의 집)이 그것이다. 이 신들이 편집 과정에서 검열 등의 이유로 삭제된 것으로 볼 여지가 없는 것은 아니지만,[9] 다음과 같은 몇 가지 사항을 고려할 때 필자는 필름이 유실되었다고 보는 것이 더 합리적이라고 생각한다.

첫째, 영화의 편집이 끝나고 일본에서의 상영을 앞두고 있던 시점에서 지상영화가 『국민신보』에 공개되었다는 점이다. 영화 검열에서 삭제된 텍스트를 인쇄물에서 복원했을 가능성이 적다는 점에서도 지상영화 텍스트는 영화 텍스트와 거의 유사한 것으로 보아야 한다. 둘째, DVD 편집본에서

8) 『국민신보』에 실린 '지상영화' 텍스트에는 신 번호 없이 명칭만 나와 있으나, 이 글에서는 논의의 편의상 필자가 임의로 장면 명칭이 나와 있는 모든 신을 순서대로 번호를 붙였다.

9) 이덕기는 누락된 부분이 "조선의 아비는 그 부재를 상기시킴으로써… 내선일체 서사를 근본부터 뒤흔들고 있다"는 관점에서 검열에 의한 필름 삭제의 가능성을 강하게 시사하고 있다[이덕기(2010b), 앞의 논문, 252쪽].

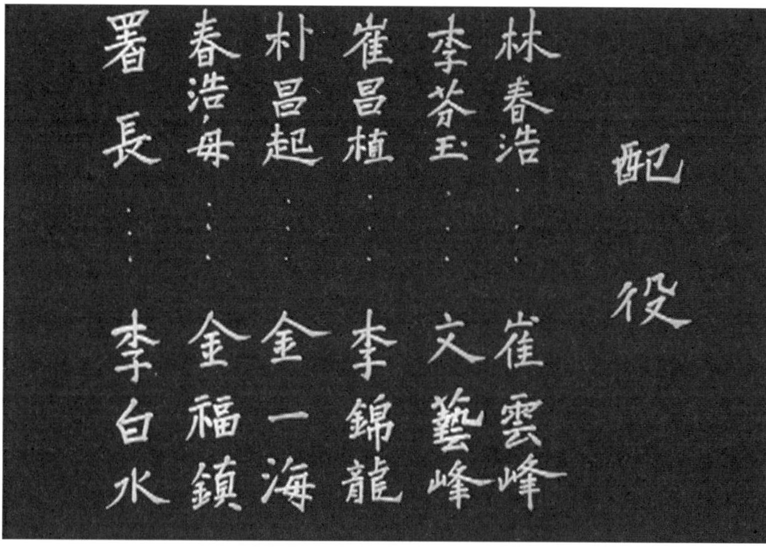

〔그림 3〕〈지원병〉의 타이틀 롤

실제로 등장하지 않는 인물인 경찰서장의 배역(타이틀 롤)이 제시되고 있다는 점이다. 영화 앞부분의 타이틀 롤 소개에 따르면, 배우 이백수가 경찰서장의 배역을 맡은 것으로 되어 있다(〔그림 3〕 참조). 편집 과정에서 삭제되어 등장하지 않는 등장인물의 타이틀 롤이 등장하는 경우는 드물다. 셋째, 보다 결정적인 이유로 DVD 편집본에서 누락된 다섯 신이 필름의 중간 부분이 아니라 원본 필름의 롤과 롤 사이에 위치한다는 점을 들 수 있다.[10)] 롤 하나에 해당되는 부분이 통째로 사라진 것이라면 검열에 의한 삭제에 의해서라기보다는 유실에 의한 것일 가능성이 더 크다고 할 수 있다.

나아가 DVD 편집본에 누락된 부분이 지상영화 텍스트를 통해 확인됨으

10) 한국영상자료원에 따르면, 창춘 중국영화자료관에서 복사·수집한 〈지원병〉 프린트는 전체 7개 롤이다. 하지만 당시의 사료〔「朝鮮映畫作品年表」, 『映畫旬報』 제87호(1943. 7. 11), 21쪽 등〕는 이 영화의 권수를 전체 8개 롤로 기록하고 있다. 한국영상자료원에서 출시한 〈지원병〉 DVD를 기준으로 6롤(46분)과 마지막 7롤(46분 1초) 사이가 유실된 것으로 볼 수 있다.

로써 서사 전개상 몇 가지 사실이 자연스러워지는 결과를 얻는다. 첫째, #31에서 위기에 처한 춘호를 창식이 도와주는 장면을 통해 분옥을 둘러싼 창식과 춘호의 갈등이 해소됨과 동시에 창식이 운전을 배우러 서울로 떠나는 상황 설정이 자연스러워진다. 또한 마지막 장면에서 그동안 갈등 관계에 있던 덕삼이 춘호를 환송하기 위해 역사에 나오는 것도 설명이 가능해진다. 둘째, #32와 #33의 장면에서는 지원병을 자원한 춘호를 대하는 어머니의 복잡한 심정을 제시함으로써 영화의 마지막 장면에서 지원병 입대를 위해 집을 떠나는 춘호에게 어머니가 눈물을 훔치는 장면의 리얼리티가 살아난다. 즉 국가의 부름에 자식을 군대에 보내야만 한다는 당위적 명제를 강요받으면서도 실제로는 사지(死地)로 자식을 보내고 싶지 않은 어머니의 속마음을 읽어 낼 수 있다.[11] 더불어 #35의 장면에서는 분옥 아버지의 대사를 통해 자신의 딸을 며느리로 삼으려는 덕삼의 요구에 아버지가 부정적이었다는 점도 확인된다.

이상의 논의를 통해서 현재 DVD 편집본으로 공개된 텍스트가 서사적 갈등이 해소되는 중요한 장면들이 생략된 채 제작되었다는 사실을 확인할 수 있다. 이 DVD 편집본이나 그 이전의 복원 자료를 완본으로 전제하고 진행된 기존의 연구 대부분이 생략된 부분을 빠뜨림으로써 해석상 치명적인 오류를 범한 것으로 보이지는 않지만, 불완전본을 대상으로 하여 이 영화가 서사적 긴장이 결여되어 있다고 한 평가는 재고를 요구한다.[12]

11) "좋은 철은 못이 되지 않고 좋은 사람은 군인이 되지 않는다"라는 조선 속담으로 대변되는 정서에 기반한, 지원병제도에 대한 조선사회의 내면적 반발에 대해서는 宮田節子(미야다 세쓰코, 1997), 李熒娘 옮김, 『朝鮮民衆과 「皇民化」政策』, 일조각의 논의 참조.

12) 덧붙여 DVD 복각본에서 새롭게 첨가한 한국어 자막에도 '임 군'을 '이 군'으로 번역하는 등 몇 가지 오류가 있는데, 이 또한 지상영화 텍스트를 참조하여 수정해야 할 것이다.

III. 제국의 극장에서 거부당한 웰메이드 드라마

활동사진에서 발성영화(토키)로의 이행 과정에서 자본력과 기술력의 빈곤 등의 이유로 위기에 봉착한 조선영화는 제국 전체로 시장을 확대함으로써 활로를 모색해야 했다. 전향한 좌익 지식인들이 총동원되어 제작된 국책영화 〈지원병〉 역시 이 같은 맥락에서 일본 시장을 겨냥하여 만들어져 일본에서 먼저 개봉된 후 조선에서는 한참 뒤에 개봉되었다.[13] 이러한 상황 속에서 국책에의 부응이라는 주제와 더불어 조선영화의 상품성을 극대화하기 위해 발견한 것이 조선영화의 로컬리티였는데, 실제로 이 영화는 조선적 로컬리티로 충만하다. 작품의 주된 공간적 배경으로 제시되고 있는 조선의 전통 가옥과 춘호네 집 마루, 기생이 노래를 부르는 유흥 공간으로서의 주막, 물레방앗간과 우물 등은 조선적 로컬리티로 충만한 공간으로 손색이 없다. 또한 마루에서 춘호의 어머니와 분옥이 실패에 실을 감는 장면이나 한복을 입은 춘호와 분옥이 두레박으로 물을 긷는 장면은 이 같은 맥락에서 삽입된 것으로 볼 수 있다.

그뿐만 아니라 이 영화에서는 당시의 조선영화에서는 찾아보기 힘든 다양한 기법이 총동원되었다. 첫 번째 신과 마지막 신에 공통적으로 사용된, 달리는 기차에서 깃발을 흔드는 군중을 촬영한 장면이라든지, 여주인공 분옥의 내면적 갈등을 그림자라는 셰익스피어적인 모티프를 통해 묘사하면서 두 남녀 주인공의 그림자가 합쳐지는 것을 통해 갈등의 해소를 암시하는 장면 묘사 같은 것은 당시의 조선영화에서는 새로운 화면 구성의 시도였다. 또한 상황에 맞춘 등장인물의 복장('국민복'과 한복)과 효과음악의 적절한 활용은 앞에서 언급한 조선적 로컬리티의 오브제와 함께 이 영화가 '잘 만

---

13) 1940년 6월 10일 첫 시사회를 가진 후 8월 1일 데이코쿠칸(帝國館)에서 개봉되었다〔이덕기(2010b), 앞의 논문, 260쪽〕. 조선에서는 이듬해 1941년 3월 19일부터 1주일간 도호와카게키(東寶若劇)에서 개봉되었는데(『경성일보』 1941. 3. 26.자, 12면 하단 영화 광고 참조), 이 시기는 관심이 이미 〈복지만리〉와 〈집 없는 천사〉에 쏠려 있는 상황이었다.

들어진 극(well-made drama)'[14]을 표방하고 있음을 보여 준다.

특히 이 영화에서는 다양한 형태의 음악이 주인공의 심리 상태를 대변하면서 사용되고 있다는 점을 주목할 만하다.[15] 예를 들어 영애와 춘호가 함께 있는 것을 본 분옥이 물레방아 언덕에서 번민에 빠져 있을 때 사용되는 빠른 음악은, 물레방아가 빙빙 돌고 있는 모습과 더불어 분옥의 심리적 상태를 대변하는 라이트모티프로 기능하고 있다.[16]

음악적 효과라는 측면에서 볼 때 이 영화에서 가장 두드러지게 나타난 것은 신과 신 사이를 음악이나 효과음을 이용하여 연결하는 브리지(bridge)의 사용이다. DVD 편집본으로 확인할 수 있는 브리지 효과 사용 장면은 네 군데에 걸쳐 나타난다. 처음으로 등장하는 브리지 음악은 추수가 끝난 들판에서 병정놀이를 하는 아이들이 부르는 노래인데,[17] 이 노래는 바로

---

14) 웰메이드 드라마란 원래 19세기 프랑스에서 조화롭게 균형 잡힌 세계를 추구한 대중극을 지칭하던 용어인데[아르놀트 하우저(1999), 백낙청·염무웅 옮김, 『문학과 예술의 사회사 4 자연주의와 인상주의·영화의 시대』, 창작과비평사], 여기에서는 '다양한 기법을 통해 극적인 완성도를 높인 극영화'라는 의미로 사용한다.

15) 이 영화의 음악을 담당한 김준영(金駿泳)은 일본의 무사시노(武蔵野)음악학교를 졸업한 피아니스트로서, 식민지시기 최고 관객을 동원한 대중극 〈사랑에 속고 돈에 울고〉(1936)를 악극으로 각색한 〈홍도야 울지 마라〉(1939)의 주제가 작곡자로 알려져 있다. 1940년 도쿄 아사쿠사의 고쿠사이극장에서 쇼치쿠가극단이 〈아리랑의 노래〉를 공연할 때 김준영은 작곡·편곡·지휘를 담당했는데, 이를 계기로 일본 쇼치쿠키네마의 음악촉탁이 되어 일본에서 영화음악가로 활동하였다[박찬호(2009), 안동림 옮김, 『한국가요사 1 가요의 탄생에서 식민지시대까지 민족의 수난과 저항을 노래하다(1894~1945년)』, 미지북스]. 이 글의 영화음악에 관한 분석에 있어 많은 자문을 해준 서울대학교 일본연구소의 이경분 교수에게 감사를 표한다.

16) 이 장면에서 사용되는 음악은 꽃을 꺾어 든 채 심란해하는 분옥에게 창식이 접근하는 장면에서 또다시 사용되면서 애정의 삼각 갈등을 심화한다. 뒤에서 살펴볼 일회적인 음악 사용과는 달리 특정 인물 또는 특정한 의미를 연상시키고 반복하여 등장한다는 점에서 배경음악이 라이트모티프적으로 사용되는 경우라고 할 수 있다.

17) 이경분에 따르면 이 장면에 사용된 음악은 〈야영의 노래(露営の歌)〉인데[이경분(2010), 「음악과 정치, 그리고 맥락의 힘」, SOUND@Media(Webzine, http://som.saii.or.kr/archives/feature/sound-politics/803), 2010. 7. 6], 중일전쟁 발발 후 전의(戰意) 고양을 위해 마이니치신문사가 공모하여 만든 군가로서, 1937년 일본 컬럼비아레코드에서 발매하여 당시로서는 이례적으로 60만 장 이상이 팔렸다고 한다(위키피디아 일본어판 참조).

다음 신에서 춘호의 동생 춘영의 콧노래로 이어진다.[18] 두 번째는 물레방아 언덕 사건으로 춘호로부터 분옥과의 사이를 의심받게 된 창식이 집 뒤뜰에서 번민하는 장면이 바로 다음 주막 장면으로 연결되는 부분인데, 기생이 부르는 잡가 음악이 앞 장면부터 연주되기 시작하면서 자연스럽게 다음 장면으로 이어진다(#27 : 창식의 집의 뒷뜰, #28 : 마을의 술집). 세 번째는 집에 돌아온 춘호가 이토 히로부미의 초상화가 걸려 있는 자기 방에서 지원병이 된 자신의 모습을 상상하면서 환상에 빠져들었다가 깨어나는 장면에서 사용되는 군홧발 소리이다. 이 장면은 지상영화에서는 '#29 : 춘호의 집'에서 하나의 신 속에 제시되고 있다. 영화에서는 눈을 감은 춘호의 표정을 클로즈업한 뒤 장면이 바뀌어 '조선총독부 육군병 지원자훈련소'의 입간판이 보이고 우렁찬 나팔소리와 함께 총독 앞에 정렬한 지원병들의 위풍당당한 모습으로 이어지기 때문에 춘호가 지원병이 된 것으로 착각하기 쉽다. 그러나 열병하는 총독 앞에서 행진하는 지원병들의 모습 다음에 다시 눈을 감은 춘호의 표정이 클로즈업되면서 힘찬 군홧발 소리가 계속 이어져 우리는 훈련 장면이 춘호의 환상의 산물임을 알 수 있게 된다. 마지막으로 브리지 음악이 사용되는 것은 이 영화에서 가장 아름다운 신으로 평가받는 우물가 신(#38 : 우물가 가는 길)이다. 지원병이 되기로 결심한 춘호가 분옥을 찾아가 자신의 속마음을 이야기한 뒤 오해가 풀린 두 사람이 달빛 비치는 우물가에서 함께 물을 긷는 아름다운 장면에서 서정적인 바이올린 연주곡이 배경음악으로 사용되다가 피아노 음악이 삽입되면서 장면이 자연스럽게 '#39 : 영애의 방'으로 연결되면서 영애가 피아노를 치는 것으로 바뀐다. 삼각관계의 오해를 낳게 한 당사자인 영애가 연주하는 피아노 음악이 춘호와 분옥의 우물가 신에 사용된 바이올린 음악을 자연스럽게 이어받으면서 젊은 청년들 사이의 '화해' 무드를 조성하는 역할을 한다.[19] 사사로운 감정에

---

18) 지상영화에서는 '#10 : 초원'에서 '#11 : 춘호의 집'으로 이어지는 부분인데, 텍스트상에서는 이 같은 효과 사용의 지시문이 없다. 이하에서는 영화의 시네마톨로지(cinematology) 분석을 위해 부득이하게 지상영화 해당 장면을 괄호 속에 제시하기로 한다.

19) 파마머리를 하고 양장에 구두를 신고 핸드백을 든 채 고향을 찾아온 것에서 알 수 있

서 비롯된 삼각관계의 갈등이 지원병 자원이라는 대의 속에서 눈 녹듯 해소된 것처럼, 바이올린과 피아노의 자연스러운 협연은 이들 사이의 협력와 조화를 예견하는 듯하다.[20]

그러나 웰메이드 드라마를 지향하면서 조선영화가 보여 줄 수 있는 모든 기법을 동원하고 조선적 로컬리티의 구현을 위해 다양한 노력을 기울였음에도 불구하고 이 영화에 대한 일본 내의 반응은 냉담했다. 조선영화에서는 빠지지 않는 매우 느린 템포 외에 주인공 심리묘사의 부족, 공간적 배경 이동의 부자연스러움 등이 문제점으로 지적되었을 뿐만 아니라,[21] 이 영화는 대수롭지 않은 삼각관계의 낡아 빠진 신파극에 주인공이 자신의 숙원인 조선의 지원병제도가 실현되어 드디어 지원하여 출전한다는 영웅적 요소를 부자연스럽게 연결한 것에 지나지 않는다고 한 시미즈 아키라(清水晶)의 비평은 이 같은 일본 내에서의 부정적인 반응을 단적으로 드러낸 것이었다.[22]

듯이 영애는 모던 걸을 표상하는 인물이다〔Fujitani, Takashi(2011), *Race for Empire : Koreans as Japanese and Japanese as Americans during World War II,* University of California Press, p.355〕. 그러나 이 시기의 다른 영화나 소설에서와 달리 영애의 모던 걸 표상은 부정적으로 나타나지 않는다. 전통적인 조선의 여인을 표상하는 분옥과 모던 걸을 표상하는 영애 사이에서 빚어진 애정의 삼각관계의 갈등은 지원병이라는 대의 속에서 해소되며, 이 과정에서 영애는 춘호의 조력자로서의 역할을 수행하고 있다.

20) 영화에 사용되는 음악은 크게 외재적 '배경음악'과 내재적 '상황음악'으로 나눌 수 있다. 전자는 인물의 감정이나 화면의 분위기를 제시하면서 장면 전환을 매끄럽게 해주는 것으로서, 영상 속에서 음원의 출처가 보이지 않는다. 반면 후자는 영화의 내러티브 상황에 속해 있는 음악으로서, 음원이 화면에 직접 드러난다는 특징을 지닌다〔구경은(2006), 『영화와 음악』, 문학과지성사〕. 이렇게 보면 이 영화에서는 내재적 음악만을 사용한 연결(첫 번째)과 외재적 음악에서 내재적 음악으로 연결한 것(세 번째와 네 번째), 그리고 내재적 음향효과에서 외재적 음향효과로 연결한 것(두 번째) 등 세 가지 방법이 두루 사용되고 있다고 할 수 있다.

21) 데이코쿠칸의 시사회에서 이 영화를 본 작가 후쿠다 기요토(福田清人)는 그동안 보아 온 조선영화가 시골의 풍경이나 풍습과 같은 로컬컬러를 중심으로 전통적인 생활에 중심을 두어 온 것에 비해, 〈지원병〉의 경우 경성 지주의 집 장면에서 보는 서양식 풍경 등에서 조선적인 로컬컬러가 없어진 점을 아쉬워하면서도 변화하는 조선의 현실이 담겨 있는 점이 일본인에게는 새로울 수 있다고 평가했다〔福田清人(1940), 「朝鮮の映畫と文學」, 『觀光朝鮮』 第2卷 第6號(1940. 7), 7쪽〕.

22) 清水晶(1940), 「志願兵」, 『映畫評論』 第22卷 第8號(1940. 8), 123쪽.

전문가적 안목을 가진 비평가의 세련된 식견에서 볼 때, 이 영화는 신파적 형식과 계몽적 내용이 적당하게 얼버무려진 것으로밖에 보이지 않았던 것이다. 제국을 겨냥하고 만들어진 영화였음에도 완성도가 현저히 떨어져 거부되었던 것이다. 이 영화가 일본에서 부정된 것은 과연 영화로서의 완성도에만 기인하는 것일까?

IV. 〈지원병〉 텍스트의 다섯 가지 층위

우선 이 영화의 텍스트가 다양한 몇 가지 형태로 존재한다는 점을 상기하기로 하자. 필자의 판단으로 보건대 이 영화에는 크게 다섯 가지 형태의 텍스트가 존재한다고 할 수 있다.

① 박영희에 의한 원작
② 영화물어(『관광조선』 1940. 1)
③ 스크린 위의 배우들에 의한 실연 텍스트
④ 스크린 위에 입혀진 일본어 자막
⑤ 활자매체로 재구성된 지상영화(『국민신보』 1940. 6)

우선 ①은 KAPF 회원이자 프롤레타리아문학 작가로 활동하다 전향한 박영희의 원작 텍스트로서, 영화가 제작되기 전에 만들어진 가장 원초적인 텍스트이다. 자료가 없으므로 이 텍스트에 대해 논의하기는 힘들지만, 박영희가 영화를 염두에 두고 창작한 소설이었을 가능성이 크다.

②는 일본어 잡지 『관광조선』에 약 세 쪽 분량으로 실려 있다. 영화라는 새로운 매체의 등장과 더불어 나타난 새로운 문예 장르로서의 '영화물어'이다. 영화물어는 동아시아의 영화사에 나타난 특수한 존재인 변사에 의해 행해지던 '영화해설'에서 출발한 것이다. 무성영화 시기에는 동일한 영화라고 할지라도 어떤 변사가 해설하느냐에 따라서 영화의 흥행이 달라질 정도였

으므로 많은 영화관에서 구변이 뛰어난 변사를 전속으로 보유하고 있었다.[23] 또한 극장에서 종영된 영화를 다시 향유하는 것이 불가능한 상황에서 비록 영화 화면이 없다고 하더라도 변사의 해설만이라도 듣고 싶어하는 관객들을 위해 음반 회사에서는 변사의 영화해설 중 하이라이트만을 유성기 음반으로 녹음하여 발매할 정도였다. 마찬가지 이유로 잡지나 신문 등의 인쇄매체에 유명 변사의 해설 내용을 통째로 수록한 것이 바로 영화해설이라는 특수한 혼종적 문학 장르라고 할 수 있다.[24] 무성영화시대가 막을 내리고 발성영화시대로 이행한 이후에도 변사를 통한 영화 수용의 전통이 남아 있던 까닭에 영화물어의 인기는 끊이지 않은 것으로 보인다.

③은 배우들의 실연 텍스트인데 당대의 관객들은 극장 스크린 속에서, 현재의 우리는 DVD 편집본을 통해서 보고 들을 수 있는 퍼포먼스 텍스트이다. 〈지원병〉의 경우 주인공을 비롯하여 다수의 등장인물이 조선인인 까닭에 대부분의 대사는 조선어로 이루어진다. 그러나 춘호와 구장과 지원병 제도 실시에 대해 이야기를 나누는 장면 같은 데에서는 일본어로 대사가 구성된다. 그뿐만 아니라 전시체제의 서울 거리에 걸린 포스터나 강연회를 알리는 입간판처럼 공식적인 공간에 전시되는 문자 역시 일본어로 표기되고 있다. 흥미로운 것은 전보나 편지 같은 매체의 경우 수화자의 계층이나 젠더에 따라 조선어와 일본어가 기능적으로 분화되어 사용되고 있다는 점이다. 예를 들어 춘영이 가져다준 서울 지주의 '전보'를 받은 춘호는 일본어 전문의 내용을 그대로 소리 내어 읽는데, 이는 중학교를 중퇴한 춘호가 어느 정도 일본어 해독 능력을 지니고 있다는 것과 관련이 있다. 반면에

23) 변사의 역사적 유래에 대해서는 佐藤忠男(2006), 『日本映畵史 1(1896~1940』, 岩波書店을 참조. 세계영화사에서 볼 때 무성영화의 전 시기에 걸쳐 변사의 해설이 행해졌던 것은 일본과 식민지 조선·태국의 경우인데, 이는 일본에서의 초기 영화 수용의 전통에서 비롯된 것이라고 한다〔無聲映畵觀賞會 編(2007), マツダ映畵社 監修, 『活動辯士：無聲映畵と珠玉の話藝』, アーバン・コネクション〕.

24) 당시 식민지 조선에서 유행하기 시작한 영화·소설의 혼종적 장르에 대해서는 전우형(2014), 『식민지 조선의 영화소설』, 소명출판에서 상세하게 소개하고 있는데, 그는 이 같은 장르를 영화가 등장한 이후 새롭게 나타난 소설 장르라는 맥락에서 논의하고 있다.

마름 교체 건을 재고하겠다는 내용으로 지주가 보낸 '편지'를 본 덕삼은 "뭐, 사음(舍音)에 관한 일은 생각할 필요가 있다"라고 조선어로 읽는데, 이 역시 덕삼이 일본어를 잘 알지 못하는 중년의 농민이라는 사실과 관련된 것으로 보인다.[25)]

④는 조선어와 일본어가 구술적 · 문자적 층위에서 위계적으로 공존하던 다이글로시아(diglossia)[26)] 상황 속에서 조선영화의 제국적 소비를 위해 제작된 일본어 자막이다. 조선어를 모르는 대다수 일본인은 화면과 함께 이 자막을 통해 영화를 감상했다고 볼 수 있다. 그런데 특히 번역의 과정에서 조선사회의 역사적 · 문화적 특수성과 관련된 용어의 경우, 일본인 관객이 이해하기 쉽도록 유창한 일본어 어휘로 번역되는 경우가 많다.[27)] 예를 들어 춘호의 직업인 '마름'이라는 어휘는 일본어 자막에서는 '토지관리인(土地管理人)'으로 번역되는가 하면, '치맛감'은 일본의 전통 의상인 '하부타에(羽二重)'라는 한자로 '매끈하게' 번역되고 있는 것을 알 수 있다.[28)] 번역에 있어서 과도한 현지화는 어휘적 차원에 머물지 않는다. 조선의 전통적인 여

---

25) 춘영이 일본 군인에게 보낸 위문편지의 답장은 소학생인 춘영 대신 춘호가 낭독하는 것으로 설정되어 있다. 한편 「지상영화 〈지원병〉」의 경우 춘호가 받은 것은 '전보'라 되어 있고 덕삼이 받은 것은 '엽서'라 되어 있다.

26) 다이글로시아라는 개념은 원래 사회언어학자인 퍼거슨이 '같은 언어의 두 가지 상이한 변종'이라는 의미로서 프랑스어 diglossique · diglossie에서 차용한 것이지만, 일반적으로 '한 언어공동체에서 두 가지 이상의 언어적 변종이 사용되는 언어 상황'이라는 의미로서 널리 사용된다. 영어권에서 흔히 '두 가지 언어를 사용하는'이라는 의미로 사용되는 바이링구얼(bilingual)과 달리, 이 개념은 한 사회 속에서 사용되는 두 언어 사이의 위계질서를 드러내기 때문에 일본어와 조선어가 위계적으로 공존한 식민지시기의 언어 상황을 설명하기에 유효한 개념이다[Ferguson, Charles A.(1996), "Diglossia," Thom Huebner, ed., *Sociolinguistic Perspectives : Papers on Language in Society, 1959-1994*, Oxford University Press].

27) 이 같은 현상은 문화 번역이나 커뮤니케이션에 임하는 주체의 태도가 '균질언어적 말걸기(homolingual address)'[사카이 나오키(2005), 후지이 다케시 옮김, 『번역과 주체』, 이산, 48쪽]에 기반하고 있음을 의미한다.

28) 흥미로운 것은 지상영화에서 '羽二重'라는 한자 대신 '하카마'를 뜻하는 한자 '袴'에 '치마(チマ)'라는 후리가나가 달려 있는 형태(袴[チマ])로 제시하고 있다는 점이다. 지상영화의 경우 조선적인 색채를 드러내기 위해 고심했다는 것을 의미한다.

성성을 표상하는 여주인공 분옥의 대사는 일본어 자막에서 유려하고도 여성적인 문체로 다시 태어나고 있다.

마지막으로 ⑤는 영화의 편집이 끝난 시점에서 주간지 『국민신보』(1940. 6)에 연재된 지상영화 텍스트이다. 내용의 측면에서 조선어로 된 ③의 내용과 상당 부분 일치할 뿐만 아니라 일본어 표현의 측면에서 볼 때에도 ④와 유사한 측면이 많다. 영화가 거의 완성된 시점에서 발표되었지만 내용이 훨씬 풍부하고 분량이 많다는 점을 고려하면, 이 텍스트의 생산 시기는 ③이나 ④보다 앞선 것으로 보인다. 따라서 촬영에 들어가기 전에 완성된 최종 시나리오를 기반으로 한 것으로 간주된다. 그러나 무성영화 시기의 영화물어가 그러했던 것처럼 극장과 같은 공적 공간이 아닌 사적 공간에서의 영화 소비(수용)를 가능하게 했다는 점에서 '지상영화'라는 장르는 단순한 시나리오 그 이상의 것이다.

중요한 것은 위에서 제시한 다섯 가지 텍스트 사이에는 중요한 차이가 존재한다는 점이다. 텍스트의 확인이 불가능한 박영희의 원작과 영화 줄거리의 요약본에 가까운 영화물어는 일단 제외하더라도,[29] 시나리오를 기반으로 한 지상영화와 실제 영화 사이에는 몇 가지 차이가 존재한다. 또한 관객에게 수용되는 최종 텍스트라고 할 수 있는 등장인물의 조선어 대사와 이에 해당하는 일본어 자막 사이에 그리고 일본어로 된 자막과 일본어로 된 지상영화 사이에 중요한 차이가 존재하는 것을 확인할 수 있다.

지상영화를 토대로 영화의 화면을 분석해 보면, 일부에서 신 전체가 삭제되거나 신의 순서가 바뀌어 있음을 알 수 있다. 지상영화의 #14~25에 해당하는 부분에 이러한 변화가 심한데, 이 장면은 남녀 주인공의 삼각관계의 갈등이 심화되고 있는 부분이다. 영애가 춘호를 찾아오는 두 신이 삭제되고(#15 : 언덕길, #16 : 촌락), 해변가에서 두 사람이 대화하는 장면을 분옥이 지켜보는 신도 생략되었다(#19 : 해변의 모래언덕). 영애가 춘호를 찾아와

29) 「영화물어 〈지원병〉」에 나타나는 가장 두드러진 특징으로 분옥이라는 캐릭터가 영화 속 모습과는 달리 다소 적극적으로 애정 표현을 하는 인물로 그려지고 있다는 점을 지적할 수 있다[이덕기(2010b), 앞의 논문, 253쪽 참조].

대화를 나누는 신(#17 : 계곡) 중간에 분옥이 두 사람을 목격한 뒤 '#19 : 해변의 모래언덕'까지 두 사람을 계속 뒤쫓는 지상영화의 설정에 무리가 있기 때문에 영화에서는 과감하게 생략한 것으로 보인다.

일반적으로 대화를 귀로 듣는 것과 자막으로 보는 것은 속도가 다르기 때문에 외국영화를 성우들의 목소리로 더빙하지 않고 자막으로 소개할 경우 대화 내용의 70퍼센트 정도만이 번역된다고 한다.[30] 〈지원병〉에서도 조선어 대사가 일본어 자막으로 번역되는 과정에서 상당 부분이 생략되는 경우를 볼 수 있다. 주인공의 성격을 드러내는 독특한 언어 표현이나 감칠맛 나는 조선어 표현이 자막으로 번역되면서 사라지는 것은 불가피한 측면이 있다. 이는 비단 이 영화에 국한된 것이 아니라 자막을 통한 영화 수용이 지닌 숙명이다.

자막 번역에 따르는 불가피한 손실을 감안할 경우 〈지원병〉의 일본어 자막에서 가장 문제 되는 것은, 등장인물의 대사 중 매우 중요한 의미를 지니는 대사가 다른 의미로 변형되거나 통째로 생략되는 것이다. 예를 들어 영화의 앞 부분에서 지원병을 환송하는 춘호와 창식이 대화를 나누는 장면에서 운전을 배우기를 권유하는 춘호의 말에 창식이 "나 같은 게 뜻이 있으면 뭘 하겠나?"라며 다소 자조적으로 대답한다. 이 장면은 영화의 자막에서는 "そんなにおおげさに言ってくれるなよ(그게 뭐 대단한 일이라고)"라고 번역된다. 또한 바로 다음 장면에서 어두운 표정을 짓고 있는 춘호에게 분옥이 "참 나 같은 건 무엇에다 쓰나?"라고 자조하는 대사는 자막에서는 사라진다.[31] 사소한 차이라고 볼 수 있지만 조선 청년들이 지닌 데카당한 감수성 혹은 염세적 정서는 번역의 과정에서 사라지는 것이다. 조선반도를 상징하

30) 太田直子(2007), 『字幕屋は銀幕の片隅で日本語が變だと叫ぶ』, 光文社 참조.

31) 한편 같은 장면에서 춘호가 다소 패배주의적인 어조로 분옥에게 "내가 누구의 아들인데, 농부의 아들이 농부밖에 더 되겠소"(일본어 자막으로는 "僕は農夫の子です。農夫の子は農夫にしかなれやしませんよ")라고 말하는 구절은, 원래 지상영화에서는 "나는 농민의 아들이요. 개구리 새끼는 언제까지나 개구리라오(僕は百姓の子だ。蛙の子は、何時までも蛙でいいのさ)"로 되어 있다. '황국신민'을 올챙이에 비유한 이 표현이 환기하는 불온한 상상력 때문에 영화에서는 온건한 표현으로 바뀐 것이 아닐까 한다.

는 '반도'라는 단어나 "같은 국민이면서도"와 같은 표현은 자막 번역의 과정에서 생략되고 만다. 군더더기 없는 일본어로 깔끔하게 번역되는 한편, 정작 중요한 장면에서 자막은 공백으로 존재하는 조선어가 일본의 관객에게 어쩌면 껄그러운 어떤 것이었을지도 모른다. 영화의 완결성 부족을 문제 삼은 일본 내에서의 평가는, 어떤 면에서는 조선어를 이해하지 못하는 일본 관객이 일본어 자막을 통해 영화를 수용할 수밖에 없는 상황에서 기인하는 것일 수도 있다. 조선어 대사를 통해 영화를 수용하는 (조선) 관객과 일본어 자막을 통해 수용하는 (일본) 관객은 어쩌면 같은 스크린을 통해서 다른 영화를 보았을지도 모른다.

V. 맺음말

이상에서 필자는 국내외 연구자 대다수가 사용하고 있는 DVD 편집본 〈지원병〉의 텍스트가 완본 상태가 아니라는 점, 그것은 검열이라는 외적 요인이 아닌 필름 분실에 의한 것일 가능성이 크다는 점을 밝혔다. 따라서 이 영화에 대한 해석은 새롭게 발굴된 '지상영화' 텍스트를 보조적 텍스트로 활용하여 이루어질 필요가 있음을 밝혔다. 또한 이 영화가 당대에 필름 텍스트만이 아니라 다양한 인쇄매체 텍스트들과 동시적으로 관객과 독자에게 수용되었다는 점에 주목하면서, 제국의 극장 속에서 구술언어와 문자언어라는 두 층위에서 조선어와 일본어로 소비되었다는 점을 지적하였다.

식민지영화가 제국의 시장을 겨냥하게 될 때 제국의 언어로 번역된 자막을 통한 영화 소비(수용)는 불가피한 것이었다. 영화 〈지원병〉은 위기에 처한 조선영화의 출구로서 일본 시장을 겨냥하여 제작되고 일본에서 먼저 개봉되었다. 배우에 의해 조선어로 이루어지는 연기가 일본어 자막으로 번역되는 과정에서 조선어 어휘는 아무런 거부감을 불러일으키지 않는 매끄러운 일본어로 번역되었고, 여주인공의 대사는 아름답고도 여성적인 일본어 문체로 변형되었다. 이와는 반대로 대화 속에 등장하는 조선 청년들의 비관주의적 정서나 제국의 로컬리티로 수렴되지 않는 조선적인 표상은 스크린 속에서 조선어 발화로는 존재하지만 일본어 자막에는 부재하는 이율배반적 상황을 연출했다.

이러한 사실로부터 조선어 대사를 통해 영화를 수용하는 관객과 일본어 자막을 통해 수용하는 관객은 동일한 영화를 보면서도 어떤 면에서는 서로 다른 영화를 소비했다고 말할 수 있다. 그리고 이는 식민지 말기의 조선영화가 지향한 제국적 수용(소비)이 불가피하게 감당해야 하는 숙명이었다.

만주국 건국 10주년 기념영화 〈영춘화〉는 무엇을 그렸는가?

강태웅

I. 들어가며

"동양의 할리우드 드디어 완성." 동양 최대 규모를 자랑하는 촬영소를 완성시킨 만주영화협회(이하 '만영')에 대한 기사가, 만영이 자랑하는 스타 리샹란[李香蘭. 일본 이름은 야마구치 요시코(山口淑子)]의 사진과 더불어 1940년 1월 1일 『만선일보(滿鮮日報)』의 한 면을 장식하였다.[1] 이 촬영소는 2년의 기간과 막대한 정부의 자금을 들여 건설된 것으로 부지 16만 3,900여 평방미터, 건평 2만여 평방미터에 달하였고, 이는 일본의 쇼치쿠(松竹)영화회사의 오후나(大船)촬영소와 교토(京都)촬영소를 합한 것보다 규모가 큰 것이었

1) 李臺雨(1940), 『滿鮮日報』 1940. 1. 1.자. 이 기사를 쓴 이태우는 조선인 기자로 만영의 선전과 주임을 역임했다.

다.[2] 불과 2년 전만 하더라도 극영화 한 편 제작된 적이 없는, 영화산업의 불모지이던 이 지역에서 이처럼 거대한 촬영소의 등장은 어울리지 않아 보인다. 하지만 당시 만주국 국무원 총무청 홍보처장인 무토 도미오(武藤富男)가 "만주는 세계 제일의 영화국이 된다!"라고 호언하고 있듯이,[3] 대규모의 촬영소가 필요할 정도로 영화가 만주국에서 차지하는 비중이 컸던 것으로 보인다.

이러한 만영의 모습과 대규모 촬영소의 건설은, "'만주인'에 의한 '만주어' 영화를 만들어 '만주인'에게 보이려는 것이 이 회사의 목적이다"라는,[4] 만영과 만영이 산출한 영상을 만주국에 국한해서 보는 시각과 어느 정도 거리감을 느끼게 하고, 또한 만영의 사명이 "일본제국주의가 식민지주의를 추진하여, 영화를 중국 인민을 노예화하기 위한 정치적 도구로 삼는 것"에 있다고 보는,[5] 즉 일본과 중국 간 통제와 피통제의 관계로만 보려는 중국 측 시각만으로 이해되기 힘든 측면이 있다. 이 글은 '만주 건국 10주년 기념 영화' 〈영춘화(迎春花)〉를 중심으로 만영과 만영이 산출한 영상을 만주 국내로 한정해서 보는 종래의 시각에서 벗어나, 영화와 국가 그리고 일본영화의 관계 속에서 고찰하려 한다.

만영은 1937년 8월 설립되어 1945년 8월까지 만 8년 동안 제작 활동을 했다. 만영이 만들어 낸 작품 중에서는 흥행에 성공하여 일본이나 중국에까지 이름을 날린 작품은 극히 소수였다. 그럼에도 불구하고 만영은 연구자들의 관심을 계속해서 끌어 왔다. 그 이유 중 하나는 그후의 동아시아 영화사에 끼친 영향 때문일 것이다. 만주국 소멸 후 만영 출신 일본인과 중국인에 의해 만들어진 것이 중국공산당 최초의 촬영소이자 현재도 중국의 3대 영화 제작소 중 하나인 동북전영제작소(東北電影製作廠)이고, 많은

2) 胡昶 · 古泉(1999), 横地剛 · 間ふさ子 譯, 『滿映 : 國策映畵の諸相』, パンドラ, 88-92쪽.

3) 武藤富男(1942), 「滿洲は世界一の映畵國になる」, 『映畵旬報』 第55號(1942. 8. 1).

4) 佐藤忠男(1986), 「滿洲映畵協會」, 今村昌平 · 新藤兼人 · 鶴見俊輔 · 山田洋次 編, 『講座 日本映畵 4 戰爭と日本映畵』, 岩波書店, 313쪽.

5) 胡昶 · 古泉(1999), 앞의 책, 38쪽.

일본 영화인이 중국에 남아 영화 기술을 전수했다.[6] 그중에는 〈한없는 전진(限りなき前進)〉(1937) · 〈기아해협(飢餓海峡)〉(1964) 등을 감독한 거장 우치다 도무(内田吐夢)가 있었고, 중국에 애니메이션 기술을 전수한 모치나가 다다히토(持永只仁)가 있었다. 일본에 돌아온 만영 출신 영화인들은 도에이(東映)라는 영화 제작사로 모였다. 도에이는 야쿠자 영화 장르를 개척한 회사로 그 주축이 된 영화감독 가토 다이(加藤泰) 또한 만영에서 영화를 제작했고, 칸느영화제 그랑프리 수상작 〈지옥문(地獄門)〉(1953)의 촬영감독인 스기야마 고헤이(杉山公平)도 만영에서 일했었다. 그 밖에 1949년 한국 최초의 컬러 영화 〈여성일기〉를 만든 홍성기 감독도 만영에 몸담았었다.

이처럼 만주국 소멸 이후의 동아시아 영화사에 미친 영향을 고려해 볼 때, 만영은 연구자들의 관심을 끌기 충분한 대상이다. 지금까지 만영에 관한 연구는 주로 만영의 연혁과 구성원에 관한 내용이 많았고,[7] 만영을 대표하는 스타 리샹란 개인에 관련한 부분 등이 강조되어 연구되어 왔다. 리샹란은 일본인 부모에게서 태어나 중국인에게 입양되어 만주국을 대표하는 영화 스타가 되었기에 그녀가 표상하는 아이덴티티문제와 젠더문제를 중심으로 연구가 이루어져 왔으나, 대부분은 그녀의 만영에서의 역할보다는 일본 영화회사와의 관계에 주목한 것이 많다.[8]

종래의 연구를 위와 같이 정리해 볼 때 만영의 영화를 연구할 때 가장

---

6) 만영 및 동북전영제작소에서 일했던 편집기술자의 회고담으로는 岸富美子(2010), 『はばたく映畵人生 : 滿映 · 東影 · 日本映畵 : 岸富美子インタビュー』, せらび書房이 있다.

7) 坪井與(1984), 「滿洲映畵協會の回想」, 佐藤忠男 · 佐藤久子 編集, 『映畵史硏究』 第19號 ; 山口猛(1989), 『幻のキネマ滿映 : 甘粕正彦と活動屋群像』, 平凡社 ; 胡昶 · 古泉(1999), 앞의 책 ; 山口猛(2000), 『哀愁の滿洲映畵 : 滿洲國に咲いた活動屋たちの世界』, 三天書房.

8) Silverberg, Miriam(1997), "Remembering Pearl Harbor, Forgetting Charlie Chaplin, and the Case of the Disappearing Western Woman : A Picture Story," Tani E. Barlow, ed., *Formations of Colonial Modernity in East Asia*, Duke University Press ; Stephenson, Shelley(1999), "Her Traces Are Found Everywhere : Shanghai, Li Xianglan, and the "Greater East Asia Film Sphere"," Yingjin Zhang, ed., *Cinema and Urban Culture in Shanghai, 1922-1943*, Stanford University Press ; 四方田犬彦(2000), 『日本の女優』, 岩波書店 ; 四方田犬彦 編(2001), 『李香蘭と東アジア』, 東京大學出版會.

중요하다 할 수 있는 영화 텍스트 분석이 빠져 있음을 알 수 있다. 그 이유는 영상 자료의 소실이다. 1984년 오사카에서 발견된 〈나의 꾀꼬리(私の鶯)〉〔1944/시마즈 야스지로(島津保次郎) 감독〕[9]를 제외하고는 만주에서 만들어진 108편의 극영화(촬영 협력을 한 5편과 미완성 4편을 합치면 117편)와 그 밖의 문화영화, 뉴스영화의 자료가 전혀 남아 있지 않고 소실되었다고 전해져 왔기 때문이다. 따라서 만영의 영화에 관해 문서 자료로만 접근하는 데에는 한계가 있을 수밖에 없었고, 만영의 존재는 중국에서는 물론이고 일본영화사에 있어서도 "치부"로 여기는 인식은 만영 연구 활성화에 걸림돌이 되어 왔다.[10] 그러나 1994년 러시아의 국립영상자료관에서 다량의 만주 관련 필름이 발견되고, 한 일본 회사가 그 권리를 획득하여 일반에 판매함으로써 연구자들이 영상을 접할 수 있게 되었다.[11] 하지만 발견된 178편의 작품 중 극영화는 〈영춘화〉(1942), 〈개대환희(皆大歡喜)〉(1942), 〈만향옥(晩香玉)〉 (1944) 단지 3편에 지나지 않는다. 여기에 〈나의 꾀꼬리〉를 더한다면 결국 만영이 만든 108편 중 4편만이 텍스트에 접근 가능하다는 것이고, 이는 1930년대 후반에서 1945년까지 만들어진 일본영화의 상당수가 남아 있는 상황과 비교해 보면 현격히 적은 숫자이다. 이 4편만 가지고 만영 극영화의 전체 윤곽을 그리기에는 한계가 있다. 이 글은 만영의 영화를 '대륙영화'라는 틀 속에 위치시킴으로써 이러한 한계를 벗어나려는 노력 또한 시도해 보겠다.

II. 만영의 임무와 그 성격

만영이 설립되기 이전 만주에서는 일본 영화회사의 로케이션을 제외하면 극영화가 제작된 적이 없고 뉴스영화, 기록영화만 제작되고 있었다. 만영

---

9) 佐藤忠男(1985), 「卷頭言 滿映作品〈私の鶯〉の発見」, 『映畫史硏究』 第20號 참조.

10) 山口猛(2000), 앞의 책, 18-19쪽.

11) 일본 측이 구입한 것은 오리지널 필름에서 녹화한 비디오다. 또한 그 사용에 대해 일정의 로열티를 러시아 측에 지불하는 형식이다〔山口猛(2000), 앞의 책, 30쪽〕.

설립 이전의 '대작'이라 부를 수 있는 것은 1935년 남만주철도(이하 '만철') 홍보계 영화반이 만주국 황제 푸이의 일본 방문을 찍은 기록영화 〈춘풍만리(春風萬里)〉 정도였다.[12] 만영 설립 전 만주 국내의 상영 영화 중 일본영화를 제외한 영화의 90퍼센트 이상을 미국과 중국의 영화가 점하고 있었다. "국가경제적 견지에서도 국민도덕적 견지에서도 영화에 관한 한 완전히 아메리카와 중국의 지배하에 있는"[13] 상황을 타개하기 위하여 1937년 8월 14일 칙령으로 「만주영화협회법」이 공포되고, 21일 창립총회가 열려 만주국 정부와 만철이 자본금 500만 엔을 절반씩 투자하여 만영은 설립되었다. 만영은 국무총리의 감독 · 지휘하에 놓이고, 국무원 홍보처 영화반과 관동군 사령부 보도부로부터 "지도적 연락 제휴"를 받아 영화 제작 · 수출입 · 배급의 업무를 하게 되었다.[14] 초대 이사장에는 진삐똥[金壁東. 동생은 가와시마 요시코(川島芳子)]이 취임했다. 우선 미국영화를 통제하고 1938년 만 · 독통상협정(滿獨通商協定)에 의해 독일을 통하여 독일 및 프랑스영화를 수입하고, 만 · 이영화교환(滿伊映畫交換)에 의한 이탈리아 뉴스영화의 도입 등을 추진했다. 또한 조선영화의 수입이 진행되고 고려영화사와 〈복지만리(福地萬里)〉라는 합작영화도 제작되었다.[15]

창립 초기의 만영에는 전문적인 영화인이 전무하였다. 만영의 첫 번째 극영화는 창립 다음해인 1938년 만들어진다. 만주일보사 기자였던 쓰보이 아타에(坪井與)가 감독한 〈장지촉천(壯志燭天)〉은 '모병'을 목적으로 하여 만주국군의 활약상을 그린 영화로, "시골의 누가 보아도 알 수 있는" 영화를 목표로 만들어진 작품이다. 게다가 이 영화는 극장에서 상영되지 않고 각지를 순회하며 보여 주는 용도로만 쓰였다.[16] 본격적으로 영화 제작에 들

12) 滿洲日日新聞社(1936), 『滿洲年鑑：昭和11年版』, 滿洲文化協會, 562쪽.

13) 滿洲日日新聞社(1939), 『滿洲年鑑：昭和14年版』, 滿洲文化協會, 418-419쪽.

14) 和田日出吉 編(1940), 『年刊滿洲：康德8年版』, 滿洲新聞社, 276쪽.

15) 滿洲日日新聞社(1939), 앞의 책, 418-419쪽.

16) 坪井與(1984), 앞의 글, 7쪽. 〈장지촉천〉의 시나리오는 有馬學(2007), 「初期滿映の活動に關する資料」, 『朱夏：文化探究誌』 第22號(2007. 10), せらび書房에 실려 있다.

어갔다고 볼 수 있는 것은 닛카쓰(日活)의 다마가와(多摩川)촬영소 소장 네기시 간이치(根岸寬一)가 상무이사 겸 제작부장으로 취임하고부터라 할 수 있다. 이때 당시 최고의 흥행 감독 마키노 마사히로(マキノ雅弘)의 동생이자 닛카쓰의 기획부장이던 마키노 미쓰오(牧野滿男) 등 여러 영화인이 네기시와 같이 만주로 온다. 이 중에서 오즈 야스지로(小津安二郎) 감독의 작품인 〈대학은 나왔지만(大學は出たけれど)〉(1929)과 일본영화사상 최초로 베니스국제영화제 수상 작품인 〈5인의 척후병(五人の斥候兵)〉(1938) 등의 시나리오를 쓴 아라마키 요시로(荒牧芳郎)의 만주행은 세간의 주목을 끌었다. 이들 외에도 많은 영화 관계자가 만영과 관련을 맺게 되나, 만영 하면 떠오르는 인물은 이러한 영화인이 아니라 만영의 제2대 이사장을 역임한 아마카스 마사히코(甘粕正彦)일 것이다.

"아마카스 이사장 즉 만영, 만영 즉 아마카스 이사장이라고 보아도 좋을 정도이다. 아마카스 이사장은 모든 것을 결정한다"고 당시 표현될 정도였다.[17] 아마카스는 관동대지진 때 무정부주의자 오스기 사카에(大杉榮), 이토 노에(伊藤野枝) 부부와 어린 조카 등 세 명을 무참히 살해한 사건으로 악명을 떨친 헌병대위 출신이다. 그는 1930년 만주로 건너가 만주국 건국 때부터 활약하였고, 1937년부터는 만주국협화회(滿洲國協和會) 중앙본부 총무부장 겸 기획부장을 역임했다. 그런 그가 1939년 11월 1일 만영 제2대 이사장에 취임하게 된다.

아마카스 마사히코는 「만주영화의 성격과 만영」[18]이라는 글에서 만주국이라는 국가가 왜 영화에 관심을 갖고 관여를 하는가에 대해 밝히고 있다. 그는 제1차 세계대전을 기점으로 영화의 중요성이 국가적으로 인식되기 시작했음을 지적하고, 영화산업에 국가가 적극성을 보이고 있는 예를 소련·독일·이탈리아에서 찾았다. 또한 미국과 같은 자유국가도 '헤이스 오피스(Hays

17) 淸水千代太(1942), 「滿映印象記」, 『映畵旬報』 第55號(1942. 8. 1), 39쪽.

18) 甘粕正彦(1942), 「滿洲映畵の性格と滿映」, 日本政治問調査行政調査部 編, 『滿洲行政經濟年報 : 昭和17年版』, 日本政治問調査行政調査部, 188-191쪽.

Office)' 같은 민간단체를 통해 영화를 규제·관리하고 있다고 하면서 영화에 대한 국가 관여의 정당성을 찾았다. 아마카스의 말처럼 국가가 영화의 제작, 상영, 배급에 관여하는 것은 만주국만의 독특한 행보는 아니었다. 제1차 세계대전과 제2차 세계대전 사이의 전간기(戰間期)를 지나면서 독일의 국책영화회사 UFA(Universum Film Aktiengesellschaft)의 설립으로 대표되듯이, 대중오락의 총아인 영화가 전시기 프로파간다의 가장 유력한 수단으로 인식되어 국가가 제작부터 상영까지 관여하게 된다. 비릴리오의 말을 빌리면 당시의 전쟁에서는 영토 획득, 경제 지배라는 "물질적 승리를 거두는 것보다도 지각의 장에 있어서 '비물질성'을 지배하는 것"이 중시되었다.[19] 일본에서도 물질적인 승리보다는 사상적인 승리, 궁극적으로는 '일본 정신·황도(皇道) 정신'의 승리가 진정한 승리라는 '사상전'의 개념이 논의되고 있었으며, 영화는 '사상전의 무기'로 비유되고 있었다. 영화는 국가의 표상으로서 기능하여 파급력과 기술력이 뛰어난 영화를 만들 수 있는 능력이 곧 국력과 일치시되어 "영화전(映畵戰)"이라는 용어마저 사용되고 있었다.[20] 제2차 세계대전 때 당시 첨단기술의 상징인 컬러영화가 만들어지기 시작했고, 독일 또한 컬러영화 개발에 많은 투자를 한 것은 바로 그러한 국가와 영화 간의 관계를 잘 보여 주는 사례이다.[21] 이처럼 국가 기술 발달의 척도로 인식되는 컬러영화 개발을 위해 일본에서도 국립연구소의 필요성이 요구되고 있던 와중에,[22] 아마카스 마사히코도 프로파간다 잡지 『프런트(FRONT)』를 펴낸 도호샤(東方社)의 이사장 오카다 소조(岡田桑三)를 만영으로 불러 컬러필름 개발을 맡긴다.[23]

19) ポール・ヴィリリオ(1999), 石井直志・千葉文夫 譯, 『戰爭と映畵：知覺の兵站術』, 平凡社, 28-29쪽.

20) 津村秀夫(1944), 『映畵戰』, 朝日新聞社.

21) ポール・ヴィリリオ(1999), 앞의 책, 29쪽.

22) 辻二郎(1942), 「映畵科學研究所」, 『日本映畵』(1942. 7), 48-51쪽.

23) 角田房子(2005), 『甘粕正彦』, 筑摩書房, 312-314쪽.

1943년에 발표된 「만영 영화의 임무와 만영」[24]에서 아마카스는 만영의 임무를 두 가지로 규정했다. 첫째, 국제적으로는 만주국의 실태를 인식시키고 국내에서는 "건국의 진의"를 이해시키기 위한 프로파간다적인 역할이다. 둘째로는 만주의 영화관에서 주로 상영되던 미국영화를 중심으로 하는 구미 작품과 상하이에서 만들어진 중국영화의 영향에서 벗어난, 전혀 새로운 만주국만의 독자적 영상을 만들어 내야 한다는 임무였다. 이를 위하여 그는 계민영화(啓民映畵 : 교화 · 시사에 관한 영화, 기록영화)와 오민영화(娛民映畵 : 오락영화, 극영화)의 역할을 나누어서 이야기하고 있다. 계민영화는 국가 홍보 수단과 청소년 교육의 임무와 더불어 국외에서는 "만주국의 약진 상황"을 인식시키는 사명을 띠고, 오민영화는 "명랑(明朗)"을 주로 하지만 그 안에는 "미묘한 배려"를 통해 계민영화와 같은 교육 · 선전의 역할 또한 살려야 한다는 것이다. 영화가 갖는 선전성과 오락예술성을 어떻게 조합시켜야 하는가라는 복잡한 담론을 표현하고 있는 이 "미묘한 배려"에 대해 아마카스 마사히코는 다음과 같이 설명하고 있다.

> 만영의 계민 · 오락영화가 진정한 예술적 가치가 높은 작품이기 위해서는 건국의 이상이 그러한 영화 속에 혈액과 같이 자연히 침투하여 순화되어 솟아져 나오게 되는 것을 요하나, … 문제는 만주영화에 있어서 노출이냐 순화냐 하는 것이 아니더라도 건국의 이상은 반드시 현현(顯現)해야 한다는 것이다.[25]

여기에서 아마카스는 어떠한 영화라도 선전성은 "혈액과 같이" 자연히 흘러야 하고, 그 선전성의 표현이 노골적으로 드러나느냐, 예술적으로 처리되었느냐와 같은 논의는 그다지 중요치 않다고 이야기하고 있는 것이다. 야마무로 신이치(山室信一)는 이 말을 인용하면서, "아마카스가 건국의 이상

24) 甘粕正彦(1943b), 「滿洲映畵の任務と滿映」, 日本政治問題調査所行政調査部 編, 『滿洲行政經濟年報 : 昭和18年版』, 日本政治問題調査所行政調査部, 203-206쪽.

25) 甘粕正彦(1943b), 앞의 글.

과 자신의 사업을 일체화해서 숙원하던 영화의 제작에 열정을 기울일수록 관객과의 사이에 있는 틈은 도리어 넓어졌던 것이 아닌가"라고 지적하고 있다.[26] 하지만 아마카스 또한 야마무로가 지적한 그 "틈", 즉 이상과 영화 사이의 "틈"을 전혀 고려치 않았다고 단정하기는 어려워 보인다. 다른 지면의 아마카스의 말을 빌려 보자.

> 영화는 이론이 아닙니다. 상대의 두뇌에 호소하는 것이 아니고, 상대의 감정에 호소하는 것입니다. 그렇게 하면 상대의 생활상, 생활감정이라는 것의 특징을 잘 보고 잘 알고 나서가 아니면, 정곡을 벗어난 영화가 되는 것입니다. …정치가 표면이라면, 영화는 내부의 작업입니다. 이 내부의 작업인 영화가 지나치게 표면에 치우쳐 끌려 다녀서는, 영화의 사명은 사라지는 것입니다. 이상을 향해 달려 공을 세우기에 초조해할 필요는 없습니다. 그 때문에 관념만이 부상하고 내용이 공허한 것으로 되어서는 큰일입니다.[27]

아마카스 마사히코의 두 발언 사이에는 상반되는 면이 어느 정도 엿보이지만, 그가 단지 일방적으로 선전적 내용이 돌출하는 영화를 바라지만은 않았다는 것이 확실하다. 이는 그가 만영의 이사장에 취임하고 나서의 행보에서도 볼 수 있다. 먼저 그는 중국인 영화인을 키우기 위해 일본에서 영화감독 기무라 소토지(木村莊十二)를 불러 영화인 양성소를 창설하였다. 만영의 양성소는 1940년 12월 27일 설립되어 1941년 3월 제1기생이 입소하였으며, 1945년까지 전체 4기생이 입학하여 228명을 배출하였다. 그중 일본인은 16명에 불과하고 대부분은 중국인이었다.[28]

---

26) 山室信一(1995), 「幻の國家・滿洲國の境涯」, 山口猛 編, 『滿洲の記録 : 滿映フィルムに映された滿洲』, 集英社, 38쪽.

27) 甘粕正彦(1943a), 「'大東亞映畵の理想'に就いて」, 『映畵旬報』 第100號(1943. 11. 21), 16-17쪽.

28) 胡昶・古泉(1999), 앞의 책, 262쪽. 후창(胡昶)과 꾸취앤(古泉)은 일본인을 제외하고는 모두 중국인이었다고 기술하고 있으나, 당시 기사에 의하면 정확한 숫자는 알 수 없으나 소수의 조선인이 있었다. 만영의 양성소는 본과와 연구과로 나뉘어 있었는데, 본

또한 아마카스 마사히코가 단행한 만영의 내부 개혁에서도 그의 제작 방향성을 엿볼 수 있다. 1940년 말 만영은 제작부를 계민영화부, 오민영화부, 작업관리소 등 세 부문으로 나눈다. 보통 극영화냐 기록영화냐 하는 영화 제작 형태의 차이로 영화를 구분하는 것에 반하여, 만주국만의 독특한 분류법을 만들어 낸 데에는 민중에게 주는 오락의 부족에 대한 절실함 그리고 만영의 영화는 선전성이 강하다는 일반인의 편견을 분산시키려는 노력이 보인다.

이러한 만영의 개혁에도 불구하고 대다수를 차지하는 중국인 관객이 주로 찾은 것은 상하이에서 제작된 영화였다. 그중에서도 시장편(時裝片 : 현대극)보다는 고장편(古裝片 : 사극)을 압도적으로 선호하였다. 무엇보다도 중국 영화의 중심 상하이의 영향에서 벗어나 만주 독자의 영화문화를 세우려는 데 만영의 목적이 있었다고 지적될 정도로,[29] 만영은 상하이영화에 대항할 수 있는 작품을 만드는 데 주력했다. 만영은 1941년이 되어서야 고장편을 만든다. 고장편 제작에 서둘러 착수하지 못한 이유가 의상제작비가 많이 들기 때문이라고 했으나,[30] 역사가 짧은 만주에서는 그 지역에 기반을 둔 전설과 이야기가 적어 결국 중국의 역사·소설·전설 또는 경극에서 소재를 가져오게 되므로 상하이영화와 차별된, 만영의 독자성을 보이기는 매우 어려웠기 때문이다.[31] 독자성을 살리기 위해 만영이 최초로 만든 고장편인 〈용쟁호투(龍争虎闘)〉〔1941 / 미즈가에 류이치(水ヶ江龍一) 감독〕는 당대(唐代)의 무협소설을 각색한 작품이었으나, 중국의 무술과 일본의 칼싸움영화를 혼합하는 새로운 시도를 하였고, 같은 해의 〈영락공주(瓔珞公主)〉〔1941 / 야마우치

과에는 연출과 · 연기과 · 제1기술과(촬영, 현상) · 제2기술과(녹음) · 영사과 · 경영과 등 6과가 있었다. 본과 입소 자격은 민족은 관계없이 중등학교 졸업 정도의 학력이 필요했다. 天野太郎(1942), 「滿映養成所」, 『映畫旬報』 第55號(1942. 8. 1), 48-50쪽.

29) 刈間文俊(1999), 「滿映がその後の中國映畫に殘したもの」, 『大日本帝國の戰爭 1 滿洲國の幻影 1931~1936 : 幻のユダヤ人, 自治計劃』, 毎日新聞社, 120-121쪽.

30) 滿洲日日新聞社(1943), 『滿洲年鑑 : 昭和18年版』, 滿洲文化協會, 333쪽.

31) 日本映畫雜誌協會(1943), 『映畫年鑑 : 昭和十八年版』, 600쪽.

에이조(山内英三) 감독] 같은 작품처럼 아예 원전이 없는 즉 시대 배경이 없는 오리지널 고장편을 만들어 내기도 하였다. 그러나 이러한 만영의 독자적인 문화를 만들어 내려는 시도에 대해 중국에서는 "일본과 지나(支那)의 혼혈 영화"라고 비하되기도 했다.[32)]

이처럼 영화의 소재가 될 수 있는 독자적 문화의 부재와 더불어 만영의 영화 제작을 어렵게 만든 것은 만주국이 다민족을 껴안고 있다는 점이었다. 물론 만주국민의 대다수를 차지하는 중국인을 대상으로 한 영화 제작에 가장 중점이 두어졌으나, '오족협화(五族協和)'라는 이상을 내세우고 있는 만주국에서 중국인 이외의 민족에게도 영향력을 갖는 영화 제작이 기대되었던 것은 당연한 일이다. 이러한 문제의식은 1939년 6월 1일 잡지 『만주영화』에서 「만주영화의 민족성」이라는 제목하에 게재된 일본, 조선, 만주, 몽고, 러시아인의 글에 공통되고 있다. 이 논자들의 글에서 만주국이 갖는 다민족성에 대처해 나갈 구체적인 해결 방안은 보이지 않지만, 그렇다고 다민족성이 부정적으로만 생각되던 것은 아니다. 역으로 이들의 글에서 "만주 주재의 모든 민족을 감동시키고, 거기에 세계인의 비판에도 견딜 수 있는 영화"[33)]를 만들 수 있다면 "동양의 할리우드 흥아영화(興亞映畵)의 메카"[34)]로서, 만영의 영화는 만주를 넘어 중국·일본 그리고 동남아까지 영화 시장으로 삼을 수 있다는 "대포부"를 엿볼 수 있다.[35)]

이상으로 만영의 임무와 성격을 간략히 정리해 보았다. 만주국이라는 경계를 벗어난 영화 시장까지 시야에 넣고 있던 만영이 만든 영화는 실제 어떠한 모습으로 완성되었을까. 현재 남아 있는 작품 중에서 '만주 건국 10주년 기념영화'라는 타이틀하에 제작된 〈영춘화〉를 살펴보도록 하자.

---

32) 筈見恒夫(1943), 「上海から歸へて」, 『映畵旬報』 第95號(1943. 10. 1), 10쪽.

33) 山口愼一(1939), 「滿洲映畵の民族性 : 文化と民族との問題」, 『滿洲映畵』 第3卷 第6號(1939. 6. 1), 22쪽.

34) 李臺雨(1939), 「民族別映畵製作の必要 : 文化と民族との問題」, 『滿洲映畵』 第3卷 第6號(1939. 6. 1), 24쪽.

35) 「座談會 滿映を鳥瞰する」, 『映畵旬報』 第55號(1942. 8. 1), 23쪽.

III. 만주 건국 10주년과 〈영춘화〉의 제작

1942년 만주국에서는 건국 10주년을 맞이하여 기념행사가 이어졌다. 5월에는 수도 신징(新京)에서 6만 5천 명이 모인 흥아국민운동대회가 치러졌고, 8월 12일부터 9월 30일까지 대동아박람회 · 동아경기대회 등이 개최되었다. 만주국 주최의 기념식전은 일본이 만주국을 승인한 9월 15일에 거행되었다. 이러한 만주국 전체의 축제 분위기 속에서 만영은 '만주 건국 10주년 기념영화'로서 〈영춘화〉를 제작한다. 이 영화의 제작은 치안유지법 위반으로 투옥된 적이 있는 이와사키 아키라(岩崎昶)가 맡았고, 감독은 쇼치쿠 소속 사사키 야스시(佐々木康)가 맡았다.

스케이트와 하키를 즐기는 젊은 남녀들을 부감으로 찍은 샷으로 이 영화는 시작한다. 그들 중에서 바이리(白麗. 리샹란 분)가 그만 돌아가자고 일본어로 말하고, 그러고 나서는 스케이트화를 벗으면서 동료와 중국어로 이야기를 나눈다. 중국어와 일본어가 혼재되어 사용되고 있는 공간이라는 것을 이 두 컷으로 보여 주고 카메라는 바이의 회사로 옮겨 간다. 회사에서는 그날 일본에서 도착한 무라카와〔村川. 고노에 도시아키(近衛敏明) 분〕의 소개가 이루어지고 있다. 무라카와는 도쿄에 있는 대학을 나왔으나 지사장의 조카라는 이유로 만주의 건설회사의 지사에 취직하게 된 것이다. 지사장의 딸이자 무라카와의 사촌인 일본인 야에〔八重. 고구레 미치요(木暮實千代) 분〕와 회사 사무원인 중국인 바이가 무라카와에게 연정을 품게 되면서 세 명의 삼각관계를 주축으로 이야기는 전개된다.

삼각관계와 더불어 영화를 움직이는 또 하나의 내러티브는 무라카와의 만주에서의 생활이다. 지사장은 자신의 집에 머물고 있는 무라카와에게 만주인의 생활을 접하기 위해 집을 얻어 생활하라고 충고한다. 바이의 도움으로 무라카와는 중국인 집에서 하숙을 하게 되고 하숙집 딸에게 중국어를 배운다. 그는 중국어의 권설음(捲舌音)을 배우기 위해 거울에 입을 비추어 보면서 노력한다. 이처럼 계속 되풀이되며 강조되는 것은 만어(滿語)와 만주의 생활습관을 배우려고 노력하는 일본인의 모습이다. 즉 일본식 또는

〔그림 1〕 거울을 보며 중국어를 연습하는 무라카와(〈영춘화〉의 한 장면)

〔그림 2〕 하숙집 아들에게 검도를 가르치는 무라카와(〈영춘화〉의 한 장면)

근대화를 강조하는 강압적인 일본의 실제 모습과는 달리, 영화는 만주의 언어와 풍습을 배워 나가려는 일본인의 모습을 보여 주는 것이다. 한편으로 무라카와는 하숙집 남자아이에게 검도를 가르쳐 준다. 문화를 주고받음으로써 무라카와는 만주 생활에 익숙해져 가고 처음에는 전혀 탈 줄 모르던 스케이트도 바이의 지도로 점차 능숙해진다. 바이를 연기하는 리샹란은 그녀의 트레이드마크인 '노래하는 리샹란'[36]의 모습을 피로하며 매력을 발산한다.

만주의 생활과 문화에 대한 일본인의 관심을 강조하기 위해 영화의 흐름과 그다지 관계없는 장면이 삽입된다. 바이의 부친과 지사장은 오랜 친구 사이로 둘이 담소를 나누는 장면이 그것이다. 지사장은 이전에 보았던 요(遼)나라 벽화의 색조와 선, 구도 등이 일본의 고화(古畵)와 너무나 닮아 일

---

36) '노래하는 리샹란(歌ふ李香蘭)'은 리샹란이 도쿄에 있는 니혼극장(日本劇場)에 출연한 쇼의 제목이다. 이 쇼를 보기 위해 수만 명의 인파가 몰려 결국에는 경찰이 출동하는 대소동이 벌어졌다. 이러한 리샹란의 인기와 그녀가 표상하는 대동아공영권에 대한 분석으로는 와시타니 하나(鷲谷花)의 연구가 있다〔鷲谷花(2001), 「李香蘭, 日劇に現る : 歌ふ大東亞共榮圈」, 四方田犬彦 編, 『李香蘭と東アジア』, 東京大學出版會, 21-55쪽〕. 영화 제목과 동일한 주제가 〈영춘화〉는 조선에서도 발매되어 1절은 〈단장의 미아리고개〉로 유명한 이해연(李海燕)이 부르고 2절과 3절은 리샹란이 중국어와 일본어로 취입하여, 한국어 · 중국어 · 일본어로 녹음이 된 유례없는 노래가 되었다. 이는 http://www.gayo114.com에서 들을 수 있다.

본인의 그림이라고 생각하지 않을 수 없었다고 토로한다. 그는 1천 년 전 만주의 그림과 5백 년 전 일본의 그림이 같은 뿌리에서 생겨났기 때문에 일본, 만주라는 경계를 떠나 "동양의 미"를 생각해야 한다고 주장한다. 이와 같이 일본인의 만주의 생활과 문화에 대한 관심과 문화적 관계 맺기가 계속되지만, 그렇다고 해서 이 영화가 오족협화의 이념을 철두철미하게 영상화하려고 하지는 않는다. 조선인이나 몽고인에 대한 묘사는 존재하지 않는 대신 무라카와가 하얼빈에 출장을 갔을 때 러시아인의 모습과 쑹화강(松花江)에서의 빙상 세례의 묘사 등이 삽입된다.

지사장의 딸 야에는 무라카와가 바이에게 마음이 있다고 생각하고 도쿄로 떠나 버린다. 야에를 막기 위해 바이가 열차에 올라타나 결국 설득하지 못한다. 열차 역에서 무라카와와 바이는 떠나는 야에를 전송한다. 사랑의 라이벌이 떠나고 이제 남은 일본인 남자와 중국인 여자의 사랑이 맺어지면 되는, 그러한 해피엔딩이 기다리고 있다고 생각될 때, 바이가 갑자기 베이징으로 간다면서 떠나고 만다. 결국 만주에 남는 것은 주인공 무라카와 혼자이고, 그가 하숙집 아들과 함께 검도를 하는 장면으로 영화는 끝난다.

'만주 건국 10주년 기념영화'라 하면 만영 설립 초기에 만들어진 〈장지촉천〉과 같이 만주국 건국과 관련된 영화가 그 취지에 더욱 어울리지 않았을까? 아니면 남녀의 애정문제를 둘러싼 삼각관계를 소재로 했다 하더라도 무라카와와 바이의 사랑이 결실을 맺어 결혼하는 결말이었다면, 다시 말해 만주의 문화와 생활을 배워 나가려는 일본인의 모습만 그릴 것이 아니고, 일본인과 만주인의 결혼이라는 공식적 결합으로 그 친밀감을 표현해 내었다면 만주 건국 10주년 기념영화로 더욱 적합한 스토리가 아니었을까? 또한 조선인, 몽고인에 대한 묘사를 통해 오족협화의 선전도 가능했을 텐데 그들에 대한 묘사는 전혀 없다. 이러한 의문은 당시 평론가도 갖고 있었다. 한 평론가는 "관객의 흥이 오르려고 할 때 묘하게 간단히 두 여성 모두 물러나 버려" 만주 건국 10주년 기념영화라는 제작 의도를 이해할 수 없고, 단지 "낙토(樂土) 만주국의 현재 생활의 즐거운 풍경을 내지 사람들에게 알

리는 것이 제작의 주안"인 것으로밖에 보이지 않는다고 비판하였다.[37)]

이러한 의문점 중에 우선 당시의 평론을 그대로 받아들여 해석해 본다면, 이 영화에서 작용하고 있는 것은 '만주인'의 시점이라기보다는 타지인의 시점이다. 주인공 무라카와의 등장은 만주에 도착한 당일부터이고, 마치 만주국으로 여행하게 될 관광객같이 무라카와의 시점으로 만주의 여러 풍경이 화면에 펼쳐진다. 〈영춘화〉가 보여 주는 풍경은 오족협화적 모습이기보다 관광지로서의 만주국의 모습, 즉 당시 한 해 20만 명 전후의 관광객을 태우고 만주국을 돌던 관광버스가 보여 주던 세 코스 "제국의 위관", "만주 정서", "러시아 정서"와 일치하고 있음을 알 수 있다.[38)]

그렇다면 결말은 어떻게 된 일일까. 삼각관계에서 결국 주인공이 만주에 혼자 남게 되는 설정에, 일본의 연구자들은 제작자 이와사키 아키라가 「치안유지법」에 걸려 전향서를 쓰고 집행유예를 받은 사실을 바탕으로 그의 '반체제'적 성향이 반영되었다고 주장한다. 요모타 이누히코(四方田犬彦)는 "일본과 중국 어느 쪽에도 귀속할 수 없는, 이와사키 아키라(제작자)와 사사키 야스시(감독)를 필두로 하는 영화인의 은유"[39)]로 이 결말을 해석하기도 하고, 몬마 다카시(門間貴志)는 "이 결말은 리샹란의 대륙 3부작과는 대조적으로 국책에 대한 이와사키 아키라의 비판"이 담겨 있다고 주장한다.[40)] "리샹란의 대륙 3부작"에 대한 설명은 다음 절로 미루겠다. 이와사키 아키라는 제작자이지 감독도 각본가도 아니다. 게다가 이러한 해석은 만주 건국 10주년 기념영화로 일본과 만주국이 국가적 행사를 위해 대규모로 제작한 영화에 이와사키 아키라가 그러한 '반체제'적 의도를 반영했다고 해석하기

37) 竹有一(1942), 「迎春花」, 『映畵旬報』 第44號(1942. 4. 11), 47쪽.

38) 高媛(2002a), 「『樂土』を走る觀光バス：一九三〇年代の『滿洲』都市と帝國のドラマトゥルギー」, 小森陽一 · 酒井直樹 · 島薗進 · 成田龍一 · 千野香織 · 吉見俊哉 編, 『岩波講座 近代日本の文化史 6 擴大するモダニティ 1920-1930年代 2』, 岩波書店, 228-229쪽.

39) 四方田犬彦(2000), 앞의 책, 133쪽.

40) 門間貴志(2010), 「岩崎昶の神話」, 四方田犬彦 · 晏妮 編, 『ポスト滿洲映畵論：日中映畵往還』, 人文書院, 27쪽.

에는 무리가 있고 근거도 부족하다. 여기에서 주목해서 볼 자료는 당시 출판된 『영화연감』에서의 〈영춘화〉에 대한 공적인 평가이다.

> 〈영춘화〉는 일계(日系), 만계(滿系)의 연기자가 언어적 · 풍속적 특징을 그대로 한 편의 영화 속에 살려 낸, 종래의 소위 대륙영화와는 다른 진정한 의미의 '대륙영화'라 부를 수 있고, 대아세아영화의 꿈의 싹을 여기에서 볼 수 있다.[41]

당시 평론가와 현재 연구자들과는 상반되는 『영화연감』의 긍정적인 평가는 어떠한 판단 기준에서 온 것인가. 그 키워드는 '대륙영화'일 것이다. 중일전쟁 이후 일본이 중국대륙을 본격적으로 침략하기 시작하자, 영화에서도 중국대륙에서 활약하는 일본인을 소재로 하는 일련의 영화가 등장하고, 그러한 영화들이 '대륙영화'라고 불리게 된다. 위의 인용에 따르면 일본에서 만들어진 "종래의 소위 대륙영화"에는 무엇인가 문제가 있었고, 만영의 〈영춘화〉는 그 문제를 수정 또는 극복하였기에 "진정한 의미의 대륙영화"라고 할 수 있다는 것이다. 그렇다면 그 문제는 무엇이었고, 〈영춘화〉는 그런 문제에 어떠한 해답을 내놓았다는 것인가.

Ⅳ. 대륙영화로서의 〈영춘화〉

'대륙영화'의 대표적인 작품은 일본의 영화회사 도호샤가 제작하고 리샹란이 주연한 '대륙 3부작'이라고 칭해지는 〈백란의 노래(白蘭の歌)〉(1939), 〈지나의 밤(支那の夜)〉(1940), 〈열사의 맹세(熱砂の誓ひ)〉(1940) 등이다. 그중에서 가장 대중적으로 인기가 있었고 연구 대상이 되어 온 것은 〈지나의 밤〉이다. 이 영화는 후시미즈 오사무(伏水修)가 감독을 하고, 〈7인의 사무라이(七人の侍)〉(1954년) 등으로 유명한 오쿠니 히데오(小國英雄)가 각본을 썼다.

41) 日本映畵雜誌協會(1943), 앞의 책, 599-600쪽.

줄거리는 예절 바르지 못한 여자와 그녀를 교육시키는 남자를 주인공으로 하여 결국 둘이 사랑에 빠진다는 "비행소녀 선도영화"의 패턴을 따르고 있다.[42)]

일본인 선원 하세(長谷. 하세가와 가즈오(長谷川一夫) 분)는 상하이에서 일본인 남성에게 괴롭힘을 당하고 있는 중국인 여성 꾸웨이란(桂蘭. 리샹란 분)을 도와준다. 반일 감정을 갖고 있는 꾸웨이란은 일본인에게 도움을 받았다는 사실을 참을 수 없어 그 은혜를 갚기 위해 하세의 숙소를 찾아가 무슨 일이라도 하겠다고 한다. 숙소의 일본인들은 꾸웨이란을 친절하게 대해 주고 갑자기 쓰러진 그녀의 병간호도 해준다. 그러나 꾸웨이란은 사사건건 일본인들의 '호의'를 거부하려 하고 그러한 거짓 호의에는 속지 않겠다고 외친다. 참다 못한 하세는 꾸웨이란의 따귀를 때리고 가고 싶은 곳으로 가라고 말한다. 한 대 맞은 꾸웨이란은 전혀 딴사람이 된 듯이 하세의 무릎에 달려들어 용서해 달라고 빌면서 맞은 것은 전혀 아프지 않으며 오히려 때려 주어서 기쁘다고 고백한다. 그녀는 지금까지의 자신의 '잘못된' 생각을 버리고 하세와 사귀게 된다. 여기에서 끝나도 되겠지만, 이 영화는 새로운 사건을 맞이한다. 꾸웨이란이 항일 지하조직에서 활동하는 숙부에 의해 납치되는 것이다. 그녀를 구하는 것은 역시 주인공 하세이고, 결국 둘은 결혼한다.

중·일 관계의 비유로 이 영화를 분석해 보면, 우선 갈등 구조의 변화가 지적될 수 있다. 일본인과 중국인이 대립하는 것이 아니고, 일본에 협력하는 중국인과 일본에 저항하는 중국인, 즉 갈등의 축이 중·일 간이 아닌 중국인 내부에 존재하는 것으로 바뀌었다. 또한 〈지나의 밤〉은 중·일 관계를 남녀의 연애 관계에 비유하여 중국인이 일본인의 '진의'를 깨달아 반일 감정을 버리고 일본인을 사랑하게 된다면, 중국과 일본에게는 행복한 미래가 기다리고 있음을 제시하고 있다. 이 영화는 일본에서 종전의 흥행 기록을 갱신할 정도로 큰 성공을 거두었다. 그러나 성공이 컸던 만큼 중국은

42) 佐藤忠男(1995),『日本映畵史 2』, 岩波書店, 76쪽.

물론이고 일본에서도 강도 높은 비판을 받는다.

하세에게 맞은 꾸웨이란이 반일 감정을 버리고 사랑에 눈뜨는 장면에 대해 "그런 무례한 항일 여자가 만약 있다면 때려도 좋다고 생각한다. 발로 차다 좋다"고,[43] 이 장면이 전혀 문제시될 바가 없다며 당당히 자신의 의견을 피력하는 사람도 있었지만, 일본에서는 비판이 많았다. 이 중에는 남자가 여자를 때린다는 육체적 행위에 의해 여자가 진정한 사랑에 눈뜬다는 것은 일본인에게는 통하는 표현이지만 중국인에게는 통하지 않는 표현이라서, 그러한 문화적 차이에 대한 이해 없이 제작되었기에 중국 측에서 비난이 컸다고 해석하는 이들이 많았다. 그러나 일본인 남성이 중국인 여성을 때리고 그 행위에 의해 그 여성이 반일적인 태도를 버리고 일본인 남성과 사랑에 빠진다는 장면을, 무력침략을 당하고 있는 중국인이 단지 문화적 차이 때문에 이해하지 못한다고 해석하는 것은 일본 측의 이기적 자세일 것이다. 중국인은 이 장면을 "일본인과 같이 일종의 애정 표현으로 간주하고 감동하기는커녕… 침략자 대 피침략자인 일·중 관계로 치환하여" 본 것이고, 그들에게는 현실 세계에서의 그리고 영화 속에서의 "이중의 굴욕"으로 받아들여졌던 것이다.[44]

이러한 영상을 만들어 내고 소비한 일본인의 태도에는 "일본의 공격을 중국의 여자가 기쁘게 받아들여 줄"것이라는 가해자로서의 사디스틱한 "환상"이 저변에 깔려 있었을 것이다.[45] 이는 피지배자의 여성적 취약성에 대한 지배자의 남성적 욕망의 분출이라는 젠더와 권력의 관계를 놓고 수없이 되풀이되어 온 내러티브의 전형적인 표현으로, 남성은 '보호자=일본'이고, 여성은 '피보호자=중국'이라는 도식상에서 전개된 것이다. 즉 〈지나의 밤〉에서의 궁극적인 문제는 때리는 행위를 넘어 일본이라는 국가의 욕망이 그대로 표현된 점에 있다. '대동아의 지도자'로서의 일본, 그리고 일본인의 국

---

43) 松崎啓次(1942), 「中日合作映畵の將來」, 『映畵評論』(1942. 4), 43쪽.

44) 山口淑子·藤原作彌(1987), 『李香蘭 私の半生』, 新潮社, 138쪽.

45) 佐藤忠男(1995), 앞의 책, 77쪽.

가적 행보가 신성한 것이어야 함에도 불구하고 그것이 남녀 관계에 빗대어져서 속된 욕망의 충족으로 보여서는 안 되는 것이었다. 일본인이 아시아의 타자에게 보이고 싶어 하는 자신들의 모습은 〈지나의 밤〉과 같이 연애에 빠져 있는 개인상이 아닌 가족애와 동지애에 가득 차 있는 단체 속의 인간상이며, 군인과 같이 훈련 또는 자기수련을 통해 절제하는 인간상이었던 것이다. 그렇기 때문에 〈지나의 밤〉과 같이 육체적인 접촉과 군사적인 침략이 혼합되어 있는 사디스틱한 욕구를 충족시켜 주는 영상은 "시대에 편승하여 흥행적으로 성공하려는, …정신적으로 불순한 것"[46]으로 비난받은 것이다.

따라서 흥행에서 대성공을 거두었으나 일본영화는 〈지나의 밤〉을 거울로 삼아 변화하려 했다. 지금까지 〈지나의 밤〉에 대해 언급해 온 연구들은 그 내용을 분석하는 단계에 머물러, 그것을 실패작으로 간주하여 그 경험으로부터 일본 영화인이 무엇을 배우고 무엇을 고쳐 나가려고 했는가 하는, 일본 측 변화에는 전혀 관심을 기울여 오지 않았다. 그러나 이러한 변화의 양상이 규명되지 않으면 〈영춘화〉를 비롯하여 〈지나의 밤〉 이후의 대륙영화 그리고 일본과 다른 아시아 국가 간의 합작영화의 분석이 어려워진다. 〈지나의 밤〉 이후 제작된 대륙영화는 일본인과 다른 아시아인 사이에 연애관계가 성립하는 것을 가능한 한 피하려는 성향을 띤다. 일본인은 연애에는 관심이 없고 오로지 자신의 일, 주로 '건설'에 매진하는 인간으로 표현된다. 즉 합리적 정신을 체현하는 건설자로서의 일본인은 '진리'를 표상하고 있기에, 연애와 갈등에 휩싸이지 않고 미래를 향해 정진하는 인간상으로 그려지는 것이다.

위와 같이 변화된 대륙영화로서 〈영춘화〉를 재분석해 보자. 무라카와와 바이, 야에 사이의 삼각관계에서 무라카와가 어느 한쪽을 선택한다는 것은 처음부터 존재하지 않았다. 다시 말하면 무라카와에게는 중국인 여성이냐, 일본인 여성이냐 하는 선택권이 주어지지 않았던 것이다. 그에게는 단지

---

46) 中田弘二(1942), 「座談會 大陸を語る」, 『映畵之友』(1942. 1), 33쪽.

그러한 연애 관계에서 벗어나는 길밖에 없었다. 그렇기 때문에 무라카와는 시종일관 두 여인에게 전혀 자신의 감정을 드러내지도 않고 삼각관계를 고민하는 모습을 보이지도 않는다. 그보다는 중국인이라는 상대를 '연구'하는 자세로 중국어 학습과 만주에서의 생활에 열중한다. 결국 두 여인은 도쿄와 베이징으로 떠나가고 혼자 남아 검도를 하는 무라카와의 모습은 바로 연애 관계를 떠나 홀로 만주국에서 정진하는 일본인의 모습을 체현하고 있는 것이다. 그렇기에 이 영화는 "진정한 의미의 대륙영화"로서 평가받을 수 있었고, 만주 건국 10주년 기념영화로 제작되어 상영될 수 있었다.

V. 나가며

이상으로 만주국에서 영화 제작을 담당한 국영 영화회사 만영의 임무를 이사장이었던 아마카스 마사히코의 발언을 중심으로 살펴보고, '만주 건국 10주년 기념영화'로 제작된 〈영춘화〉를 사례로 들어 만영이 만들어 낸 영상에 대한 내용 분석을 시도하였다. 만영에 의해 산출되는 영화에는 "중국 인민을 노예화하기 위한 정치적 도구"로서의 역할뿐 아니라, '새로운 땅'으로서의 만주국을 표상=재현=대표하기 위한 역할도 있었다. 또한 만주국 독자의 영상문화 건립을 위한 노력이 이루어졌음을 알 수 있다.

만영은 이러한 점들을 관객에게 직접적으로 주입하려고 했다기보다는, 아마카스의 말을 빌리면 "혈액과 같이 자연히 침투"되기 위해 노력하였다. 이를 위하여 일본에서 흥행에 성공한 〈지나의 밤〉의 내러티브를 그대로 받아들이기보다는 이에 대한 비판 그리고 수정해 나가는 노선을 받아들이고 있음을 〈영춘화〉의 분석을 통해 살펴보았다. 따라서 만영의 영화를 만주국에 한정시킬 것이 아니라 일본에서의 영화 제작의 흐름과 비교해 볼 때 비로소 제대로 분석 가능하다는 점을 알 수 있다.

만영은 매우 한시적인 존재였으나 동아시아 전반에 폭넓게 그 영향을 미쳤다. 최근 동아시아 영화가 주목받고 있는 상황에서 그 기반과 서로의 연관성을 고찰함에 있어 만영에 대한 연구는 좋은 출발점을 제공할 수 있을 것이다. 야마무로 신이치의 표현을 빌리면 "문화연쇄"로서의 만영의 역할에 대한 연구도 앞으로 필요하다고 생각된다.[47]

47) 山室信一(2005),「アジアにおける滿洲國と日本人：滿洲國研究の方向性をめぐって」,『만주연구』 제2집, 만주학회, 81-88쪽 .

가이드북이 그려 낸 제국의 문화지리

— 일본여행협회의 선만(鮮滿) 공식 관광루트 —

김백영 · 조정우

I. 머리말 : 가이드북이라는 문화권력과 식민지투어리즘

관광안내서, 즉 가이드북은 관광이라는 행위를 실행하는 데 있어 필수적인 문화매체이다. 여행을 가고자 하는 사람들은 가이드북을 보며 여행지를 선택하고 코스를 계획한다. 관광객의 의사결정과 행동 범위를 결정하는 것은 가이드북에 수록된 관광 스폿, 교통편, 식당, 숙박시설, 비용 등에 대한 정보이다. 단체여행객은 말할 것도 없고 자유 배낭여행객들도 가이드북이 제시한 정보에 의존하고 그 루트를 답습한다. 가이드북의 구성을 넘어 보려는 모험적인 관광객들도 있지만, 그때 역시 이 넘어서는 행위의 기준은 가이드북이다.

이처럼 사람들은 가이드북이 제시한 정보를 나름대로 판단하여 여행지를 결정하고 밥을 먹고 잠을 잘 곳을 선택한다. 관광객의 동선은 '관광코스'

라는 이름으로 가이드북이 그려 놓은 루트에 의해 구성된다. 관광 지역에 대한 사람들의 지식과 경험 또한 가이드북이 제시한 동선에 따라 제한되는 것이다. 이 점에서 가이드북은 관광이라는 문화적 행위를 규정하는 지식 장치의 하나라 할 수 있으며, 그렇기 때문에 가이드북의 정보는 결코 중립적인 것일 수 없다. 이 가이드북의 정치성을 가장 잘 보여 주는 사례는 바로 제국의 식민지 투어 구상이다. 식민지투어리즘은 제국과 식민지 간의 불균등한 관계 속에서 이루어지므로 제국의 지식권력이 식민지에 작용하는 효과를 분석할 수 있는 대상이 되는 것이다.

최근 한국 학계에서도 문화 연구의 일환으로 식민지투어리즘에 대한 연구 성과가 다수 산출되고 있다. 조선총독부의 관광정책을 분석하여 식민지 투어리즘이 갖는 정치적 성격을 지적한 연구들이 있으며,[1] 경주·부여·금강산 등 식민지 조선의 특정 지역이 관광지화되는 과정에서 식민주의이데올로기가 어떻게 드러나는지를 보여 주는 연구들도 있다.[2] 가장 주된 흐름은 당시 발간된 관광안내서나 기행문을 분석한 연구들이다.[3] 이는 관광안

---

1) 대표적인 것으로 다음의 연구를 들 수 있다. 조성운(2009), 「일제하 조선총독부의 관광정책」, 『동아시아 문화연구』 제46권 ; 조성운(2010), 「1930년대 식민지 조선의 근대관광」, 『한국독립운동사연구』 제36권, 369-405쪽 ; 李良姫(2007), 「植民地朝鮮における朝鮮總督府の觀光政策」, 『北東アジア硏究』 第13輯, 149-167쪽.

2) 주요 연구로는 다음의 논문이 있다. 최석영(2003), 「일제 식민지 상황에서의 부여(扶餘) 고적에 대한 재해석과 '관광명소'화」, 『비교문화연구』 제9권 제1호, 109-137쪽 ; 허병식(2007b), 「식민지 조선과 '신라'의 심상지리」, 『비교문학』 제41호, 81-102쪽 ; 허병식(2007a), 「식민지의 장소, 경주의 표상」, 『비교문학』 제43호, 185-207쪽 ; 이병진(2007), 「植民地時期 日本人들이 發見한 '新羅'에 관하여 : 야나기 무네요시(柳宗悅)의 경우」, 『日本學報』 제72집, 349-359쪽.

3) 관광안내서를 분석한 대표적 연구로는 다음의 논문을 들 수 있다. 서기재(2002), 「일본 근대「여행안내서」를 통해서 본 조선과 조선 관광」, 『日本語文學』 제13집, 423-440쪽 ; 서기재(2004), 「전략(戰略)으로서의 리얼리티 : 일본 근대 『여행안내서』를 통하여 본 "평양"」, 『比較文學』 제34권, 71-93쪽 ; 서기재(2005), 「일본 근대 여행 관련 미디어와 식민지 조선」, 『일본문화연구』 제14집, 73-91쪽 ; 서기재(2009a), 「근대 관광잡지 『관광조선』의 탄생」, 『동아시아 문화연구』 제46집, 47-81쪽 ; 김영수(2009), 「1920~30년대 인천의 '관광도시' 이미지 형성 : '인천안내서'를 중심으로」, 『인천학연구』 제11권, 83-112쪽 ; 전수연(2010), 「근대관광을 통해 드러난 일본의 제국주의 : 1900년대 이후 일본의 조선 관광과 여행안내서를 중심으로」, 『美術史學報』 제35집, 311-342쪽. 기행문을

내서, 즉 가이드북이 관광객의 의식과 행위를 규정하는 가장 기본적인 요소라는 점에 주목했기 때문일 것이다. 또 기행문은 실제 여행을 실행한 사람들이 관광 지역을 어떻게 경험하고 인식했는가를 분석하는 데 필수적인 자료이므로 가이드북과 쌍을 이루는 연구 대상이라 할 수 있다. 그런데 이 연구들은 식민지를 관광지로 대상화하는 과정에서 제국주의의 시선이 어떻게 실현되는가에 대한 세밀한 경험적 분석이 대부분으로, 그것이 거둔 성과와 장점에도 불구하고 일본제국 전반의 영토적 판도에서 조선 관광이 차지하는 거시적 위상에 대한 규명에는 이르지 못한 것으로 보인다.

이러한 문제의식하에 본 연구는 분석의 시야를 확장하여 조선 관광을 일본제국의 식민지투어리즘의 일부분으로서 자리매김해 보고자 한다. 식민지투어리즘을 제국의 교통 · 통신네트워크의 구축문제와 연관하여 파악함으로써, 조선 관광을 조선 통치의 문제로 한정하고 통치이데올로기 분석으로 접근한 기존 연구의 한계를 보완하고자 하는 것이다.[4] 즉 일본의 식민지투

분석한 것으로는 다음의 논문이 있다. 강우원용(2009), 「“국민작가”가 스쳐 간 만주와 “무명작가”가 발견한 만주 : 나쓰메 소세키와 기야마 쇼헤의 경우」, 『동아시아 문화연구』 제46권 ; 우미영(2009), 「고도(古都) 여행, 과거의 발견과 영토의 소비 : 식민지시대 경주 기행문을 중심으로」, 『동아시아 문화연구』 제46권 ; 윤소영(2009), 「식민통치 표상 공간 경주와 투어리즘 : 1910～20년대 일본인의 여행기를 중심으로」, 『東洋學』 제45집, 159-183쪽 ; 석정희(2012), 「나쓰메 소세키(夏目漱石)의 의식 변화에 대한 연구 : 『만한 이곳 저곳(滿韓ところどころ)』을 중심으로」, 『만주연구』 제14집, 139-160쪽.

4) 본 연구와 접근 방식이 유사한 연구 경향으로는 당시 실제 진행된 관광의 사례로서 수학여행단이나 시찰단을 분석한 연구들이 있다〔荒山正彦(1999), 「戰前期における朝鮮 · 滿洲へのツーリズム : 植民地視察の記錄『鮮滿の旅』から」, 『關西學院史學』 第26號, 1-22쪽 ; 임성모(2006), 「팽창하는 경계와 제국의 시선 : 근대 일본의 만주 여행과 제국의식」, 『日本歷史研究』 제23권, 89-113쪽 ; 임성모(2011), 「1930년대 일본인의 만주 수학여행」, 『동북아역사논총』 제31호, 157-188쪽 ; 정재정(2010), 「植民都市와 帝國日本의 視線 : 奈良女子高等師範學校 生徒의 朝鮮 · 滿洲 修學旅行(1939년)」, 『日本研究』 제45호, 69-93쪽 ; 하세가와 레이(長谷川怜)(2013), 「근대 일본의 만주 수학여행과 만주 인식 : 가쿠슈인(學習院)의 사례를 중심으로」, 『만주연구』 제16집, 141-169쪽〕. 특히 아라야마 마사히코(荒山正彦)는 교통망과 인쇄출판물로 형성된 ‘투어리즘 공간’이라는 분석틀을 통해 일본제국 식민지투어리즘의 궤적을 추적하고 있다〔荒山正彦(2007), 「大阪商船と近代ツーリズム : 二つのツーリズム空間という視點から」, 『人文論究』 第57卷 第3號, 關西學院大學, 1-24쪽 ; 荒山正彦(2010), 「「內地」と「外地」をめぐる海上ツーリズム : 戰前期に

어리즘에 있어 중심적 위치를 차지하던 '선만관광루트'의 형성과 변화 과정에 대한 분석을 통해 조선과 만주 관광이 서로 어떻게 연동하여 전개되어 왔는지를 살펴보는 것이 이 논문의 핵심 목표다. 이를 위해 이 글에서 주된 분석 대상으로 삼은 것은 '일본여행협회'에서 발간한 관광안내서인 『여정과 비용개산(旅程と費用概算)』에 제시된 '만선일주코스'와 '조선일주코스'이다. 그렇다면 일본여행협회는 과연 어떤 성격을 띤 조직인가?

근대일본에서는 이른바 다이쇼기(大正期) 내지는 1920년대를 기점으로 대중적 관광여행이 본격화되고, 관광업이 하나의 산업으로 자리 잡게 되었다. 일본의 근대관광사에서 주목해야 할 것은 대중관광의 탄생이 철도성 같은 국가기구와 관광협회 같은 관변기관의 합동에 의해 정책적으로 추진되었다는 점에 있다. 일본 본토는 물론 식민지에서도 철도국이나 관광국과 같은 행정기구와 관광협회가 병설되어 식민지투어리즘을 주도하였다. 그 가운데 관광객의 모집, 관광 정보의 수집 · 정리, 관광코스의 개발, 관광안내서 간행 등의 사업을 담당한 것은 바로 각 지역의 관광협회였다. 관광협회는 민간 여행사가 연합하여 조직한 이익단체가 아니라 일본 정부가 관광산업의 활성화를 위해 만든 준정부기구이다. 그 시초가 된 것은 바로 일본 본토의 일본여행협회(JTB)였다.

일본여행협회는 1912년에 창설된 반관반민기구로, 정식 명칭은 'ジャパン・ツーリスト・ビューロー(Japan Tourist Bureau)'였다. 이렇게 가타가나로 영문 명칭을 붙인 것은 이 기구의 설립 목적이 처음에는 외국인의 일본 여행 알선에 있었기 때문이다. 일본 내부에서는 편의상 이 이름을 번역하여 일본여행협회로 불렀다. 일본여행협회는 일본인의 여행 욕구가 증가하면서 일본인의 '내지' 여행 알선을 맡았다가, 1930년대에는 일본인의 해외여행을

おける日本一周船と日支周遊船」, 『關西學院史學』 第37號). 본 연구는 아라야마의 문제제기와 분석틀을 수용하여 일본제국의 식민지투어리즘 속에서 조선 관광이 차지하는 위상을 규명하고자 하는 것이다. 이 분석 방법에 대한 보다 상세한 논의는 김백영(2014), 「철도제국주의와 관광식민주의 : 제국일본의 식민지 철도관광에 대한 이론적 검토」, 『사회와 역사』 제102집, 195-230쪽 참조.

본격적으로 취급하기 시작했다.[5] 그리하여 일본여행협회는 외국인의 일본 관광, 일본인의 일본 본토 관광, 그리고 조선·만주·대만 등의 '외지' 관광에서도 중심적 역할을 했다. 식민지투어리즘에 있어서 일본여행협회가 중요한 것은 협회의 각 지부가 식민지 철도인 조선철도, 남만주철도(이하 '만철')와 밀접한 관계를 맺고 있었기 때문이다. 조선지부는 경성의 조선철도국 내에, 만주지부는 다롄(大連)의 만철본사 내에 사무실을 두고 각 철도와의 협의 속에서 관광 사업을 진행했다.[6] 당시 내지·외지를 막론하고 일본의 관광여행에 관한 모든 정보는 일본여행협회에 집중되었으므로 식민지투어리즘에 대한 이해를 위해서는 먼저 일본여행협회에서 발간한 자료들을 분석할 필요가 있다.

일본여행협회가 발간한 주요 간행물로는 이 글에서 분석할 『여정과 비용개산』을 비롯하여 『동아여행총서(東亞旅行叢書)』, 『관광조선(觀光朝鮮)』, 『여행만주(旅行滿洲)』 등이 있다. 이 중 『동아여행총서』는 기존에 발간하던 『투어리스트 안내총서(ツーリスト案內叢書)』의 제호를 바꾼 것인데, 일본여행협회가 1941년 '동아여행사(東亞旅行社)'로 이름을 바꾸면서 안내서명도 바꾸었다.[7] 한편 『관광조선』은 경성의 조선지부에서, 『여행만주』는 다롄의 만주지부에서 발행한 것이다.[8]

5) 中村宏(2006), 「戰前における國際觀光(外客誘致)政策：喜賓會, ジャパン・ツーリスト・ビューロー, 國際觀光局設置」, 『神戸學院法學』 第36巻 第2號, 107-133쪽.

6) 平山昇(2006), 「「日鮮滿」を結んだ鐵路と航路：關釜連絡船・朝鮮鐵路・滿鐵」, 『歴史と地理』 第592號, 9쪽.

7) 『동아여행총서』는 제28집까지 간행된 것으로 보이는데, 제21집까지는 일본 내지에 관한 것이고 제22집부터가 외지 및 외국에 관한 것이다. 하지만 제24집 『동인도제도』와 제28집 『만주』만 확인할 수 있을 뿐, 제22집 이후의 나머지 다섯 권은 아직 소장처가 확인되지 않아 어떤 내용을 다루고 있는지 알 수 없다〔荒山正彦(2011), 「忘れられた植民地ツーリズムの軌跡」, 『時計臺』 第81號, 關西學院大學, 16-22쪽〕.

8) 『관광조선』과 『여행만주』는 조선과 만주에서 각각 별개로 발간된 것이 아니라, 일본여행협회의 산하 지부에서 시리즈로 발간한 안내서라는 점에 주의할 필요가 있다. 현재 『여행만주』(나중에 『관광동아(觀光東亞)』로 제호 변경)는 한국 내에서는 소장 여부를 확인할 수 없고, 일본에는 도쿄대학교 도서관과 홋카이도대학교 도서관 및 국회도서관에 일부 소장되어 있다. 한편 『관광조선』(1940년에 『문화조선』으로 제호 변경)은 일본 덴리대

일본여행협회에서 발간한 이 안내서들은 제국일본의 식민지투어리즘의 궤적을 이해할 단서를 전체적으로 보여 주는 것으로 우선적으로 검토·분석되어야 한다. 이 중 『여정과 비용개산』은 가장 방대한 정보를 수록하고 있으며, 1920~1940년 매년 발간되었기 때문에 당시 일본이 설계한 식민지 투어리즘의 전체상을 보여 주는 자료로서 대단히 중요하다.[9] 우선 1928년판을 통해 『여정과 비용개산』의 개요를 살펴보자.[10]

『여정과 비용개산』의 목차는 주요 추천 여행지를 수도 도쿄에서 시작하여 차례로 나열하는 방식으로 구성되어 있다. 1928년판은 총 123항의 관광일정을 수록하고 있다. 제1~111항까지는 일본 내지의 주요 관광지와 관광일정을, 제112~123항은 비(非)내지 지역 관광코스를 각각 소개한 것이다.

먼저 내지코스를 살펴보면, 제1항과 제2항은 일본의 수도이자 제국의 중심부인 도쿄 관광이다. 제3항은 옛 수도이자 고도(古都)인 교토 관광일정을 수록해 두었다. 제4항은 일본 제2의 도시이자 간사이 지방의 중심지인 오사카 관광일정에 관한 것이다. 그후에는 도쿄에서 당일치기나 2~3일 내에 왕복할 수 있는 관광지를 먼저 나열하고, 그다음에는 교토·오사카에서 1~3일 내에 왕복 가능한 여정을 수록해 두었다. 이런 식으로 주요 대도시 관광일정을 먼저 소개한 다음, 각 대도시를 기점으로 한 관광코스를 소개하고 있다. 도쿄에서 시작한 내지관광코스는 제110항 규슈(九州)를 소개하는 것으

학교(天理大學教)와 가쿠슈인대학(學習院大學), 국회도서관 등에 소장되어 있다.

9) 荒山正彦(2011), 앞의 논문, 20-21쪽.

10) 현재 필자들이 확인한바, 『여정과 비용개산』은 창간호인 1920년판을 비롯하여 1922년판, 1928년판, 1930~1932년판, 1934~1936년판, 1938~1940년판 총 열두 권이 일본과 한국의 주요 도서관에 소장되어 있다. 창간호인 1920년판은 도쿄도립 중앙도서관과 도쿄대학교 정보학환(情報學環)도서관에, 1922년판은 삿포로시 중앙도서관에 소장되어 있다. 1928~1939년판은 대체로 한국 국립중앙도서관과 일본 국회도서관에 소장되어 있는데, 이 판본들은 디지털 파일로 일반에 공개되어 있다. 본 연구에서도 이 디지털 공개자료를 주로 사용하였다. 한편 이 두 도서관의 결호는 1933·1936·1937·1940년판인데, 이 중 1936년판은 도쿄도립 중앙도서관에, 1940년판은 도쿄도립 중앙도서관과 서울대학교 고문헌자료실에 소장되어 있다. 1933년판과 1937년판은 소재를 확인하지 못하였다.

로 끝맺는다.[11)]

제111~114항은 바로 일본의 북쪽에 있는 '내국 식민지' 홋카이도(北海道) 관광일정이다. 제115항에서는 러일전쟁의 할양지인 가라후토(樺太 : 남부 사할린)까지 포함한 '홋카이도-가라후토코스'를 제시한다. 이 두 북방 지역은 국제적으로 일본의 영토임을 확인받았지만 쉽사리 일본인의 영토 감각 속에 들어오지 않는 경계 지역이라 할 수 있다.[12)] 바로 그다음 순서로 제시되는 것이 식민지들이다. 제116항은 일본이 청일전쟁으로 획득한 첫 번째 공식 식민지인 대만 여행일정이고, 제117항이 바로 조선일주코스이다. 단 금강산 관광은 별도로 제118항에 제시되어 있다. 홋카이도-가라후토-대만-조선 여행일정 소개가 끝난 뒤 이어지는 제119항이 만선주유여정(滿鮮周遊旅程)으로, 이것이 본 연구에서 집중적으로 분석할 선만일주코스에 해당한다. 제120~123항은 만선지주유관광여정(鮮滿支周遊觀光旅程)으로 중국 본토와 만주·조선을 일주하는 코스를 제시하고 있다. 이것으로 『여정과 비용개산』의 관광코스 소개는 끝난다. 이 기본 순서는 1930년대 판본들에서도 크게 변하지 않는다. 전반적으로 본국 관광코스에 대해서는 세부 지역까지 상세한 정보가 소개되고 있는 데 반해, 식민지관광코스에 대한 정보는 비교적 소략하게 기술되어 있는 편이다.

본문의 내용은 목차별 관광지에 대한 정보를 수록하고 있다. 지리와 기후, 연결 도시 간 열차 소요시간, 관광지 정보 등 기초 사항을 간단히 정리한 후 권장 여행코스를 날짜별로 정리한 여정표를 제시해 두었다. 『여정과 비용개산』에서 돋보이는 부분은 바로 이 여정표이다. 〔그림 1〕은 여정표의 한 예시로, 1940년판 「도쿄-조선 왕복 여정안」이다. 가로줄은 제1일에서 제10일

---

11) 『여정과 비용개산』에 '내지'와 '외지'가 명시적으로 구분되어 있지는 않다.

12) 홋카이도는 전후에도 일본의 대표적인 관광지 중 하나로서 그 위상이 지속되어 온 반면, 가라후토는 제국 시기 일본의 흔적이 상당 부분 잔존하고 있음에도 불구하고 소련(러시아)으로 반환된 이후 관광지로서의 성격을 거의 상실하고 말았다. 전후 '관광지로서의 홋카이도'와 '오지로서의 사할린'의 대비되는 변천사는 관광지가 자연경관에 의해서만이 아니라 정치적 변수에 따라 선택·개발된다는 사실을 잘 보여 주는 사례라 할 수 있다.

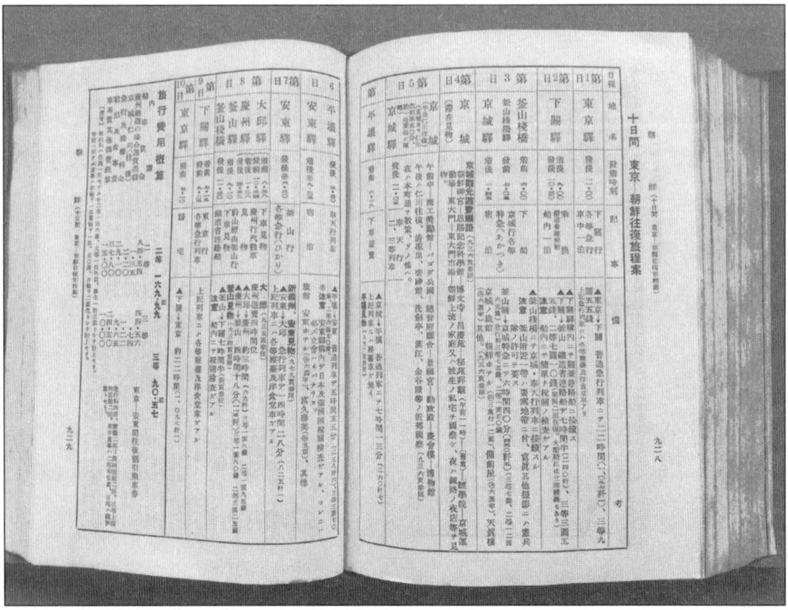

〔그림 1〕『여정과 비용개산』의 일정표 예시(1940년판 조선일주코스)

까지의 날짜를, 세로줄은 '지명 · 발착시간 · 기사 · 비고'의 순서로 되어 있다. 지명을 날짜별로 따라가면 코스를 확인할 수 있는데, 가령 제1일 도쿄, 제2일 시모노세키(下關), 제3일 부산, 제4일 경성, 제5일 평양으로 여정이 이어짐을 알 수 있다. 발착시간을 보면 각 코스별로 정확한 도착 · 출발시간을 확인할 수 있다. 기사 칸은 위의 지명별 발착시간에 하는 행동을 지시한 것이다. 예컨대 제2일을 세로로 읽으면, '시모노세키역에 오후 9시에 도착하여 선박으로 환승한 후 오후 10시 50분에 출발한다'가 되는 방식이다. 비고 칸은 이동하고 있는 날짜에 대해서는 이동 도시 간 소요시간 · 교통요금 · 주의 사항이 나와 있으며, 관광하는 날짜에 대해서는 각 도시별 일주코스가 제시되어 있다. 예를 들면 제4일은 하루 종일 경성 시내를 관광하는 날로 '경성관광유람순로'라 하여 '조선신궁 – 은사기념과학관(恩賜記念科學館) – 박문사(博文寺) – 창경원' 순으로 권장 관광코스를 제시하고 있다.

이렇게 10일간의 조선일주코스를 도표로 제시한 다음 말미에는 '여행비용개산'이라는 별도 항목을 두어 이동 구간별 교통비, 입장료, 침대열차 요금, 숙박비 및 식대 등의 내역으로 나누어 비용을 계산했다. 이 책자가 『여정과 비용개산』인 것은 바로 이 부분이 안내서가 제공하는 핵심 정보임을 말해 준다.

한편 필요에 따라서는 책의 중간에 철도노선도 · 주요 지역의 지도 등을 수록하고, 특히 만주나 중국 여행과 관련해서는 환전 방법 · 사진 촬영 금지구역 등의 주의 사항을 서두에 기재해 놓은 경우도 있다. 말미의 부록에는 전국 온천 안내, 패키지 여행권, 일본 본토의 주요 역간 운임표를 첨부해 두었다.

이렇게 『여정과 비용개산』은 전전기 일본의 종합 관광 가이드북으로서 여행에 필요한 제반 정보를 집대성해 놓은 책이라 할 수 있다. 수록된 정보량이 방대한 만큼 대단히 두꺼워서 보통 8백~9백 쪽에 이르며, 1930년대 후반에 가면 1천 쪽이 넘기도 했다. 그래서 아라야마는 이 책자가 여행지 휴대용이 아니라 여행 출발 전에 사전 계획을 수립하기 위한 용도로 제작된 것으로 보았다.[13] 이제 이 글의 핵심적 분석 대상인 조선-만주관광코스를 본격적으로 살펴보도록 하자.

II. 전쟁의 기억과 개발의 현장 : 만철과 만주 도시 투어

1. 식민 도시 다롄과 전적지 뤼순

만주는 일본의 식민지투어리즘의 역사에서 중요한 현장 가운데 하나다. 특히 이 지역은 일본 식민지 철도 중 전략적으로 가장 중요하고 규모 면에

13) 『여정과 비용개산』의 보다 상세한 사료해제는 荒山正彦(2012), 「『旅程と費用概算』(1920~1940年)にみるツーリズム空間 : 樺太 · 臺灣 · 朝鮮 · 滿洲への旅程」, 『關西學院大學先端社會研究所紀要』 第8號, 1-17쪽 참조.

서 가장 거대한 철도인 만철이 있던 곳이기 때문에, 만주 철도 관광은 식민지투어리즘 연구에서 중핵적 위상을 차지한다. 이하에서는 만철본선을 중심으로 형성된 관광루트, 즉 만철루트를 중심으로 만주 지역에 대한 제국일본의 식민지투어리즘을 분석해 보고자 한다.

1928년판 『여정과 비용개산』의 선만일주코스는 다롄-펑톈〔奉天 : 현재의 선양(瀋陽)〕 간의 만철본선, 펑톈(奉天)-안둥〔安東 : 현재의 단둥(丹東)〕 간의 안봉선, 안둥-평양-경성의 경의선, 경성-대구-부산의 경부선 등 네 개의 철도노선으로 구성되어 있는데, 크게는 만철본선-안봉선의 만철루트와 경의선-경부선의 조선철도루트 양자가 결합된 것으로 이해할 수 있다. 일본국철(-해로)-만철본선-안봉선-경의선-경부선으로 연결된 코스가 바로 선만일주코스였던 것이다. 이 네 가지 철도노선별로 방문 도시를 열거해 보면 〈표 1〉과 같다.

〈표 1〉 1928년도 선만일주코스

교통망(철도명)	방문 도시
일본 국철 및 해로	도쿄-고베(神戸)-(선내)-다롄
① 만철본선	다롄-뤼순(旅順)-다롄-펑톈-푸순(撫順)-펑톈
② 안봉선	펑톈(奉天)-안둥(安東)
③ 경의선	안둥-(압록강)-평양-경성
④ 경부선	경성-부산
일본 국철 및 해로	부산-(선내)-시모노세키(下關)-도쿄

만철루트는 일본이 러일전쟁 승전으로 제정 러시아의 조차지이던 뤼순항(旅順港)과 다롄을 접수하고, 또 러시아가 부설한 동청철도(東淸鐵道)[14] 중

14) 동청철도(東淸鐵道)는 시베리아횡단철도로부터 만저우리(滿州里)에서 분기하여 하얼빈(哈爾濱)을 중심으로 만주를 남쪽과 동쪽으로 횡단한 철도였다. 하얼빈에서 남쪽으로는 창춘(長春)-펑톈(奉天)-다롄-뤼순으로 뻗어 갔고, 하얼빈에서 동쪽으로는 무단장(牡丹江)과 쑤이펀허(綏芬河)를 거쳐 블라디보스토크까지 이어졌다. 러일전쟁 종

뤼순에서 창춘(長春)역 남쪽 절반까지의 노선을 전리품으로 획득하면서 탄생하였다. 이른바 일본의 '동인도회사'라 불리며 일본제국주의의 대륙 침략의 선봉에 선 만철은 바로 이 동청철도를 인수하여 설립된 국책회사였다. 일본은 러시아가 부설한 동청철도를 남만주철도(만철)로 이름을 바꾸고 보강 공사를 시행하여 완전히 자국의 자산으로 만들었다. 일본의 중국대륙 침략은 이 만철을 중심으로 이루어졌다. 후에 일본의 군국주의화를 주도한 관동군은 처음에는 이 만철을 수비하기 위해 배치된 철도경비부대에서 출발하였다. 이처럼 일본은 만철의 철도 경영과 자본력 그리고 관동군의 무력을 두 축으로 삼아 만주에 대한 지배권을 강화해 나갔다.

한반도를 식민화한 이후 일본은 만주 지역을 일본이 제국으로서의 위상을 유지하기 위해 반드시 세력권하에 두어야 할 제국의 '생명선'이자 '이익선'으로 간주했다. 일본제국에게 만주는 대(對)소련 방위의 전진기지라는 군사적 차원뿐만 아니라 막대한 인적 · 물적 자원의 저장소라는 경제적 차원에서도 결정적인 중요성을 띤 공간이었다. 만주를 향한 제국일본의 광활한 신영토 경략 전략은 공간적으로는 만철의 철도노선을 따라 전개되었다. 인력과 물자와 자본이 바로 만철본선을 따라 다롄에서 창춘까지 흘러들어가고 또 '반출'되었던 것이다. 만철본사가 있던 '만주의 현관' 다롄은 그 출발점에 해당하는 곳이었다.

다롄은 청일전쟁 직후 일본에 대한 삼국간섭을 통해 청으로부터 조차를 받은 러시아가 항구 건설과 도시 개발에 착수한 지역이다. 러시아는 이곳을 '원방(遠方) · 원동(遠東)'이라는 뜻의 러시아어 '다리니'라 불렀는데, 일본이 러일전쟁에서 승전한 후 이 러시아식 지명을 한자로 가차하여 '大連(다롄)'이라 이름 붙였다. 이러한 역사 탓에 다롄은 러시아식 도시 개발과 일본식 도

전 협상에서 일본은 하얼빈역을 포함시켜 동청철도 전체를 배상금으로 요구하였지만, 재개전도 불사한다는 러시아의 강경 방침에 부딪혀 결국 창춘역의 남쪽 절반을 얻어냈다. 이 다롄－펑톈－창춘에 이르는 노선을 '만철본선'이라 하였다. 1935년 소련이 동청철도 전체를 만주국에 매각하기 전까지 만철이 운영하는 노선은 만철본선과 일부 지선으로 한정되었다.

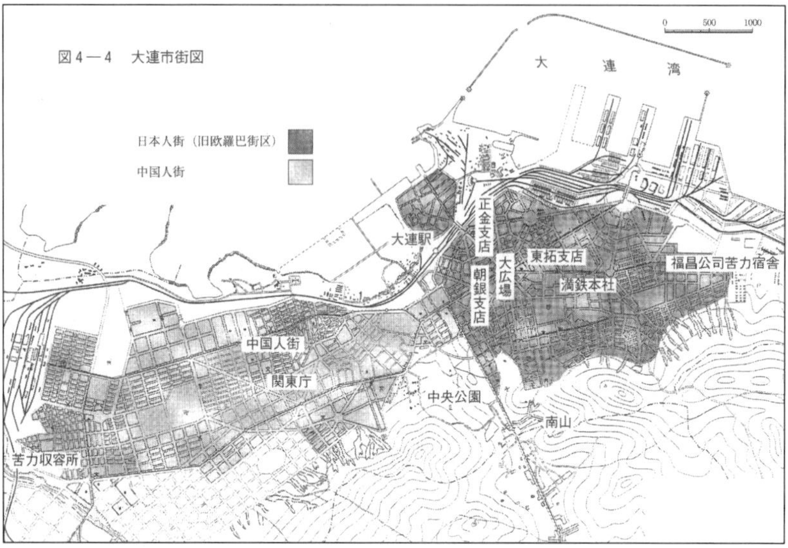

〔그림 2〕 다롄 시가도(1930년)[15)]

시 개발의 결과물이 병존하는 이중적 식민 도시의 역사를 갖고 있다. 〔그림 2〕는 이러한 식민지 신도시 다롄의 이중적 도시 구조를 잘 보여 준다.

〔그림 2〕에서 다롄역과 중앙공원을 잇는 경계선 우측의 일본인 거리는 다롄항과 철도 선로를 바탕으로 러시아가 구축한 기본 가로망 구조 위에 일본식 도시 개발을 통해 형성된 것이다. 당시 일본인의 만철루트 여행은 바로 이 구역을 시발점으로 하여 전개되었다. 다롄의 중심부는 상당한 규모로 조성된 원형 광장을 주요 관공서 건물들이 환상(環狀)으로 둘러싸는 형태의 방사상 가로망을 형성하도록 설계되었다.

〔그림 3〕에서 확인할 수 있듯이 이 대광장은 야마토호텔(3번) · 요코하마정금은행(6번) · 다롄경찰서(1번) · 조선은행(8번) · 동양척식회사(5번) 등 일본의 주요 식민기구가 둘러싸고 있었으며, 바로 뒤편에는 만철본사와 부속시설(만

15) 『日本地理大系 別冊 2 滿洲及南洋篇』(1930)〔黑瀨郁二(2003), 『東洋拓殖會社：日本帝國主義とアジア太平洋』, 日本經濟評論社, 129쪽에서 재인용〕.

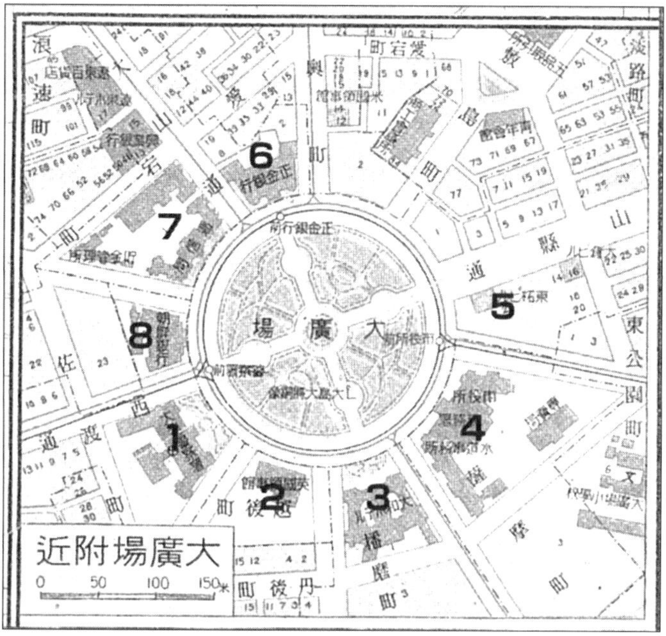

〔그림 3〕 다롄대광장 공간 배치도[16)]

철병원 · 만철도서관 · 만철 사택 등)이 광대한 토지를 점유하여 자리 잡고 있었다(4번과 5번의 뒤쪽).

『여정과 비용개산』 1928년판에 의하면, 일본인 관광객을 싣고 고베항에서 출항한 오사카상선의 기선은 3일간의 항해 끝에 다롄항에 도착한다. 관광객들은 도착 후 곧바로 승용차로 5분 거리인 대광장의 야마토호텔로 이동하여 여장을 풀도록 하였다. 근대일본의 대문호인 나쓰메 소세키(夏目漱石)도 만주 여행을 왔을 때, 다롄의 야마토호텔에 머물면서 만철 고위간부들을 접견했다고 회상하였다.[17)·18)] 일본인 관광객들은 러시아 분위기가

16) 西澤泰彦(1996), 『圖說「滿洲」都市物語 : ハルビン · 大連 · 瀋陽 · 長春』, 河出書房新社, 56쪽.

17) 1909년 나쓰메 소세키는 당시 만철 총재로 있던 친구 나카무라 요시코토(中村是公)의 초청으로 만주와 조선을 방문하였는데, 이 방문여행을 토대로 『만한 이곳저곳(滿韓と

짙게 풍기는 다롄의 도시 정경에서 이국적 향취를 느끼면서, 그리고 야마토호텔의 객실에서 다롄 중심부에 군림해 있는 일본 식민기구 건축물들의 위용을 조망하면서 '제국의 위세'를 실감했을 것이다.[19)]

관광객들은 다롄에 도착하여 야마토호텔에서 하룻밤 여독을 푼 뒤, 이튿날 아침 열차 편으로 뤼순을 방문하여 하루 종일 주요 명소를 관람하고 돌아왔다.[20)] 청의 북양함대 사령부가 있던 뤼순은 지정학적으로 동북아의 요충지 가운데 하나였다. 일본은 청일전쟁을 통해 획득한 조선을 지키고, 또 향후 만주로의 침략을 도모하기 위해서는 반드시 뤼순과 다롄이 위치한 랴오둥반도(遼東半島)에 대한 영유권을 장악해야 했다. 일본이 국운과 무수한 군인의 생명을 걸고 러시아로부터 필사적으로 뤼순을 빼앗고자 한 것은 이런 이유에서였으며, 제국으로서의 자신감을 얻은 것은 바로 러시아와의 뤼순전투에서 승전한 덕택이라고 해도 과언이 아니었다. 일본인의 만주 여행에서 뤼순 지역의 전쟁유적지에 대한 기념 및 참배를 필수코스로 한 것은, 관광객들로 하여금 이러한 제국일본 성공의 밑바탕이 된 일본군의 '숭고한 희생'의 의미를 기리도록 하기 위함이었을 것이다. 일본제국의 대륙 진출의 기점인 뤼순을 방문한 일본인들은 2인승 마차를 타고 러일전쟁 당시 치열한 백병전이 벌어졌던 203고지 등 주요 고지와 바이위산(白玉山) 표충탑([그림 4]), 납골당 등지를 방문하였다. 전적지(戰迹地)로서 뤼순은 제국일본의 숙원이던 '대륙 진출'의 성공 신화를 창조해 낸 '성지적 공간'이자, 일본인의 '만주 상상'의 원점으로서 제국일본 자체를 표상하는 공간으로 연출된 것이다.[21)]

ころどころ)』을 썼다. 이 기행문에 대한 분석과 연구사 정리는 강우원용(2009), 앞의 논문과 석정희(2012), 앞의 논문 참조.

18) 多田井喜生(1998), 辛永吉 옮김(1998), 『돈의 전쟁 : 조선은행권과 엔을 앞세워 대륙을 먹어 들어간 진상 상 · 하』, 知誠堂.

19) 荒山正彦(1999), 앞의 논문.

20) 뤼순－다롄 간 열차 소요시간은 1시간 20분이었다(『여정과 비용개산』 1928년판, 514쪽).

21) 高媛(2002a), 「『樂土』を走る觀光バス : 一九三〇年代の『滿洲』都市と帝國のドラマトゥルギー」, 小森陽一 · 酒井直樹 · 島薗進 · 成田龍一 · 千野香織 · 吉見俊哉 編, 『岩波講座

〔그림 4〕 뤼순 바이위산(白玉山) 표충탑[22]

2. 만철의 산업 개발 현장과 만주의 중심지 펑톈

뤼순 관광을 마치고 다롄으로 돌아온 관광객들은 만철본선을 타고 북상하였다. 다롄 관광의 다음 코스는 바로 푸순(撫順)이었다. 『여정과 비용개산』 1928년판의 일정표를 보면, 전날 밤 9시에 다롄을 출발한 침대열차는 이튿날 오전 6시 45분에 펑톈역에 도착하였다. 아침식사를 마친 관광객은 펑톈역에서 곧바로 1시간 반이 소요되는 열차를 타고 푸순에 도착하였다. 푸순이 만주 여행의 주요 코스가 된 것은 그곳에 바로 만철이 경영하는 동양 최대 광산인 푸순탄광이 있었기 때문이다.[23] 이 노천탄광의 광대함을

近代日本の文化史 6 擴大するモダニティ』, 岩波書店, 231쪽.

22) 필자 촬영.

23) 고품질의 석탄이 매장된 푸순탄광은 1901년 청 정부에 의해 개발되었는데, 러일전쟁 시기 러시아가 탄광을 점령하여 동청철도를 위한 석탄을 채굴하였다. 1905년 펑톈대회전(奉天大會戰)에서 패한 러시아군이 탄광을 방기하였고 포츠머스조약 제6조에 의

보면서 일본인들은 '만주 경영'의 최전선에 있는 만철의 '활약상'을 직접 목도할 수 있었다.

1930년판부터는 다롄-펑톈 간 코스 중간에 만주의 대표적 온천인 탕강쯔온천(湯崗子溫泉)과 만철의 안산제철소(鞍山製鐵所)[24]를 방문하는 코스가 추가되었다.[25] 1928년판처럼 다롄에서 펑톈으로 곧장 가는 것이 아니라 도중에 탕강쯔온천에 들러 피로를 풀고 나서 만철의 주력 사업소 중 하나로 1930년대 일본제국에서 생산 능력 제2위의 제철소이던 안산제철소를 보기 위해 안산으로 향한 것이다. 이튿날은 푸순으로 가서 푸순탄광을 견학하였다. 이렇게 다롄-펑톈 간 코스에서 관광객은 '만철본선-안산제철소-푸순탄광'이라는 만철의 3대 사업을 모두 견학하여 '만철왕국'의 위용을 확인할 수 있었다. 이처럼 『여정과 비용개산』의 만선일주코스 전반부는 식민 도시 다롄과 만철의 만주 경영을 목격하는 것으로 구성되었다고 하겠다.

푸순탄광을 견학한 후 관광객은 만주의 중심 도시 펑톈에 도착하였다. 만주의 도시들은 제각기 다른 역사적·지리적 특징을 지니고 있어 관광객의 흥미를 끌기에 충분했다. 특히 펑톈은 만주족의 고도로서 유서 깊은 역사와 전통을 자랑하는 도시였고, 만주사변 전에는 장쭤린(張作霖)·장쉐량(張學良) 동북군벌의 거점 도시로서 만주의 다른 어느 도시보다 중국인의 세력이 강한 도시였다. 〔그림 5〕에서 볼 수 있듯이 옛 선양성곽과 쓰핑제(四平街)를 중심으로 형성된 오른쪽의 구시가지는 중국인 주거지로, 일본이 도시계획에 의거하여 조성한 왼쪽의 신시가지와는 현격한 경관의 대조를 보인다.

해 일본으로 소유권이 넘어갔다. 1906년 설립된 만철은 동청철도와 이 푸순탄광을 관동도독부로부터 인계받아 운영하였다〔松村高夫(2007), 『日本帝國主義下の植民地勞動史』, 不二出版, 224쪽〕.

24) 1918년 만철이 설립한 안산제철소〔후에 쇼와제철소(昭和製鐵所)로 개편〕는 철도 부문과 푸순탄광과 더불어 국책회사 만철의 3대 사업 중 하나였다. 1930년대 이 제철소의 생산 능력은 일본제국 내에서 일본제철 야하타제철소(日本製鐵八幡製鐵所)에 이어 두 번째였다. 1937년에 만주중공업주식회사('만업')으로 인계되었다.

25) 『여정과 비용개산』 1930년판, 606-608쪽. 다롄에서 탕강쯔까지는 열차로 6시간 소요되었다.

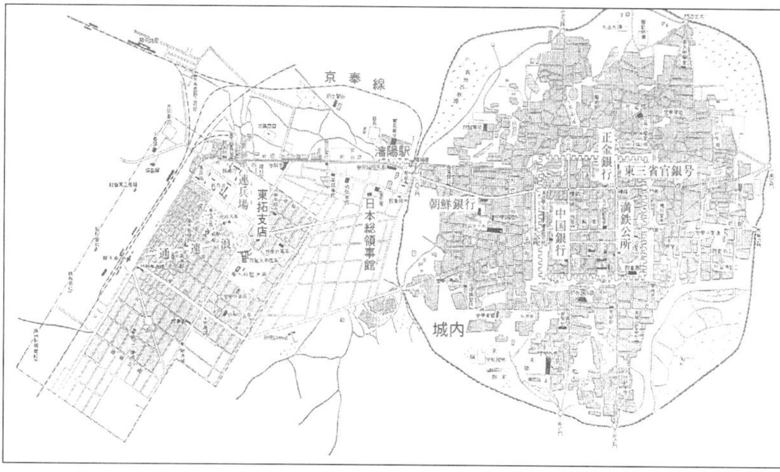

〔그림 5〕 펑톈 시가도(1930)[26]

펑톈에서 가장 먼저 방문하도록 권한 곳은 러일전쟁의 격전지 중 하나인 펑톈대회전(奉天大會戰)[27]의 전사자를 위해 세운 펑톈대회전 충혼탑이었다(〔그림 6〕). 이곳에서 전사자를 추모하는 참배를 한 뒤 다른 관광지로 이동하는 것이 기본 코스로 제시되었다. 관광객은 펑톈에서 다시 한 번 러일전쟁의 승전을 기념한 것이다. 이렇게 관광객들은 일본근대사의 분수령이 된 전적지를 확인한 다음에야 만주의 역사를 관람하러 갔다. 청 왕조의 궁전과 북릉(北陵)을 돌아보고, 마지막으로 만철부속지 내 조선인 밀집 지역이자 유흥 지역인 서탑(西塔)을 방문하여 펑톈에서의 저녁을 즐겼다.

야간열차로 펑톈을 출발한 관광객들은 북쪽으로 더 올라가는 것이 아니라 동쪽으로 꺾어 펑톈(奉天)-안둥을 잇는 안봉선을 타고 조선와 만주의 국경도시인 안둥〔현재의 단둥(丹東)〕에 도착하였다.[28] 안둥에서 조선 땅을 바

26) 『日本地理大系 別冊 2 滿洲及南洋篇』(1930)〔黑瀨郁二(2003), 『東洋拓殖會社 : 日本帝國主義とアジア太平洋』, 日本經濟評論社, 131쪽에서 재인용〕.

27) 1905년 2월 일본군 25만 명과 러시아군 32만 명이 펑텐에 집결하여 일본군 7만 명, 러시아군 9만 명의 사상자를 낸 전투를 말한다(『여정과 비용개산』 1940년판, 993쪽).

28) 만철본선과 조선철도는 안둥과 펑텐을 잇는 안봉선으로 연결되었다. 신의주에 도달한

〔그림 6〕 평톈대회전 충혼탑[29)]

라보며 제국의 국경을 눈으로 확인하고 압록강 철교를 건너 조선으로 들어왔다. 철도를 따라 안동－신의주－평양－경성－부산으로 내려오면서 조선여행을 마치고, 부산항에서 관부연락선을 타고 일본으로 귀국하였다. 이처럼 만주국 건국 이전의 선만일주여행은 뤼순－다롄－평톈으로 이어지는 만철본선과 조선철도 경의선과 경부선이 연결되는 코스였다. 따라서 선만일주여행이라 하면 만철본선과 조선철도노선을 통한 여행에 다름 아니다. 일본인의 만주 관광은 전쟁의 기억과 제국의 현장에 대한 철도 순례 여행이었던 것이다.

조선철도는 압록강 철교를 통해 안동에서 안봉선과 연결되고, 안봉선은 평톈에서 만철본선과 연결되었다.

29) 홋카이도대학 부속도서관 소장 디지털아카이브 사진엽서.

III. 만주국 건국과 관광루트의 확대 · 변화

1. 신징의 스펙터클과 하얼빈의 이국정취

일본인의 만주 관광은 만주국 건국 이후 더욱 확대되었다. 만주국 건국으로 치안이 확보되고, 신징〔新京 : 현재의 창춘(長春)〕이라는 대규모 식민 도시가 새롭게 건설되자, 일본제국의 판도와 위세를 직접 확인해 보려는 대중적 열망은 더욱 강해져 갔다. 여행의 호스트가 되는 만주국에서도 일본 본토의 만주 붐(滿洲熱)과 도쿄올림픽 개최를 겨냥하여 이른바 '국제관광' 진흥정책을 추진하였다. 이와 맞물려 만주 여행의 게스트인 일본 본토에서도 정부 차원에서 국제관광국을 설치하여 해외의 일본 세력권으로의 관광을 뒷받침하였다.[30]

만주국 건국 이전에 만주에서 일본인이 안전하게 여행을 할 수 있는 곳은 뤼순과 다롄이 있는 관동주조차지와 만철이 관할하고 있는 만철부속지 그리고 소련이 경영하고 있던 동청철도에 불과하였다. 만철의 관할 구역으로 일본이 치안을 확보하고 있는 지역은 뤼순-다롄에서 출발하여 펑톈을 거쳐 창춘역의 남쪽 절반으로 한정되어 있었던 것이다. 하지만 만주국 건국으로 그 수도인 신징은 새로운 관광 중심지로 급부상하였고, 러시아가 개발한 하얼빈(哈爾濱)에도 관광객이 쇄도하였다. 『여정과 비용개산』의 선만일주코스에도 변화가 생겼는데, 아래의 표는 그 변화를 정리한 것이다.

〈표 2〉 만선일주관광루트의 변화

	1930~1932년	1934~1935년[31]	1938~1939년 A안	1938~1939년 B안
제1일	도쿄 출발	도쿄 출발	시모노세키 출발	도쿄 출발

30) 中村宏(2007), 「戰時下における國際觀光政策 : 滿洲事變, 日中戰爭, 第二次大戰」, 『神戸學院法學』 第36卷 第3-4號, 165-202쪽.

31) 1933년판은 소재 미확인으로 제외하였다.

제2일	고베항 출발	고베항 출발	부산항 도착 경성 도착	고베항 출발
제3일	모지(門司)	모지항 도착 모지항 출발	경성 관광 경성 출발	고베항 출발
제4일	(선내)	(선내)	평양 도착 평양 관광 평양 출발	(선내)
제5일	다롄항 도착	다롄항 도착 다롄 관광	펑톈 도착 펑톈 관광	다롄항 도착 다롄 관광 뤼순 관광 다롄 출발
제6일	다롄 관광	뤼순 관광	푸순 관광 펑톈 출발	
제7일	뤼순 관광 다롄 출발	다롄 출발 탕강쯔－안산 펑톈 도착 펑톈 관광	(신징 경유 하얼빈 행 열차 내)	탕강쯔－안산 펑톈 도착 펑톈 관광
제8일	탕강쯔－안산 푸순 관광 펑톈 도착	푸순 관광 펑톈 출발	하얼빈 도착 하얼빈 관광	푸순 관광 펑톈 출발
제9일	펑톈 관광	신징 도착 신징 관광	하얼빈 출발 신징 도착 신징 관광	신징 도착 신징 관광
제10일	안둥 도착·출발 평양 도착 평양 관광 평양 출발	신징 출발 펑톈 도착 펑톈 출발	신징 출발 탕강쯔 도착	신징 출발 펑톈 도착 (부산행 열차)
제11일	경성 도착 경성 관광	안둥 도착·출발 평양 도착 평양 관광 평양 출발	탕강쯔 출발 다롄 도착	안둥 도착·출발 평양 도착 평양 관광 평양 출발
제12일	경성 출발 부산 도착·출발	경성 도착 경성 관광	뤼순 관광	경성 도착 경성 관광
제13일	시모노세키항 도착 시모노세키 출발	경성 관광 경성 출발 부산 도착 부산항 출발	다롄 관광	경성 출발 부산 도착 부산항 출발

第14일	도쿄 도착(종)	시모노세키항 도착 시모노세키 출발	다롄항 출발	시모노세키 도착
第15일	-	도쿄 도착(종)	(해상)	도쿄 도착(종)
第16일	-	-	모지 도착(종)	-

『여정과 비용개산』 1932년판의 만선일주코스에 만주국의 수도 신징이 포함된 것은 당연한 일이었다.[32] 다롄－안산－푸순－펑톈－안둥－조선으로 이어지는 기존 코스에, 펑톈－신징－펑톈의 코스로 신징관광코스가 추가되었다.[33]

신징은 원래 창춘이라는 이름의 한적한 농촌이었으나, 동청철도 · 남만주철도의 부설로 교통의 요충지로서 주목을 받았다. 창춘이 만주의 주요 대도시로 변모한 것은 일본이 이곳을 만주국의 수도로 결정하면서부터였다. 일본은 창춘을 대대적으로 개발하여 지명을 신징으로 바꾸고, 막대한 자본과 인력을 투입하여 일본 본토의 '제도(帝都) 도쿄'에서도 볼 수 없는 광대한 신수도의 스펙터클을 창조하였다. 다롄과 펑톈이 이전의 '주인'들인 러시아와 중국이 남겨 놓은 유산 위에 세워졌다면, 신징이야말로 백지 위에 일본의 제국주의자들이 꿈꾸던 모든 이상주의적 에너지를 도시의 형상화된 상징 경관과 물질적 건조환경(建造環境)에 쏟아부어 창출해 낸 '진열장 도시(municipal showcase)'로서, 제국 이념의 공간적 구현체였다.[34] 1934년판의 신징일주코스를 보면, 관광객은 신징역－상부지(商埠地)－국무원(國務院)－집정부(執政府)－성내(城內)－난링(南嶺)－서공원(西公園)－전권부(全權府)－쿠안청쯔(寬城子)－신징역 코스를 버스나 승합차로 돌며 만주국의 수도를 관람하도록 구성되어 있다.[35] 만주국 국무원과 집정부를 중심으로 펼쳐진 거대

32) 『여정과 비용개산』 1932년판, 659쪽.

33) 만주국이 막 건국된 1932년판만 해도 신징은 "長春(新京)"으로 표기되어 있다.

34) 김백영(2009), 『지배와 공간 : 식민지도시 경성과 제국 일본』, 문학과지성사, 191-204쪽.

35) 『여정과 비용개산』 1934년판, 719쪽.

한 행정기관의 장관을 관람하면서 만주국과 일본제국의 강대함을 눈으로 확인했던 것이다.

신징 관광에서도 제국의 전쟁을 기념하는 코스는 빠지지 않았다. 위 신징 관광코스 중 쿠안청쯔와 난링은 전쟁 참배를 위한 관광지였다. 쿠안청쯔는 시베리아 출병을 위해 일본군 병영을 설치한 곳이었는데, 1931년 만주사변의 격전지이기도 했다. 쿠안청쯔 병영은 내부를 공개하지는 않았지만, 관광객을 위해 곳곳에 설명판을 설치하고 전사자 묘표(墓標)를 두어 "비장한 격전의 흔적"을 떠올리게 하였다.[36] 또 난링도 쿠안청쯔와 더불어 신징 지역에서 만주사변의 격전지 중 하나로, 38인의 전사자를 기념하는 공간으로 조성되어 있었다.

이처럼 신징이 만주국 건국을 계기로 새로운 관광지로 면모를 일신한 것처럼 하얼빈에도 변화가 일어났다. 만주국 건국으로 '만주 붐'이 일어나면서 많은 관광객이 하얼빈으로 들어오게 된 것이다.[37] 원래 러시아인이 도시의 기본 얼개를 만들었고, 게다가 러시아혁명에 반대하여 소련을 탈출한 많은 백계 러시아인이 다수 거주하고 있던 하얼빈은 이른바 '국제도시'로서 명성이 높았다. 하얼빈은 제국일본의 영역에 속한 도시 가운데 가장 이국적인 풍광을 지닌 지역으로 '만주의 심장'으로 불렸다.[38] 일본에서는 찾아볼 수 없는 러시아정교회 성당을 중심으로 한 키타스카야 거리의 러시아풍 도시 정경은 관광객들의 흥미를 끌기에 모자람이 없었다. 게다가 백계 러시아인만이 아니라 유대계 러시아인도 섞여 있었기 때문에 하얼빈은 제국일본 내에서 '유럽을 경험'할 수 있는 대표적 공간이었다. 그래서 일본인들은 하얼빈을 대단히 이국적이고 매력적인 도시로 느꼈는데, 특히 1923년 발간된 『하얼빈 야화(夜話)』라는 논픽션은 하얼빈에 대한 제국주의적 욕망과 호기심과 상상력을 크게 자극하였다.[39] 그뿐만 아니라 이토 히로부미가 안중

---

36) 『여정과 비용개산』 1934년판, 720쪽.

37) 高媛(2002b), 「『二つの近代』の痕迹：一九三〇年代における『國際觀光』の展開を中心に」, 吉見俊哉 編, 『一九三〇年代のメディアと身體』, 靑弓社.

38) 『여정과 비용개산』 1934년판, 723쪽.

근에게 피살된 하얼빈역과 같은 '역사적' 장소가 있어 일본인에게 관광자원으로 손색이 없는 도시였던 것이다.

『여정과 비용개산』(1934년판)에서는 하얼빈관광코스로 제일 먼저 오키 · 요코카와 두 지사의 비(沖 · 橫川兩志士之碑)를 방문할 것을 권한다. 이 비석은 하얼빈 남서쪽 교외 지역에 있는데, 그곳은 러일전쟁 당시 오키 데이스케(沖禎介)와 요코카와 쇼조(橫川省三) 두 특무대원이 러시아군에게 처형된 현장이었다.[40] 이 비석 참배는 만주국 건국 이전 판본의 하얼빈 관광지 권장 코스에는 포함되어 있지 않았으나 1934년판에서야 새로 삽입되었다. 만주국 건국 이후의 하얼빈 관광은 하얼빈이 일본 영토로 편입된 것을 확인하는 여정이었고, 그 역사적 기억은 바로 러일전쟁 때 처형된 두 특무대원의 비석으로 상징된 것이다.

하지만 만주국이 건국되고 하얼빈의 전적지가 참배 대상이 되었음에도 하얼빈은 일본제국의 심상지리에서 여전히 '이향(異鄕)'으로 남아 있었던 것 같다. 『여정과 비용개산』의 1935년판까지 만선일주코스에 하얼빈은 포함되지 않았다. 앞의 〈표 2〉에서 볼 수 있듯이 1934 · 1935년판 만선일주코스의 주요 골격은 만주국 건국 이전 판본과 동일하여, 신징만 추가되었을 뿐 하얼빈은 들어 있지 않았다. 하얼빈이 만선일주코스에 포함된 것은 1938년판에 이르러서다. 그것도 다롄-펑톈 관광을 중심으로 한 기존 코스를 B안으로 하여 그대로 두고, 새로 하얼빈을 추가한 코스를 A안으로 제시하는 식으로 만선일주코스에 처음으로 하얼빈을 삽입하였다.

하얼빈이 누락된 것이 단순한 일정상의 문제인지 기술적인 문제인지 확인하기는 쉽지 않다. 하지만 1935년판이 나올 때까지 신징 이북-하얼빈 간 철로와 북만주의 철로는 만주국이 아닌 소련의 소유였다는 점을 상기할 필요가 있다. 러시아의 철도운영권을 계승한 소련이 여전히 북만주의 동청철

39) 高媛(2002a), 앞의 글, 241-243쪽.

40) 오키 데이스케(沖禎介)와 요코카와 쇼조(橫川省三)는 러일전쟁 당시 러시아군의 보급로를 차단하기 위해 동청철도를 폭파하는 임무를 받고 만주로 침투했다가 러시아군에 발각되어 하얼빈 근교에서 총살되었다.

도를 관리하고 있었던 것이다. 동청철도의 본사가 있던 하얼빈의 막대한 토지는 동청철도의 부속지로서 소련이 법적 점유권을 행사하였다. 소련은 1935년 동청철도의 운영권과 자산 일체를 만주국에 매각함으로써 만주철도에 대한 오랜 권리를 포기하였다.[41] 이는 역으로 만주에 대한 일본의 철도제국주의가 마침내 남만주를 넘어 만주 전역에 관철되었음을 의미한다.

2. 북선루트와 북만주의 광야

흔히 일본의 대륙 침략 철도노선으로는 경부선 · 경의선의 조선루트와 다롄을 기점으로 한 만철루트만을 떠올리기 쉽다. 1930년대 전반까지 북만주와 동만주에 대한 여행은 특수한 목적에만 한정되었고, 관광을 위한 여행은 대도시 하얼빈 일대에서만 가능한 정도에 그쳤다. 북부 조선과 만주를 잇는 철도는 물론 북만주 일대의 철도망이 구축되지 못했기 때문이다. 하지만 1930년대 중엽부터는 치안상의 이유로 전면 개방되지는 못했지만, 북만주 관광이 이전과는 다른 수준으로 전개되기 시작했다. 일본 본토에서 북만주로 들어갈 수 있는 교통로가 하나 더 확보되었는데, 그것이 바로 '북선(北鮮)루트'였다.

북선루트는 1930년대 중반 일본의 니가타(新潟) · 쓰루가(敦賀) 등 현재의 동해 쪽 항구와 현재 북한의 함경도 쪽 항구인 청진 · 나진 · 웅기의 '북선 3항'을 잇는 해상교통로가 개설되고, 북부 조선의 철도와 만주 쪽 철도가 연결되어 탄생한 새로운 교통로였다. 이 교통로는 만주사변 이후 일본이 만주와 외몽골 지역에 대한 침략을 강화하면서 종래의 만철루트와 조선루트를 보완하는 최단 거리 노선으로 각광을 받게 되었다.[42] 이 노선은 북선선 · 경도선(京圖線) · 납빈선(拉濱線)[43]의 연계를 기초로 한 것으로, 이를 통

41) 소련은 1945년 만주를 점령하여 동청철도를 다시 접수했다가 1949년 중화인민공화국이 건국되자 무상으로 중국 측에 양도하였다.

42) 정재정(1999), 『일제 침략과 한국 철도(1982~1945)』, 서울대학교출판부.

43) 경도선은 신징(新京)과 투먼(圖們)을 잇는 노선이며, 납빈선은 라파(拉法)와 하얼빈을

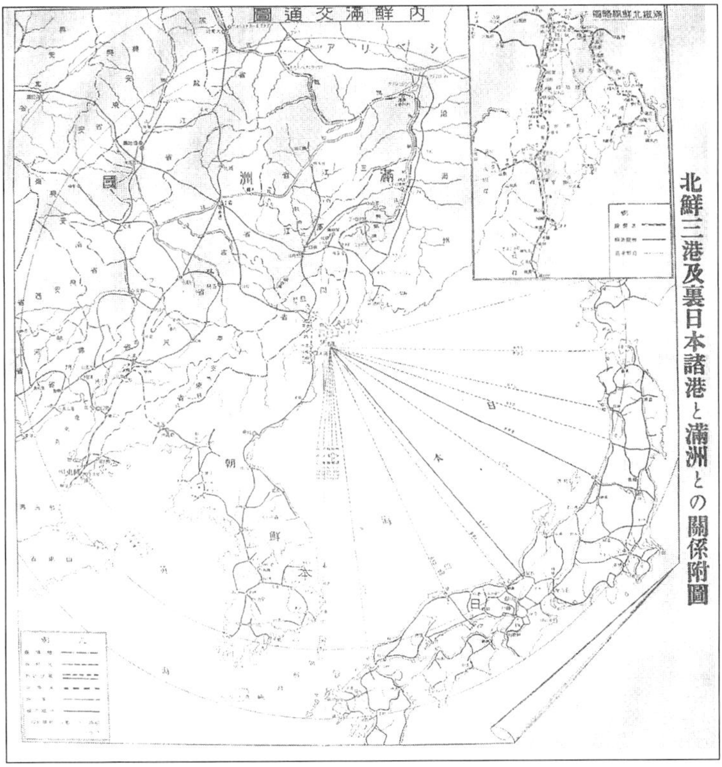

〔그림 7〕 북선루트 지도[44)]

해 북선 3항과 신징 · 하얼빈이 연결되었다. 특히 북선선과 경도선은 일본 본토에서 만주국의 수도 신징을 최단 거리로 잇는 노선으로 북선루트의 핵심이었다. 북선선의 운영을 조선총독부로부터 위탁받은 만철[45)]이 1933년

잇는 노선이다.

44) 小林新七 · 滿洲事情案內所 編(1935), 『滿洲國の交通事情』, 滿洲事情案內所〔田中隆一(2007), 『滿洲國と日本の帝國支配』, 有志舍, 205쪽에서 재인용〕.

45) 조선총독부는 일본 정부 · 관동군과의 협의를 지속하는 한편, 만철에 이른바 북선 3항(청진 · 나진 · 웅기)의 축항과 북선철도의 개축 및 운영을 맡겼다. 만철은 1917~1925년의 조선철도 위탁경영에 이어, 두 번째로 조선철도를 위탁경영하게 된 것이다. 이런 이유로 북선선을 만철북선선이라 부르기도 하였다.

10월 청진－신징 간 직통열차를 개통하자 이 노선은 “만선교통의 신칸센(新幹線)”이 되었다.46)

본래 조선 · 만주국 · 소련 국경 지역의 철도들은 항일 무장투쟁 세력을 진압하고 대소련 군사작전을 위해 계획된 것이었다. 그런데 만주국 건국을 계기로 조선에서의 북선 개발 요구, 우라일본(裏日本) 지역47)의 개발 요구가 합치되어, 군사적 용도만이 아니라 경제적 · 사회적 용도로 활용되기 시작하였다.48) 이 북선루트의 개통으로 일본의 물자와 인구가 만주 깊숙이 들어가게 되면서 일본제국의 영역권이 보다 확대되었다(〔그림 7〕 참조). 이렇게 교통망이 확보되자 새로운 관광루트가 형성되는 것은 당연한 수순이었다.

『여정과 비용개산』에도 1938년판부터 이 북선루트를 통한 선만 여행의 코스가 제시되어 있다.49) 「만선일주코스 A · B안」 바로 뒤에 있는 「내선만주유권(內鮮滿周遊券) 제6호 을(乙)경로 일정안」이 바로 그것이다.

〈표 3〉 북선루트를 통한 만선일주코스

일정	지명	발착시각	이동 경로
제1일	도쿄 출발	22시	

46) 『여정과 비용개산』 1940년판, 914쪽.

47) 우라일본(裏日本)은 현재 동해안에 접한 일본의 해안 지역을 말한다. 1930년대에 우라일본 지역에서는 만주 · 북선 개발에 연결하여 지역 개발을 기획하고, 그 연결망을 ‘일본해루트’라 칭했다. 현재 이 ‘일본해루트’론은 ‘환일본해루트’라는 개발 프로젝트로 계승되었다.

48) 북선루트는 주로 조선 측에서 부르는 말로, 일본 측에서는 이를 ‘일본해루트’라 하였다. 두 루트는 우라일본과 북선 3항을 해상으로 연결하여 일본－북부 조선－동만주－북만주로 연결되는 교통로를 가리킨다는 점에서는 동일하였지만, 노선의 주도 세력과 연결 지점 등에서는 미묘한 차이를 보였다. 정재정(1999)도 이 문제에 대한 분석이 필요하다고 제안한 바 있지만, 아직 두 노선의 차이와 관계를 명확하게 규명한 연구는 없다.

49) 1936년판과 1937년판을 입수하지 못해 언제부터 북선루트가 관광코스에 들어갔는지는 정확하게 알 수 없다. 그리고 1938～1940년판에는 북선루트를 통한 만선일주코스가 모두 수록되어 있으며 코스 또한 거의 동일하다.

제2일	마이바라(米原) 경유 쓰루가 도착 쓰루가항 출발	 08시 53분 14시	 북일본기선 이용
제3일	(선내)		청진까지 40시간
제4일	청진항 도착 청진 관광 청진 출발 투먼(圖們) 경유	06시 14시 50분 19시	 만철북선선 청진－수성－회령－상삼봉－남양－투먼
제5일	라파(拉法) 경유 하얼빈 도착	02시 44분 17시 03분	경도선(京圖線)－납빈선(拉濱線)
제6일	하얼빈 관광		
제7일	하얼빈 출발 하이룬(海倫) 도착 하이룬 관광	08시 20분 14시 04분	하얼빈－빈장(濱江)－산커수(三棵樹)－하이룬
제8일	하이룬 출발 베이안(北安) 도착 베이안 관광 치치하얼(齊齊哈爾) 도착	06시 08시 33분 17시 15분	
제9일	치치하얼 관광 치치하얼 출발	 17시 35분	
제10일	정자툰(鄭家屯) 경유 쓰핑제(四平街) 경유 신징 도착	 09시 39분	치치하얼－타오난(洮南)－쓰핑제－신징
제11일	신징 관광 신징 출발	 23시 50분	
제12일	펑톈 도착 펑톈 관광	06시 45분	
제13일	푸순 관광		푸순탄광 견학
제14일	펑톈 출발 안산 착발 탕강쯔 도착	07시 20분 13시 48분	안산까지 급행 1시간 17분 안산제철소 견학 탕강쯔온천 숙박
제15일	탕강쯔 출발 다롄 도착 다롄 관광	08시 53분 13시 30분	 급행 4시간 37분
제16일	뤼순 관광		
제17일	다롄항 출발	11시	오사카상선 이용

第18일	(선내)		고베까지 4일
第19일	모지항 도착	새벽	
第20일	고베항 도착 산노미야(三ノ宮) 도착 도쿄 도착(종)	새벽	

〈표 3〉을 통해 확인할 수 있듯이 이 코스는 기존의 시모노세키항이나 고베항이 아니라 현재 동해에 면한 후쿠이현(福井縣)의 쓰루가항에서 출발하여 동해를 가로질러 북부 조선의 청진에 도착하여 만주로 들어가는 방식이었다.

40시간에 걸친 항해 끝에 조선 북단 지역의 신항만인 청진에 도착한 관광객은 청진 관광으로 북선루트투어를 시작하였다. 청진은 북부 조선 지역의 최대 공업 도시로서 바로 일본 3대 신흥 재벌의 하나인 닛치쓰(日窒)콘체른의 주력 사업소인 조선질소비료 공장이 입지해 있었다. 청진은 조선질소비료를 중심으로 하여 중화학공업단지가 조성되어 1930년대 북부 조선 공업화의 거점 도시로 입지를 굳히고 있었다. 대규모 공단이 형성되면서 청진은 급속한 도시 개발이 이루어져 그 면모를 일신하고 있었다.

청진항에는 공단에 공급되는 물자는 물론 일본에서 생산되어 만주로 들어가는 각종 물자가 쇄도하였다. 또 청진항은 북만주로 들어가는 대규모 만주농업이민단이 상륙하는 지점이기도 했다. 1930년대 후반부터 국책사업이 된 만주농업이민의 대규모 이민단이 바로 이 북선루트를 통해 북만주의 오지까지 '입식(入植)'된 것이다. 이 만주농업이민단의 현황을 보기 위한 이민지 관광단이 차례로 북선루트를 통해 이민단의 입식지를 찾아 만주의 오지까지 들어갔다. 만주국에서는 일본 이민단이 집결된 동만주 지역에 "이민지 관광루트"를 설정하여 이민자와 모국을 결합하고 일본 본토에 이민사업을 선전하였다.[50] 이민지 관광단은 일본제국주의의 최전선에 있는 북만주의 이민촌을 방문하여 이민단을 위로하는 한편, 제국신민으로서의 감

50) 『朝日新聞 滿洲版』 1937. 2. 25.자.

정을 한껏 고양했다. 또 만주국을 여행하려는 관광단이 청진항에 대거 상륙하기도 하여 청진항은 이민단과 관광단이 뒤섞여 일본제국에서 찾아보기 어려운 독특한 풍속도를 연출하였다. 1930년대 후반 만주관광단과 만주농업이민단 등이 북선루트를 통해 만주로 들어가려 하자 '북행(北行) 열차'는 초만원이 되어 열차 편성이 부족할 정도가 되었다.[51]

『여정과 비용개산』에서는 만철북선선 · 경도선 · 납빈선을 이용해 선만 국경을 넘어 하얼빈으로 향하는 코스를 권장하였다. 이는 경의선 · 안봉선의 조선루트와 더불어 일본인이 국경을 넘는 체험을 할 수 있는 또 하나의 루트였다. 만철북선선으로 조선 북부의 산악지대를 통과한 열차는 경도선을 통해 동만주의 산림지대에 진입했다.[52] 『여정과 비용개산』에서는 이 노선을 "산하의 풍취미(風趣美)"를 즐길 수 있고 "남만주와는 비교되는 토속적인 주택들을 볼 수 있는 코스"로 소개하면서, 동만주 관광이 만철루트에서는 느낄 수 없는 자연풍광과 민속학적 볼거리를 제공해 준다는 점을 강조했다.[53]

앞의 표에서 볼 수 있듯이 이 북선루트코스는 하얼빈에서 더 북상하여 소련 접경지대인 북변(北邊) 만주의 중심 도시 베이안(北安)으로 올라가도록 구성되어 있다. 일본은 만주국 건국 후 '북변' 개발을 위해 철도노선을 잇달아 부설하였다. 베이안은 이 철도망의 중심지로 발달한 철도 도시로, 빈북선(濱北線) · 북흑선(北黑線) · 제북선(齊北線)의 3개 노선이 교차하는 곳이었다.[54] 베이안을 기점으로 하여 빈북선은 하얼빈-베이안(北安)을, 북흑선은 베이안-헤이허[(黑河). 아이훈(愛琿)을 말한다]를, 제북선은 치치하얼(齊齊哈爾)-베이안을 발착지로 했던 것이다.

『여정과 비용개산』에서는 하얼빈에서 빈북선을 이용하여 베이안으로 올

---

51) 『朝日新聞 滿洲版』 1937. 1. 16.자. 특히 일본인 만주개척단이 본격적으로 들어오기 시작한 1938년도 봄에 북선루트(청진-북선철도-경도선) 이용객이 급증하였다.

52) 간도의 조선인 중심지인 용정에 대해서는 짤막하게 소개하고는 있지만 일주코스에는 빠져 있다.

53) 『여정과 비용개산』 1940년판, 997쪽.

54) 『여정과 비용개산』 1940년판, 1007쪽.

라가도록 코스를 짜두었다. 이 빈북선 일대는 비옥한 흑토(黑土)가 펼쳐진 '북만의 곡창지대'로 만주의 대표 상품인 콩의 주산지였다. 베이안을 향해 올라가는 관광객들은 차창 밖으로 끝없이 펼쳐지는 세계적 콩 산지의 장관을 볼 수 있었다. 그리고 베이안으로 올라가는 빈북선 주변은 '동포 수백 명이 대륙 개척의 전위로 분투하고 있는 척무성이민단(만주농업이민단)의 입식지'로 만주 개척이 진행되고 있는 현장이었다.[55]

베이안에서는 북흑선을 통해 소련과의 국경도시 헤이허에 이를 수 있었다. 헤이허는 바로 헤이룽강(黑龍江 : 아무르강)을 가리키는 말로, 헤이허에 오면 북만주 자연의 상징이자 소련과의 국경선이기도 했던 헤이룽장을 직접 볼 수 있었다. 또 이곳은 1858년 청과 러시아 간 아이훈조약이 맺어진 역사적 장소였다. 1935년 일본은 북흑선을 완공하여 남만주의 다롄에서 펑톈-신징-하얼빈-베이안을 거쳐 북쪽 국경인 헤이허에 이르는 만주 남북 종관철도를 완성하였다.[56] 그런데 이 헤이허는 『여정과 비용개산』에 비중을 두고 소개되어 있지만, 막상 일주코스에서는 빠져 있다. 이는 하얼빈-헤이하 간은 열차로 9시간이 소요되는 장거리인 데다 무엇보다 헤이허성(黑河省)은 전체가 「요새지대법(要塞地帶法)」에 의해 사진 촬영이 엄격히 금지되어 있는 '특수지대'였기[57] 때문일 것이다. 이 특수지대는 관동군과 만주국군의 광폭한 군사작전에도 불구하고 1930년대 말까지 '비적'이라는 이름의 항일 게릴라들이 활동하던 지역이고, 또 소련군과의 군사 충돌이 임박한 군사작전 구역이었다.[58]

---

55) 『여정과 비용개산』 1940년판, 1008쪽.

56) 『여정과 비용개산』 1940년판, 1008쪽.

57) 『여정과 비용개산』 1940년판, 920쪽. 사진 촬영이 전면 금지된 곳은 북선루트의 선만 국경을 넘는 도문 철교 부근과 싱안베이성(興安北省) 전체, 헤이허성(黑河省) 전체, 쑤이빈(綏濱)·퉁장(同江)·라오허(饒河) 등의 싼장성(三江省) 지역, 하얼빈이 있는 빈장성(濱江省)의 후린(虎林)·미산(密山)·동닝(東寧) 등지, 그리고 간도성 훈춘(間島省 琿春)으로 소련과의 접경 지역 등 일본이 치안을 확보하지 못한 지역들이었다.

58) 실제로 특수지대의 하나인 간도성 훈춘의 장고봉에서는 1938년 소련군과 조선 주둔 일본군이 전투를 벌여 일본군이 대패한 바 있었다. 이 '장고봉전투'는 일본군의 참패로

관광객들은 더 이상 북상하지 않고 불안한 북방 국경을 뒤로한 채 제북선을 이용하여 서남쪽으로 꺾어 내려갔다. 목적지는 내몽골에 바로 인접한 몽골풍이 물씬 풍기는 치치하얼이었다. 『여정과 비용개산』에서는 하얼빈에서 치치하얼을 일주하는 이 철도노선으로 비로소 남만주 여행에서는 상상할 수 없는 "진짜 만주다운 광대한 풍광을 만끽"할 수 있다고 하며, 하얼빈에서 멈추지 말고 치치하얼까지 들어갈 것을 적극 권장한다.[59] 하얼빈－베이안－치치하얼의 북만주코스야말로 만주의 광야를 만날 수 있는 만주 여행의 하이라이트였던 것이다.

북선루트를 통한 선만일주코스는 조선의 북단 청진으로 들어가서 두만강을 넘어 동만주를 가로질러 하얼빈으로 간 다음, 다시 북상하여 베이안에 이르러 북만주의 서부 지역을 한 바퀴 돌아 내려와 만주국의 수도 신징에 도착한 후 남만주로 내려가 다롄으로 빠져나가는 만주대일주코스였다고 볼 수 있다. 만철루트가 다롄에서 북상하여 남만주 일대를 시계 방향으로 돌아 서북 조선과 남부 조선을 거쳐 일본으로 귀국하는 코스였다면, 북선루트는 북부 조선에 상륙하여 동만주와 북만주를 시계 반대 방향으로 크게 선회하여 만철본선을 타고 다롄에서 일본으로 돌아가는 코스였다. 이처럼 1930년대 말에 이르면 일본여행협회가 제시한 선만관광코스는 북부 국경지역 일부를 제외한 만주 전역을 아우르게 되었다.

IV. 선만 공식 관광루트와 조선 관광

이상에서 살펴본 바와 같이 일본제국의 식민지 투어는 일본의 군사적 침략이 확대 · 강화되는 과정과 밀접히 연동하여 전개되었다. 관광여행과 군

당시에는 보도가 통제되어 일반에 알려지지 않았다. 이듬해인 1939년 일본은 주력군인 관동군을 동원해 만주국 · 몽골 국경의 노몬한에서 대규모 전투를 벌였지만, 소련의 기계화 부대에 다시 한 번 대참패하고 말았다.

59) 『여정과 비용개산』 1939년판, 1004쪽.

사작전, 민간인의 평화로운 여가 · 문화 활동과 군대를 동원한 극단적인 대외 실력 과시 행위가 철도노선을 매개로 결합된 것이다. 대규모 군사작전을 위해서는 철도 부설이 필수적이므로 일본군이 만주 공략을 확대함에 따라 만주 지역에서의 철도 부설은 급진전되었다. 특히 1932~1935년 무렵까지 일본은 만주에 집중적으로 철도를 부설했는데, 확대되는 철도노선을 따라 일본제국의 '관광권'은 확장되어 갔다. 식민지 조선의 철도망도 동일한 목적과 과정 속에서 확충되었다. 북선루트는 일만블록의 확대 · 강화 과정에서 탄생한 것으로, 조선 북부 지방의 철도 부설은 일본 본토와 만주국을 잇는 최단 거리 교통망을 확보하는 데 주된 목적이 있었다. 여기에서 조선은 일본에서 만주로 이동하는 과정에서 거쳐 가는 지역에 지나지 않았다.

동해를 가로질러 청진에 상륙한 일본인들은 조선 땅을 밟기는 했지만, 그들이 경험한 것은 유구한 역사가 깃든 조선 고유의 문화도, 조선인 특유의 생활 세계가 펼쳐진 독자적 사회도 아니었다. 청진은 조선총독부의 후원하에 조선질소비료라는 일본자본에 의해 조성된 '조선 안의 일본'이었다. 청진 개발을 주도한 것은 재조 일본인 상공업계로 그 과정에서 조선인들의 역할은 극히 제한적이었다. 청진을 방문한 일본인 관광객의 눈에 가장 먼저 띈 것은 일본이 축조한 항만이었고, 그들이 만철북선선의 차창을 통해 목격한 것은 청진-수성 간에 일본자본이 조성한 북선공업단지였다. 북선루트의 만선일주코스는 명칭상 조선이 들어가 있지만 앞의 일정표에서 확인할 수 있듯이 관광객이 조선에 머문 시간은 13시간이었고, 청진 관광에 할애된 시간은 고작 반나절에 불과했다. 관광객은 청진에 상륙하여 잠깐 분주한 항구도시의 정경을 감상한 후 곧바로 만주행 열차에 탑승한 것이다.

그렇다면 만철루트와 조선루트의 만선일주코스에서 조선 관광의 비중은 어떠했을까? 앞의 〈표 1〉과 〈표 2〉에서 볼 수 있는 것처럼 선만일주코스에서 주요 관광지는 만주의 펑톈에서 최단 거리 철도노선으로 부산항에 도착할 수 있는 도시들로 설정되어 있다. 다시 말해 경의선과 경부선 연선에서 빗겨나 있는 조선의 도시들은 전혀 관광지로 설정되어 있지 않았으며, 관광일정이 부여된 도시는 평양과 경성뿐이었다. 그나마 평양은 반나절의 시내 관광일정이 할애되어 있었으며, 온전히 하루의 시간이 주어진 도시는 조선총독부가 소재한 식민지 수위도시 경성뿐이었다. 한반도에서 일본인의 또 다른 중요 거점이던 부산은 단지 관부연락선을 타고 내리는 항구일 뿐, 전혀 관광일정이 짜여 있지 않았다. 이처럼 조선이 본격적인 의미의 '관광지'라기보다는 만주에 도달하기 위해 거쳐 가는 '경유지'에 불과한 것으로 설정된 것은, 만주에 주안점을 두고 짜인 만선일주투어의 여정 구성 과정에서 초래된 당연한 결과라고 볼 수 있다. 하지만 일본제국의 식민지투어리즘에서 조선 관광이 갖는 의미를 보다 명확하게 이해하기 위해서는 조선일주코스를 좀 더 분석적으로 살펴볼 필요가 있다.

1928년판 『여정과 비용개산』은 조선일주코스로 「11일간 조선왕복여정」(제117항)과 「조선금강산탐승」(제118항)으로 조선관광코스를 소개한다. 이 중 「11일간 조선왕복여정」에 제시된 조선일주코스는 〈표 4〉와 같은데, 이 코스는 1930년대 내내 그 골격이 바뀌지 않았다. 즉 만주코스와는 달리 1928~1940년 조선일주코스는 약간의 일정 조정이 있었을 뿐 1928년판 여정이 거의 그대로 유지되었다.

이 일정표에서 확인할 수 있듯이, 조선일주코스는 경부선과 경의선을 통해 한반도를 남북으로 종단하는 것으로 되어 있다. 주요 방문지는 부산, 경성(-인천), 대구, 평양 등 경부선과 경의선의 주요 대도시들이었다.

각 도시별로 소개되고 있는 주요 관광지에는 전통시대 한국의 역사적 장소들과 제국일본의 기념비적 장소들이 병렬적으로 나열되어 있다. 각 도시에서 관광은 대체로 일본제국의 역사적 공간에서 시작된다. 일찍이 왜관(倭館)이 설치되어 있었고 개항 후 일본 세력의 거점이던 부산은 신사(神社)가 있는 용두산, 용미산을 중심으로 한 일본인 집주(集住) 지역이 주된 관광코스였다. 송도와 절영도, 동래온천도 일본인에 의해 '개발'된 관광지였다. 경성의 경우에는 일본인의 주된 거점지이자 조선신궁이 있는 남산 일대를 먼저 둘러보고 조선총독부·경복궁이라는 통치권력 교체의 장소를 확인한 다음, 창덕궁과 창경원에서 패망한 조선왕조의 아련함을 느끼고 경성부 시가지 북동단 외곽에 위치한 녹지인 청량리에서 한적하게 산책을 즐기는 코스가

〈표 4〉 조선일주코스(1928년판)

일정	지명	발착시각	관광 장소
제1일	도쿄 출발	21시 25분	
제2일	시모노세키 도착 시모노세키 출항	22시 10분 23시	관부연락선 선내 숙박
제3일	부산 도착 부산 관광	08시 10분	〔부산 관광지〕 용두산, 용미산, 다이쇼공원, 송도, 절영도, 동래온천
제4일	부산 출발 경성 도착 경성 관광	09시 30분 19시 40분	〔경성 관광지〕 남대문, 조선신궁, 남산공원, 상품진열관, 미술품제작소, 경복궁－총독부청사－박물관, 창덕궁－창경원, 청량리
제5일	경성 관광 인천 관광 경성 출발	23시 10분	〔인천 관광지〕 월미도, 강화도
제6일	평양 도착 평양 관광 평양 출발 안둥 도착	06시 15시 55분 22시 25분	〔평양 관광지〕 7층석탑, 대동문, 연광정, 모단대, 을밀대, 칠성문, 현무문, 부벽루
제7일	안둥 관광 안둥 출발	18시 30분	〔안둥 관광지〕 전장산공원(鎭江山公園)
제8일	대구 도착 대구 관광	16시 15분	〔대구 관광지〕 달성공원, 동서시성(東西市城), 동화사
제9일	대구 출발 부산 도착 부산 관광 부산 출발	06시 50분 09시 50분 21시 30분	제3일 〔부산 관광지〕 참조
제10일	시모노세키 도착 시모노세키 출발	07시 08시 40분	
제11일	도쿄 도착(종)	09시 55분	

제시된다. 인천의 경우에도 일본인들이 1920년대부터 유원지로 개발한 월미도에 가서 휴식을 취한 뒤,[60] 유람선을 타고 강화도를 잠깐 구경하는 방

식으로 구성되었다. 경인선을 이용하여 경성으로 돌아온 후에는 경성역에서 북행 경의선을 타고 조선 서북의 중심 도시이자 고도 평양으로 이동하였다.

〈표 4〉의 대동문 · 을밀대 · 모단대 등으로 짜여 있는 '평양 관광지'를 보면 평양 관광은 일본인 집주 지역이 아니라 조선의 역사적 사적지를 보는 것으로 구성되어 있는 것처럼 보인다. 하지만 평양 관광지가 이렇게 설정된 것은 조선의 역사에 대한 관심을 환기시키기 위한 것이 아니었다. 메이지기의 '만한 관광' 시절부터 평양의 명승지는 조선의 사적이 아니라 일본의 청일전쟁 · 러일전쟁을 기억하는 스토리가 짜여 있던 곳이다. 일본인 관광객들은 평양에서 조선의 역사가 아닌 제국일본의 역사를 이야기한 것이다.[61] 평양은 만주를 지배하던 고구려의 수도였을 뿐만 아니라 역사적으로 북방대륙과 한반도가 교차하는 지역이었다. 그래서 1910년대부터 이미 조선의 평양은 만주의 '창춘(長春)'으로 가기 위한 중간 기착지로 주목을 받았다.[62] 다시 말해 식민지 조선 관광에서 평양이 중요한 것은 만주를 향한 경유지였기 때문이다.

『여정과 비용개산』의 조선일주코스도 평양에서 멈추는 것이 아니라 북쪽으로 더 올라가도록 구성되었다. 조선일주의 최종 목적지는 바로 압록강 너머의 안둥이었다. 조선일주코스의 반환점은 의외로 조선의 도시가 아니라 만주의 국경도시 안둥이었던 것이다. 경의선의 종착지 신의주에 멈추지 않고 조선반도와 만주를 연결하는 압록강 철교를 건넘으로써 관광객이 국경을 넘어가는 체험을 하도록 짜인 일정이었다. 일본열도를 떠나 배를 타고 반도로 건너와 다시 장시간 열차를 타고 조선의 북단에 와서야 일본인들은 처음으로 육로 월경(越境)을 체험해 볼 수 있었던 것이다. 조선과 중국 간 국경선이자 반도와 대륙의 자연 경계인 압록강을 건너는 순간 일본

---

60) 월미도의 유원지 개발에 대해서는 김영수의 논문(2009)을 참조하였다.

61) 有山輝雄(2002), 『海外觀光旅行の誕生』, 吉川弘文館, 74쪽.

62) 서기재(2003), 「高濱虛子의 『朝鮮』 연구 : 「여행안내서로서의 의의」, 『일본어문학』 제16집, 76-78쪽.

인들은 일본제국이 확보한 지리적 영역의 최대치를 자신의 눈으로 직접 확인하고 자신의 몸으로 직접 체험할 수 있었다.

『여정과 비용개산』에서 권하는 최적의 안둥 관광 스팟은 전장산공원(鎭江山公園)이었다. 만철이 운영한 진장산공원은 '안둥 시내를 부감(俯瞰)하고 압록강을 넘어 신의주를 지호(指呼)할 수 있는' 위치에 건설되어 있었다.[63] 전장산공원이 안둥 관광의 중심지였던 것은 제국의 판도를 관광객이 눈으로 확인할 수 있는 일본제국 내에서도 거의 유일한 지역이었기 때문이다. 압록강 대안의 국경도시인 안둥에서 반도 조선을 바라보면서 그들은 일본제국이 획득한 '땅'의 크기와 질감을 확인하였다. 조선 땅인 신의주가 아니라 굳이 중국 땅인 안둥으로 넘어가 다시 신의주 쪽을 바라봄으로써 일본제국의 영토를 영토 밖에서 관찰할 수 있었던 것이다.

이처럼 『여정과 비용개산』의 조선일주코스는 일본제국이 '내지' 외부에 대륙 진출의 교두보로 확보한 신영토를 직접 경험하고 확인하는 것을 핵심 테마로 하여 구성되었다고 하겠다. 압록강 너머의 안둥을 향한 국경 여행이라는 조선일주투어의 기본적인 성격은 1930년대에도 거의 그대로 유지되었다. 1930~1935년판은 투어 일정이 하루 정도 차이가 나는 것 외에 거의 동일하였다.

『여정과 비용개산』에서 제시한 조선일주코스에서 의외인 것은 조선의 대표적인 관광지라 알려져 있던 경주가 빠져 있다는 점이다. 경주는 1920년대부터 관광지로 개발되어 관광객이 몰려들었지만, 1935년판까지의 조선일주코스에는 포함되어 있지 않다.[64] 『여정과 비용개산』에 경주가 공식 코스로 포함된 것은 1938년판에서야 확인할 수 있다.

1938년판 조선일주코스를 보면 만주의 안둥에서 부산행 야간 침대열차를 타고 대구역에 도착한 후 대구 시내 관광은 생략하고 곧바로 경주로 이

---

63) 『여정과 비용개산』 1928년판, 491쪽.

64) 1934년판의 경우, 조선일주코스에 경주가 포함되어 있지 않지만 조선의 관광지를 소개하는 코너에 '신라 고도'라는 제목으로 경주의 주요 관광지가 소개되고 있기는 하다.

동하는 코스가 제시되어 있다. 경주를 반나절가량 둘러본 후 동해남부선을 타고 울산을 거쳐 부산으로 돌아와 관부연락선을 타고 일본으로 귀국하는 여정이었던 것이다. 이 여정이 성립되기 위해서는 대구에서 경주, 울산을 거쳐 부산으로 이어지는 동해남부선 철도를 이용해야만 했다. 동해남부선의 개통으로 조선일주투어는 조선반도를 종단하는 기본 콘셉트를 포기하지 않으면서 조선의 대표적 고도인 경주를 방문하는 일정이 될 수 있었다. 즉 경주가 조선일주코스에 포함된 것은 1935년 말 동해남부선이 개통된 이후로 보아야 한다.[65] 1936 · 1937년판을 입수하지 못해 정확하게 알 수는 없지만,[66] 빠르면 동해남부선이 완공된 직후인 1936년판부터 경주가 조선일주코스에 포함되었을 것으로 추측할 수 있다.

이처럼 『여정과 비용개산』에서 제시된 조선일주코스는 '식민지 철도와 식민지 도시'를 결합한 방식으로 구성되었다. 경부선, 경인선, 경의선 등 일본이 조선 식민 지배를 위해 건설한 철도노선을 철저히 따라가는 코스였던 것이다. 이 철도노선에서 떨어져 있는 지역의 경우, 아무리 조선의 역사에서 혹은 식민 통치이데올로기에서 중요하다 할지라도 관광코스에서 배제되었다.[67] 관광 대상으로 선정된 도시들에서도 관광 장소는 일본인에 의해 조성된 공간이 선택되었다. 아라야마 마사히코가 주장한 것처럼 식민지의 '관광명소'는 피식민 토착인들의 주체적인 역사적 · 문화적 인식과 노력 속에서 '구성'된 것이라기보다는 외래 식민자들의 시선과 지식에 의해 투어리즘의 목적지로 '발견'된 측면이 강했다.[68]

제국 중심부에서 구상한 조선 투어는 조선의 역사와 사회가 아니라 관광

---

65) 동해남부선은 1935년 12월 울산－부산 간 노선이 완공되어 대구－경주－울산－부산 간 전 노선이 개통되었다.

66) 현재 1936년판은 일본의 도쿄도립 중앙도서관에 소장되어 있으며, 1937년판의 소재는 확인하지 못하였다.

67) 조선총독부의 적극적인 관광지화정책에도 불구하고 부여가 끝까지 일본여행협회의 조선일주코스에서 배제된 것은 만선일주관광에서 조선 관광이 철도 경유지에 불과했기 때문일 것이다. 부여의 관광지화에 대해서는 최석영(2003), 앞의 논문, 109-137쪽 참조.

68) 荒山正彦(2011), 앞의 논문, 16쪽.

을 통해 일본제국의 경계를 목격하는 것을 목적으로 하였다. 조선이라는 지역은 일본제국의 연장이자 대륙의 관문으로 설정되었기 때문에 조선이 갖는 고유성과 특이성은 부차적이었다. 조선의 주요 도시는 통과지로 탈맥락화되었고 여행의 목적은 제국의 국경에 다다르는 데 있었던 것이다. 일본여행협회의 조선일주투어는 한반도 혹은 조선이 아니라 일본제국의 팽창성과 확장된 제국의 공간감을 관광객들이 직접 눈으로 확인하고 체험하게끔 하는 것으로 구상되었던 것이다. 제시된 코스에서 일탈하지 않는 한 조선인, 조선사회의 실상과 접촉할 기회가 현격히 제한될 수밖에 없는 조선일주코스의 여행자들에게 조선사회에 대한 실질적인 경험의 폭과 깊이는 극히 제한적일 수밖에 없었다. 결국 '조선 투어'는 제국을 확인하는 과정이었지 조선을 경험하는 것은 아니었다.

V. 맺음말 : 식민지투어리즘의 두 층위

이상의 분석을 통해 확인할 수 있듯이 일본의 식민지투어리즘은 관 주도적으로 형성되고 전개되었다는 점에서 특징적이다. 여행 체험의 경계를 국가가 설정하고 관광은 그 테두리 안에서 이루어졌다. 개별 관광객의 자유로운 체험은 대단히 제한적이었고 철저히 제국의 시선하에 있었다. 제국의 관광은 철저히 제국이 관할하고 있던 철도노선을 중심으로 그 노선이 규정한 루트를 벗어나지 않는 범위 내에서 이루어졌다. 기대하지 못했던 공간, 색다른 체험은 애초부터 제한되어 있었던 것이다. 여행의 출발은 제국일본의 역사적 기억과 정당성을 환기하고 '순국선열'에 참배를 하는 것이었다. 그리고 제국의 산업 개발의 현장성을 확인시킴으로써 제국의 위세를 체험하는 과정이었다.

일본여행협회의 관심과 시선은 철저히 '제국 자체'와 그 부분으로서의 '식민지 영토'에 있었을 뿐 '조선 자체'에 대한 관심은 부차적인 것에 불과했다. 일본여행협회의 선만일주여행은 제국 국가가 설정한 여행 체험의 경계 속에서 제국의 판도를 확인하는 '제국 의식'[69]의 확장 과정이었다. 관광코스의 한계는 철도를 중심으로 한 일본제국의 영역 확대와 정확하게 대응하였다. 조선일주투어는 대륙을 향한 것이었고, 만주투어와 중국투어에서도 조선은 출입구의 위치를 차지할 뿐이었다. 만주는 변화하는 역사의 현장이었지만, 조선은 역사적 변화가 없는 의고적 공간이었다. 제국의 조선투어는 대륙의 관문으로서만 의미가 있을 뿐이었다. 일본여행협회의 조선투어는 식민지가 아니라 제국을 표상하는 기획의 일부로서 자리매김하는 것이었다. 그것은 식민지 조선에 대한 안정적 통치를 최우선적 목표로 내세운 식민권력의 조선 관광정책과는 그 목적이 달랐기에 관광코스의 내용과 구성 방식 또한 차이를 노정할 수밖에 없었던 것이다.

지금까지의 조선투어리즘에 대한 주요한 연구들은 제국의 식민지 표상이 아니라 식민지의 식민지 표상을 분석한 것이라 할 수 있다. 조선총독부의 관광정책에서 경주와 부여는 동화주의 통치이데올로기와 연동하여 부각되었지만, 일본여행협회의 관광코스에서는 주요 관광지가 아니었다. 이에 반해 『여정과 비용개산』에서는 금강산 관광만은 조선일주코스와 같은 비중으로 다루고 있다. 이는 일본제국에 있어 금강산은 '조선 내의 별세계'로 압도적 '자연미'를 통해 정신을 수양할 수 있는 '기이한 세계'로 표상[70]되었기 때문이다. 일본인에게 금강산은 일본제국의 지리적 영역 내부에 있는 세계적 명산의 하나로 인식되었을 뿐 조선의 역사나 사회와 연관된 것은 아니었다.[71] 이는 식민지 조선에서 정책적으로 형성된 관광지의 성격 역시 역사 유산과 자연경관의 두 유형으로 나누어 분석해야 함을 시사한다.

본 연구에서 해명하고자 한 것은 제국일본의 투어리즘 속에서 조선 관광

---

69) 有山輝雄(2002), 앞의 책 ; 임성모(2006), 앞의 논문.

70) 서기재(2009b), 「기이한 세계로의 초대 : 근대 〈여행안내서〉를 통하여 본 금강산」, 『일본어문학』 제40집, 241쪽.

71) 서기재의 연구에 의하면, 육당 최남선은 1920년대 초 금강산을 여행하면서 조선적인 것이 사라지고 일본식으로 개발된 금강산에 대해 개탄한 바 있었다[서기재(2009b), 앞의 논문].

여행이 차지하는 위상과 성격의 문제다. 이 글은 만선일주코스 분석을 통해 식민지투어리즘에 있어 식민지를 표상하는 것과 제국을 표상하는 것은 그 방식이 달랐으며, 이 점에서 제국일본에서 시행된 식민지투어리즘의 성격에도 분석적으로 구분되는 두 층위가 내재해 있음을 인식할 필요가 있다는 점을 지적하고자 했다. 이러한 맥락에서 보면 이 연구의 성과는 단순히 『여정과 비용개산』이라는 자료에 드러난 식민지 제국일본의 공식 여행루트의 역사적 추이를 실증적으로 규명하는 차원을 넘어, 향후 식민지투어리즘에 대한 보다 분석적인 이론화 작업을 위한 새로운 연구 과제와 연구 방법론을 제기하는 것이기도 하다. 이에 대한 본격적인 연구는 향후의 과제로 남는다.

| 후기 |

한림대학교 일본학연구소는 〈근대 조선 지식인의 민족아(民族我) 형성에 관한 연구〉(1995~2001), 〈일본의 지방과 지방도시에 관한 종합적 연구〉(1996~2001), 〈일본 식민지 통치의 종언과 대한민국 건국에 관한 조사연구〉(2002~2004) 등으로 대표되는 연구사업과 함께 한림일본학총서, 한림일본학연구총서 등을 비롯한 180권이 넘는 일본학 관련 서적을 왕성하게 출판해 왔다. 아울러 현재 한국연구재단 중점연구소사업으로 〈제국일본의 문화권력 : 학지(學知)와 문화매체〉라는 연구를 7년째 수행하고 있다. 이 연구는 3+3+3으로 총 9년간 수행하게 되며, 조선과 일본이라는 기존의 이항대립적 시각에서 벗어나 '제국일본'이라는 프레임으로 문화와 권력이 엮어 내는 동태를 규명함으로써 근대라는 시대와 동아시아라는 지역을 탐구하는 것을 목적으로 한다.

이 연구 과제에 대해 간단히 소개하면 '제국일본'이라는 제목을 잡은 것은 시공간적 범위의 관점에서 일본과 식민지를 가로지르며 나타난 식민통치를 둘러싼 권력과 반(反)권력의 역동적인 작동 양상을 분석함으로써 일국사적 시야의 한계를 극복하기 위함이다. 또 연구 주제를 '문화권력'으로 설정한 것은 식민권력이 결코 강압과 폭력에만 의거하는 것이 아니라 일상생활의 문화적 실천과 밀접한 연관을 가진다는 문제의식에 기반을 두고 있다. 부제는 연구 대상을 가리키는데, 먼저 '학지' 연구는 근대적 제도로서의 학문을 포함하여 포괄적 의미에서 '앎'을 둘러싸고 전개된 문화권력의 역동적인 작용과 반작용을 다루는 것이라 할 수 있다. '문화매체' 연구는 문화권력이 다양한 형태의 일상적 · 대중적 실천을 통해 제국의 일상생활 속에 구체적으로 관통해 들어가 수용과 저항을 불러일으키는 양상을 분석한 것이다.

이러한 주제 설정하에서 제1단계 연구사업(2008. 12~2011. 11)에서는 먼저 연구의 초점을 '중심으로서의 일본'에 두고 제국일본 내부에서 형성된 문화권력의 역사적 계보를 추적하였다. 이 연구 성과는 일본학연구총서 I의 제1권 『제국일본의 문화권력』(소화, 2011)으로 출간되었다. 본 연구사업의 핵심적인 문제의식은 이 제1권의 서문 「'제국일본'이라는 시공간, '문화권력' 연구의 전망」에 소개해 두었다. 또 한국 연구자들의 시각과의 비교 · 대조를 위해 이 책에는 「제국사 연구의 지평 : 방법론 및 연구사」라는 제목으로 일본의 저명 연구자들의 글을 번역 · 수록하여 일본학계의 문화권력 연구의 최신 동향을 일별해 볼 수 있도록 하였다.

이렇게 1단계 사업이 중심 일본의 문화권력을 분석하려 한 것이었다면, 제2단계 연구사업(2011. 12~2014. 11)에서는 연구의 초점을 '주변부의 공통성과 독자성'에 두어 제국사 연구가 갖는 중심부 편향성을 극복하고자 하였다. 즉 이번 연구에서는 문화권력이 한반도, 만주, 대만 등 제국일본의 외곽 지역으로 확장되면서 나타난 권력과 반권력, 수용과 저항의 중층적인 상호작용의 양태를 해명하고자 하였다. 지금 간행하는 『제국일본의 문화권력 2 정책 · 사상 · 대중문화』는 바로 이 제2단계의 연구 성과를 모아 만든 것으로, 일본학연구총서 I의 제2권이자 『제국일본의 문화권력』의 후속이다. 그리고 〈제국일본의 문화권력 : 학지(學知)와 문화매체〉의 연장선상에는 1945년 이후 대한민국 건국 과정에서 식민지 유산을 어떻게 수용하고 거부하였는가라는 문제가 가시권에 들어오기 시작했다. 그래서 이 연구가 작금의 그리고 미래의 한일 관계를 생각함에 있어서 중요한 출발점이 되리라 믿는다. 이 연구총서가 한국의 일본 연구와 일본학에 자그마한 보탬이 되기를 바란다.

마지막으로 이 책이 나오기까지 많은 시간과 희생을 감내해 주신 본 연구소 조정우 선생님과 심재현 연구원 그리고 제작을 담당해 준 도서출판 소화에 깊은 사의를 표한다.

한림대학교 일본학연구소
소장 서정완

| 초출일람 |

「조선에서 제국일본의 출판경찰과 간행물의 행정처분」, 송석원

「조선에서의 제국 일본의 출판경찰과 간행물의 행정처분에 관한 연구」(『일본연구』 제53호, 한국외국어대학교 일본연구소, 2012)를 수정·보완한 것이다.

「청각적 근대성의 이면」, 정준영

「식민지교육정책의 원점 : 이자와 슈지의 동화주의와 청각적 근대성」(『정신문화연구』 제123호, 한국학중앙연구원, 2011)을 수정·보완한 것이다.

「총력전체제하의 예능통제」, 서정완

「総力戦体制下における藝能統制 : 能楽における技藝者證とその意味を中心に」(『외국학연구』 제25집, 중앙대학교 외국학연구소, 2013)를 한국어로 옮기면서 수정·보완한 것이다.

「근대일본의 아나키즘 수용과 식민지 조선으로의 접속」, 박양신

「근대 일본의 아나키즘 수용과 식민지 조선으로의 접속 : 크로포트킨 사상을 중심으로」(『일본역사연구』 제35집, 일본사학회, 2012)를 수정·보완한 것이다.

「'사회과학·혁명논쟁'의 네트워크」, 조관자

「'사회과학·혁명논쟁'의 네트워크 : 일본자본주의논쟁(1927-1937)을 중심으로」(『한림일본학』 제17집, 한림대학교 일본학연구소, 2010)를 수정·보완한 것이다.

「번역과 식민주의」, 박상현

「춘원 이광수의 『明治天皇御製謹譯』연구」(『일본학연구』 제41집, 단국대학교 일본연구소, 2014)를 일부 수정하여 수록한 것이다.

「식민지 대중문화와 '조선적인 것'의 변증법」, 조형근

「식민지 대중문화와 '조선적인 것'의 변증법」(『사회와 역사』 제99호, 한국사회사학회, 2013)을 수정·보완한 것이다.

「전시 예술동원과 '국어극'」, 홍선영

「전시예술동원과 '국어극' : 1940년대 연극경연대회 일본어참가작을 중심으로」(『日本文化研究』 제47집, 동아시아일본학회, 2013)를 가필한 원고이다.

「식민지 말기 다이글로시아와 조선영화의 제국적 소비」, 서재길

One Film, or Many? : The Multiple Texts of the Colonial Korean Film *Volunteer* (*Cross-Currents : East Asian History and Culture Review* 2-1, 2013)를 한국어로 번역하면서 수정 · 보완한 것이다.

「만주국 건국 10주년 기념영화 〈영춘화〉는 무엇을 그렸는가?」, 강태웅

「표상으로서의 滿映 : 만주 10주년 기념영화 〈영춘화(迎春花)〉를 중심으로」(『만주연구』 제4집, 만주학회, 2006)를 수정한 것이다.

「가이드북이 그려 낸 제국의 문화지리」, 김백영 · 조정우

「제국일본의 '鮮滿' 공식 관광루트와 관광안내서」(『일본역사연구』 제39집, 일본사학회, 2014)를 수정 · 보완한 것이다.

| 참고문헌 |

1. 한국어 문헌

1) 연구논문

강성률(2007), 「1930년대 로칼칼라 담론 연구」, 『영화연구』 제33호.

강우원용(2009), 「"국민작가"가 그린 만주와 "무명작가"가 발견한 만주 : 나쓰메 소세키와 기야마 쇼헤의 경우」, 『동아시아 문화연구』 제46권, 한양대학교 동아시아문화연구소.

강태웅(2012), 「만주개척단 영화 〈오히나타 마을(大日向村)〉을 통해본 만주국의 표현공간」, 『翰林日本學』 제21권.

畊夫(1921), 「蟻와 蜂의 互相扶助」, 『共濟』 第7號(1921. 4).

구인모(2008), 「최남선의 '시국가요'와 식민지의 정치의 미학화」, 『국제어문』 제42호.

권두현(2010), 「연극경연대회의 탄생과 제도화」, 『한국극예술연구』 제31집, 한국극예술학회.

김남석(2007), 「극단 아랑의 공연사 연구 : 국민연극경연대회 참여 시기를 중심으로」, 『어문논집』 제56호, 민족어문학회.

김백영(2006), 「서양의 모방과 전통의 변용 : 일본 근대 도시 형성과정의 이중적 경향」, 『일본연구논총』 제23권.

______(2014), 「철도제국주의와 관광식민주의 : 제국 일본의 식민지 철도관광에 대한 이론적 검토」, 『사회와 역사』 제102집.

김영수(2009), 「1920~30년대 인천의 '관광도시' 이미지 형성 : '인천안내서'를 중심으로」, 『인천학연구』 제11권.

박양신(2010), 「근대 일본, '진보'에서 '발전'으로 : 제국주의 성립기의 역사 · 사회의식」, 『翰林日本學』 제18집.

박종린(2007), 「日帝下 社會主義思想의 收容에 關한 硏究」, 연세대학교 박사학위논문.

서기재(2002), 「일본근대 「여행안내서」를 통해서 본 조선과 조선관광」, 『일본어문학』 제13집, 한국일본어문학회.

______(2003), 「高濱虛子의 『朝鮮』 연구 : 「여행안내서」로서의 의의」, 『일본어문학』 제16집, 한국일본어문학회.

______(2004), 「전략(戰略)으로서의 리얼리티 : 일본 근대 『여행안내서』를 통하여 본 "평양"」, 『比較文學』 제34권.
______(2005), 「일본 근대 여행 관련 미디어와 식민지 조선」, 『일본문화연구』 제14집, 동아시아일본학회.
______(2009a), 「근대 관광잡지 『觀光朝鮮』의 탄생」, 『동아시아 문화연구』 제46집, 한양대학교 동아시아문화연구소.
______(2009b), 「기이한 세계로의 초대 : 근대 〈여행안내서〉를 통하여 본 금강산」, 『일본어문학』 제40집, 한국일본어문학회.
서재길(2007), 「한국 근대 방송문예 연구」, 서울대학교 박사학위논문.
석정희(2012), 「나쓰메 소세키(夏目漱石)의 의식 변화에 대한 연구 : 『만한 이곳저곳(滿韓ところどころ)』을 중심으로」, 『만주연구』 제14집, 만주학회.
성주현(2011), 「철도의 부설과 근대관광의 형성」, 조성운 외, 『시선의 탄생』, 도서출판 선인.
송석원(2001), 「한국의 민주화와 일본」, 민준기 편, 『21세기 한국의 정치』, 법문사.
______(2010), 「신문에서 보는 제국일본의 국가 이상 : 메이지 시대를 중심으로」, 『일본연구논총』 제31권, 현대일본학회.
신원선(2004), 「무성영화 〈아리랑〉과 검열 : 검열이 〈아리랑〉에 미친 영향과 원형 재구 가능성을 중심으로」, 『한국극예술연구』 제19집.
신하경(2011), 「일제 말기 '조선붐'과 식민지 영화인의 욕망」, 『아시아문화연구』 제23집.
쓰보이 히데토(2006), 「노래와 고향의 재창조 : 20세기 전반기 민요운동과 그 외」, 『한국문화연구』 제30호.
오태영(2006), 「'향토'의 창안과 조선문학의 탈지방성」, 『한국근대문학연구』 제14호.
우미영(2009), 「고도(古都) 여행, 과거의 발견과 영토의 소비 : 식민지 시대 경주 기행문을 중심으로」, 『동아시아 문화연구』 제46권, 한양대학교 동아시아문화연구소.
유선영(2002), 「식민지 대중가요의 잡종화 : 민족주의 기획의 탈식민성과 식민성」, 『언론과 사회』 제10권 제4호.
______(2005), 「황색 식민지의 서양영화 관람과 소비 실천, 1934~1942 : 제국에 대한 '문화적 부인'의 실천성과 정상화 과정」, 『언론과 사회』 제13권 제2호.
윤소영(2009), 「식민통치 표상 공간 경주와 투어리즘 : 1910~20년대 일본인의 여행기를 중심으로」, 『東洋學』 제45집, 단국대학교 동양학연구소.
이경분(2010), 「음악과 정치, 그리고 맥락의 힘」, SOUND@Media(Webzine, http://som.saii.or.kr/archives/feature/sound-politics/803), 2010. 7. 6.
______(2012), 「영화음악으로 해석한 식민지 조선 영화 〈반도의 봄〉」, 『인문논총』 제68호.

이덕기(2010a), 「일제 말 극단 현대극장의 국민연극 실천과 신극의 딜레마」, 『어문학』 제107집, 한국어문학회.
_____(2010b), 「제국의 호명, 빗나간 응답 : 영화 「지원병」과 '내선일체'의 문제」, 『한국극예술연구』 제31집.
이병진(2008), 「植民地時期 日本人들이 發見한 '新羅'에 관하여 : 야나기 무네요시(柳宗悅)의 경우」, 『日本學報』 제72집.
이상우(2012), 「월경하는 식민지극장 : 다이글로시아와 리터러시」, 『한국문학이론과 비평』 제16권 제4호.
이소영(2009), 「'조선적인 것'의 음악적 표상 : '비빔밥식 노래'」, 『낭만음악』 제22권 제1호.
이순진(2009), 「조선 무성영화의 활극성과 공연성에 대한 연구」, 중앙대학교 박사학위논문.
이승희(2012), 「식민지 조선 흥행시장의 병리학과 검열체제」, 『상허학보』 제35집.
이영미(2010), 「한국 대중가요 속의 전쟁 : 그 변화와 의미」, 『대중음악』 제6호.
이주영(2008), 「신민요의 향토성과 '조선적인 것'」, 『한국어문학 국제학술포럼 학술대회』.
이준희(2009), 「일제시대 군국가요(軍國歌謠) 연구」, 『韓國文化』 제46집.
_____(2011), 「1945년 이전 일본 대중가요 음반에 나타난 조선인의 활동」, 『대중음악』 제7호.
이지원(2000), 「1920~30년대 日帝의 朝鮮文化 支配政策」, 『歷史敎育』 제75집.
이화진(2004), 「식민지 영화의 내셔널리티와 '향토색' : 1930년대 후반 조선영화 담론」, 『상허학보』 제13집.
임성모(2006), 「팽창하는 경계와 제국의 시선 : 근대 일본의 만주 여행과 제국의식」, 『日本歷史硏究』 제23권.
_____(2011), 「1930년대 일본인의 만주 수학여행」, 『동북아역사논총』 제31호.
전수연(2010), 「근대관광을 통해 드러난 일본의 제국주의 : 1900년대 이후 일본의 조선관광과 여행안내서를 중심으로」, 『美術史學報』 제35집.
전우형(2007), 「1920-1930년대 영화소설 연구 : 영화소설에 나타난 영상-미디어 미학의 소설적 발현 양상」, 서울대학교 박사학위논문.
_____(2009), 「식민지 근대의 이중 구속과 영화적 표상 : 〈반도의 봄〉의 자기반영적 서사 분석」, 『한국언어문화』 제38집.
정재정(2010), 「植民都市와 帝國日本의 視線 : 奈良女子高等師範學校 生徒의 朝鮮·滿洲 修學旅行(1939년)」, 『日本硏究』 제45호.
정준영(2006), 「1910년대 조선총독부의 식민지 교육정책과 미션스쿨 : 중·고등교육의 경우」, 『사회와 역사』 제72집, 한국사회사학회.
_____(2009), 「경성제국대학과 식민지 헤게모니」, 서울대학교 박사학위논문.

鄭晋錫(1983), 「머리말」, 『韓國言論史硏究』, 一潮閣.
정호순(2005), 「일제 말기 연극경연대회 작품 경향 연구」, 이재명 외, 『해방 전(1940~1945) 공연 희곡과 상연 시나리오의 이해』, 평민사.
조관자(2013), 「내재적 발전론의 네트워크, '민족적 책임'의 경계 : 가지무라 히데키와 그의 시대, 1955~1989」, 『아세아연구』 제153호.
조성운(2009), 「일제하 조선총독부의 관광정책」, 『동아시아 문화연구』 제46권, 한양대학교 동아시아문화연구소.
______(2010), 「1930년대 식민지 조선의 근대관광」, 『한국독립운동사연구』 제36권, 독립기념관 한국독립운동연구소.
조세현(2005), 「동아시아 3국(한 · 중 · 일)에서 크로포트킨사상의 수용 : 『相互扶助論』을 중심으로」, 『中國史硏究』 제39집.
조형근(2007), 「한국의 식민지 근대성 연구의 흐름」, 정근식 · 공제욱 편, 『식민지의 일상, 지배와 균열』, 문화과학사.
______(2009), 「비판과 굴절, 전화 속의 한국 식민지 근대성론 : 구조, 주체, 경험의 삼각구도를 중심으로」, 『역사학보』 제203집.
조형근 · 박명규(2011), 「식민권력의 식민지 재현 전략 : 조선총독부 기관지 『朝鮮』의 사진 이미지를 중심으로」, 『사회와 역사』 제90집.
최석영(2003), 「일제 식민지 상황에서의 부여(扶餘) 고적에 대한 재해석과 '관광명소'화」, 『비교문화연구』 제9권 제1호.
崔埈(1961), 「軍國日本의 對韓言論政策 : 言論類型上의 絶對主義型」, 『亞細亞硏究』 제4권 제1호, 고려대학교 아세아문제연구소.
최현식(2008), 「이광수와 '국민시'」, 『상허학보』 제22집, 상허학회.
하세가와 레이(長谷川怜)(2013), 「근대 일본의 만주 수학여행과 만주 인식 : 가쿠슈인(學習院)의 사례를 중심으로」, 『만주연구』 제16집, 만주학회.
한기형(2005), 「문화정치기 검열체제와 식민지 미디어」, 『대동문화연구』 제51권, 성균관대학교 대동문화연구원.
허병식(2007a), 「식민지의 장소, 경주의 표상」, 『比較文學』 제43호.
______(2007b), 「식민지 조선과 '신라'의 심상지리」, 『比較文學』 제41호.
허수(2009), 「제1차 세계대전 종전 후 개조론의 확산과 한국 지식인」, 『한국근현대사연구』 제50집.
홍선영(2010a), 「전시기 이동연극과 '국민문화'운동 : 일본이동연극연맹(1941. 6~1945. 8)을 중심으로」, 『일본어문학』 제45집, 한국일본어문학회.
______(2010b), 「전시하 국책연극과 '프로파간다' : 미요시 주로(三好十郎) 「한역(寒驛)」을 중심으로」, 『일본어문학』 제50집, 일본어문학회.

2) 서적

京城日報社 · 毎日新報社 編(1945), 『朝鮮年鑑』.

구경은(2006), 『영화와 음악』, 문학과지성사.

宮田節子(미야다 세쓰코, 1997), 李熒娘 옮김, 『朝鮮民衆과 「皇民化」 政策』, 일조각.

김경일 외(2004), 『동아시아의 민족이산과 도시 : 20세기 전반 만주의 조선인』, 역사비평사.

김려실(2006), 『투사하는 제국, 투영하는 식민지 : 1901~1945년의 한국영화사를 되짚다』, 삼인.

김미현 편(2006), 『한국영화사 : 開化期에서 開花期까지』, 커뮤니케이션북스.

김백영(2009), 『지배와 공간 : 식민지도시 경성과 제국 일본』, 문학과지성사.

김병걸 · 김규동 편(1986), 『親日文學作品選集 1』, 실천문학사

김윤식(1999), 『개정 · 증보 이광수와 그의 시대 2』, 솔출판사.

닝왕(2004), 이진형 · 최석호 옮김, 『관광과 근대성 : 사회학적 분석』, 일신사.

多田井喜生(1998), 辛永吉 옮김, 『돈의 전쟁 : 조선은행권과 엔을 앞세워 대륙을 먹어 들어간 진상 상 · 하』, 知識堂.

레온 트로츠키(2009), 정민규 옮김, 『레닌 이후의 제3인터내셔널』, 풀무질.

문옥배(2004), 『한국 금지곡의 사회사』, 예솔출판사.

민병기 외(1998), 『한국의 영상문학』, 문예마당.

民族問題硏究所 編(2000), 『日帝下 戰時體制期 政策史料叢書 29』, 韓國學術情報.

박경수 편(1987), 『岸曙金億全集 2-2』, 韓國文化社.

박찬승(1992), 『한국근대정치사상사연구』, 역사비평사.

박찬호(2009), 안동림 옮김, 『한국가요사 1 가요의 탄생에서 식민지시대까지 민족의 수난과 저항을 노래하다(1894~1945년)』, 미지북스.

사카이 나오키(2005), 후지이 다케시 옮김, 『번역과 주체』, 이산.

서정완 · 임성모 · 송석원 편(2011), 『제국일본의 문화권력』, 소화출판사.

성공회대 동아시아연구소 편(2008~2009), 『냉전 아시아의 문화풍경 1~2』, 현실문화.

아르놀트 하우저(1999), 백낙청 · 염무웅 옮김, 『문학과 예술의 사회사 4 자연주의와 인상주의 · 영화의 시대』, 창작과비평사.

안태근(2013), 『한국영화 100년사』, 북스토리.

양승국 편(1992a), 『한국근대연극영화비평자료집 12, 1936. 10~1937. 10』, 태동.

양승국 편(1992b), 『한국근대연극영화비평자료집 13, 1937. 11~1938. 6』, 태동.

양승국(2001), 『한국현대희곡론』, 연극과인간.

오장환(1998), 『한국 아나키즘운동사 연구』, 國學資料院.

유현목(1997), 『한국영화발달사』, 책누리.

윤해동 · 이소마에 준이치 편(2013), 『종교와 식민지 근대 : 한국 종교의 내면화, 정치화는 어떻게 진행되었나』, 책과함께.

이경훈(1998), 『이광수의 친일문학 연구』, 태학사.
이광래 · 이석훈 · 장혁주 · 조용만 · 김건 · 島田邦雄 · 박재성 · 함세덕(2004) 『근대 희곡 · 시나리오 선집 7 해방 전(1940～1945) 일문희곡집』, 이재명 · 윤석진 · 현재원 · 김명화 · 송태욱 · 정호순 편, 평민사.
이광수(1995), 이경훈 편역, 『춘원 이광수 친일문학전집 2』, 평민사.
______(1997), 김원모 · 이경훈 편역, 『동포에 고함』, 철학과현실사.
이미원 편(2003), 『국민연극 1～4』, 연극과인간.
이연숙(2012a), 이재봉 · 사이키 가쓰히로 옮김, 『말이라는 환영 : 근대 일본의 언어 이데올로기』, 심산.
______(2012b), 『한국어역 만엽집 1 : 만엽집 권1～2』, 박이정.
이영미(1998), 『한국대중가요사』, 시공사.
이영일(2004〔1969〕), 『한국영화전사』, 소도.
이영재(2008), 『제국 일본의 조선영화 : 식민지 말의 반도 : 협력의 심정, 제도, 논리』, 현실문화.
이재명(2011), 『일제 말 친일 목적극의 형성과 전개』, 소명출판.
이재명 · 이기한 · 양승국 · 박영정 · 송태욱 · 박명진 · 최경국 · 김종원 · 정호순 · 김명화 · 윤석진 · 현재원 · 백현미 · 김기란 · 양수근(2005), 『해방 전(1940～1945) 공연희곡과 상영 시나리오의 이해』, 평민사.
이호룡(2001), 『한국의 아나키즘 사상 편』, 지식산업사.
임영태 편저(1985), 『식민지시대 한국사회와 운동』, 사계절.
임종국(1983〔1966〕), 『친일문학론』, 민족문제연구소.
장유정(2006), 『오빠는 풍각쟁이야』, 민음IN.
전우형(2014), 『식민지 조선의 영화소설』, 소명출판.
정재정(1999), 『일제 침략과 한국 철도(1892～1945)』, 서울대학교출판부.
鄭晋錫(1983), 『韓國言論史硏究』, 一潮閣.
______(2007), 『극비 조선총독부의 언론검열과 탄압 : 일본의 침략과 열강세력의 언론통제』, 커뮤니케이션북스.
조너선 스턴(2010), 윤원화 옮김, 『청취의 과거 : 청각적 근대성의 기원들』, 현실문화연구.
조성운 · 황민호 · 이규수 · 윤소영 · 한규무(2011), 『시선의 탄생 : 식민지 조선의 근대관광』, 도서출판선인.
조세현(2001), 『동아시아 아나키즘, 그 반역의 역사』, 책세상.
______(2010), 『동아시아 아나키스트의 국제 교류와 연대 : 적자생존에서 상호부조론』, 창비.
차승기(2009), 『반근대적 상상력의 임계들 : 식민지 조선 담론장에서의 전통 · 세계 · 주체』, 푸른역사.

崔起榮(1991),『大韓帝國時期 新聞研究』, 一潮閣.
크로포트킨 P. A.(2005), 김영범 옮김,『만물은 서로 돕는다 : 크로포트킨의 상호부조론』, 르네상스.
프란츠 파농(1998), 이석호 옮김,『검은 피부, 하얀 가면』, 인간사랑.
하승우(2006),『세계를 뒤흔든 상호부조론』, 그린비.
한국대중예술문화연구원(2003),『韓國大衆歌謠史 1』, 한국대중예술문화연구원.
한국영상자료원 편(2007), 〈발굴된 과거 : 일제시기 극영화 모음, 1940년대(DVD)〉, 태원엔터테인먼트.

2. 외국어 문헌

1) 연구논문

Ferguson, Charles A.(1996), "Diglossia," *Sociolinguistic Perspectives : Papers on Language in Society, 1959-1994*, Thom Huebner, ed., Oxford University Press.
Silverberg, Miriam(1997), "Remembering Pearl Harbor, Forgetting Charlie Chaplin, and the Case of the Disappearing Western Woman : A Picture Story," Tani E. Barlow, ed., *Formations of Colonial Modernity in East Asia*, Duke University Press.
Sorenson, Clark(1997), "National Identity and the Creation of the Category "Peasant" in Colonial Korea," in Gi-Wook Shin and Michael Edson Robinson, ed., *Colonial Modernity in Korea*, Harvard University Asia Center.
Stephenson, Shelley(1999), "Her Traces Are Found Everywhere : Shanghai, Li Xianglan, and the "Greater East Asia Film Sphere"," Yingjin Zhang, ed., *Cinema and Urban Culture in Shanghai, 1922-1943*, Stanford University Press.
甘粕正彦(1942),「滿洲映畫の性格と滿映」, 日本政治問題調查所行政調查部 編,『滿洲行政經濟年報 : 昭和17年版』, 日本政治問題調查所行政調查部.
______(1943a),「大東亞映畫の理想に就いて」,『映畫旬報』第100號(1943. 11. 21).
______(1943b),「滿洲映畫の任務と滿映」, 日本政治問題調查所行政調查部 編,『滿洲行政經濟年報 : 昭和18年版』, 日本政治問題調查所行政調查部.
高成鳳(1995),「朝鮮鐵道の植民地的性格についての一考察」,『朝鮮史研究會論文集 33』.
高媛(2002a),「『樂土』を走る觀光バス : 一九三〇年代の『滿洲』都市と帝國のドラマトゥルギー」, 小森陽一・酒井直樹・島薗進・成田龍一・千野香織・吉見俊哉編,『岩波講座 近代日本の文化史 6 擴大するモダニティ 1920-1930年代 2』, 岩波書店.

______(2002b), 「『二つの近代』の痕跡：一九三〇年代における『國際觀光』の展開を中心に」, 吉見俊哉 編,『一九三〇年代のメディアと身體』, 青弓社.

______(2005), 「『樂土』に響く“都の西北”：ある早大生の滿洲旅行日記」, 川俣優・西原和海 編,『滿洲國の文化：中國東北のひとつの時代』, せらび書房.

______(2006), 「『國恥』と觀光：旅順の歷史景觀と戰爭記憶の商品化」, 同時代史學會 編,『日中韓ナショナリズムの同時代史』, 日本經濟評論社.

______(2008), 「戰地から觀光地へ：日露戰爭前後の『滿洲』旅行」, 愛知大學現代中國學部 編,『中國21』 第29號, 風媒社.

關口次郎(1944), 「朝鮮演劇視察記」, 『日本演劇』 第2卷 第2號, 日本演劇社.

廣瀨誠(1992), 「昭和天皇御製の語彙と御詠風：明治天皇御製と對比して」, 『富山女子短期大學紀要』 第27號.

橋谷弘(1982), 「朝鮮鐵道の滿鐵への委託經營をめぐって：第一次大戰前後の日帝植民地政策の一斷面」, 『朝鮮史硏究會論文集』 第19號.

駒込武(2005), 「‘帝國のはざま’から考える」, 『年報日本現代史』 第10號.

國立公文書館アジア歷史資料センター(1940), 「情報局官制制定內閣情報部官制廢止・御署名原本」, 勅令第846號(御24225).

近藤純子(1998), 「伊澤修二と「對譯法」：植民地臺灣における初期日本語教育の場合」, 『日本語教育』 第98號.

磯前順一・尹海東 編(2013), 『植民地朝鮮と宗教：帝國史・國家神道・固有信仰』, 三元社.

吉野作造(1995), 「クロポトキンの思想の硏究」(『東京朝日新聞』 1920. 1. 16-19.자), 『吉野作造選集 1』, 岩波書店.

鹿野正直(1980), 「大杉榮：永遠の革命家」, 小松茂夫・田中浩 編, 『日本の國家思想 下』, 青木書店.

瀨戸口明久(2014), 「空間を充たすテクノロジー」, 山室信一・岡山曉生・小關隆・藤原辰史 編, 『現代の起点 第一次世界大戰 第二卷』, 岩波書店

多田道太郎(1969), 「生と叛逆の思想家 大杉榮」, 『日本の名著 46 大杉榮』, 中央公論社.

大江志乃夫(1992), 「植民地戰爭と總督府の成立」, 大江志乃夫・三谷太一郎・小林英夫・若林正丈・淺田喬二・後藤乾一・高崎宗司・川村湊 編, 『近代日本と植民地 2 帝國統治の構造』, 岩波書店.

大濱郁子(2003), 「臺灣統治初期における植民地教育政策の形成：伊澤修二の「公學」構想を中心として」, 『日本植民地硏究』 第15號.

大杉榮(1926a), 「近代科學の傾向：クロポトキンに據る〔『近代思想』 第2號(1912. 11)〕」,

『大杉榮全集 1』, 大杉榮全集刊行會.
______(1926b), 「征服の事實(1913. 6)」, 『大杉榮全集 1』, 大杉榮全集刊行會.
______(1926c), 「生の擴充(1913. 7)」, 『大杉榮全集 1』, 大杉榮全集刊行會.
______(1926d), 「個人主義者と政治運動(1915. 3)」, 『大杉榮全集 1』, 大杉榮全集刊行會.
______(1926e), 「再び茅原華山を笑ふ(1915. 7)」, 『大杉榮全集 1』, 大杉榮全集刊行會.
大石嘉一郎(1982), 「『日本資本主義發達史講座』刊行事情」, 『刊行50周年記念〈復刻〉日本資本主義發達史講座 別冊 1』, 岩波書店.
渡部徹(1978), 「社會政策學會」, 『日本近現代史辭典』, 東洋經濟新報社.
梅森直之(2009), 「日本思想史におけるアナーキズムの位置：初期社會主義思想との關連を中心に」, 『歷史學硏究』 第859號.
門間貴志(2010), 「岩崎昶の神話」, 四方田太彦・晏妮 編, 『ポスト滿洲映畵論：日中映畵往還』, 人文書院.
山室信一(1995), 「幻の國家・滿州國の境涯」, 山口猛 編, 『滿州の記録：滿映フィルムに映された滿州』, 集英社.
______(2005), 「アジアにおける滿洲國と日本人：滿洲國硏究の方向性をめぐって」, 『만주연구』 제2집, 만주학회.
______(2011), 「國民帝國日本における異法域の統合と格差」, 『人文學報』 第101號, 京都大學人文科學硏究所.
山田盛太郎(1932), 「工業に於ける資本主義の端初的諸形態, マニュファクチュア・家内工業」, 羽仁五郎・服部之總・伊豆公夫・中島信衛・山田盛太郎・小林良正・玉城肇・平野義太郎・山田勝次郎・丸山一郎 他, 『日本資本主義發達史講座 第3卷 第二部 資本主義發達史』, 岩波書店.
森戶辰男(1920), 「クロポトキンの社會思想の硏究」, 『經濟學硏究』 第1卷 第1號.
上沼八郎(1975), 「臺灣教育史」, 世界教育史硏究會 編, 『世界教育史大系 2 日本教育史』, 講談社.
西川生(1958), 「中世及び近世の社會に於ける相互扶助」, 服部之総・小西四郎 監修, 『週刊平民新聞(四)』, 創元社.
西川長夫(1993), 「國家イデオロギーとして文明と文化」, 『思想』 第828號.
城多虎雄(1968), 「論歐州社會黨(『朝野新聞』 1882. 7. 11.자)」, 明治文化硏究會 編, 『明治文化全集 15』, 日本評論社.
小森陽一(1996), 「近代讀者論：近代國民國家と活字を讀むもの」, 井上俊・上野千鶴子・大澤眞幸・見田宗介・吉見俊哉 編, 『岩波講座 現代社會學 8 文學と藝術の社會學』, 岩波書店.
小松隆二(1969), 「『經濟組織の未來』ほか：幸德秋水とアナキズム」, 幸德秋水全集編集委員會 編, 『幸德秋水全集 7』, 明治文献.

孫江・劉建輝 編(2014), 『東アジアにおける近代知の空間の形成』, 東方書店.
松田道雄(1963), 「日本のアナーキズム」, 松田道雄 編, 『現代日本思想大系 16 アナーキズム』, 筑摩書房.
松田利彦・陳姃湲 編(2013), 『地域社會から見る帝國日本と植民地：朝鮮・臺灣・滿洲』, 思文閣出版.
刈間文俊(1999), 「滿映がその後の中國映畵に殘したもの」, 『大日本帝國の戰爭 1 滿洲國の幻影 1931-1936：幻のユダヤ人, 自治計劃』, 毎日新聞社.
歷史學研究會 編(2012), 『震災・核災害の時代と歷史學』, 青木書店
研究會「戰後派第一世代の歷史研究者は21世紀に何をなすべきか」 編(2013), 『21世紀歷史學の創造 別卷 2「3・11」と歷史學』, 有志舍.
呉世宗(2010), 『リズムと抒情の詩學：金時鐘と「短歌的抒情の否定」』, 生活書院.
有馬學(2007), 「初期滿映の活動に關する資料」, 『朱夏：文化探究誌』 第22號(2007. 10), せらび書房.
尹健次(1982), 「明治前期國民形成論の展開：伊澤修二の教育思想にみるその一研究」, 『教育學研究』 第49卷 第2號, 日本教育學會.
李良姫(2007), 「植民地朝鮮における朝鮮總督府の觀光政策」, 『北東アジア研究』 第13輯, 島根縣立大學北東アジア研究センター.
伊澤修二(1958a), 「國家教育社第六回定會演説(1896)」, 信濃教育會 編, 『伊澤修二選集』, 信濃教育會.
______(1958b), 「乃木總督ニ提出シタ具申書」, 信濃教育會 編, 『伊澤修二選集』, 信濃教育會.
______(1958c), 「臺灣公學校設立ニ關する意見」, 信濃教育會 編, 『伊澤修二選集』, 信濃教育會.
______(1958d), 「臺灣學事施設一覧」, 信濃教育會 編, 『伊澤修二選集』, 信濃教育會.
______(1958e), 「本邦語學ニ就テノ意見」, 信農教育會 編, 『伊澤修二選集』, 信濃教育會.
______(1958f), 「新版圖人民教化の方針」, 信濃教育會 編, 『伊澤修二選集』, 信濃教育會.
日本演劇協會 編(1943), 「興行取締規則 第3條」, 『演劇年鑑』, 東寶書店.
猪木正道・勝田吉太郎(1967), 「アナーキズム思想とその現代的意義」, 『世界の名著 42 プルードン, バクーニン, クロポトキン』, 中央公論社.
田中綾(2007), 「明治天皇御製をめぐる昭和十年代：文部省『國體の本義』等と御歌所所員『明治天皇御製謹話』との對比」, 『日本近代文學會北海道支部會報』 第101號.
佐藤忠男(1985), 「卷頭言 滿映作品〈私の鶯〉の發見」, 『映畵史研究』 第20號.
______(1986), 「滿州映畵協會」, 今村昌平・新藤兼人・鶴見俊輔・山田洋次 編, 『講座 日本映畵 4 戰爭と日本映畵』, 岩波書店.

佐々木敏二(1974), 「日本の初期社會主義(1)」, 『經濟資料研究』 第7號, 經濟資料協議會.
______(2006), 「戰前における國際觀光(外客誘致)政策：喜賓會, ジャパン・ツーリスト・ビューロー, 國際觀光局設置」, 『神戸學院法學』 第36卷 第2號.
中村宏(2007), 「戰時下における國際觀光政策：滿州事變, 日中戰爭, 第二次大戰」, 『神戸學院法學』 第36卷 第3～4號.
中村勝範(1994), 「森戸事件と吉野作造の「クロポトキン論」」, 『法學硏究』 第67卷 第8號(1994. 8).
川崎賢子(2006), 「「外地」の映畵ネットワーク一千九百三十一四十年代における朝鮮・滿洲國・中國占領地を中心に」, 山本武利 編, 『岩波講座「帝國」日本の學知」 4 メディアのなかの「帝國」』, 岩波書店.
清水稔(2008), 「近代中國とマルクス主義との出會いについて：とくに辛亥革命前後を中心として」, 『文學部論集』 第92號, 佛敎大學文學部.
鷲谷花(2001), 「李香蘭, 日劇に現る：歌ふ大東亞共榮圈」, 四方田犬彦 編, 『李香蘭と東アジア』, 東京大學出版部.
坂野徹・愼蒼健 編(2010), 『帝國の視角/死角：〈昭和期〉日本の知とメディア』, 靑弓社.
平山昇(2006), 「「日鮮滿」を結んだ鐵路と航路：關釜連絡船・朝鮮鐵道・滿鐵」, 『歷史と地理』 第592號.
坪井與(1984), 「滿州映畵協會の回想」, 佐藤忠男・佐藤久子 編集, 『映畵史硏究』 第19號.
下出隼吉(1967), 「『眞政大意』解題」, 明治文化硏究會 編, 『明治文化全集 第ニ卷 自由民權篇』, 日本評論社.
幸德秋水(1969a), 「世界革命運動の潮流(『光』 1-16, 1906. 7. 5)」, 幸德秋水全集編集委員會 編, 『幸德秋水全集 6』, 明治文献.
______(1969b), 「余が思想の變化：普通選擧に就て〔『(日刊)平民新聞』 第16號, 1907. 2. 5)〕」, 幸德秋水全集編集委員會 編, 『幸德秋水全集 6』, 明治文献.
______(1969c), 「大久保より(十三)〔『(日刊)平民新聞』 第57號, 1907. 3. 24)〕」, 幸德秋水全集編集委員會 編, 『幸德秋水全集 6』, 明治文献.
______(1969d), 「海南評論(三)(『日本平民新聞』 第20號, 1908. 3. 20)」, 幸德秋水全集編集委員會 編, 『幸德秋水全集 6』, 明治文献.
______(1969e), 「海南評論(一)(『熊本評論』 第25號, 1908. 6. 20)」, 幸德秋水全集編集委員會 編, 『幸德秋水全集 6』, 明治文献.
玄永燮(1938), 「內鮮一體と言語の問題」, 『治刑』, 第16卷 第10號, 治刑協會.
荒山正彦(1999), 「戰前期における朝鮮・滿洲へのツーリズム：植民地視察の記録『鮮滿の旅』から」, 『關西學院史學』 第26號.
______(2001), 「戰跡とノスタルジアのあいだに：「旅順」觀光をめぐって」, 『人文論究』第50巻 第4號, 關西學院大學.
______(2007), 「大阪商船と近代ツーリズム：二つのツーリズム空間という視點から」, 『人文論究』第57巻 第3號, 關西學院大學.
______(2010), 「「內地」と「外地」をめぐる海上ツーリズム：戰前期における日本一周船と日支周遊船」, 『關西學院史學』 第37號.
______(2011), 「忘れられた植民地ツーリズムの軌跡」, 『時計臺』 第81號, 關西學院大學.
______(2012), 「『旅程と費用概算』(1920～1940年)にみるツーリズム空間：樺太・臺灣・朝鮮・滿州への旅程」, 『關西學院大學先端社會研究所紀要』 第8號.
後藤新平(2009), 「學務部創設以降事業ノ概略」, 『後藤新平文書』, R32-87-1, 雄松堂書店.

2) 서적

Davis, Clarence B. and Kenneth E. Wilburn, Jr., eds.(1991), *Railway Imperialism*, Greenwood Press.
Fujitani, Takashi(2011), *Race for Empire : Koreans as Japanese and Japanese as Americans during World War II*, University of California Press.
Miller, Ian Jared(2013), *The Nature of the Beasts : Empire and Exhibition at the Tokyo Imperial Zoo*, University of California Press.
Mizuno, Hiromi(2010), *Science for the Empire : Scientific Nationalism in Modern Japan*, Stanford University Press.
Saunders, Frances Stonors(2000), *The Cultural Cold War : The CIA and the World of Arts and Letters*, New Press.
Stephen, Moore Aaron(2013), *Constructing East Asia : Technology, Ideology, and Empire in Japan's Wartime Era, 1931-1945*, Stanford University Press.
Stolz, Robert(2014), *Bad Water : Nature, Pollution, and Politics in Japan, 1870–1950*, Duke University Press.
Urry, John(1990), *The Tourist Gaze : Leisure and Travel in Contemporary Societies*, SAGE Publications.
Yang, Daqing(2010), *Technology of Empire : Telecommunications and Japanese Expansion in Asia, 1883-1945*, Harvard University Press
角田房子(2005), 『甘粕正彦』, 筑摩書房.
岡田禎子(1942), 『戲曲祖國』, 拓南社.
高橋泰隆(1995), 『日本植民地鐵道史論：臺灣, 朝鮮, 滿州, 華北, 華中鐵道の經營史的研究』, 日本經濟評論社.
高崎宗司(2002), 『植民地朝鮮の日本人』, 岩波書店.

高成鳳(1999),『植民地鐵道と民衆生活：朝鮮・臺灣・中國東北』, 法政大學出版局.
關正明(1997),『日本語教育史研究序説』, スリーエーネットワーク.
駒込武(1996),『植民地帝國日本の文化統合』, 岩波書店.
久津見蕨村(1906),『無政府主義』, 平民書房.
貴志俊彦・土屋由香(2009),『文化冷戰の時代：アメリカとアジア』, 國際書院.
今井清一・伊藤隆(1974),『國家総動員(二) 政治』, みすず書房.
瀬戸口明久(2009),『害蟲の誕生：蟲からみた日本史』, 筑摩書房.
能勢朝次(1938),『能樂源流考』, 岩波書店
臺灣教育會(1939),『臺灣教育沿革誌』.
大杉榮(1926),『大杉榮全集 1～2』, 大杉榮全集刊行會.
______(1991),『自敍伝・日本脱出記』, 岩波書店.
大坪草二郎(1936),『明治天皇御製謹釋』, 岡村書店.
大學新聞連盟(1948),『野呂榮太郎の回想』, 大學新聞連盟出版部.
德富蘇峰(1894),『大日本膨張論』, 民友社.
藤原辰史(2005),『ナチス・ドイツの有機農業：「自然との共生」が生んだ「民族の絶滅』, 柏書房.
______(2012),『稻の大東亞共榮圈：帝國日本の「綠の革命」』, 吉川弘文館.
滿洲日日新聞社(1936),『滿洲年鑑：昭和11年版』, 滿洲文化協會.
______(1939),『滿洲年鑑：昭和14年版』, 滿洲文化協會.
______(1943),『滿洲年鑑：昭和18年版』, 滿洲文化協會.
明治文化全集研究會(1967～1968),『明治文化全集 2・15』, 日本評論社.
木村健二(1989),『在朝日本人の社會史』, 未来社.
木村雅昭(1993),『ユートピア以後の政治：二一世紀への政治を讀む』, 有斐閣.
武藤秀太郎(2009),『近代日本の社會科學と東アジア』, 藤原書店.
無聲映畵觀賞會 編(2007), マツダ映畵社 監修,『活動辯士：無聲映畵と珠玉の話藝』, アーバン・コネクション.
法政大學大原社會問題研究所 編(1973～1975),『勞農』〔復刻版〕第1巻 第1-6號(1927. 12-1932. 6), 法政大學出版局.
保田與重郎(1999),『保田與重郎文庫 19 日本浪漫派の時代』, 新學社.
服部之総(1955),『服部之総著作集』, 理論社.
福井準造(1899),『近世社會主義』, 有斐閣.
北條秀司(1940),『新潮大衆文學賞 閣下 北條秀司戱曲集』, 双雅房.
四方田犬彦(2000),『日本の女優』, 岩波書店.
四方田犬彦 編(2001),『李香蘭と東アジア』, 東京大學出版會.
斯波貞吉(1892),『國家的社會論』, 富山房.
山口猛(1989),『幻のキネマ滿映：甘粕正彦と活動屋群像』, 平凡社.

______(2000),『哀愁の滿州映畫：滿州國に咲いた活動屋たちの世界』, 三天書房.
山口淑子・藤原作彌(1987),『李香蘭 私の半生』, 新潮社.
山東功(2008),『唱歌と國語：明治近代化の裝置』, 講談社選書.
山室信一・岡山曉生・小關隆・藤原辰史 編(2014),『現代の起点 第一次世界大戰』(全四卷), 岩波書店.
山田盛太郎(1977),『日本資本主義分析：日本資本主義における再生産過程把握』, 岩波書店.
山之内靖・J. ヴィクター・コシュマン・成田竜一 編(1995),『總力戰と現代化』, 柏書房.
山川均 述(1908),『動物界の道德』, 有樂社.
三好十郎(1940),『三好十郎戱曲集 浮標』, 櫻井書店.
上沼八郎(1962),『人物叢書 98 伊澤修二』, 吉川弘文館.
徐禎完・增尾伸一郎(2010),『アジア遊學 138 植民地朝鮮と帝國日本：民族・都市・文化』, 勉誠出版.
西澤泰彦(1996),『圖說「滿洲」都市物語：ハルビン・大連・瀋陽・長春』, 河出書房新社.
西河通徹 譯述(1882),『露國虛無黨事情』, 競錦堂.
石原莞爾(1940),『世界最終戰論』, 立命館出版部.
石田雄(1984),『日本の社會科學』, 東京大學出版部.
石井知章・小林英夫・米谷匡史 編著(2010),『一九三〇年代のアジア社會論：「東亞協同體」論を中心とする言說空間の諸相』, 社會評論社.
石河康國(2008),『勞農派マルクス主義：理論・ひと・歷史』, 社會評論社.
小林慶二(2005),『觀光コースでない滿州：瀋陽・長春・ハルビン・大連・旅順』, 高文硏.
小林新七・滿洲事情案內所 編(1935),『滿洲國の交通事情』, 滿洲事情案內所.
小林静雄(1945),『能樂史硏究』, 雄山閣
小山弘健(1953～1954),『日本資本主義論爭史 上・下』, 青木書店.
小森陽一(2000),『日本の近代』, 岩波書店.
小松隆二(1972),『日本アナキズム運動史』, 青木書店.
小熊英二(1998),『「日本人」の境界：沖縄・アイヌ・臺灣・朝鮮植民支配から復歸運動まで』, 新曜社.
松尾尊兊 編(1995),『吉野作造選集 1』, 岩波書店.
松村高夫(2007),『日本帝國主義下の植民地勞動史』, 不二出版.
信農教育會 編(1958),『伊澤修二選集』, 信農教育會.
辻久一(1998),『中華電影史話』, 凱風社.
安東久治郎(1882),『露國虛無黨之由來』, 東雲館.

岸富美子(2010),『はばたく映畵人生：滿映・東影・日本映畵：岸富美子インタビュー』, せらび書房.
野坂參三・平野義太郎・羽仁五郎 他(1948),『野呂榮太郎の回想』, 大學新聞連盟出版部.
煙山專太郎(1902),『近世無政府主義』, 東京專門學校出版部.
永嶺重敏(1997),『雜誌と讀者の近代』, 日本エディタースクール出版部.
______(2004),『〈讀書國民〉の誕生：明治30年代の活字メディアと讀書文化』, 日本エディタースクール出版部.
苅谷剛彦(2004),『教育の世紀：學び, 教える思想』, 弘文堂.
藝能史硏究會(1990),『日本藝能史 7 近代・現代』, 法政大學出版局.
奥中康人(2008),『國家と音樂：伊澤修二がめざした日本近代』, 春秋社.
羽仁五郎・服部之總・伊豆公夫・中島信衛・山田盛太郎・小林良正・玉城肇・平野義太郎・山田勝次郎・丸山一郎 他(1982),『刊行50周年記念〈復刻〉日本資本主義發達史講座 別冊 1』, 岩波書店.
越澤明(1988),『滿洲國の首都計畫：東京の現在と未来を問う』, 日本経済評論社.
有山輝雄(2002),『海外觀光旅行の誕生』, 吉川弘文館.
有山輝雄・西山武典(2000),『情報局關係資料 2』, 柏書房.
陸軍省新聞班(1934),『國防の本義と其強化の提唱』, 陸軍省.
陸軍省情報部(1939),『國家總力戰の戰士に告ぐ』, 陸軍省.
伊藤博文(1970),『秘書類纂 臺灣資料』(明治百年史叢書 第127卷), 原書房.
伊藤博文 編(1970),『明治百年史叢書 第127卷 秘書類纂 臺灣資料』, 原書房.
伊澤修二(1901),『視話法』, 大日本圖書(株).
伊澤修二君還曆祝賀會 編(1912),『樂石自傳教界周遊前記』, 伊澤修二君還曆祝賀會.
印貞植(1937),『朝鮮の農業機構分析』, 白揚社.
日本文化中央連盟(1943),『日本文化團體年鑑』, 日本文化中央連盟.
日本映畵雜誌協會(1943),『映畵年鑑 昭和十八年版』.
日本移動演劇聯盟(1943),『短篇劇名作選』, 協營出版社.
長岡新吉(1984),『日本資本主義論爭の群像』, ミネルヴァ書房.
長志珠繪(1998),『近代日本と國語ナショナリズム』, 吉川弘文館.
猪俣津南雄(1927),『現代日本ブルジョアジーの政治的地位』, 南宋書院.
田中隆一(2007),『滿洲國と日本の帝國支配』, 有志舍.
田中純一郎(1968),『日本映畵発達史 1～4』, 中央公論社.
田中惣五郎(1971),『幸德秋水：一革命家の思想と生涯』, 三一書房.
井上哲次郎(1889),『內鮮雜居論 續』, 哲學書院.
朝鮮總督府警 編(1943),『朝鮮事情』.
朝鮮總督府警務局(1929),『朝鮮に於ける出版物概要』.

佐藤忠男(1985),『キネマと砲聲』, リブロポート.
______(1995),『日本映畵史 2』, 岩波書店.
______(2006),『日本映畵史 1(1896-1940)』, 岩波書店.
佐藤卓己(2002),『『キング』の時代：國民大衆雜誌の公共性』, 岩波書店.
______(2004),『言論統制：情報官・鈴木庫三と教育の國防國家』, 中央公論社.
櫛田民蔵(1935),『櫛田民蔵全集 1～5』, 改造社.
曾山毅(2003),『植民地臺灣と近代ツーリズム』, 青弓社.
池内信嘉(1926),『能樂盛衰記』, 東京創元社.
陳培豊(2001),『「同化」の同床異夢：日本統治下臺灣の國語教育再考』, 三元社.
津村秀夫(1944),『映畵戰』, 朝日新聞社.
倉田喜弘(1988),『日本近代思想大系 18 藝能』, 岩波書店.
千葉胤明(1938),『明治天皇御製謹話』, 大日本雄辯會講談社.
清水澄(1911),『社會主義ト社會政策』, 博文館.
惣郷正明・飛田良文 編(1986),『明治のことば辭典』, 東京堂出版.
太田直子(2007),『字幕屋は銀幕の片隅で日本語が變だと叫ぶ』, 光文社.
西瀬英紀・林久美子・樹下文隆・青木繁(1999), 阪口弘之 監修,『日本藝能史』, 昭和堂.
表章(1979),『能樂史新考』, わんや書店.
______(1986),『能樂史新考 2』, わんや書店.
表章・天野文雄(1987),『岩波講座 能・狂言 I 能樂の歷史』, 岩波書店.
河上肇・大山郁夫 監修 / 政治批判社 編輯(1927～1929),『マルクス主義講座』, 上野書店.
河原宏・宮本盛太郎・竹山護夫・前坊洋(1978),『近代日本政治思想史』, 有斐閣.
幸徳秋水(1968～1969), 幸徳秋水全集編集委員會,『幸徳秋水全集 6・7・9』, 明治文獻.
戸ノ下達也(2010),『「國民歌」を唱和した時代：昭和の大衆歌謠』, 吉川弘文館.
胡昶・古泉(1999), 横地剛・間ふさ子 譯,『滿映：國策映畵の諸相』, パンドラ.
和田日出吉 編(1940),『年刊滿洲：康德8年版』, 滿洲新聞社.
横井春野(1917),『能樂全史』, 龍吟社.
黑瀬郁二(2003),『東洋拓殖會社：日本帝國主義とアジア太平洋』, 日本經濟評論社.
キムチョンミ(金靜美)(1992),『中國東北部における抗日朝鮮・中國民衆史序說』, 現代企劃室.
ドルワル・ド・レゼー(1911), 教學研鑽和佛協會 譯,『社會主義ト自由思想』, 教學研鑽和佛協會.
ポール・ヴィリリオ(1999), 石井直志・千葉文夫 譯,『戰爭と映畵：知覺のく兵站術』, 平凡社.

『日本資本主義発達史講座 1～7』〔復刻版(1982), 岩波書店〕
『日本地理大系 別巻 2 滿洲及南洋篇』(改造社)
『朝鮮總督府帝國議會說明資料』 第10卷(不二出版, 1994)

3. 신문, 잡지, 연감류

『開闢』
『改造』
『警視廳統計書』
『共濟』
『觀光朝鮮』
『廣島新聞』
『國家敎育』
『國民文學』
『勞働世界』
『綠旗』
『臺灣敎育會雜誌』
『大原社硏雜誌』
『讀賣新聞』
『東京社會新聞』
『東亞日報』
『滿洲年鑑』
『滿洲映畵』
『每日申報』
『寶生』
『三千里』
『世界婦人』
『新生活』
『我聲』
『旅程と費用槪算』
『年刊滿洲』
『演劇年鑑』
『映畵旬報』
『映畵之友』
『映畵評論』

『謠曲界』
『日本演劇』
『日本映畵』
『朝光』
『朝鮮及滿洲』
『朝鮮年鑑』
『朝鮮映畵』
『朝鮮日報』
『朝日新聞』
『朝日新聞 滿洲版』(復刻板)
『週刊平民新聞』
『中央公論』
『創造』
『治刊』
『平民新聞』
『皇城新聞』

| 찾아보기 |

1. 사항

[ㅊ]

[ㅋ]

[ㅌ]

[ㅍ]

[ㅎ]

[기타]

2. 인명

[ㄱ]

[ㄴ]

[ㄷ]

[ㄹ]

3. 서적 · 작품

| 필자 소개 |

임성모 任城模 | YIM Sung-Mo
소속 : 연세대학교 사학과 부교수
전공 : 일본근현대사
동아시아의 식민주의, 마이너리티와 인구 이동, 근대 초기 개념사, 동아시아의 환경사 등에 관심을 갖고 연구하고 있다. 주요 저서로는 『동아시아의 민족이산과 도시』(2004), 『동아시아의 지역질서』(2005), 『패전 전후 일본의 마이너리티와 냉전』(2006), 『동아시아 역사 속의 여행』(2008) 등의 공저가 있고, 역서로는 『번역과 일본의 근대』(2000), 『전장의 기억』(2002), 『내셔널리즘』(2004), 『변경에서 바라본 근대』(2006), 『역사인식 논쟁』(2009), 『중국 잔류 일본인』(2012) 등이 있다.

송석원 宋錫源 | SONG Seok-Won
소속 : 경희대학교 정치외교학과 교수
전공 : 일본정치사상, 문화정치학
동아시아 지역 연구와 현대일본정치, 비교정치 분야에 대해 연구하고 있다. 주요 논저로는 『21세기 한국의 정치』(2001), 『정치과정의 동학』(2004), 『미국의 결사체 민주주의』(2006) 등의 공저가 있고, 역서로는 『NPO와 시민사회』(2004), 『역사와 인식』(1992), 『남북한 정치경제론』(1989), 『일본문화론의 계보』(2007), 『라틴아메리카의 민주화』(공역, 1989), 『폭력의 예감』(공역, 2009), 『논단의 전후사』(2011), 『일본 내셔널리즘 해부』(2011), 『한 단어 사전, 인권』(2013) 등이 있다. 연구 논문으로는 「사쿠마 쇼잔(佐久間象山)의 해방론(海防論)과 대서양관 : 막말에 있어서의 '양이를 위한 개국'의 정치사상」(2003), 「아루가 기자에몬(有賀喜左衛門)의 이에(家)이론 연구」(2004), 「동족과 일본의 정치문화 : '나고(名子)시스템'을 중심으로」(2005), 「신문에서 보는 제국일본의 국가이상 : 메이지 시대를 중심으로」(2010), 「메이지(明治) 민족주의에 관한 연구 : 시가 시게다카(志賀重昂)와 오카쿠라 텐신(岡倉天心)을 중심으로」(2010) 외 다수가 있다.

정준영 鄭駿永 | JUNG Joon-young
소속 : 서울대학교 규장각한국학연구원 HK교수
전공 : 역사사회학, 지식사회학, 문화사회학
'제국일본의 문화권력'이라는 자장(磁場) 속에서 식민지 조선의 학술지식이 어떻게

형성 · 변용되어 갔는지에 대해 관심을 가지고 있으며, 이에 대한 지식사회학적 · 사회사적 분석을 시도하고 있다. 주요 논저로는 「식민지제국대학의 존재방식」(2011), 「피의 인종주의와 식민지의학」(2012), 「경성제대 교수들의 귀환과 전후 일본사회」(2013), 공저로는 『식민권력과 근대지식 : 경성제국대학 연구』(2011), 『한국 근현대 인문학의 제도화』(2014) 등이 있다.

서정완 徐禎完 | SUH Johng-Wan

소속 : 한림대학교 일본학과 교수, 일본학연구소 소장

전공 : 노(能)의 변천사

일본 예능 · 연희의 변천사에 대한 실증적 연구와 동아시아 예능을 포함한 고대 예능의 전개와 노에 이르기까지의 과정, 근대 식민지에서의 노는 무엇이었는가에 대한 역사적 접근 등에 관심을 가지고 있다. 주요 논저로는 일련의 「〈伎樂〉 追跡考」 시리즈(일본 國文學研究資料館, 『表象と表現』 30, 2007 등), 『漢文文化圈の說話世界』(공저, 竹林舍, 2010), 『「アジア遊學 138」 植民地朝鮮と帝國日本』(徐禎完 · 增尾伸一郎 編, 勉誠出版, 2010). 「總力戰体制下における藝能統制 : 能楽における技藝者証とその意味を中心に」(2013), 「帝國日本の文化權力 : 1910年代京城の能と謡」(2014), 「제국일본의 문화권력 연구 : 近代能樂史와 植民地能樂史를 넘어서」(2014) 등이 있다.

박양신 朴羊信 | PARK Yang-Shin

소속 : 한림대학교 일본학연구소 연구교수

전공 : 일본근대사, 일본근대사상사

근대 일본의 대외 인식, 식민정책, 학지의 식민지로의 전파 등에 관심을 가지고 연구 중이다. 주요 논저로는 「재한일본인 거류민단의 성립과 해체」(2012),「다이쇼 시기 일본 · 식민지 조선의 민중예술론 : 로맹 롤랑의 '제국' 횡단」(2013),「도고 미노루(東鄕實)의 식민정책론 : 농업식민론과 '비동화주의'」(2013), 역서로 『한 단어 사전, 문화』(2013) 등이 있다.

조관자 趙寬子 | JO Gwan-ja
소속 : 서울대학교 일본연구소 HK교수
전공 : 일본 근현대사상사
주요 관심 분야는 동아시아의 민족주의, 한일의 역사 인식, 사상과 문화 담론 등이다. 모토오리 노리나가의 '정치신학'을 석사 논문으로 작성한 이후 최근에 다시 국학과 우익사상의 역사적 연계성을 연구하고, 그것이 전후에 '일본사상'으로 재구성되는 과정을 연구하고 있다. 주요 저서로는 『植民地朝鮮 / 帝國日本の文化連環 : ナショナリズムと反復する植民地主義』(2007), 공저로는 『知識人から考える公共性』(2004), 『식민지 공공성 : 실체와 은유의 거리』(2010), 『일본의 발명과 근대』(2006), 『전후 일본의 지식풍경』(2013), 『가지무라 히데키의 내재적 발전론을 다시 읽는다』(2014)가 있고, 편저로는 『일본, 상실의 시대를 넘어서』(2014) 등이 있다.

박상현 朴相鉉 | PARK Sang-hyun
소속 : 경희사이버대학교 일본학과 교수
전공 : 일본문화학(萬葉集)
일제강점기 식민지 조선에서 이광수, 서두수, 김억 등이 조선어로 옮긴 와카(和歌) 번역 텍스트를 집중적으로 고찰하고 있다. 이를 통해 식민지 조선 지식인의 일본문학 및 일본문화관을 살펴보고자 한다. 한편 최근에는 한겨레신문사가 발간한 『0416』을 통해 에세이스트로 데뷔했다. 이 단행본은 세월호 참사를 계기로 한겨레가 '한국사회의 길을 묻다'라는 주제하에 에세이를 공모하여 선정작을 모은 것이다. 앞으로도 일본학 연구자의 정체성과 함께 에세이스트의 정체성을 유지하면서 책을 읽고 글을 쓰려 한다. 주요 논문으로는 「춘원 이광수의 「明治天皇御製謹譯」 연구」(2004), 저서로는 『한국인에게 '일본'이란 무엇인가』(2010), 역서로는 『한일교섭 : 청구권 문제연구』(공역, 2008) 등이 있다.

조형근 趙亨根 | CHO Hyung-Keun
소속 : 한림대학교 일본학연구소 연구교수
전공 : 역사사회학, 사회이론

연구 분야는 식민지 대중문화론, 지식권력과 식민주의이다. 주요 논저로는 『근대주체와 식민지 규율권력』(공저, 1997), 『좌우파 사전』(공저, 2010), 『한일 역사교과서 서술의 이념』(공저, 2010) 등이 있으며, 주요 논문으로는 「근대성의 내재하는 외부로서의 식민지성」(2007), 「비판과 굴절, 전화 속의 한국 식민지 근대성론 : 구조, 주체, 경험의 삼각구도를 중심으로」(2009), 「식민권력의 식민지 재현전략 : 조선총독부 기관지 『朝鮮』의 사진 이미지를 중심으로」(2011), 「식민지 대중문화와 '조선적인 것'의 변증법 : 영화와 대중가요의 비교를 중심으로」(2013) 등이 있다.

홍선영 洪善英 | HONG Seun-Young
소속 : 한림대학교 일본학연구소 연구교수
전공 : 일본근대문학
주요 연구 분야는 한일비교문학, 한일연극교류사이다. 주요 논저로는 「경성의 일본인극장 변천사」(2009), 「예술좌의 만선순업과 문화적 파장」(2009), 「전시하 국책연극과 '프로파간다' : 미요시 주로(三好十郎) 「한역(寒駅)」을 중심으로」(2010), 「기쿠치 간과 조선예술상」(2011), 「제국의 文化領有와 外地巡行 : 天勝一座의 〈살로메〉 景福宮 공연」(2011), 「기쿠치 간 「아버지 돌아오다」(1917)론 : 표박자(漂迫者)의 귀환과 '광기'」(2013), 「1940년대 아쿠타가와 문학상 수상작과 도쿄문단 : 외지문학의 중앙진출과 '문화역류'의 의미」(2014), 역서로는 『일본잡지 모던일본과 조선 1940』(공역, 2009), 『현대일본희곡집 6』(공역, 2014) 등이 있다.

서재길 徐在吉 | SEO Jae-kil
소속 : 국민대학교 국어국문학과 조교수
전공 : 한국근대문학, 한국근대문화론
식민지시기의 문학, 연극, 방송, 영화 등의 대중문화와 미디어에 관심을 두고 연구하고 있다. 주요 저서로 『한국 현대소설이 걸어온 길, 1945-2010』(편저, 2013), 『한국 방송의 사회문화사』(공저, 2012), 『제국의 지리학, 만주라는 경계』(공저, 2010), 『식민지 공공성, 실체와 은유의 거리』(공저, 2010), 『근대 한국의 일상생활과 미디어』(공저, 2010), 『한국방송 80년, 그 역사적 조명』(공저, 2008) 등이 있으며, 역서로는 『대

학이란 무엇인가』(2014), 『라디오 체조의 탄생』(2011)이 있다.

강태웅 姜泰雄 | KANG Tae-woong
소속 : 광운대학교 문화산업학부 부교수
전공 : 일본영상문화론, 표상문화론, 일본문화사
동아시아 속의 일본영화, 문화교류, 그리고 제국주의와 신체 등에 관하여 연구하고 있다. 주요 저서로는 『가미카제 특공대에서 우주전함 야마토까지』(공저, 2013), 『월경의 기록』(공저, 2013), 『복원과 재현』(공저, 2012), 『키워드로 읽는 동아시아』(공저, 2011), 『일본과 동아시아』(공저, 2011), 『교차하는 텍스트, 동아시아』(공저, 2010), 『전후 일본의 보수와 표상』(공저, 2010), 『제국의 지리학 만주라는 경계』(공저, 2010), 『동아시아의 오늘과 내일』(편저, 2009), 『세계박람회와 지역문화』(공저, 2008), 『제국의 교차로에서 탈제국을 꿈꾸다』(공저, 2008) 등이 있으며, 역서로는 『복안(複眼)의 영상』(역서, 2012), 『일본영화의 래디컬한 의지』(역서, 2011)가 있다.

김백영 金白永 | KIM Baek-yung
소속 : 광운대학교 교양학부 부교수
전공 : 도시사회학, 역사사회학
식민지 도시성 · 근대성 비교연구, 한국과 일본의 근현대 도시 · 지역 변동, 로컬리티의 장소성과 기억의 문제 등에 관심을 가지고 있다. 주요 논저로는 『지배와 공간 : 식민지도시 경성과 제국 일본』(2009) 이외에 『경계의 섬, 오키나와』(2008), 『植民地朝鮮と帝國日本』(2010), 『고도의 근대』(2012), *Seoul, Seoul, Seoul*(2014) 등의 공저와, 「상징공간의 변용과 집합기억의 발명」(2007), 「식민권력과 광장공간」(2011), 「4 · 19와 5 · 16의 공간사회학」(2013) 등의 논문이 있다.

조정우 趙廷祐 | CHO Jung-woo
소속 : 한림대학교 일본학연구소 연구교수
전공 : 역사사회학, 이민사, 기업사

식민지기 인구의 이동과 교통, 식민국가와 개발주의 등에 대해 연구하고 있다. 주요 연구로는 「만주사변 전후 '척식' 사업기구의 변화 : 동아권업㈜의 기업지배구조를 중심으로」(2011), 「조선총독부 만주이민정책의 이면 : 선만척식회사 설립 경위를 중심으로」(2014) 등의 논문과, 공저로 『식민권력과 근대지식 : 경성제국대학연구』(2012), 『'동아' 트라우마 : 식민지/제국의 경계와 탈경계의 경험들』(2013)이 있다.

한림일본학연구총서 I **제국일본의 문화권력**

제국일본의 문화권력 2 정책 · 사상 · 대중문화

초판 발행 2014년 11월 28일

편저자 서정완 · 송석원 · 임성모
지은이 강태웅 · 김백영 · 박상현 · 박양신 · 서재길
서정완 · 송석원 · 임성모 · 정준영 · 조관자
조정우 · 조형근 · 홍선영
펴낸이 한림대학교 일본학연구소
펴낸곳 도서출판 소화
등록 제13-412호
주소 서울시 영등포구 버드나루로 69
전화 02-2677-5890
팩스 02-2636-6393
홈페이지 www.sowha.com

ISBN 978-89-8410-462-4 94080
978-89-8410-417-4 (세트)

값 20,000원

이 도서의 국립중앙도서관 출판예정도서목록(CIP)은
서지정보유통지원시스템 홈페이지(http://seoji.nl.go.kr)와
국가자료공동목록시스템(http://www.nl.go.kr/kolisnet)에서
이용하실 수 있습니다. (CIP제어번호 : CIP2015006005)